JN256964

シンギュラリティ

限界突破を目指した最先端研究

NAIST-IS 書籍出版委員会【編】

近代科学社

SINGULARITY

◈ 読者の皆さまへ ◈

平素より，小社の出版物をご愛読くださいまして，まことに有り難うございます．

(株)近代科学社は 1959 年の創立以来，微力ながら出版の立場から科学・工学の発展に寄与すべく尽力してきております．それも，ひとえに皆さまの温かいご支援があってのものと存じ，ここに衷心より御礼申し上げます．

なお，小社では，全出版物に対して HCD（人間中心設計）のコンセプトに基づき，そのユーザビリティを追求しております．本書を通じまして何かお気づきの事柄がございましたら，ぜひ以下の「お問合せ先」までご一報くださいますよう，お願いいたします．

お問合せ先：reader@kindaikagaku.co.jp

なお，本書の制作には，以下のスタッフが各プロセスに関与いたしました：

・企画：小山　透，冨髙琢磨
・編集：冨髙琢磨，高山哲司，安原悦子
・組版：藤原印刷
・印刷：藤原印刷
・製本：藤原印刷 (PUR)
・資材管理：藤原印刷
・カバー・表紙デザイン：藤原印刷
・広報宣伝・営業：山口幸治，西村友也

●本書に記載されている会社名・製品名等は，一般に各社の登録商標または商標です。本文中の©，®，™ 等の表示は省略しています。

・本書の複製権・翻訳権・譲渡権は株式会社近代科学社が保有します．
・JCOPY 〈(社)出版者著作権管理機構 委託出版物〉
本書の無断複写は著作権法上での例外を除き禁じられています．
複写される場合は，そのつど事前に(社)出版者著作権管理機構
（電話 03-3513-6969，FAX 03-3513-6979，e-mail: info@jcopy.or.jp）の
許諾を得てください．

序　文

小笠原 司

計算機技術（情報科学）の進化は私たちの身の回りの情報化を急速に推し進めています。最近ではビッグデータ処理、クラウドコンピューティング、サイバーセキュリティ、IoTといった情報技術が次々に提唱され、ＩＴ関連企業では研究開発競争がグローバルに展開されています。また、情報技術は社会の基盤技術としても重要であると認識されており、様々な応用分野での活用が期待されていることは疑う余地のないところです。

この進化がさらに進めば、計算機の能力が、ある時点で人間の能力を超えることが予想されます。この人間の能力を超えるといった現象、技術の限界点を超えることをレイ・カーツワイルは「シンギュラリティ」（技術的特異点あるいは限界点）と提唱しています。

チェスや将棋の世界では計算機の能力は既に人を打ち負かすまでになっており、また、クイズ番組の問題を解答する計算機システムも開発されています。限界点を超えるとどのような世界になるのかについては映画でも題材にされており、２０１４年に公開された映画「トランセンデンス」はシンギュラリティを題材にしたものであり、限界点突破後の計算機、すなわち、超知能の姿が描かれています。

情報科学の研究分野は基礎論から様々な分野の応用まで、その取り扱うテーマは幅広いものです。現在、情報科学分野の先端研究者達は、シンギュラリティに向けてどのような研究に取り組んでいるのでしょうか。また、シンギュラリティ突破後の世界はどのようなものでしょうか。本書では、50名を超える情報科学の研究者が各専門分野で解説を行います。

本書が、情報科学技術の最先端の理解、および、シンギュラリティを超える未来社会をかいま見ることの一助となれば幸いです。

目次

Part 2　メディア科学における限界点

8　生活支援技術の限界突破

9　ライフサイエンスの限界突破

Part 1

計算機科学における限界点

1 クラウド社会の限界突破

2 ネットワークとシステム構築の限界突破

3 計算機構の限界突破

Part 1. 序 文

飯田　元

第一部では，計算機科学における限界点とその突破口を探ります．そもそも計算機科学とは何でしょうか．一言で言ってしまえば，「計算機」(コンピュータ）を役立てるにはどのように作ってどのように使いこなせばよいかの原理を究明する科学です．最初の計算機は「ハードウェア」，すなわち，特定の決められた仕事(計算)だけをするスイッチの集合体のようなものだけで構成されました．やがて，「ソフトウェア」という何の仕事をさせるかを書いた指示書を入れ替えられるようにすることで，様々な仕事に応用できるようになりました．さらに，ネットワークを通じて互いに協調することで，単体では困難だった規模の仕事もこなし，環境の変化にも対応しやすくなりました．

現在では，システムのサービス化（自分が持っていない機能をネット上の様々なパートナーから拝借できる）やクラウド化（どこに本体があるか意識させずにシステムが運用される）が進み，互いに連携するシステムのどこかが常に更新され続けることで進化するため，もはやどこまでが自分自身のシステムなのか開発者にも分からない，といった状況になりつつあります．このような計算機システムの進化は，いわば,人間がシステムにやらせたかった仕事を,ハードウェアやソフトウェア,ネットワークといったいれものの構造的束縛から解き放ち，やりたいコトのみを純粋に追求できるようになるための道筋といえるでしょう．このような考えは「モノからコトへ」と表現されることもありますが，それを突き詰めた先に計算機科学のシンギュラリティがあるのではないでしょうか．

そのような世界を実現する手法の1つとして近年はIoT（Internet of Things：モノのインターネット）という概念が流行しています．そこでは，社会のこまごまとした要素的なサービスロジックが物理的なパーツ一つひとつに溶け込み，それらが有機的に連携して大きな社会サービスとして動作する世界が実現されるでしょう．しかし，IoT化を極限まで突き詰めた世界が一旦走り始めれば，計算機技術者がシステム動作を意のままに操ることが（本来の意図に反して）非常に困難になる可能性もあります．幸か不幸か，そのようなシンギュラリティはまだ訪れていないようにみえますが，実は「緩やかに」特異点を超えつつあるのかもしれません．

ここでは，このような世界の到来に向けた話題や萌芽的な取り組みを，クラウド社会，ネットワークとシステム構築，計算機構という3つの階層的な視点から紹介します．

1 クラウド社会の限界突破

持ち主の気持ちを理解するスマートフォン ▲荒川 豊

総務省の平成26年版情報通信白書によると、日本における「スマートフォン」の普及率は50%を上回っており、誰もがスマートフォンを持つ時代になりました。スマートフォンとは何か、その明確な定義はありませんが、「常時インターネットに接続された小型で高性能な端末でアプリと呼ばれるソフトウェアを追加することで様々なことに利用できるもの」と言うことができます。その性能は数年前のパソコン並みになり、モバイルデータ通信速度も数年前の有線回線並になり、いつでもどこでもインターネットに接続されたコンピュータを利用できる時代となりました。スマートフォンの機能としては、電話やメール、インターネットに加え、デジタルカメラ、ゲームなどあらゆる機能が搭載されています。

しかし、研究者は別の視点でスマートフォンを捉えています。それは、通信機能を有し常時携帯される多機能センサー、という見方です。スマートフォンには多数のセンサーが組み込まれているのはご存知でしょうか？　動きを捉える加速度センサー、回転を検知するジャイロセンサー、向きを検知する地磁気センサー、地球上での位置を把握するGPSセンサーなどが代表的なセンサーですが、近接センサーや光センサー、機種によっては気圧センサーや放射線センサーなど、さまざまなセンサーが搭載されています。これらのセンサーは、スマートフォンが、操作する人の状態や周辺環境の状況を理解し、それに対応したサービスを提供するために使われています。

●現在のセンサーとその使われ方

例えば、近接センサーはスマートフォンの画面上部に搭載されています。これは通話時に顔が画面に当って誤動作するのを防ぐために使われおり、顔が近づくと画面を暗くしてタッチ操作を無効にします。光センサーは、画面の明るさを制御するために使われています。屋内から屋外に出た時は、自動的に明るくして視認性を良くしますし、逆に屋内に入った時は暗くして消費電力を抑制しています。ジャイロセンサーはスマートフォンの縦横を自動的に検知して、ユーザの持ち方に併せて画面の向きを変更しています。このように、ユーザの状態を理解して先回りしているのです。

研究レベルでは、加速度センサーや音から、運動状態や乗っている乗り物を検知したり、気圧センサーで何階にいるのかを認識したりと、さまざまなユーザ行動を認識する取り組みが行われています。単純な動きだけではなく、睡眠状態の認識[1]なども研究されています。また、多人数のスマートフォンを用いて都市全体をセンシングするような研究として、マイクを使って街の騒音をセンシングする研究[2]や、光センサーを使って外灯の明るさをセンシングする研究[3]などがあります。

このような状態を検知して先回りする機能は、うまく動けば「気が利く」機能になるのですが、意図しない動作だったり、タイミングがずれたりする場合、「お節介な」機能になってしまうため、正確なセンシングとそれに対する適切なサービスの組み合わせが肝となります。現在は、お節介に

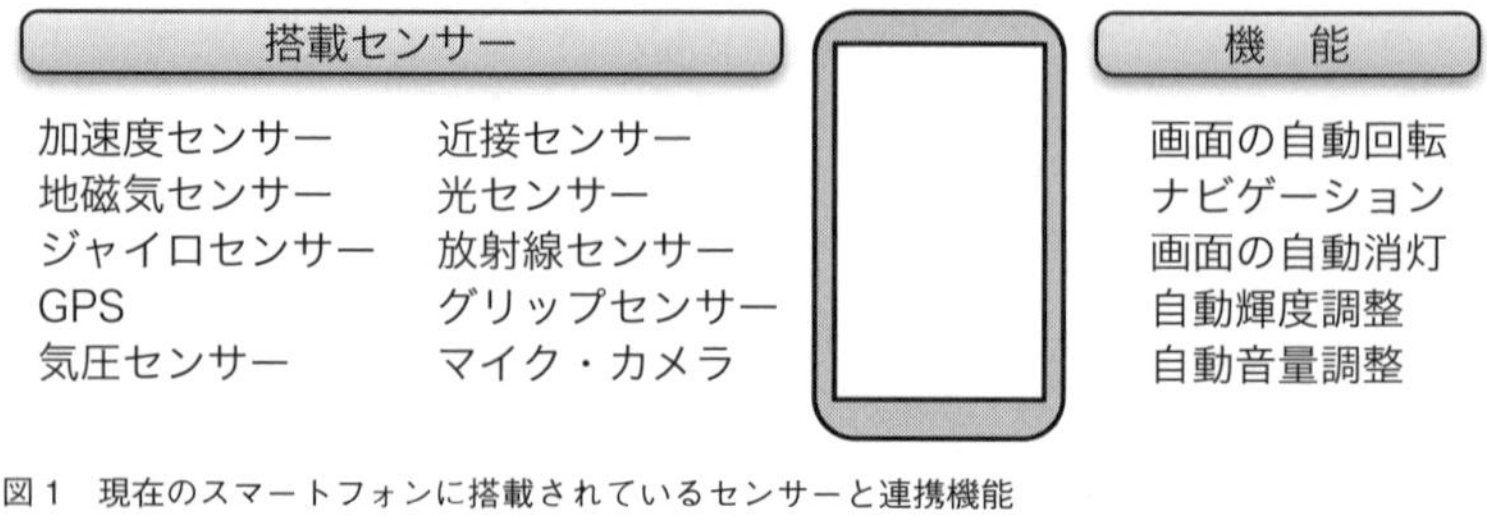

図１　現在のスマートフォンに搭載されているセンサーと連携機能

ならないよう控え目に作られており、センサーの使われ方も上記に示したような非常にシンプルで確実な組み合わせに限定されています。

●これからのスマートフォンとシンギュラリティ

ポケットからスマートフォンを取り出すと、すでに操作しようと思っていたアプリの画面が開いている。お腹がすいたなと思った矢先に近所のレストラン情報が通知される。ストレスを感じていると優しく声をかけてくれる。ポケットの中の小型コンピュータが、常に持ち主の状態をセンシングし、今から何を操作してどんな情報を得ようとしているのかを先に考え、その結論がお節介ではなく、意図に則した気の利いた答えになったとき、シンギュラリティが訪れます。しかし、どのようなアプリを操作しようと思っているのかといった人の意思や、空腹やストレスといった内面的な状態を、どのようなセンサーでどのようにセンシングするのか、センシング結果に対する適切な動作をどのように決定するのか、そうした処理をどこで行うのか、処理に必要な消費電力をいかに抑えるのか、などシンギュラリティまで研究課題はまだまだ山積みです。

●シンギュラリティに向けた研究

私たちの研究室では、来るシンギュラリティに向けて、スマートフォンに関する研究やスマートフォンを活用したセンシングに関するさまざまな研究に取り組んでいます。例えば、空腹度や心拍数をスマートフォンで推定する手法についても研究を進めています。人間の体の変化は、ある程度数式化することができ、空腹や心拍といった生理現象も、過去の状況や似た体型の人のデータから予測することができます。この推定精度が高くなると、歩く前にどのような心拍数になるのかを推定したり、食べる前に血糖値がどのように変化するのかも推定することが可能になります。

他の研究例としては、タッチ操作そのものをセンサーとして活用する手法を研究[4]しています。タッチ操作は、スマートフォンの代名詞とも言えるもので、キーボードやテンキーで入力していた携帯電話よりも、直感的に操作可能になりました。特に静電容量式のタッチパネルが普及したことにより、スワイプという画面をこする操作が生まれ、我々の日本語入力でもスワイプ入力という新しい入力手法が生まれるなど、この数年で情報機器の操作性は格段に改善されました。しかしながら、タッチパネルは、あくまでも操作を入力する装置、あるいは、操作結果を表示する装置にすぎません。

それに対して、研究室では、タッチパネル上の操作挙動を取得、分析し、これらを活用した人の状態センシングについて研究を行っています。どんな操作をしているのかを取得すると同時に、どのような行動をしているのかをセンシングし、その関連性を明らかにしています。タッチパネルの感度や同時認識可能な指の本数など、タッチパネルも日々進化しており、現在のタッチパネルでは、タッチ圧力やタッチ面積なども取得可能になっています。将来、指の発汗や血流の変化まで読み取れるタッチパネルなども出てくるかもしれません。そうしたタッチパネルを搭載したスマートフォンが普及し、私たちの研究と組み合わさると、図2に示すように、みなさんの指先に現れる微妙な変化から、ストレスや感情もスマートフォンが理解できるようになると考えています。

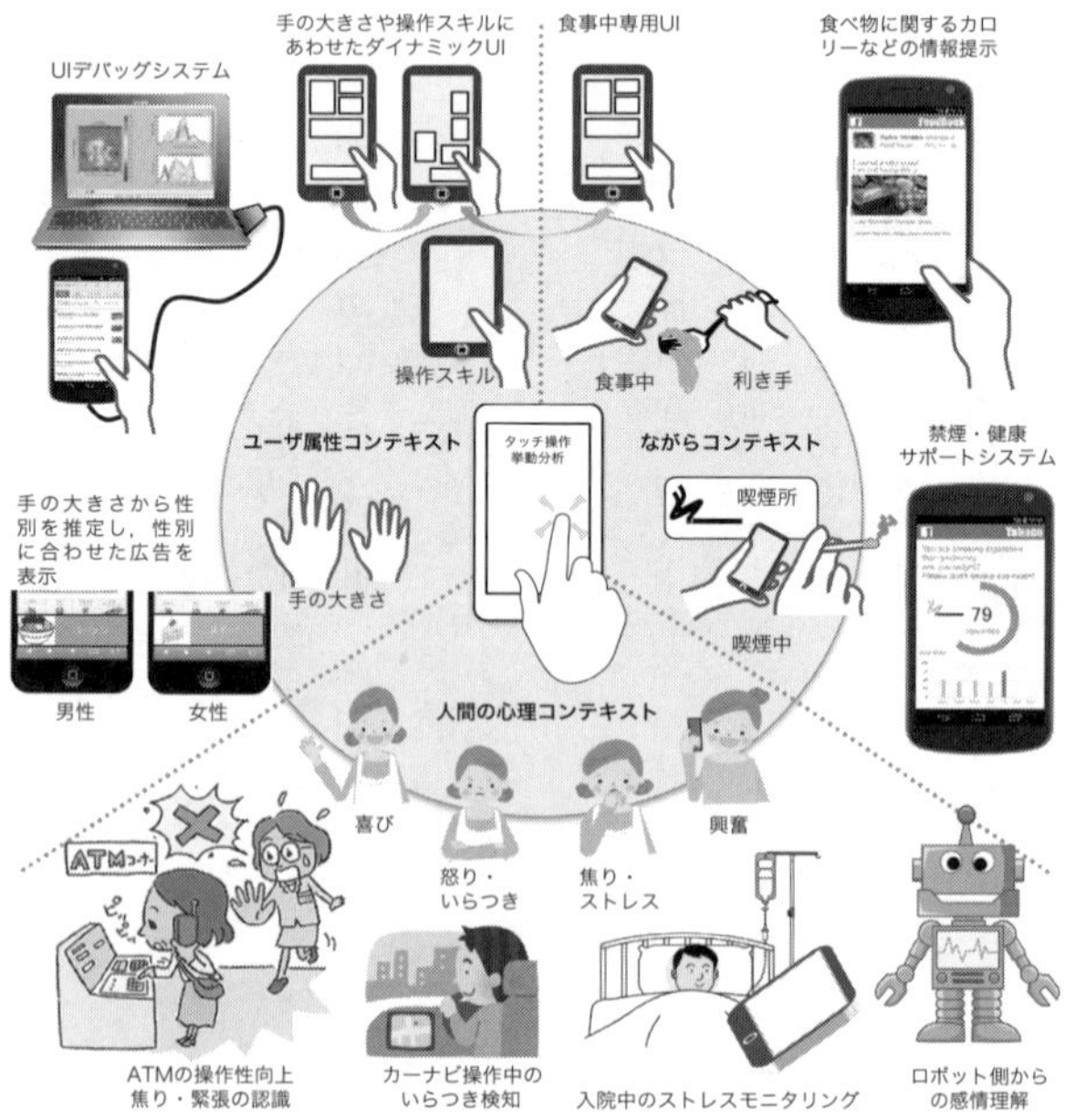

図2　タッチ操作の挙動分析による人の状態推定

コンピュータによる「粋」なはからい

安本慶一

日本には「おもてなし」や「粋なはからい」という、サービスの顧客やビジネスパートナーに対し、どうしたらその人に喜んでもらえるか、満足してもらえるかを真摯に考え、準備をし、実践するという行動様式があります。滝川クリステルさんによる東京オリンピック招致スピーチで世界的にも有名になった「おもてなし」ですが、もてなす相手を喜ばせるだけでなく、そのための事前準備等にかかる努力を表に出さず相手に気遣いをさせないことも重要になります。このような、きめ細やかで、人にしかできなさそうな複雑な行動を、はたしてコンピュータにさせることができるでしょうか。コンピュータの能力が人間のあらゆる能力を超える「シンギュラリティ」の到来時には、当然コンピュータが「おもてなしの心」を理解し実践できることが期待されます。

●「おもてなし」に必要な情報処理

「おもてなし」に必要な情報とその処理について考えてみましょう。どのような状況なのか、もてなす相手は誰なのか、その人の好みや喜ぶことはなんだろうかといったことが必要な情報としてまず頭に浮かびます。これらの情報をコンピュータが自動で収集・分析し、客が喜ぶ行動を予測できるでしょうか。

例えば、寿司屋の大将が客をもてなす状況を考えます。客は寿司を食べに来ているので、喜ばせるためには、その人の好みのネタ、好みの注文順序といった情報が最低限必要だと考えられます。お店側は寿司を出せないと困るので、ネタの在庫状況、旬のネタ等の情報も必要になります。

これらの情報は、既存の技術を用いてある程度正確に取得することができます。どの客であるかはカメラ映像の顔から、好みのネタ・注文順序は過去の注文履歴から、在庫や旬のネタは在庫管理用センサーやデータベース等からある程度正確に取得可能です。これらの情報を利用すれば、ある客が来店した時に、何も注文しなくても、その客の好みで旬のネタである「コハダ」を最初に出すという判断予測ができるかも知れません。

しかし、これでは普通よりちょっと良いサービスにしか過ぎません。客に感動を与えるには、「この人にだけ」という特別感が必要で、それに加えて、会話や、タイミングも重要な要素だと考えられます。例えば、「昔一度だけ食べたことがあるカサゴの刺し身は旨かった」と前回来店時に話していた客に、適度な頃合に「そろそろ来られる頃だと思っていたので」とさりげなくカサゴの握りを出すような心配りは格別の感動を与えることでしょう。

このように、「おもてなし」を行うには、もてなす相手のあらゆることを理解すること、さらに、何をどのタイミングで行えば、どれくらい相手が喜ぶかを予測できることが必要になります（図1）。

●人間を理解する技術の現状と限界点

それでは、現在の技術で、コンピュータによりどれくらい人間のことが理解できるのでしょうか。近年、高齢者の見守りや健康支援に応用することを目的に、コンピュータにより人の行動や精神的・身体的状態（コンテキストと呼びます）を理解しようとする様々な研究が行われています。

人の行動を認識するため、天井に取り付けたカメラを用いる方式や、家庭内のあらゆるモノにセンサーを取り付ける方式、住人の手足に加速度センサーを取り付ける方

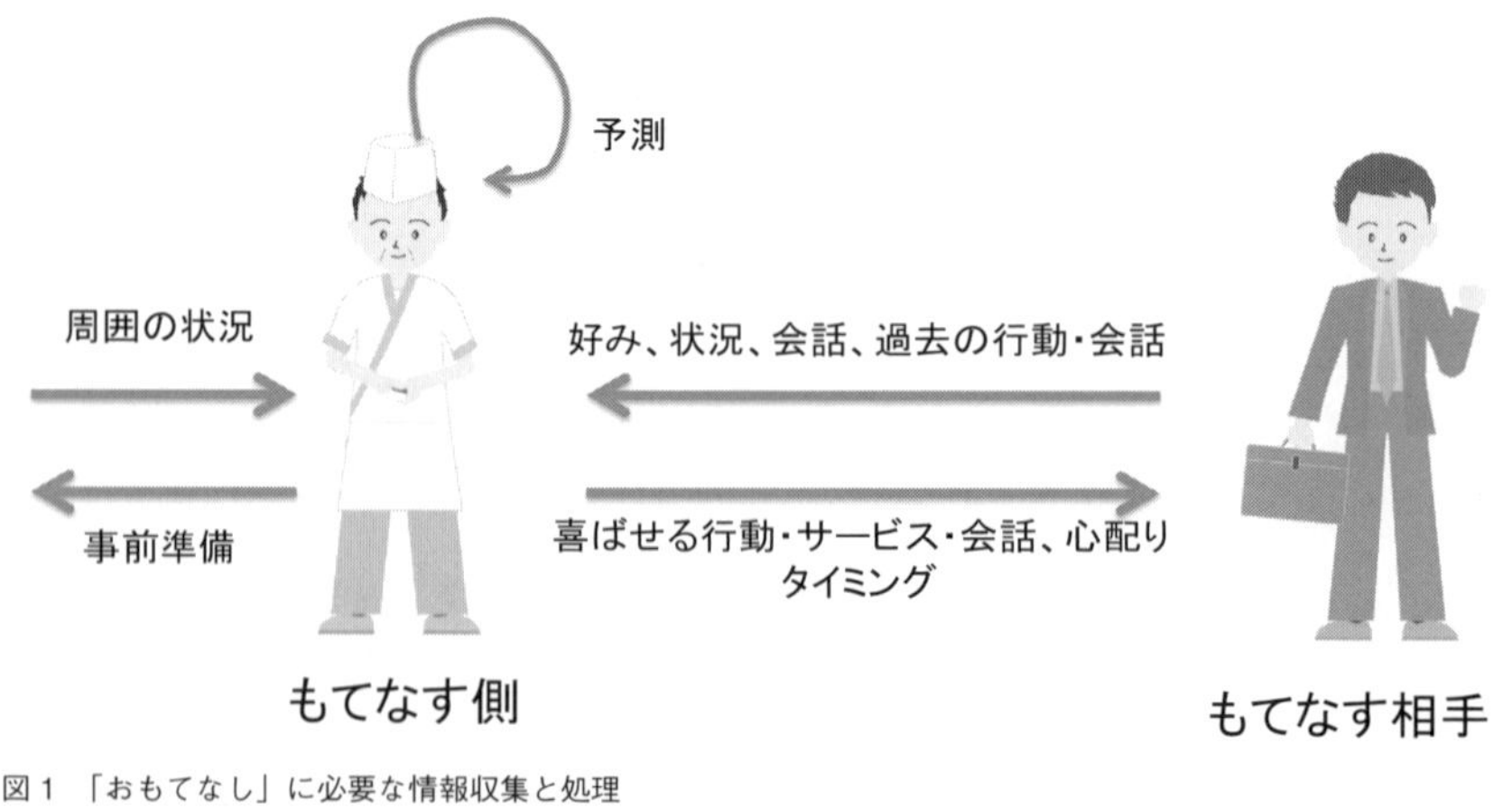

図1 「おもてなし」に必要な情報収集と処理

式、スマートフォンのマイク・加速度センサーを用いる方式、ウェアラブル磁気センサーを用いる方式など、様々なアプローチによる研究がなされています。しかし、これら既存研究は、認識できる行動の種類や認識率、認識時間が制限されており、カメラで監視されることへの嫌悪感や、導入・維持コスト、装着の煩わしさといった未解決の課題を残しています。

精神的・身体的状態の推定に関しても、カメラによる表情解析に基づいた喜怒哀楽の推定や、心拍計や発汗計などの生体センサーを用いたストレス推定などの研究がなされています。しかしながら、行動推定と同様に、認識精度やプライバシー侵害、コスト、特殊機器の使用といった点で、一般に広く普及するには、まだ時間がかかりそうです。

●シンギュラリティに向けた取組み

私たちの研究室では、コンピュータによる「粋なはからい」の実現に向けた様々な研究を行っています。大学構内に導入した１ＬＤＫの実験用住宅設備（図２）に位置センサー、電力センサー、温湿度センサーなどをとりつけ、これらのセンサーが計測した値とその時間変化から、住人が、食事をしているのか、テレビを視聴しているのか、掃除をしているのか、お風呂に入っているのかなどの日常生活のほとんどをカバーする多種類の生活行動を、プライバシーを侵害することなく低コスト・高精度に推定する研究を進めています[1]。

様々な行動を高い精度で認識できれば、行動パターンの把握が可能になり、次にどの行動が行われるのかを予測することもできるようになります。予測結果に基づいて、

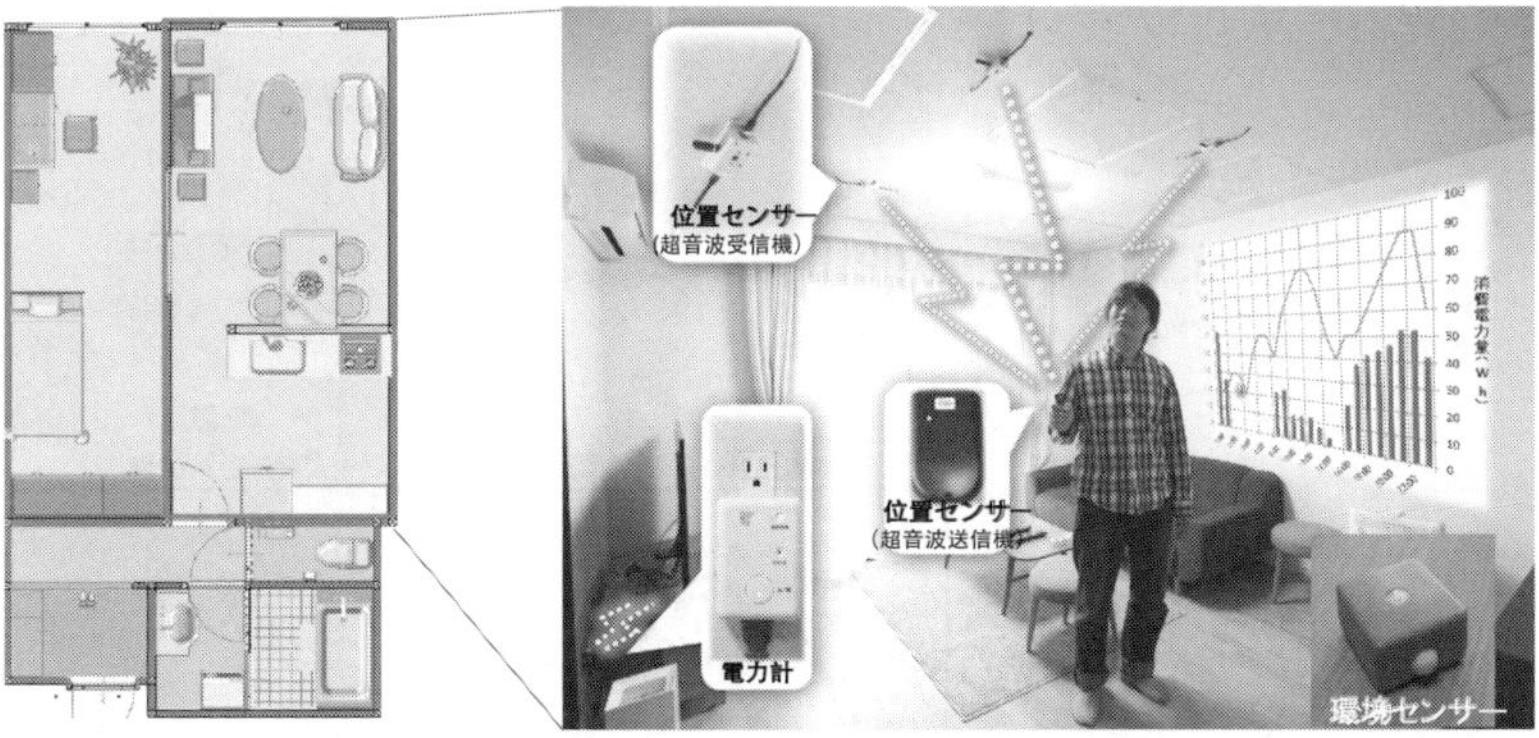

図２　スマートホーム設備

住人が就寝する時刻を予測し、寝室の空調をその日の体調に合わせて最適に調整しておくといった「粋な」家電制御も可能になると考えています。

さらに、この住宅設備を用いて、今後、精神的・身体的な状態を推定する研究を行うことを計画しています。ある時点での精神的・身体的状態は、それ以前に行った一連の行動に関連していると考えられ、屋内外の行動推定の結果を用いて、精神的・身体的状態を推定できないかを解明していく予定です（図3）。

最終的には、行動推定および精神的・身体的状態推定の結果をパーソナルロボット技術や自然言語処理技術、音声認識・合成技術等と有機的に連携させることで、「粋なはからい」ができるコンピュータの実現に一歩近づけるのではないかと考えています。

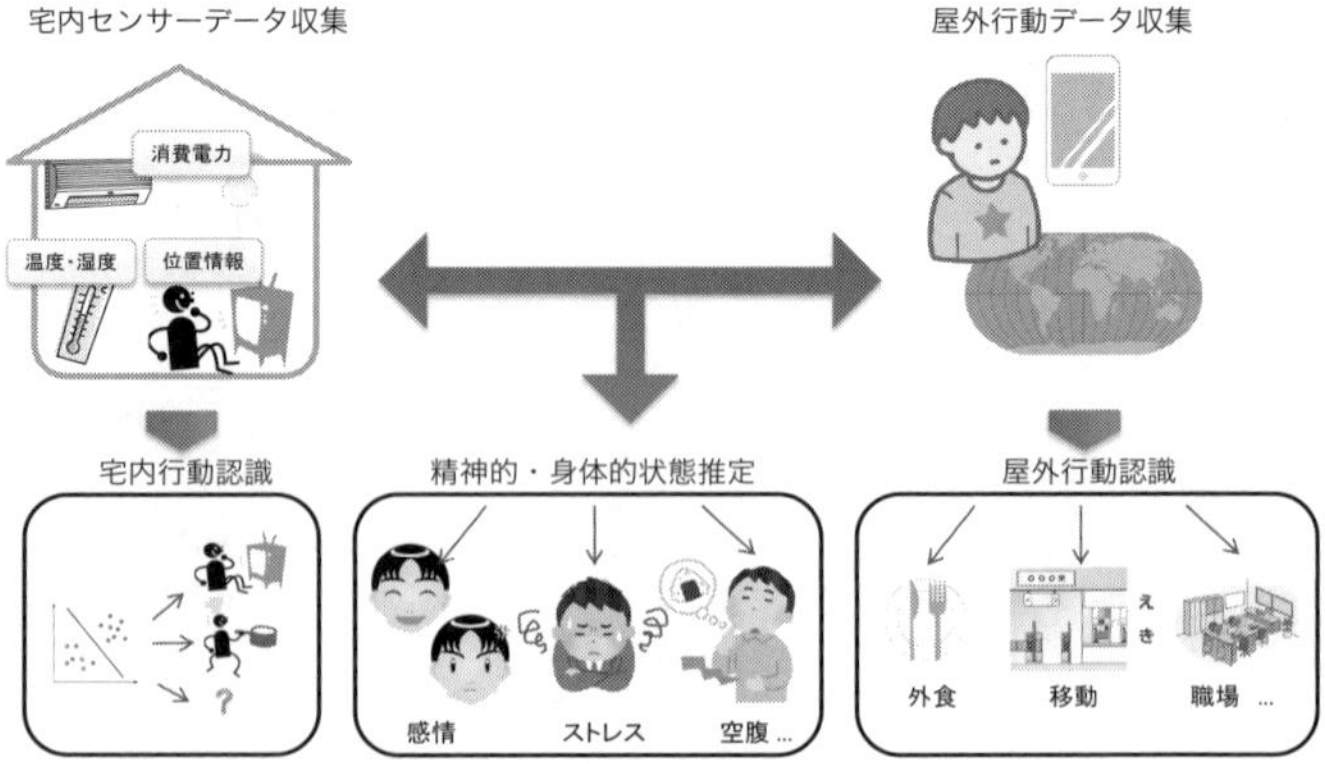

図3　人の行動及び精神的・身体的状態の推定

未来のナビゲーション(1) ダイナミックセンシングによるナビゲーション技術

▲柴田 直樹

●カーナビの基本的な仕組み

日本は都市部での人口密度が世界的にみて非常に高く、そのため道路が複雑で混みやすいといえます。このため日本でのカーナビの普及率は非常に高く、新車3台のうち2台にカーナビが取り付けられています。最新のカーナビでは様々な条件でのルート検索や周辺施設検索、道路交通情報の参照機能の他に、テレビ(ワンセグ・フルセグ)の視聴、ラジオ、各種メディアの再生(音楽・映像)、リアモニタ、ドライブレコーダやETC[1]との連携といった機能が提供されています。

カーナビの機能のうち最も基本となる二点間のルート検索は、自車の測位[2]と経路探索の二つの機能を組み合わせて実現されています。カーナビにおける測位には主にGPSが使用されています。GPSは、地球を回る約30個の衛星から送信される非常に高精度な時刻信号を受信機で受け取り、それぞれの衛星から受信機までの距離に応じて信号の到達時間が変わる性質を利用して受信機の位置を算出します。しかし、電離圏や対流圏[3]での電波特性の変化や建物による信号の反射などのため10mあるいはそれ以上の誤差が生じます。このため、GPSで測位した通りの座標を地図の上に表示すると、道路からはずれた場所を走っているように表示されてしまいますので、地図と照らし合わせて、走っている可能性の最も高い地点を表示するようになっています。また、トンネル内などでは衛星からの電波を受信できないため、GPSによる測位は利用できません。このような場合でも測位を可能にするため、タイヤの回転から得た自動車の速度や、加速度センサ・ジャイロ[4]を利用する仕組みになっています。経路探索は、カーナビに内蔵されたハードディスクやフラッシュメモ

1—Electronic Toll Collection Systemの略で、有料道路における料金の支払いを無線通信により自動的に行うシステムのこと。

2—位置を測定すること。通常、測位対象の緯度・経度・高さを得る。

3—上空で大気を構成する層のこと。電波を吸収・反射する性質が層によって異なる。

4—測定対象の加速度・角速度を測定する装置。近年小型化が進み、スマートフォン等に内蔵されるようになった。

リに格納された電子地図を参照し、二点間を最短の道のりで結ぶ経路や、最短時間で到達できる経路を探索します。この際、渋滞や通行止めを考慮するために、道路に設置された様々なセンサから集めた情報を、FM多重放送[5]や光ビーコン[6]などを通じてカーナビに配信するVICSと呼ばれるシステムが利用されています。また、過去の渋滞情報をカーナビ内に保持しておき、この情報を参照することにより渋滞をより的確に予測する仕組みも使われています。

●都市全体の交通を最適化する

カーナビは、各ドライバにとって最短時間で到着する、最適な経路を案内することができますが、それでも渋滞を完全に避けることはできません。道路を通行できる自動車の数には限りがあり、多数の自動車が一つの道路に集中すると、必ず渋滞が発生するからです。道路を通る車の数は、交通量が、渋滞が起こりはじめるより少しだけ少ないときに最大になり、渋滞が発生すると極端に低下します。交通渋滞を解消するためには、渋滞が発生しないように交通量を道路ネットワーク全体に分散させる必要があります。それには各ドライバが最短の道のりを選択するより、ドライバ間で協力し合って、時には遠回りの道を通ることが社会全体の利益につながるのです。渋滞が発生すると燃費も悪化するため、例え遠回りをしたとしても渋滞を回避した方が燃費、到着時間、ドライバの心理的側面など全ての面で勝る場合が少なくありません。

道路の交通量を制限するもう一つの要素として、信号のタイミングがあります。赤信号を待っているとき、前方の交差点が青信号であり、その信号に到達したタイミングで赤信号になって再び待たされるといったことは、自動車を運転する人なら頻繁に経験することでしょう。都市の一般道路を走行する自動車は意外に長い時間停車しています。渋滞がないケースでも、都市部では1時間に20㎞しか走行できません。車を60㎞／hまで加速するためのエネルギーは、その車を約14メートル

5—ラジオのFM放送の周波数帯でデジタル放送される交通情報。2分半毎に約5万字相当の広域エリアの情報が放送される。

6—道路上に設置されたビーコンから赤外線を発し、直近の道路の詳細なデジタル情報が提供される。

の高さまで持ち上げるエネルギーと等しく、車両が停止・発進するたびにこれだけのエネルギーが無駄に消費されているのです。信号をうまく制御することにより、自動車の実効速度や燃費、運転の安全性を劇的に改善することができます。

私達は、情報技術を応用することで、各ドライバに都市の道路ネットワーク全体の交通量を最適化するための経路を案内する研究を行っています[1]。例えば、道路上の複数の交通信号機を協調制御し、一定速度で走行する車両グループが連続する交差点を無停止で通過できるようにするGreenWaveという技術があり、中国などで実用化されています。しかし、無停止で走行できるのは一方向だけであり、逆方向や交差する道路は恩恵を受けられません。また多数の車がGreenWaveが設定された道路に殺到するとかえって渋滞が発生するという欠点が判明しています。そこで、都市中心を貫くのではなく、都市中心部の周囲を巡回するようにGreenWaveを設定することで、このような問題を回避し、また都市中心部から交通量を吸い出すことによって都市中心部の渋滞をも軽減する方式を、私達の研究で提案しました。この場合、GreenWaveを通る車の経路は遠回りになるので、ナビによる案内が不可欠になりますが、経路の計算のしかたを工夫し、交通量を都市全体に分散させることで、ナビが１００％普及していない場合でも都市全体の渋滞を軽減できることをシミュレーションによって示しました。

●混雑した駐車場で素早く駐車する

自動車を運転する人の中には、通勤や買物に主に利用し、近所以外にはあまり出かけない人も多いでしょう。毎日スーパーに買物に行く人にとっては、いかに快適にスーパーで駐車するかが重要であるはずです。最近は大きな駐車場を備えたスーパーが増え、そのようなスーパーでは複数階にわたる多数の駐車ゾーンからなる大型駐車場を備えていることが多いのですが、全ての駐車ゾーンの人気は等しいわけではなく、駐車場入り口からの距離や、店舗の入り口までの距離などに応じて異なるのが普通です。この人気の差が渋滞を引き起こす原因となります。人気の高いゾーンに車両が集中することで渋滞が発生し、その一方で、人気のないゾーンはほとんどの駐車スペースがすいているような状態となるのです。これから駐車場に入場するドライバにとって、どのゾーンがすいているのか知ることは容易ではなく、その上、一度渋滞に巻き込まれると脱出したくても身動きができない状態に陥ってしまいます。このような渋滞による機会損失は、店にとっても大きな痛手です。大型駐車場における渋滞の解消と回避は、ドライバと店舗の両方の観点から重要な課題であるといえます。

私達は、大型立体駐車場を対象に、駐車待ち時間を短縮する駐車案内手法を研究しています[2]。駐車場内に多数のセンサを配置し、各車両の位置を細かく把握すればこのような案内は技術的にそれほど難しくありませんが、導入コストと維持コストが大きくなってしまいます。私達の研究では、各駐車ゾーンに安価な無線ＬＡＮアクセスポイントを設置し、管理用のパソコンを一台導入するだけで、各車両から得られる情報をもとに駐車ゾーンの混み具合を推定し、駐車できるまでの時間の期待値を最小化するように駐車場内の経路を案内する方法を提案しました。この方法では特に混雑する駐車ゾーンを回避する経路を案内することにより、提案手法に従って駐車場内を移動する自動車だけでなく、提案手法を利用しない車両にもメリットを生じさせ、駐車場全体の稼働率を上げることができます。

●電気自動車の欠点を解消する

環境問題への関心が高まっており、電気自動車（ＥＶ）が注目されていますが、短い航続可能距離や、長い充電時間のため、普及には至っていないのが現状です。一方、レンタカーの一種で、会員の間で車両を共有するカーシェアリングが注目されています。私達は、ＥＶとカーシェアリングを組み合わせることで、複数のユーザがＥＶを共同利用し、効率的に運用するシステムを提案しました[3]。この研究では、ユーザは任意の目的地でＥＶの利用、返却が可能であり、残り電力量の少ないＥＶを乗り換えて移動を継続できます。システムを利用するユーザは複数の希望目的地や到着時間帯を入力し、システムから提示された巡回経路と目的地における行動（乗換や充電）を含むスケジュールに従い移動します。カーシェアリングを想定しているため、ＥＶの分布が偏る可能性がありますが、目的地に停車中のＥＶ台数を把握し、予約可能なＥＶに余裕のある目的地から不足している目的地へのＥＶの配車スケジュールも算出します。このスケジュールに基づいて事業者が配車を行います。この時、配車のために消費される電力も考慮します。ＥＶの実走行距離は運転方法や、エアコンの使用状況、渋滞や勾配などの道路状況に影響を受け、また運転するのはユーザであるため、システムの指示通りに目的地に到着しなかったり、突発的な事故の影響で渋滞が発生したりすることがあり得ます。このような場合にも、ＶＩＣＳなどから得られる渋滞情報を考慮しつつ、各目的地における配車の余裕度を常に計算し、リアルタイムでスケジュールを変更することによって、対応することが可能です。

これまで見てきたように、個々の人が行動を変えただけでは達成し得ないことが、多数の人々の行動を同時に変えることで可能になることがあります。人間というのは利己的な生き物で、それぞれが他人ではなく自分が最も得をするような行動を取るものです。そうであっても、情報技術を活用することにより、社会全体が得をするように多数の人々の行動を最適化することが可能なのです。

未来のナビゲーション(2)

ナビゲーションにおける価値創造

安本慶一

●これまでのカーナビ

1981年に最初のカーナビゲーションシステム（以下、カーナビ）が登場してから、2016年時点で35年が経過しようとしています。2013年度のカーナビの国内出荷台数は6000万台を超えており、今ではほぼ全ての自動車がカーナビを備えていると言っても過言ではないでしょう。いうまでもないことですが、カーナビの目的は、現在地から目的地への最適な経路を案内することです。その基本的な仕組みである、自車の測位と経路探索の2つの機能については前項で詳しく述べられているので、ここでは省略します。近年では、インターネットに容易に接続可能なスマートフォンやIoT（Internet of Things）機器[1]の普及に伴い、プローブ交通情報という、走行中の多数の自動車の位置や車速などの情報を用いて、VICSが対応していない幹線道路以外の交通状況を反映したナビゲーションも可能になっています。さらに、燃費情報と連動した最良燃費ルートや、ETCの割引時間帯なども考慮した、高速料金が安く到着時間も早いルートを案内するカーナビも販売されています。

●カーナビにおける価値創造とシンギュラリティ

情報通信技術の進展により、カーナビは今よりもずっと便利になる可能性を秘めています。特に、今後は、利用者にとって価値の高い情報やサービスを状況の変化に合わせてリアルタイムに提供することが必要になってくると予想しています。すなわち、近い将来、カーナビが運転者や同乗者の

1―インターネットへ接続し計測したデータなどを送信する機能を持った機器。

状況、走行する道路の周辺環境の状況を取得・予測し、様々な価値の高いサービスを提供することが求められてくるでしょう。例えば、自動車で移動中に、搭乗者の空腹状況、レストランの場所や混雑状況、食事の嗜好等を考慮して、ベストな時間にベストなレストランに案内することができれば、搭乗者にとって価値が高いサービスになると考えられます。同じ目的地に移動する場合でも、少し遠回りだけど景色の良いルートを案内するといったことも重要です。ほかにも、ガソリン補給やトイレのベストなタイミングでの案内や、意外性のある穴場スポットの案内なども考えられます。

ここで限界突破すべき技術的課題は、人の状況および周辺環境の状況の取得技術の実現です。人やその周辺環境にまつわる状況のことを表す専門用語として「コンテキスト」を以後使用します。人のコンテキスト取得の限界突破に関しては、「コンピュータによる「粋」なはからい」の項で既に述べました。ここでは、周辺環境コンテキストの取得技術について述べます。例えば、景色の良いルートを案内するには、様々な道路における車窓からの「景色の良さ」を認識する必要があります。あらゆる道路について、人が「景色の良さ」を判断し、その結果をデータベースとして構築・保持する方法が考えられますが、景色の良さは、季節や、天候、時間帯等により移ろいやすいものであり、その全ての組合せについて、人の判断を仰ぐのは、労力やコストの面で非現実的だと思われます。そこで、プローブ交通情報のように、走行する車両が自動で様々な情報（景色の良さ、レストランの混雑度などを含む）をセンシングし、共有できる技術の登場が望まれています。

●限界突破に向けた取り組み

私たちの研究室では、自動車による道路周辺環境コンテキストの自動取得に関する研究に取り組んでいます。株式会社デンソーと共同で開発した「桜センサー」[1]は、車載スマートフォンが撮影した動画の各フレームに、色の分布を調べる色ヒストグラム解析と形状の複雑さ（自然物ほど形状が複雑）を調べるフラクタル次元解析を適用し、走行中の各地点における桜の開花状況およびその度合（桜度合い）を自動で算出することができます。各道路を車両が走行するたびに、その道路の桜度合いが更新され、最新の桜の開花状況・度合いが共有される機能（図1）、走行中の道路における桜度合いをスマートフォン画面にリアルタイムに表示する機能（図2の★）を実現しています。応用として、目的地へ桜度合いの高いルートを案内する機能（図3左）を持ったスマートフォンアプリケーションを試作しています。桜度合いの高い地点におけるショート動画を自動で切り出して共有する機能も実現されており、検索したルートのシミュレーション走行画面（図3右）では、ドライバがルートを走行する前に、これらの動画を事前に確認することができます。また、桜センサーでは、図4に示すように、画像解析による桜度合いの算出と桜度合いの高い動画の切り出しをスマー

図1　桜開花状況の共有図

図2　桜センサーのスマートフォン画面

トフォン側で実現することで、無線ネットワークおよびサーバにかかる負荷を抑制しています。

桜センサーの特徴は、車載スマートフォンを用いて自動車をセンサー化し、参加型センシング（多数ユーザの自発的な参加により、広域におけるデータをセンシングする手法）を用いて広い範囲から自動で環境コンテキストを取得できるようにしたことです。桜センサーの判定精度は、人が判断した場合の70％程度に留まっており、改善の余地は大きいですが、自動であることに意義があり、参加者が増えれば増えるほど、より広域のエリアの情報が、より細かな時間解像度で取得できるようになります。また、現在は、動画の解析により桜の開花度合いの判定を行っていますが、他の景色（紅葉、新緑など）や路側の状況（レストランの混雑状況、駐車場の混雑状況など）を判定するアルゴリズムを追加することで、自動車により様々な環境コンテキストを自動で取得できるようになると考えています。

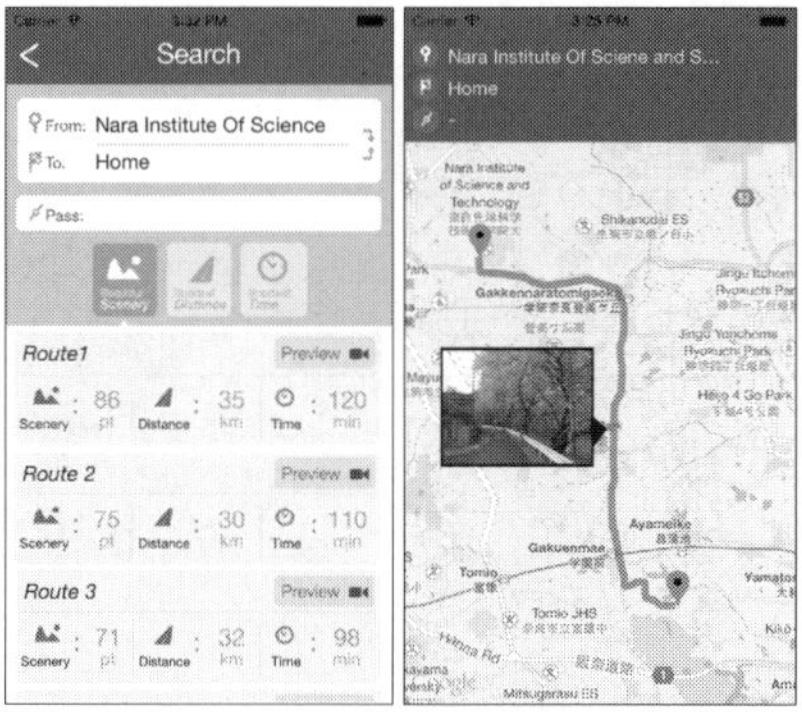

(a) Route Selection View　(b) Route Information View

図３　ナビゲーション画面

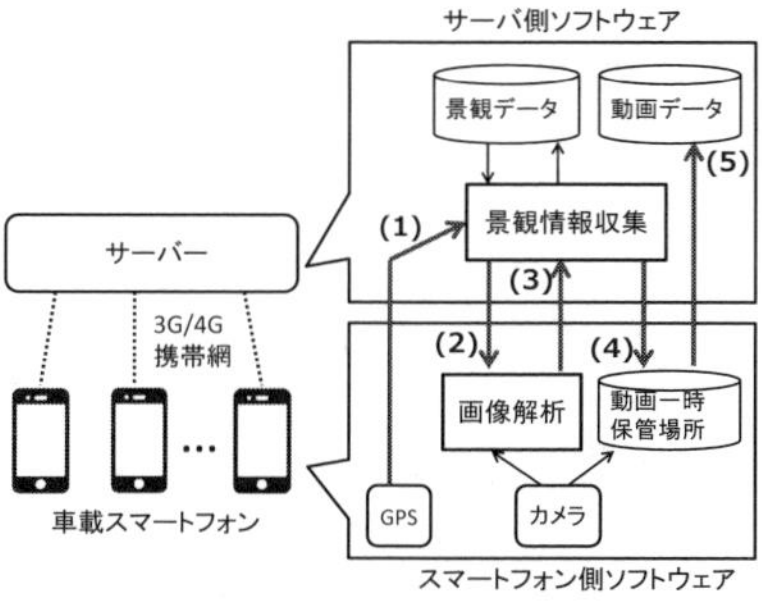

図４　桜センサーのシステム構成

インターネットと通貨

柴田　直樹

●通貨の歴史

通貨、すなわちお金は私たちの生活に密接に結びつき、社会の中で中心的な役割を果たしています。通貨は、物々交換を置き換える形で人々の暮らしの中で自然発生し、技術の発展に伴って抽象化され、現実世界の物のやりとりから、計算機ネットワーク上での情報のやりとりに進化してきました。そしてその進化は今日も続いているのです。近い将来、いわゆる計算機だけではなく、もっと身近な色々なモノがネットワークにつながるようになり、計算機という概念が大きく変わるでしょう。利害関係の異なる団体に管理された多数のモノ（小さな計算機）が協調して特定の目的を達成する分散処理が重要になり、このような環境では、ネットワークにつながった計算機のバッテリやCPU時間[1]等の計算資源[2]を利用する対価を支払うことが重要な技術になってきます。それに伴って、モノの間で電子通貨[3]を自動的にすばやくやりとりする方法が重要性を帯びてくると考えられます。このような場面では、完全に電子的な支払い方法が、社会になくてはならない重要なインフラとなると考えられます。しかし、通貨の支払いは、単純なようで多くのことを考慮する必要があります。そもそも、紙切れにすぎないお札がなぜ価値を持つのか不思議に思ったことはないでしょうか。通貨を取り巻く複雑な状況を通貨の発生から順を追ってみていきましょう。

はるか昔、人々は物々交換で品物のやりとりをしていました。しかし、交換するための物品が重くてかさばる、劣化してしまうといった不便さがあり、やがて金や銀といった貴金属でできた貨幣が使われるようになりました。貴金属の貨幣にもまだ保管が難しいという問題がありました。この

1―特定の計算を行うためにある計算機のCPUを利用する時間

2―計算機を利用して何かを行う上で必要となる物資

3―計算機間で支払いを電子的に行う上でやりとりされる、貨幣価値を表すデータ

ことから当時頑丈な保管庫を持っていた金細工師のギルド[4]が貨幣の保管を請け負うようになりました。金を預かったときに預り証が発行され、預り証は金と交換できることが保証されていました。やがて、預り証が金の代わりに取引に使われるようになりました。しかし、ギルドによって預り証が異なるという不便があったことや、敵対する特定のギルドに一度に払い戻しを要求してギルドを破綻させるといったことが行われたことから、国の中央銀行以外が預り証を発行することが禁じられました。これにより、国の中央銀行により金や銀等と常に一定量で交換できることが保証されている兌換紙幣が誕生しました。兌換紙幣には、流通する貨幣の総量が採掘された金や銀の総量で制限されてしまうという欠点があり、景気が悪い時に市場の通貨量を増やして景気対策をすることが難しいという問題がありました。このため、世界恐慌を経て、各国は通貨と金や銀の価値の関係が一定でない、管理通貨制度に移行しました。通貨の価値は日々変動し、すなわち一定量の通貨で買える物品の量は変わっていくことになりました。国の政府に対する信用が通貨の価値を裏付けることになったのです。

●様々な支払い方法

お店で物を買うときに、現金を使ってお金を払う以外にもクレジットカードや銀行振込、電子マネー、小切手等、いくつかの支払手段が用意されています。ここではまずクレジットカードについて見てみましょう。

加盟店で利用者のカードが提示されると、カードの番号が運営会社（実際には複数の会社からなります）に送られ、信用照会[5]の後に、加盟店により商品等が利用者に提供されます。加盟店から運営会社に伝票が送られ、代金から手数料を差し引いた額が加盟店に支払われます。運営会社は手数料を上乗せして利用者に請求します。カードの不正利用があった場合には、加盟店は利用者の署名

4—職業別組合

5—クレジッドカードの不正使用を防ぐために，クレジットカードによる決済が行われる前に加盟店が発行会社に問い合わせを行うこと

等により瑕疵のなかったことを証明します[6]。ずいぶん複雑な仕組みですが、なぜ人々はクレジットカードを使うのでしょうか。昔は紙幣の偽造防止技術が十分でなく、高額な紙幣は信用されなかったということがあります。紙幣を持ち歩くと紛失や盗難の危険があります。紙幣は盗難に遭うとまず戻ってきません。クレジッドカードなら、盗難・紛失時には無効化することができ、不正利用されても保険により補償されます。支払いまでに猶予期間があるのもメリットでしょう。加盟店にとっては、現金だと盗難や取り扱いミス、銀行とのやりとり、現金を数えたり保管するための隠れたコストがあり、クレジットカードだとこのようなコストを削減できます。一方、現金にもメリットがあり、現金自体に価値があること、信用力の無い未成年でも利用可能であること、取引当事者のみで支払いを完結させられること、購買履歴が残らず匿名性が高いこと、どの銀行から引き出しても同じように利用できること、利用者間で転々と流通させられることが挙げられます。一口に支払いと言っても、信用や盗難、偽造、取り扱いコストなど様々な要因が複雑に絡んでいるのです。

●ビットコイン

ビットコインは中央支配機関のない全く新しいタイプの暗号通貨です。取引などのコインの操作は全てP2Pネットワーク(全ての参加者が対等の関係にあるようなコンピュータのネットワーク)上で行われます。これまでに見てきたように、通貨は基本的に国の中央銀行がコントロールし、発行国の政府に対する信用か、交換を保証されている貴金属がその価値を裏付けます。これに対し、ビットコインは価値の裏付けをするような機関も、交換が保証されている物品も存在しないことが最も大きな特徴と言えるでしょう。ネットワーク上で通貨や支払いの仕組みを実現する上では、通貨の複製や偽造をどのようにして防止するかがポイントになります。ネットワーク上でやりとりできるのは基本的に情報だけですが、情報は簡単にコピーできてしまいます。中央支配機関のないP

6—法律上の欠点・欠陥

２Ｐネットワークでは、ユーザのなりすましも簡単にできてしまうので、多数決も有効に機能しません。ビットコインでは、取引の正当性をproof-of-work（計算量による証明）で示す方式をとっています。すなわち、コインの操作をするためには誰かが一定量の計算を行う必要があるのです。コインの取引履歴は、ブロックチェーン[7]と呼ばれる形式で分散的に記録されます。取引に当たっては、取引の情報を多数の「採掘者」と呼ばれる参加者にブロードキャスト（放送）します。採掘者は取引情報をブロックチェーンの末尾に追加しようとしますが、これには一定の大きな計算量が必要です。最初にブロックチェーンの更新に成功した採掘者は、報酬として新たなコインを得ることができます。ブロックチェーンを改ざんしようとしても、そのためにはやはり大きな計算量が必要なので容易ではなく、最も長いブロックチェーン以外は他の参加者から無視されます。他の参加者全ての総計算量を上回る計算能力を使わないと改ざんは成功しない仕組みになっています。ビットコインの信用は参加者全体で形成され、コインの価値は日々変動します。価値の裏付けが参加者によって形成されると言うと不安になるかもしれませんが、国の発行する通貨の価値も人の集団である国によって裏付けられているのです。国が信用を裏付けていると言っても、ジンバブエやギリシャ・キプロスにおいて、国そのものが債務の返済ができなくなった例からも分かるように絶対に安全と言うことはありません。ビットコインはネットワーク上の情報に価値を持たせる技術であり、proof-of-workによる価値の裏付けを実際に人々に認めさせたということに大きな意味があります。将来的に参加者が増えるに従ってその信用も大きくなっていくでしょう。現状ではビットコインは有体物[8]でも知的財産[9]でもないため法律上の位置付けが不明確であるという問題があり、国によっては利用が禁止されています。その一方でビットコインによる支払いを認める店舗の数は増えており、２０１４年10月時点でのビットコインの時価総額は約５０００億円です。まだ主流の支払い方法とは言えないかもしれませんが、将来的には社会の中で重要な役割を果たす可能性が高く、

7—ビットコインにおいて、取引の履歴が、ネットワーク上の多数の計算機によって分散的に管理され、ネットワーク上の任意の計算機から参照可能にしておくような仕組み

8—物理的に空間の一部を占めて有形的存在をもつ物

9—知的創造活動によって生み出された情報のうち，財産として保護されているもの

注目を集めている技術と言えるでしょう。

●災害時における電子的な支払い

不正行為等の問題に対処しながら通貨を信頼できる形で電子的にやりとりするのは技術的に難しいことで、まだ実用化に至っていない技術もあります。例えば、災害時には通信インフラが使用できなくなり、短距離無線通信を介したスマートフォン間のネットワークだけが使用できるようなケースが想定されますが、このような場合、サーバにアクセスすることもできず、またビットコインのように情報をネットワーク全体にブロードキャストすることもできません。このような環境でも手形の裏書き[10]に似た方法を使うことにより、不正を防ぎつつ電子通貨で取引ができる方法を、私達の研究で提案しました[1]。

この方法では，各ユーザが、知り合いのユーザの取引を保証する契約をあらかじめ銀行と結んでおき、そのためにある金額の預託をします。各ユーザには預託した金額分の電子コインが発行され、このコインは知り合いの取引を保証するのに使われます。各ユーザが取引をする際、知り合いのユーザから同額の電子コインを集めて添付する仕組みになっており、取引において支払いがなされなかった場合，そのコイン分の代金が保証人の預託金[11]から差し引かれます。コインが複数回使用されていないか監視する必要がありますが、これはユーザの持つスマートフォン間のネットワークで、相互監視することによって行います。各ユーザが過去に使用した全てのコインを相互監視により記録しておきます。スマートフォンの電源が切られたといった理由により、監視が一定時間行われなければ、そのユーザのコインは使用できなくなります。この場合にも、コインには有効期限が設定されており、定期的に再発行されます。取引場所のすぐ近くに知り合いの保証人がいない場合でも、保証人の保証人や、そのまた保証人に取引を保証してもらえることが可能な仕組みになっており、

10―手形取引において、ある取引において受け取った手形の裏面に署名捺印し、別の取引において代金の代わりに渡すこと。手形が不渡りになった場合に、裏書人は支払い義務を負う。

11―ある取引を保証するために預ける金銭のこと。取引が完了した後に返還される。

保証人がいないために取引ができないということは頻繁には起きない仕組みになっています。これにより、不安定な短距離無線通信によるネットワークでも実用的で安全な電子通貨による取引が実現できるのです。

住民参加型政策決定

諏訪 博彦

田中芳樹氏の『銀河英雄伝説』という小説を知っていますか？ この作品は、ラインハルト・フォン・ローエングラムとヤン・ウェンリーという二人の主人公が、銀河系を舞台に銀河帝国軍と惑星同盟軍に分かれて戦う壮大なSF小説です。この中で、ラインハルトはとても優秀な君主として銀河帝国を統治する一方で、ヤン・ウェンリーは腐敗した議会（代表民主制）に足を引っ張られしばしば窮地に陥ります。読者の中には、おろかな代表民主性（銀河英雄伝説のなかでは「民主共和制」）よりも、有能な君主を頂く専制君主制のほうがよいと考える人もいるかもしれません。しかし現実社会では、絶対に間違いを起こさない統治者などは存在せず、日本を含めた近代国家の多くは、選挙などにより民意の代表者を選出し、その代表者に自分の意思を信託する代表民主制を採用しています。では、代表民主制によって、あなたの意思は十分に表明されているでしょうか？

●直接民主制から代表民主制へ

民主主義（デモクラシー democracy）の語源は、ギリシャ語のデモクラティア demokratia であり、この語はデモス demos（人民）とクラティア kratia（権力）を結合したものです。この言葉は、古代ギリシャで行われていた奴隷と婦人をのぞく全市民が直接政治に参加する統治形態（直接民主制）をさしていました（紀元前８００〜５００年）。直接民主制は、全ての人々がその意思を表明できるというメリットがある一方で、議論のための広大な空間と決定までの多大な時間を必要とします。このため、この時代の民主制は、よき政治からの逸脱（アリストテレス）や、大衆の消費的欲望が支配する無秩序な政治（プラトン）といった、多くの批判を受け歴史から消えていきました。民主政が再び登場するのは11世紀のイタリアの都市国家、都市共和政においてです。しかしこの時代の都市共和制もギリシャの民主制（直接民主制）と類似しており、現代の代表民主制とは異なる制度でした。このような状態は、17世紀まで続き、民主制は市民が議場や公的集会場に参集する直接民主制と結びついていました。

その後、民主制は、選挙などによって選ばれた代表者をもって市民が集団の意思決定に参加し得る権利のことであると考えられはじめました。すなわち、代表民主政は、広い空間と時間の問題を解決し得るものであり、有責性と存続可能性を備えた統治形態として高く評価され得ると考えられるようになったのです。しかし、初期の代表民主政は、全ての市民に選挙権があるわけではなく、普通選挙の確立は19世紀、20世紀になってからのことです。多くの闘争によって、徐々に全成人に市民権を平等に適用するべきであると考えられるようになりました。これにより、市民の多数が代表者の選出に参加するとともに、代表者のみが政治的決定にあずかり得るという一群のルールと制度が確立したのです。代表民主政の確立は20世紀、あるいは20世紀後半の現象であるといえます。しかしその確立したかに見える代表民主制も、昨今の政治の混迷——例えば政党の派閥問題や投票率の低下——をみるだけでも不十分であることは明らかです。そのため、現在も多くの研究者によって新たな民主制のモデルが検討されています。その中の一つとして、電子民主主義や住民参加型政策決定があります。

●住民参加型政策決定に必要なもの

直接民主制を志向する住民参加型政策決定を想起させる概念として、電子民主主義があります。電子民主主義の定義は様々ありますが、その一つは「インターネットに代表される情報通信技術を利用して、時間と空間の制約を克服する」という考え方です。乱暴に言うと、「インターネットを使えば、場所や空間にとらわれず、誰もが自由に発言できるから、直接民主制が達成できる」ということです。この考え方は、インターネットの普及した1990年代後半から2000年代にかけて広がり、多くの自治体で住民が直接行政に意見し、お互いに議論するための掲示板や電子会議室が設置されました。しかし、藤沢市の電子会議室（http://commufuji.net/）などごく少数のものを除き、それらの多くは姿を消しました。これは、政策（意思）決定のプロセスや参加者のモチベーションに対する配慮が不十分であったためと考えられます。

集団の意思決定のプロセスは、情報共有・討議・決定の大きく三つに分けられます。情報共有は、選考形成に関わる情報を意思決定参加者へ周知・共有するプロセスです。このプロセスでは、意思決定参加者へ議題に関わる情報を広く公平に偏りなくいきわたらせることが必要となります。討議は、共有した情報に基づいて選択肢を抽出するプロセスです。このプロセスでは、参加者の意見を同じ意見で集約するとともに、異なる意見の差異を明確にする必要があります。決定は、抽出された選択肢から一つの選択肢を選び出すプロセスです。基本的には単記投票が行われます。では、それぞれのプロセスにおいて情報技術はどのように関わってくるのでしょうか？

●情報技術による変革

図1は、住民参加型政策決定支援システムのイメージ図です。住民が政策決定に関わろうとする場合、まずはその議題に関する情報を取得する必要があります。例えば、公営の保育所を新設しようとする場合、待機児童がどの地区に何人いるのか、民間の保育所はないのか、住民ニーズはどの程度あるのか、予算はいくらかかるのか、将来的なリスクとして何があるか、代替手段として何があるかなど、様々な情報が考えられます。これらの情報を個人個人がそれぞれ集めてくるのは多大な労力を必要とし非効率です。この問題は、討議プロセスでも同様に発生します。しかも個々の項

目に対する代替案や他者の意見、反論などが含まれるためより膨大になり、全てを閲覧することすら不可能になることが容易に想像できます。つまり大量の情報や意見を整理し集約する「キュレーション技術[1]」が必要となります。

身近なキュレーションサービスとしては、NAVARまとめやtogetterなどが存在します。これらのサービスは、キュレーターがその人の価値判断に基づいて情報を収集・集約して公開することで、他のユーザがそのトピックに関する情報をまとめて取得できるようになります。現在は、人手に頼るところが大きいですが、自然言語処理に基づくトピック分類やネットワーク分析に基づく話題のつながりの可視化など、キュレーションの自動化に向けた技術が日々開発されています。

一方、キュレーションのためには、十分な情報が取得可能な状況で公開されていることが前提となります。各種自治体が持っている情報については、総務省などが進めるオープンデータ戦略に基づいて公開されつつあります。しかしながら、ソーシャルメディアの普及により、住民が意見表明する機会は確実に増えているものの、エンターテインメントやコミュニケーションに関係するものが多く、政策意思決定に関わる情報が十分確保できているとはいえません。また、他者の政治的意見に同意・反論することはエネルギーが必要であり、政治に興味がない人にとってはコストでしかありません。この問題を解決するには、住民のモチベーションを向上させる必要があります。

政治的議論に対する住民のモチベーションを向上させる方法として投稿

1—特定の視点に基づき情報を収集し、新たな価値を付与して共有すること。

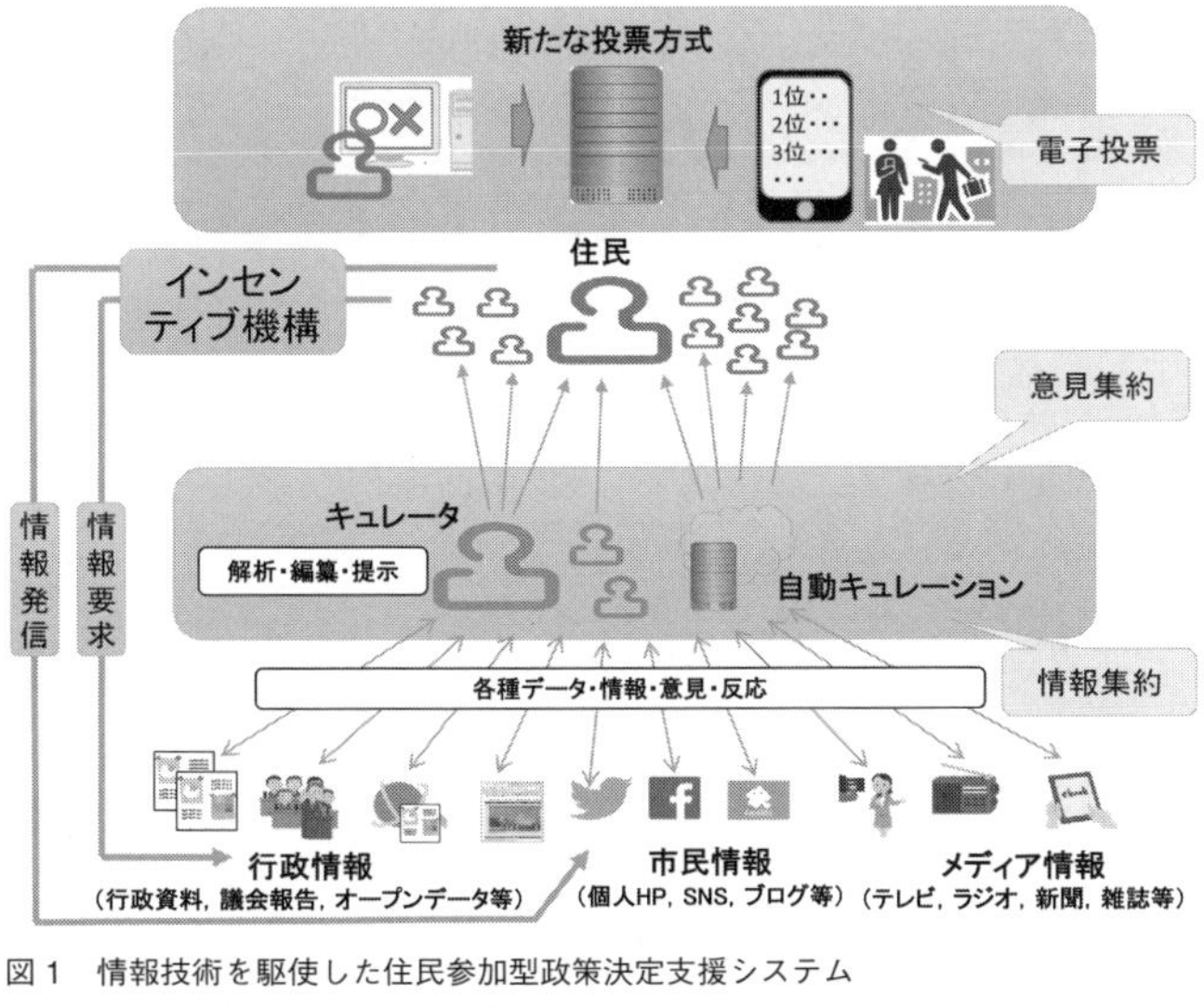

図1　情報技術を駆使した住民参加型政策決定支援システム

や反応に対するインセンティブを付与する仕組みが考えられます。例えば、より多くの人が有益だとする議論を始めた人や、決定のための争点となった論点に関与した人にポイントを与えることなどが考えられます。このインセンティブ機構の開発には、ゲームの難易度調整技術やオークション理論、口コミサイトの運用技術などが役に立つと考えられます。

そして、最後に決定プロセスですが、現状では紙に○印をつけるなどして投票し多数決を行う方式が採用されています。そのため、投票用紙の配布、投票所の設置・運営、投票用紙の開票・集計など多大なコストがかかっており、たびたび実施することは困難です。しかしながら、誰もがＰＣやスマホから投票できる電子投票が実現した場合は気軽に投票することができ、住民が直接それぞれの政策に対して意思表明することが可能になります。もちろん、本人認証やセキュリティなど多くの問題を抱えておりすぐに実現できるわけではありませんが、遠くない将来に全ての政策意思決定に関与可能な社会が実現する可能性があります。ただし、『銀河英雄伝説』のラインハルトのように優秀でほとんど間違えない人工知能が創造されたときは、人工知能が全ての政策意思決定を行う人工知能君主制の時代が来るかもしれません…。

サステイナブルな都市センシング

荒川 豊

いつでもどこでも適切な情報が提供されるユビキタス社会を実現するためには、人のコンテキスト（状態）のセンシングと認識だけではなく、その人が置かれている環境のセンシングも重要になります。そのため、私たちの住む実世界をセンシングしようという研究が盛んに行われており、都市センシングあるいはアーバンセンシング（Urban Sensing）と呼ばれています。実世界のセンシング対象としては、都市の騒音、空気、渋滞、綺麗な景観、観光スポット、トイレの場所、授乳室の場所、など様々なものがありますが、共通して言えるのは、都市レベルの広域エリアをセンシングする必要があるという点です。例えば、日本には、交通渋滞をリアルタイムに収集、配信するVICS（Vehicle Information and Commutation System）というシステムが全国に整備されています。これにより渋滞を回避するナビゲーションが可能になりますが、この情報を収集するために、日本中の主要道路に交通渋滞を検知するセンサーが配備されています。しかし、国土が広い国や開発途上国では、日本のように全土にセンサーを配備するのは困難です。この課題に対して、Google MapsやWaze、ホンダインターナビ等では、ナビゲーション利用者の走行情報を、インターネットを通じて共有することで、インフラ無しで広域の渋滞情報をセンシングすることに成功しています。そして、サステイナブルな（持続可能な）社会を形成するために、渋滞以外の都市センシングにも、より低コストで継続的にデータを収集する仕組みが求められています。

●参加型センシングとは？

「参加型センシング（Participatory Sensing）」という言葉はご存知でしょうか？　おそらく大半

の方は聞いたことが無いと思いますが、「クラウドソーシング（Crowd Sourcing）」という言葉は聞いたことがあるかもしれません。スマートフォンやインターネットの発展により、いつでもどこでも、そして小さな仕事でも依頼することができるようになり、クラウド（crowd）、すなわち群衆のちからを借りて、人海戦術で問題を解決する手法が広まっています。これだけコンピュータが進化した時代においても、なお、人の認識力の方が高速で正確であることがあります。例えば、プログラミング大会の題材として、「大量の月面画像から、人の顔に見える画像だけを抽出する」という課題が出されたことがあります。コンピュータが発達した現在も、このような認識を伴う作業は人間のほうが高速に処理することできます。そして、その作業をインターネットの向こうにいる人に依頼することで、画像５００枚の分類で5ドル程度と信じられないほど安価に実現できます。また、ちょっとした買い物やお手伝いなど、人にしかできない作業にも、クラウドソーシングが広がっています。そして、参加型センシングとは、クラウドソーシングの仕組みを用いて、都市レベルの広域センシングを行うものです。センシング機器としては、ユーザが持つスマートフォンを活用し、そのマイクを使って都市の騒音をセンシングしたり、光センサーを使って夜道の明るさをセンシングしたりする研究[1]が行われています。サービスとしては、ウェザーリポーターというユーザによる実際の天気情報の投稿、ショッピングモールにおける在庫切れや陳列乱れの報告などが有名ですが、レストランの口コミなども参加型センシングの一種と考えることができます。

●参加型センシングを成功させるためのシンギュラリティ

サステイナブルな社会システムを構築する手段として、この参加型センシングが広がるためにはどのような課題があり、そのシンギュラリティはいつ訪れるのでしょうか？　参加型センシングの現状の課題は大きく三つあります。一つはプライバシーです。センシングに協力的なユーザほど、その人の自宅情報や家族情報などが明らかになってしまう可能性があります。二つ目の課題はデータの精度です。例えば、スマートフォンの照度センサーを用いて夜道の明るさをセンシングしたり、マイクで騒音をセンシングしたりするような場合、機種によって照度センサーやマイクの感度が異なるため、得られた値を校正する作業[2]が必要となります。三つ目の課題は、モチベーションの維持です。参加型センシングは、多くの人が参加してこそ成り立ちます。ユーザをどのように獲得し、継続的に参加しもらうための仕掛けが最も重要な課題となります。もちろん、金銭的な報酬をたくさん払えば多くの人が参加してくれるでしょう。しかし、それではサステイナブルとはいえません。

いかにして人に行動変容を促し、センシングに能動的、自発的に参加してもらうか、ヒントはゲームにあります。２００９年に始まりブームとなったFOURSQUARE（フォースクエア）という位置ゲームがあります。「チェックイン」と呼ばれる行動をすると、得点を獲得でき、点が貯まると様々なバッジが得られるというものです。ある場所で何度もチェックインするとその場所のメイヤー（場所の主）として認定されます。得点もバッジも全てデジタルデータであり、金銭的な報酬が得られるわけでないにもかかわらず、全世界４０００万人以上の人が累計45億回もチェックインという行為を行っています。このゲームのどこが参加型センシングかというと、その地名データベースの構築手法です。チェックインは、レストランや観光スポットなど、あるＰＯＩ（POINT OF INTEREST）に対して行う行為です。スマートフォン内蔵のＧＰＳから得られた座標情報を元に、周辺のチェックイン対象地名が提示され、ユーザはその中から選択してチェックインを行います。これを実現するためには、FOURSQUARE社は、全世界の緯度経度情報を含むＰＯＩデータベースを構築する必要がありました。ユーザがチェックインしたいＰＯＩがデータベースに登録されていなければ、チェックインできないため、参加者は離れていきます。そこで、ユーザ自身が未登録のＰＯＩを登録できるようにし、登録してくれたユーザにはボーナスポイントを付与するようにしました。その結果、瞬く間に全世界の膨大なＰＯＩデータベースの構築に成功しています。

● I3S3 プロジェクト (INCENTIVE-BASED INTELLIGENT INFORMATION SYSTEM FOR SUSTAINABLE SOCIETY PROJECT)

私たちの研究室は、サステイナブルな社会システムを実現するために、インセンティブやゲーミフィケーション、センシングを組み合わせ、人の行動変容を引き起こすためのメカニズムについて研究を進めています[3]。２０１５年度に奈良先端科学技術大学院大学に導入予定の I3S3 システムでは、電気自動車に乗る権利をインセンティブとし、社会システムに対する貢献や健康増進活動、そして参加型センシングへの協力をポイントとし、そのポイント取得をゲーム化した社会システムの実験を行います。筆者が所属する大学は交通の便が悪い場所に立地していますが、その不便を逆手に取り、車に乗りたいという欲求を原動力に、人の行動変容をどのように喚起するのか、そのためのゲームの仕組み、ポイント配布の仕組み、行動センシング手法などについて研究を進めていきます。その中で、都市センシングに相当するセンシングタスクもポイント獲得行動として組み込みます。このシステムでは、カーシェアリングシステムを一つの社会の縮図としています。運営上の課題、つまり社会問題、として、『電気自動車が片方の駐車場に偏るという問題』があります。これを解決するために、運営会社を置いて偏りを解消するという現在の手法は高コストでサステイナビリティが低いといえます。

この問題を解決する手段として、将来の利用者に対して、車を移動してくれるとボーナスポイントというようなタスクを設定すると、運営会社なしで車の偏りが解消できる可能性があります。そのためには、どのユーザに何ポイントで依頼すると、どれくらい確実で、どれくらい迅速にタスクを引き受けてくれるのかをシステムが自動的に推定す

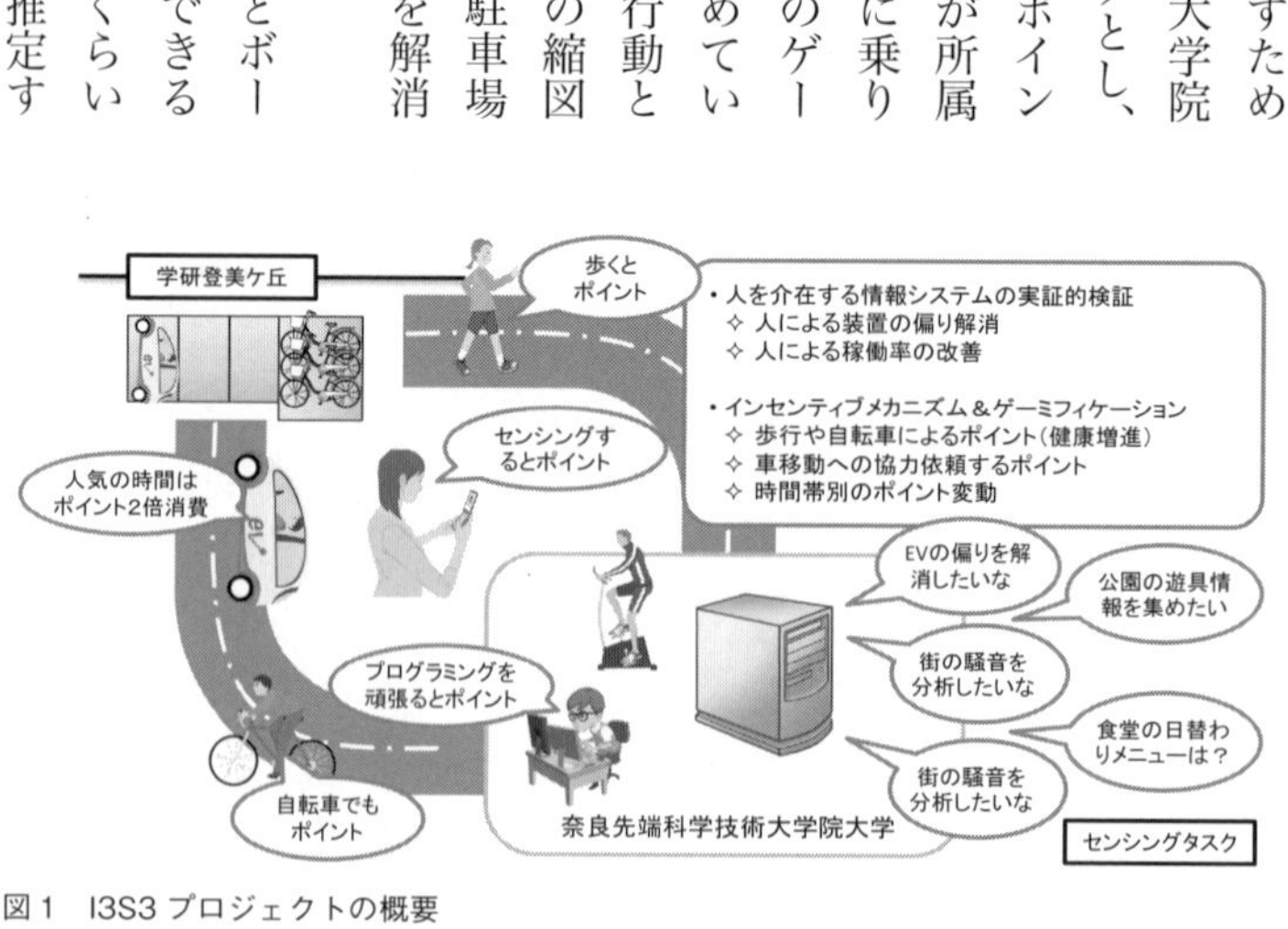

図１　I3S3 プロジェクトの概要

る仕組みが必要です。

このシステムは、情報システムが、人の行動変容を喚起する手段を考え、自システムが円滑に回るように人を動かしていると考えることができ、このシステムが現実になったときシンギュラリティが訪れると考えています。

2 ネットワークとシステム構築の限界突破

ソフトウェアによるネットワークの加速的進化

市川 昊平

限界突破の鍵はソフトウェア

ネットワークに限らず情報科学における限界突破の鍵はソフトウェアにあると考えられます。問題解決のために特殊なハードウェアを設計したり、ハードウェアの進化を待つ方法は加速的な進化が期待できません。それよりは、現時点で利用可能な汎用的なハードウェアを組み合わせ、ソフトウェアによって巧みに制御して問題解決をする先にこそ限界突破を可能とする飛躍的な進化があります。実際に、ネットワークに先立ちコンピュータ・システムの分野ではソフトウェアによる飛躍的な進化が既に起こりました。

現在、情報技術は我々の生活の至るところに普及していますが、それには１９９０年代頃のいわゆるＩＴバブルという時代を経たことの貢献が大きいのです。ＩＴバブルのころ、情報技術産業を牽引したのはコンピュータを製造している企業とそれらハードウェアに搭載される基本ソフトウェア（ＯＳ）を製造している企業でした。これらコンピュータを製造する企業は当時その成功が未来永劫持続するものと考えていました。

しかし、２０００年代に入るとその勢力図は大きく変化することになります。ハードウェアも製造しない、基本ソフトも製造しないグーグル[1]等の企業が突然の急成長を遂げました。彼らは特殊で高価なハードウェアを用いず、とにかく安価で大量に手に入る汎用的なハードウェアをできるだけたくさん投入し、ソフトウェアでもってその大量のハードウェアを制御する方法を編み出したのです。サービスの信頼性や、パフォーマンスの向上をハードウェアの性能に頼るのではなく、ソフトウェアと大量の汎用ハードウェアによって実現したのです。ソフトウェアの進化のスピードはハードウェアの進化のスピードを完全に超えていたため、コンピューティング・システムの世界はソフトウェアの進化によって大いに進展しました。

●仮想計算機ソフトウェアとクラウドコンピューティング

近年のクラウドコンピューティングの発展もソフトウェア技術の進化に裏付けられています。大きな転機は、汎用計算機として最も普及が進んでいるインテル系アーキテクチャの計算機の上で実用的な速度で仮想計算機（仮想マシン）を実現するソフトウェアが出現したことにあります。仮想計算機というのはその名の通り仮想的に作られた計算機です。一つの物理的な計算機の中に仮想的に複数の計算機を再現し、完全に個別の計算機環境をソフトウェア的に配備可能としたのです。

インテルアーキテクチャ上で仮想計算機技術が実用的に利用可能となると仮想計算機は急速に普及しました。仮想計算機はソフトウェア的に再現された計算機環境のため、仮想計算機の新たな生成、停止、移動、複製、破棄などの操作が全てソフトウェアから制御可能となりました。仮想計算

1―大きく成長した現在のグーグルは、ハードウェアおよびＯＳ開発に関しても牽引する企業となっています。

機の生成を要求してから実際に利用可能となるまでには数秒から数分程度しか要せず、不要となればすぐさま破棄し、別な用途に再割当てすることも可能です。これは従来の物理計算機を用いたサービスでは考えられないスピードです。この仮想計算機の柔軟性はまさにパラダイムシフトをもたらすものとなりました。

このパラダイムシフトはＩＴ業界の構造にも大きな変化をもたらしました。それまで、コンピュータ・システムの会社とは認識されていなかったオンライン通販業のアマゾンが、仮想計算機を1時間単位の課金かつ低価格で提供するクラウドサービスを２００６年から開始したのです。このような時間単位のリソース貸出は仮想計算機技術なくしては実現しません。さらに、アマゾンに続いて、グーグルやマイクロソフトなどのインターネットの大企業も同様のクラウドサービスを開始することになり、これら仮想計算機上で構築・提供されるサービスも爆発的に増加しました。クラウドサービスの代表格として世間一般に認識されているストレージサービスのドロップボックスも、アマゾンのクラウドサービス上で構築され２００８年から開始したサービスです。

仮想計算機技術の普及から今日のクラウドの発展までをみると、ソフトウェアの進化はとてつもないスピードです。このようなクラウドの発展を目の当たりにして、２００６年当時のサン・マイクロシステムズのＣＴＯであるグレッグ・パパドポーラス氏は「世界には5つのコンピュータがあれば十分である」と予言しました。これは具体的に5つのコンピュータを指すのではなく、非常に大規模かつグローバルに展開するコンピューティングプロバイダ数社に世界全体が依存するのみで機能する世界が来ることを予測したものです。このような世界こそ、既存のコンピュータの限界を突破した新しい世界であると言えるでしょう。

●ソフトウェアによるネットワークの進化の方向性

コンピュータのソフトウェア化に引き続き、現在、活発に研究開発の対象となっている分野はネットワークのソフトウェア化です。現在のネットワークの配備というのは仮想化前の計算機のごとく、人手に頼る部分が多々あり、柔軟であるとはいえません。ただ、近年この分野にも変化が起こり始めています。そのものずばりとした名前ですが、ＳＤＮ（Software Defined Network）という概念が提唱され、ソフトウェアでもってネットワークを動的かつ柔軟に構築することを目指す動きが始まっています。

ＳＤＮの概念を実現する代表的な実装の一つとされるOpenFlowは、スタンフォード大学で研究開発が進められ、２００８年に最初の論文が発表されました。OpenFlowが研究開発された当初の目的は、新しいネットワークプロトコル[2]の実装を研究者が気軽に実験できるフレームワークを提供することでした。OpenFlowのアーキテクチャはネットワークスイッチが有しているパケット[3]をどう処理するか判断する頭脳部分と、設定されたルールに従ってパケット転送処理を実行する部分を分離し、頭脳部分の実装を一箇所のコントローラに集約し、パケット転送処理は従来の高速な実装を活用するものでした。このアーキテクチャにより、研究者は一箇所のコントローラにおいて新プロトコルの実装が可能であると同時に、従来通りスイッチの高速なデータ転送能力を活用することができました。

しかし、このOpenFlowの提案はスタンフォード大の研究者らが想定していた新プロトコルの実験だけにとどまらず、大きく産業界に注目されることになりました。クラウドの発展を背景に、次の対象としてネットワーク全体をソフトウェアで柔軟に制御する技術を探していた産業界においてはOpenFlowはまさに期待される技術でした。OpenFlowは当初はスタンフォード大学とスイッ

2―ネットワーク上で通信をするための規約、手順を定めたもの。例えば、ブラウザでウェブページを閲覧する際はＨＴＴＰというプロトコルが用いられ、ブラウザからどのようにウェブサーバに要求を送信するかといった手順が定められています。

3―ネットワーク上で通信をする際に、一回に送信するデータのかたまり。

チメーカー数社によるコンソーシアムで標準化が進められていましたが、２０１１年により多くの企業の参加を含める形でOpen Networking Foundationが立ち上げられ、現在はここで標準化が進められています。このことからも産業界の期待の大きさを伺い知ることができます。

ソフトウェアの世界に引きずり出されたネットワークコントロールプログラムは、クラウドが歩んだ道と同様、急激なスピードで進化していくことが予測されます。OpenFlowのプログラムはスイッチのアーキテクチャに関わらず、どのような開発言語でも利用可能であり、様々な試みや実装がなされつつあります。従来のネットワークでは、個々のスイッチがネットワーク上で自身の知り得る範囲の情報のみで判断し、パケットを処理していましたが、OpenFlowでは実に様々な情報を大局的に取り扱ってネットワークを制御することが可能です。ネットワークの限界点突破の先には何があるでしょうか？　従来はネットワーク設計者が苦労して設定していたネットワーク流量の負荷分散やＱｏＳ[4]がソフトウェアにより自動的かつ動的に最適化され、ネットワークの利用効率が急激に上昇するでしょう。また、ネットワークの不具合の特定と回避、回復が瞬間的に行われることになるでしょう。さらに、ネットワークの拡張や最適化がソフトウェアで自動的に行われ、ネットワークの進化が飛躍的に進むものと思います。

我々はこのような進化をさらに加速させるべく、国際的なＳＤＮテストベッド[5]の構築を現在進めています。我々はアジア、アメリカ、オセアニアなど環太平洋地域の多数の大学・研究所が参加するPRAGMAという国際共同研究コミュニティに参加しており、その中でPRAGMA-ENT (Experimental Network Testbed) というプロジェクトを立ち上げ、主導しています。PRAGMA-ENTの目的は研究者グループに対して、自由かつ相互に実験利用可能なＳＤＮ環境を提供することです。このような実験環境は、研究者にとってアイデアを自由に試せる場となり、研究を加速的に推進させる可能性を秘めています。アマゾンが誰でも自由に利用できる仮想環境を提供すること

4—ＱｏＳ (Quality of Service) とはネットワークのサービス品質のこと。ネットワークでは、ある特定の通信を優先させるなどしてそのサービスの品質を保証する設定がされています。

5—研究開発成果を実証するための試験用の環境。

でクラウド技術が爆発的に推進したように、ＳＤＮの研究を加速させるのが目的です。そして、このような加速的なネットワークのソフトウェア化の先にネットワークの限界点突破があるものと期待しています。

私たちを守る隠れた英雄「暗号」の光と闇

猪俣 敦夫

暗号は、様々な情報技術を社会の要請に基づいて役立たせるための橋渡しを行う重要な役割を担っています。しかし、暗号が施された文書が数日ないし数ヶ月のうちに解読されてしまう状態では、もはや暗号によって安全な状態が保持されているとはいえません。それだけでなく、暗号が提供する安全性がどの程度なのか、という問いにも答える必要があるかもしれません。現代暗号の安全性は、数学的に証明された解読アルゴリズムの計算量困難性に基づいて説明されるのが一般的です。最も利用されている公開鍵暗号ＲＳＡは、非常に大きな数の素因数分解問題の困難性に基づいており、現在（執筆時点）主流である2048bitの鍵長サイズの場合、現存する計算機（スーパーコンピュータ含めて）では現実的な時間内に解読することが困難なことが分かっています。しかし、画期的な分解アルゴリズムの創出や計算機性能（ＣＰＵや各I/O周辺の転送速度）が常に向上していくため、現時点において安全といわれている暗号が、未来永劫安全であり続けるわけではありません。ＣＰＵの処理性能は1年半でおよそ2倍になると言うムーアの法則にいわれるように非常に高い伸びを示しており、例えば、素因数問題によって保持されている安全性強度は次第に低下していくものと考えられます。ＮＩＳＴ（National Institute of Standards and Technology：米国立標準技術研究所）は、鍵長サイズが1024bitのＲＳＡを推奨暗号から除外したのみならず、国際標準ISO/TR13569等においても推奨鍵長サイズについて言及し、国際的にも推奨暗号の議論がなされ、政府標準暗号リストが規格化されつつあります。このように暗号が時間とともに弱くなる問題を暗号危殆化と呼ぶのですが、この暗号危殆化による影響を検討しておくことは重要であり、現代社会における暗号インフラの普及度からすれば緊急の課題であるといえるでしょう。

●暗号の強さと弱さ

国際的な輸出管理体制の取り決めであるワッセナー・アレンジメントが、旧共産圏への輸出規制であるCOCOMに代わり1996年7月に結成されました。我が国をはじめとして現在(執筆時点)41ヶ国が参加していますが、暗号技術の輸出という観点からすると暗号の安全性を示す鍵長サイズは国際的にも重要な事項です。しかも、暗号強度が時間経過とともに脆弱化するということはもはや見逃すことが出来ない現実です。例えば、ある暗号に対し多項式時間内で解読するアルゴリズムが発見された場合これは大変な脅威です。前節で紹介した公開鍵暗号RSA開発者の1人であるRivestは、1977年に125桁の因数分解には40000兆年かかるだろうと述べていたように、RSA-125は全世界の計算機をもってしても破ることが困難な強固なものと考えられていました。しかし素因数分解に関する成果は急速に進展し、ある素数と素数の掛け算である合成数Nに含まれる最小素因数サイズに依存して実行時間が決まるアルゴリズム（試行割算法、ρ法、楕円曲線法）が生み出され、Nのサイズに依存して実行時間が決まるアルゴリズム（Lehman法、連分数法、2次ふるい法、一般数体ふるい法（General Number Field Sieve: GNFS））が発見されました。GNFSは、今のところ巨大な正整数の合成数を分解する最速の解法です。これは準指数時間アルゴリズムであり、今のところ量子計算機を除いて多項式時間で素因数分解問題を解く方法は知られていません。その処理は、1.計算効率の良い多項式生成（選択）、2.ふるい処理（関係式の収集・探索）、3.行列計算、4.平方根及び最小公約数計算からなり、特に2と3の負荷が高いことが示されています。ところでこの素因数分解計算の難しさですが、著名な研究者であるLenstraとVerheulは、2001年に素因数分解に対するRSAの安全性を共通鍵ブロック暗号であるDESの安全性と対比させた分析を発表しました[1]。DESは1977年に米国連邦政府標準暗号に制定された鍵長サイズが56bitの共通鍵暗号であり、当初世界中で幅広く利用されていましたが１９９０年代の初頭から全数探索法によって解読可能であるとの指摘がなされ、その後１９９８年に開発されたＤＥＳ解読装置により約56時間で解読可能であることが実証されました。彼らはＤＥＳ解読の状況を踏まえ、ＤＥＳの安全性が極めて高かったころの時期を１９８２年と想定し、１９８２年時点のＤＥＳの安全性を持つにはＲＳＡ暗号においてどれくらいの鍵長が必要であるかについて、次の５つの指標を定義しました。

「安全性の基準年」：ＤＥＳが何年の時点で安全であるかということを示す指標。彼らは、ＤＥＳが安全であった時期として１９８２年では0.5MMY（50万MIPS年）かかるとしており１９８２年を安全性の基準年としています。

「単位コストあたりの計算量」：ある一定金額でどれだけの高速な計算機を取得できるかを示す指標。彼らは、１９８０年においてＤＥＳ解読には50万MIPS年の能力を持つ計算機の取得、あるいは２日で解読可能な５０００万＄の専用ハードウェアの開発であるとしました。そして、ムーアの法則をもとに年においてもその状況に変わりはないとしています。

「計算機環境の進化」：ある一定金額のもと計算機能力とメモリ容量の進化によって見積もられる計算量の減少を示す指標。彼らは、ムーアの法則をもとに18ヶ月でおおよそ2分の1になるとしています。

「解読にかける予算」：解読にかける予算がどれだけ増加していくかを示す指標。彼らは、米国の国民総生産の成長過程を考慮しその予算はおおよそ10年で2倍になるとしています。

「暗号解読の歴史」：過去25年間（２００１年当時）非対称暗号系を脅かす強力な解読アルゴリズムが生み出されていないだけでなく、楕円曲線暗号系にも確実に影響を与える画期的なアルゴリズムが発見されていない事実を前提においています。

この結果、２００２年時の1028bitの鍵長サイズと２０２３年時の2054bitの鍵長サイズであるＲＳＡは、１９８２年時点のＤＥＳと同じレベルの安全性が示されました。（２００１年当時）今後二十年間ＲＳＡを安全に利用するのであれば、鍵長サイズは2048bitにすべきであるとも述べています。最近まで当たり前のように使われていた鍵長はたかだか1024bitの大きさでした、今考えればこれは大きな脅威だったはずです。そして、今2048bitの鍵長サイズを持つＲＳＡを利用しています。これが偶然のたまものであったかどうかは想像におまかせします。

●次世代の暗号解読を夢見よう

先に紹介したLenstraらの分析で使用された計算機は、Intel PentiumII 450MHzのＣＰＵを搭載したＰＣであり２００１年当時で価格が約３０００＄でした。一方、ＰＣを利用した行列計算ではIntel Pentium4 2GHzのＣＰＵを想定しておりＣＰＵ1個あたりの価格が約３００＄（当時）、1ＧＢあたりのＲＡＮの価格が３２０＄でした。Small（ある程度小規模の）行列における計算では約13ＧＢの記憶ストレージを必要とし、おおよそ1台あたり４５００＄程度で構成できると見積もれます。一方、Large（ある程度大規模の）行列計算では、理論上Small行列よりも250×250＝62,500倍の時間を要することになり、行列格納用のメモリの価格は１３６万＄（メモリコントローラの価格は無視したとしても）と、とても膨大な金額になります。しかも、お金の問題だけではありません、27万年というもはや天文学的な年月がかかることも分かります。もはや私たち人間には想像すらできない世界です。

少し話を変えますが、RSA Laboratories社における検討ではRSA-760とRSA-512の困難さを比較した場合、理論上$L(2^{760})/L(2^{512})$≒4800倍（行列計算ステップは無視）難しい問題であることが分かっています。この場合、４・４ＧＢのDRAMを搭載したPCが必要でありその価格は１台あたり約２３００＄、すなわち４３００台ではおおよそ１０００万＄です。一方、解読時間を比較するとRSA-512では３００台のＰＣを用いて約２ヶ月かかります。この場合、RSA-760（bit）では同一のＰＣを３００台用意して約９６００ヶ月、４３００台用意出来るならば約６７０ヶ月と推定できます。なお、RSA-768解読の詳細については青木らの分析[2]を参照してみてください。このように暗号解読に関する成果が進むにつれ、より現実的かつ具体的なコスト問題までをも解決する時代に我々は突入しているわけです。以前は、我々には欲しくても手に届くことができなかったスーパーコンピューターのような大規模な計算資源を容易に利用できるのです。この１つの解がクラウドです。クラウドコンピューティングを手に入れた暗号解読の研究者はもう宝箱の鍵を見つけたのも同然といっても過言ではありません。２０１１年、Smartらは鍵長サイズを評価するためにAmazon社のクラウドAmazon EC2を利用して現実的なコスト問題の分析を開始しました[3]。興味があれば著者による文献[4]を参照してみて下さい。結果、可能な限り高速な解読を実現する環境を利用する方策をとった場合、RSA-896の場合10^7という大きさの世界、そしてRSA-1024に至っては10^8の大きさで解読が成功する可能性がある、といったことがみえてきました。今のところRSA-1024の分解は成功していません（執筆時点）が、おそらく数年で成功することは容易に想像できます。幸運なことに様々な解読見積もりの結果からしても、今現在、私たちの安全・安心を支えているRSA-2048は少なくともすぐに解読されてしまうことはないでしょう。もちろん、暗号解読研究者のスーパースターが現れれば別の話ですが。暗号に対する私たちの長い長い挑戦はこれからもひたすら続いていきます。

知の集約拠点としての次世代電子図書館

藤川　和利

奈良先端科学技術大学院大学（以下、ＮＡＩＳＴ）では、開学当初より電子図書館システムを図書館サービスの中核として、システムの構築・運用・研究に取り組んでいます。ＮＡＩＳＴにおける電子図書館システムの役割は、単に電子図書館システム[1]を運用し利用者にサービスを提供するだけでなく、電子図書館を中心とした大学全体の情報サービスシステムとして、どのような可能性があるのかどのように発展させていくのかを検討し、次世代の電子図書館像を示すことにあります。

電子図書館の概念は古くからありますが[1]、電子図書館の実用化はコンピュータサイエンス・ＩＴの発展とインターネット・ＷＥＢの普及によるところが大きいと考えられます。日本では、１９９４年に京都大学附属図書館による電子図書館システム（アリアドネ）[2]の試用が始まり、１９９６年のＮＡＩＳＴでのモデル的電子図書館の運用、１９９７年に学術情報センター（現在、国立情報学研究所）での電子図書館サービスが開始され、実用化に向けた取り組みが展開されています。また、２００２年には国立国会図書館関西館が開館し、さまざまな著作物の電子化を進めています。

●電子図書館の役割

古代より、図書館では「知」を具現化した著作物を収集・管理し、利用者は図書館に足を運び、必要な「知」を探し、「知」と「知」を結び付け、獲得し、新たな「知」を生み出してきました。従来の図書館が収集・管理していた「知」は主に書籍・雑誌で、利用者が生み出す「知」はノートにまとめられたり、頭の中で他の「知」と関連付けたりしていました。このような従来の図書館形

1―ここで述べる電子図書館とは、書名・著者名・発行所・発行年といった書誌情報（二次情報）をデータベースで管理し、オンラインで図書を検索するだけでなく、検索した結果の図書の本文（一次情報）そのものをオンラインで閲覧することができるシステムを指します。

態における図書館サービスとして、二次情報に基づく検索機能を提供するコンピュータ端末の設置や司書による利用者が求めていると考えられる図書・雑誌の紹介などがあります。また、利用者が図書館の図書・雑誌を利用して学習する環境も提供しています。

電子図書館ではサービスはどのように変わるのでしょうか?。まず、電子化された図書・雑誌を扱うことで本文（一次情報）もコンピュータでの検索対象となり、本文中のキーワードから必要な「知」を探し出すことが可能となります。古文書のような貴重図書をデジタル画像で記録することで、閲覧が制限されていた図書も、多くの利用者に提供可能となります。さらに、図書・雑誌以外のメディア、例えば、映像や音声といったものも収集・管理し、従来の図書・雑誌と同様に検索・閲覧することが可能となり、より豊かな「知」が提供されます。

電子図書館のポテンシャルは、これだけにとどまりません。従来の図書館で借りる図書・雑誌にはメモ書きをしたり、蛍光ペンでマークをつけたりすることはできませんが、電子図書館では電子化された図書・雑誌とメモ書きやマーカーを別々に管理することが可能であり、同じ図書・雑誌でも利用者ごとに違うメモやマーカーが表示されるようになることが期待されています。また、検索した語句や閲覧した図書・雑誌のキーワードから推薦図書・雑誌記事を提示することも考えられます。前者の機能は、個人化（パーソナライゼーション）と呼ばれ、後者は電子司書と呼ばれており、電子図書館に大きく期待されている機能です。

●電子図書館の現状

現在、多くの電子図書館では、著作権の問題がない図書や論文記事をPDF形式で保存したものをWEBブラウザで閲覧することができるサービスを提供しています。また、大学等の学術系組織では、学術系の出版社が提供する電子図書・雑誌のうち、購読契約を結んでいるものを電子図書館のWEBサイト経由で閲覧できるようにしているものも多くあります。購読契約がある図書・雑誌は、一般的には出版社側のWEBサイトに保存されていますが、電子図書館はそれらをあたかも所蔵している図書・雑誌として検索することが可能となっています。このようなサービスを「ディスカバリーサービス」と言い、出版社等の外部のWEBサイトが持つインデックス情報を電子図書館のインデックス情報と合わせて保持することで、統一したインタフェースによる検索機能が提供されています。

しかしながら現状では、検索結果の図書・雑誌を閲覧する場合、電子図書館で所蔵するものを閲覧するときと、外部の出版社等が提供するものを閲覧するときでは、見え方や機能が異なっていて、同一のインタフェースで扱うことができません。そのため、メモを書き込んだり、付箋を付与することができません。

●知の活用を支援する電子図書館に向けて

図書館の基本的な役割は、「知」の収集と提供です。従来の図書館が対象とした「知」は、図書や雑誌といった書物でしたが、電子図書館では、映像や音声などのさまざまなメディアを扱うことが可能です。そこで、NAIST電子図書館では、大学がもつ「知」の代表である授業を収録し、さらには、授業で使用されたスライドも同時に記録し、合わせて一つの蔵書として登録されます。一コマ(90分)の授業の映像・スライドは、一つの蔵書として扱われるため、NAIST電子図書館のWEBサイトから検索し、閲覧することができます。授業映像を閲覧する際には、スライドも同時に提示され、授業映像の進行に合わせてスライドが自動的に切り替わる仕組みになっています(図1参照)。

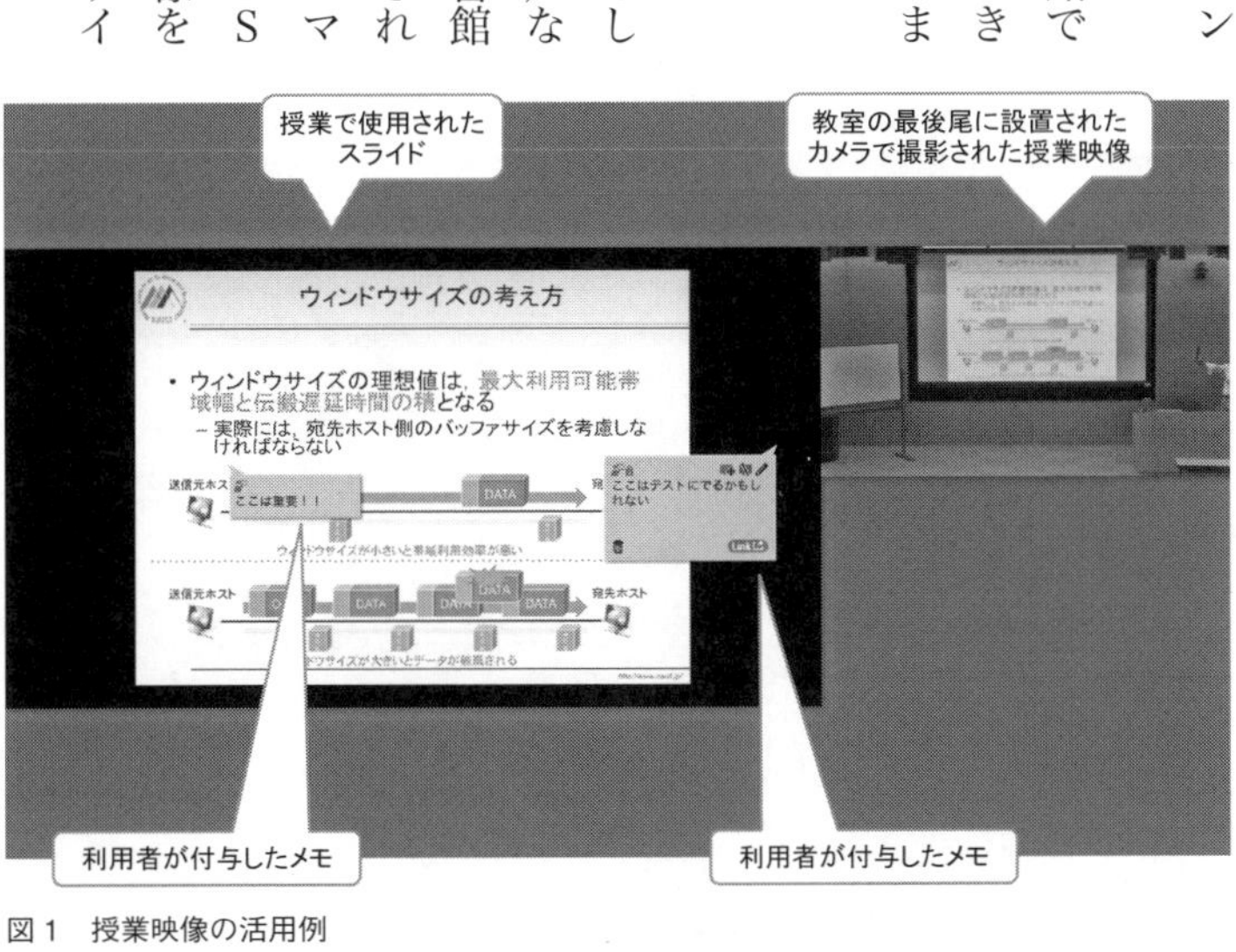

図1　授業映像の活用例

また、図書館の主な役割として、利用者が自主学習をする場を提供することが挙げられます。自主学習をする際には、図書館から必要な図書・雑誌を探し出し、机の上に図書・雑誌を広げ、ノートにまとめるといったことが行われます。また、どのような図書・雑誌が必要なのか、またそれはどこにあるのかといったことを司書に問い合わせることもあります。このような学習の場の提供、司書によるサポートは図書館の重要なサービスであり、電子図書館においても必要不可欠です。しかし、ほとんどの電子図書館では、これらのサービスは十分には実現されていません。

NAIST電子図書館では、電子化された図書・雑誌をコンピュータの画面上で表示するだけでなく、付箋を付与したりメモを書き込んだりする機能を実現しています。さらには将来の拡張機能として、別の図書・雑誌であっても関連する複数のページや文章にマーカーを付け、一つのマーカーから他のマーカーのあるページや文章を表示できる機能を実現しようと試みています。この機能が実現されると、利用者は「知」を自分なりの方法で体系化することができ、新たな「知」の創出にもつながります。このような機能を実現するには、メモ・付箋・マーカーといった利用者個人に帰属する情報と共有される電子図書・

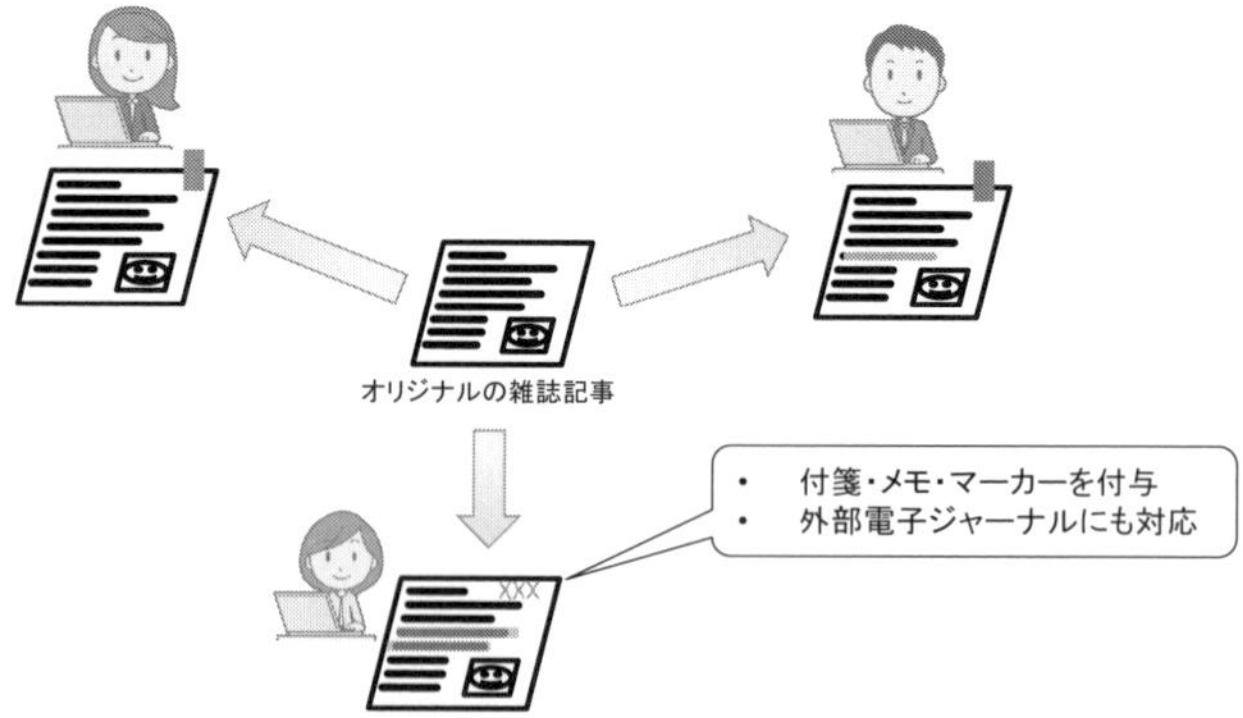

図２　利用者個人に帰属する情報

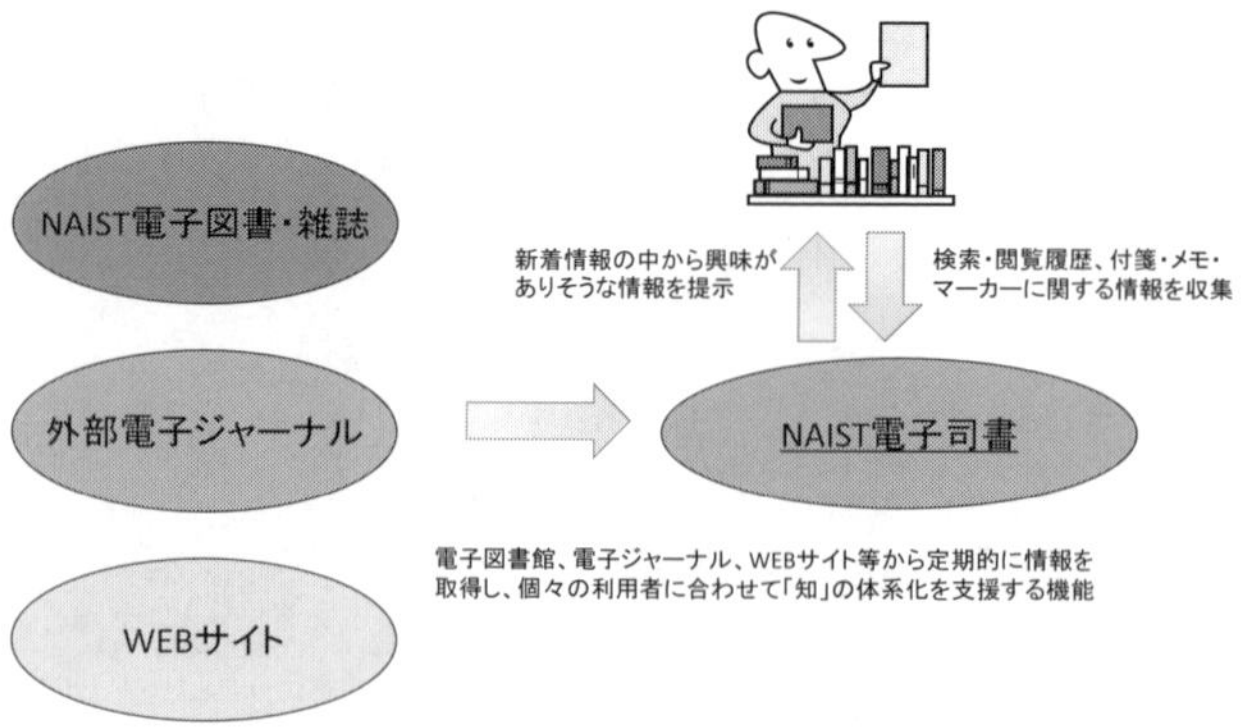

図３　NAIST 電子司書の機能例

雑誌の管理の問題を解決しないといけません（図2参照）。具体的には、該当箇所に適切にメモ・付箋・マーカーを表示するには、インターネットを介して閲覧可能な電子図書・雑誌をどのようにして識別し、その中のページや文章をどのようにして特定するのかといった課題です。

また、電子司書も電子図書館に期待されている機能ですが、単純に検索履歴や閲覧履歴から推薦図書や雑誌記事を提示するのではなく、雑誌のインパクトファクターやサイテーションインデックス等を活用したり、高度な対話形式によって情報の絞り込みを行うことでより的確な情報提供を実現していかなければなりません（図3参照）。電子司書は、適切な情報を提示するとともに、利用者の検索履歴・閲覧履歴のほか、付箋・メモ・マーカーの情報も活用して、個々の利用者のパーソナライゼーションを行うことも期待されます。

このような機能をもつ電子図書館が実現されるまでには、まだまだ時間が必要ですが、個々の要素技術はＮＡＩＳＴで現在研究されているテーマであり、それらの研究成果を融合させることで世界最先端の電子図書館を提供できると考えています。

インターネットが止まった時の通信手段

荒川 豊

現在では当たり前となったインターネットの歴史は、１９６９年10月にARPANETで最初のメッセージが送られてから始まります。その後、90年代に商用インターネットが始まり、２０００年代にはモバイルインターネットが広まり、今では電気ガス水道に並ぶ重要なライフラインの1つとして欠かせないものになっています。今では、スマートフォンやモバイルネットワークの進展により、常時インターネットに接続されることが当たり前となっています。また、通信手段も全てインターネットに置き換わりつつあります。回線交換だった電話網も今や大半がＩＰ電話になり、ＳＭＳなどの電話網を用いたショートメッセージサービスも、ＬＩＮＥなどインターネットを介したサービスに置き換わりつつあります。そして、これまでパソコンにインストールしていたアプリケーションがクラウドと呼ばれるインターネットの向こう側のサーバに置かれることも一般的になっています。全ゆる情報がクラウドに一元化されることで、我々はいつでもどこでも情報にアクセスすることが可能になり、それを前提としたライフスタイルになりつつあります。

こんな時代に、インターネットが止まったらどうなるのでしょうか？　自分に当てはめると、明日のスケジュールが分からない、連絡したくても電話番号や住所が分からない、そもそも電話もつながらない、という状況が容易に想像できます。それほど我々の生活はインターネットに依存しているのです。しかし、インターネットが止まることはあるのでしょうか？

●インターネットに接続できないことはあるのか？

インターネットは、もともと故障への耐性が強いネットワークを構築するという目的からスタートしているため、自律分散的に動作する構造となっています。また、重要なライフラインとして冗長化も図られており、そう簡単に止まることはありません。しかし、インターネットに接続できなくなることは十分にありえます。国家レベルでインターネットへの接続を監視し、接続を制御している国もありますし、２０１４年に香港でおきたデモではデモ隊の情報交換を止めるため、インターネットが遮断されました。また、災害も大きな切断要因となります。２０１１年の東日本大震災では基地局などのインフラが故障してインターネットに接続できない状況が続きました。一方、開発途上国では、十分なモバイルネットワークインフラが整備されておらず、都市部では接続できるものの、少し郊外に行くとインターネットに接続できないということは普通の状態です。２０１５年のヨーロッパですら、田舎に行くと２Ｇ（極めて低速な回線）であることは珍しいことではありません。

●インターネットを使わない通信手段

有線インフラとして、インターネットを利用しない通信手段として電話会社が提供する専用線サービスがあります。無線インフラとしては、衛星通信がありますが、専用の送受信機を必要とします。それに対して、スマートフォンに内蔵された無線ＬＡＮやBluetoothを活用して、スマートフォンを数珠つなぎにしてネットワークを形成するＭＡＮＥＴ（Mobile Ad-hoc Network）の研究が盛んに行われています。

ＭＡＮＥＴは、これまでさまざまな研究がなされてきましたが、前述した香港のデモの時に、あるスマートフォンアプリケーションが一躍脚光を浴びました。それは、『Firechat』というアプリケーションで、スマートフォンに内蔵されたBluetoothを用いて、スマートフォンだけでネットワークを形成します。香港のデモでは、10万人以上がダウンロードして、３万人以上の人が同時に利用していたと言われています。ただし、Bluetooth の通信制約のため、通信距離は約60 mまでで、かつ、ユーザ密度が高くないと機能しません。それに対して、私たちの研究室では、Bluetooth に加えて、無線ＬＡＮも併用し、その通信距離を広げる研究を行っています。無線ＬＡＮは、Bluetooth と比較して、通信距離が長いため、より広域のエリアで通信をすることが可能になります。しかし、その接続手順が Bluetooth に比べて煩雑であるという欠点もあります。

さらに通信距離を広げる手段として、人がデータを移動させるＤＴＮ（Delay Tolerant Network）も近年注目を浴びています。スマートフォンがデータの蓄積役を担い、データ通信が途絶えている間は、内部のメモリにその情報を保持しておきます。その後、スマートフォンが、ユーザによってデータ通信可能な場所に移動されると、通信を再開します。これはインターネットが、ある地域で途絶えた場合だけではなく、そもそもデータ通信が提供されていない地域にインターネットの利点を持ち込むためにも役立ちます。例えば、私たちの研究室では、火山災害が発生した際に、通信環境が整備されていない山間部での早期治療を目的として、ＤＴＮを用いた治療用画像転送の研究[1]を行っています。スマートフォンのカメラを用いてけがの写真を撮影し、遠隔地にいる専門医に治療方法を聞くことができれば、重傷化を防ぐことができる可能性があります。しかしながら、山間部、特に海外の山間部はデータ通信が行えないことが大半です。そこで、救急車や救援者のスマートフォンをデータの媒介として、病院と被災地間の通信を実現しようとしています。

●災害時ネットワークのシンギュラリティ

こうした新しい通信手段は、現在のところ、特殊なものであり、一般ユーザが使うレベルには至っていません。しかし、スマートフォンの普及で、アプリケーションとしてこのような新しいシステムを後から導入できる下地は整ってきたといえるでしょう。ただし、アプリケーション自身もイン

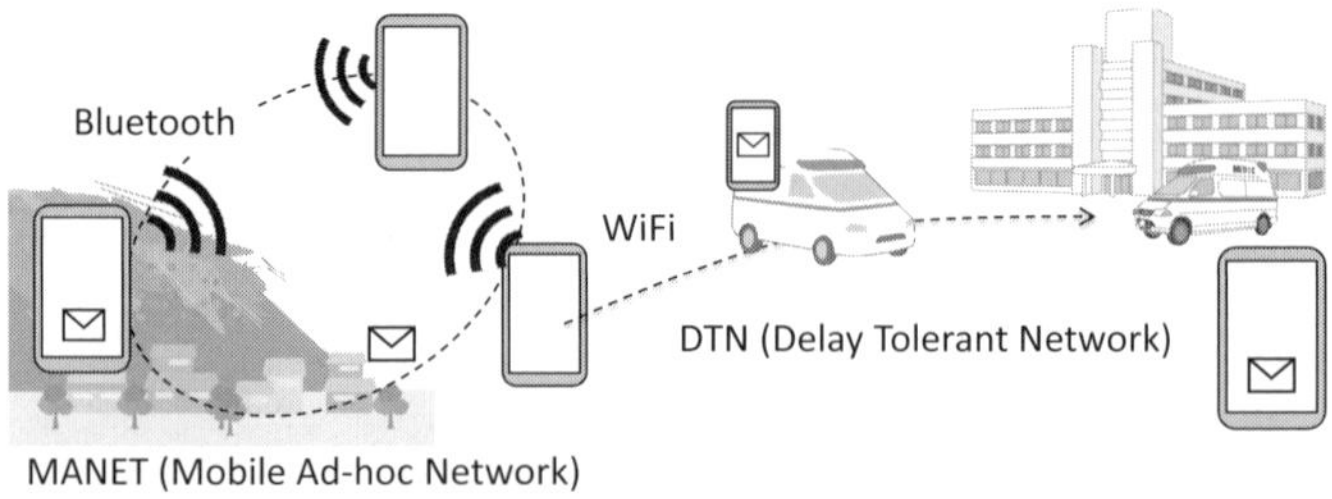

図１　インターネットを使わない通信手段

ターネットがなければ追加することができません。すなわち、現在はインターネットを必要としない通信手段を得るためにインターネットが必要であるという矛盾が起きている状況です。その矛盾を解決するために、私たちの研究室では、自己複製機能を有するアプリケーションを開発[2]しています。災害時に誰か一人でもアプリを持っていれば、たとえインターネットがなくてもアプリケーションを配布でき、配布されたアプリケーションによってコミュニケーションが取れるようになることを目指しています。

このようなインターネットを使わない通信手段に利用される通信方式は、スマートフォンに搭載されている無線方式に依存します。現在は、無線ＬＡＮではIEEE 802.11a/b/g/n/ac、Bluetoothでは、Bluetooth4.0やBluetooth Low Energy（ＢＬＥ）が中心ですが、今後、新しい通信方式が広がるとパラダイムが変わる可能性があります。例えば、これらの通信距離は10ｍ～１００ｍ程度ですが、もし１㎞や10㎞も届く通信方式が広まれば、こうした端末間通信が花開きます。そして、それは夢ではなく、着実に近づいている未来です。現在、標準化が進むIEEE 802.11ahは、920Mhz帯を利用する新しい無線ＬＡＮの規格ですが、通信距離は１㎞以上となります。これらはセンサーをつなぐための通信規格ですが、スマートフォンに組み込まれる可能性もあります。

最終的には、スマートフォンのＯＳ（Operating System）に基本機能としてこうした通信機能が組み込まれ、災害時に限らず、日常でも使うようになれば、インターネットに接続できない場合も、コミュニケーションを取れるようになるでしょう。そのためには、使う人が意識することなく、場所や環境、通信相手に応じて適切な通信手段を自動的に選択するシステムの研究が必要不可欠です。

情報大湧出時代に求められる新しい情報通信基盤

▲ 安本 慶一

全てのモノをインターネットに接続するIoT（Internet of Things）技術の進展に伴って、人、車、機械、ロボット、建物など、あらゆる場所や物体に埋設された多種多様なセンサーから、環境や行動、動作など実世界の状況を捉えたデータが大量に生産される「情報大湧出時代」が到来しようとしています。カメラはもちろん、加速度計や生体センサーなど最低でも1秒間に数十回の頻度でデータを生成するデバイス（IoT機器）が全世界で数億～数十億の人体や自動車に付帯され、居室や施設、街路には人の行動や思考、環境を検知する無数のIoT機器が埋め込まれる時代も遠からずやってくると考えられます。それらが一斉に生成する時系列データは、複数の場所から同時並行的に湧出する「情報流」[1]と呼ばれる雑多なデータストリームを形成します。情報流は実世界における人や環境の動的な様子を反映しており、必要な時、必要なところに、分りやすい形に編纂して提供することができれば、これまでになかった新しい価値を持ったコンテンツやサービスを創造できると考えられます。

例えば、2020年の東京オリンピックを視野に、ウェアラブルグラスなどから発信される多数の競技視聴者の応援行動、外気温や周辺の歓声、空気質など、熱気や臨場感を多様な形で伝える情報流と競技の映像情報流を整理融合し、遠隔でも競技場の興奮や熱気を五感で体感できる没入的競技視聴サービスが実現できれば、様々な理由で会場観戦できない人々に新たな体験を提供できます。別々の場所にいる複数の医師がチームを組みそれぞれのモバイル・ウェアラブル機器等を用いて、患者の生体センサー情報流、医用画像情報流をリアルタイムに取込み手術ロボットを含む様々な医療機器を協調して正確かつリアルタイムに遠隔操作できれば、遠隔医療・遠隔手術が普及し多くの人命を救うことも可能となるでしょう。都市に突発的な大災害が発生した時に、走行中の自動車・公共交通機関の情報流や人々の位置・SNSの情報流と無人飛行機による空撮映像流を実時間で集約・編纂し配信できれば、救助や避難を要する人々の位置や状況を直観的に把握することができ、救助活動や避難誘導が効率化されることでしょう。

●クラウド集中型情報通信形態の終焉

これまでのネットワークの利用形態は、クラウドに蓄えられた情報やサービスをパソコンやスマートフォンを使って利用するといった、クラウドから端末への一方向的な通信が主流でした（図1左）。しかし、情報大湧出時代には、これまでとはケタ違いの量の情報が次々と生成されるだけでなく、通信の向きも変わります。それは、ユーザは情報の消費者（情報を受信して利用）としてだけでなく、情報の生産者（ウェアラブルセンサーなどから情報を生成）としても振る舞うようになるためです。

したがって、ユーザが生成した情報流をインターネットの奥深くに設置されたクラウドサーバーにアップロードした後に、情報流消費者である別のユーザがダウンロードするという従来の方式では、遅延時間が大きくなるだけでなく、クラウド側の資源を浪費し、ネットワーク設備への投資コスト、消費電力等の増加により、今後増え続ける情報流に対応できなくなる恐れがあります。

米Cisco Systems社の2015年2月時点の予測では、2019年の無線通信量は、ウェアラブルデバイスの普及に伴って、292EB（エクサバイト＝ 10^{18} バイト＝100京バイト）に達するとのことです。これまでのクラウド集中型の情報通信形態は早晩機能しなくなることが予想されるため、必要なエリア内で局所的かつ水平分散的に多数の情報流を流通・処理する新しい情報通信形態が求められています（図1右）。

●情報大湧出時代の情報通信基盤とシンギュラリティ

それでは、情報大湧出時代の情報通信基盤はどのようであるべきでしょうか。まずは、これまで、データセンターなどの施設に集中して設置されていたクラウドサーバー群を、情報流生産者、情報流消費者により近い側に分散して設置することでしょう。これにより、通信の遅延時間を短くすることができます。エッジコンピューティングは、このコンセプトに従って提唱された新しい情報処理基盤の実現に向けた取り組みと言えます。サーバー群を情報流発生源の近くに配置すると、情報流が分散して管理されることになり、必要な情報流を効率よく発見する仕組みや、情報流に対する様々な処理を分散して行う仕組みが新たに必要になります。加えて、これらの仕組みは、生成される情報流が劇的に増加しても性能が落ちないスケーラビリティを備えていることが求められます。

湧出する多数の情報流はそのままでは数値の羅列であり、それらから実世界にとって意味のある情報を発見しなければなりません。情報流をタイムリーに捉え、理解できる形に整理編さんすることが、モノのインターネットであるIoT技術をインフラとして活用する次世代のサービスを実現することにつながります。そのため、情報流の時空間的な変化を捉え要約・抽出する仕組みや、種類が異なる複数の情報流を融合し一つのコンテンツ（新たな情報流）に編さんする作業（キュレーション）を支援する仕組み、さらにはキュレーションを自動化する仕組みの検討が必要です。

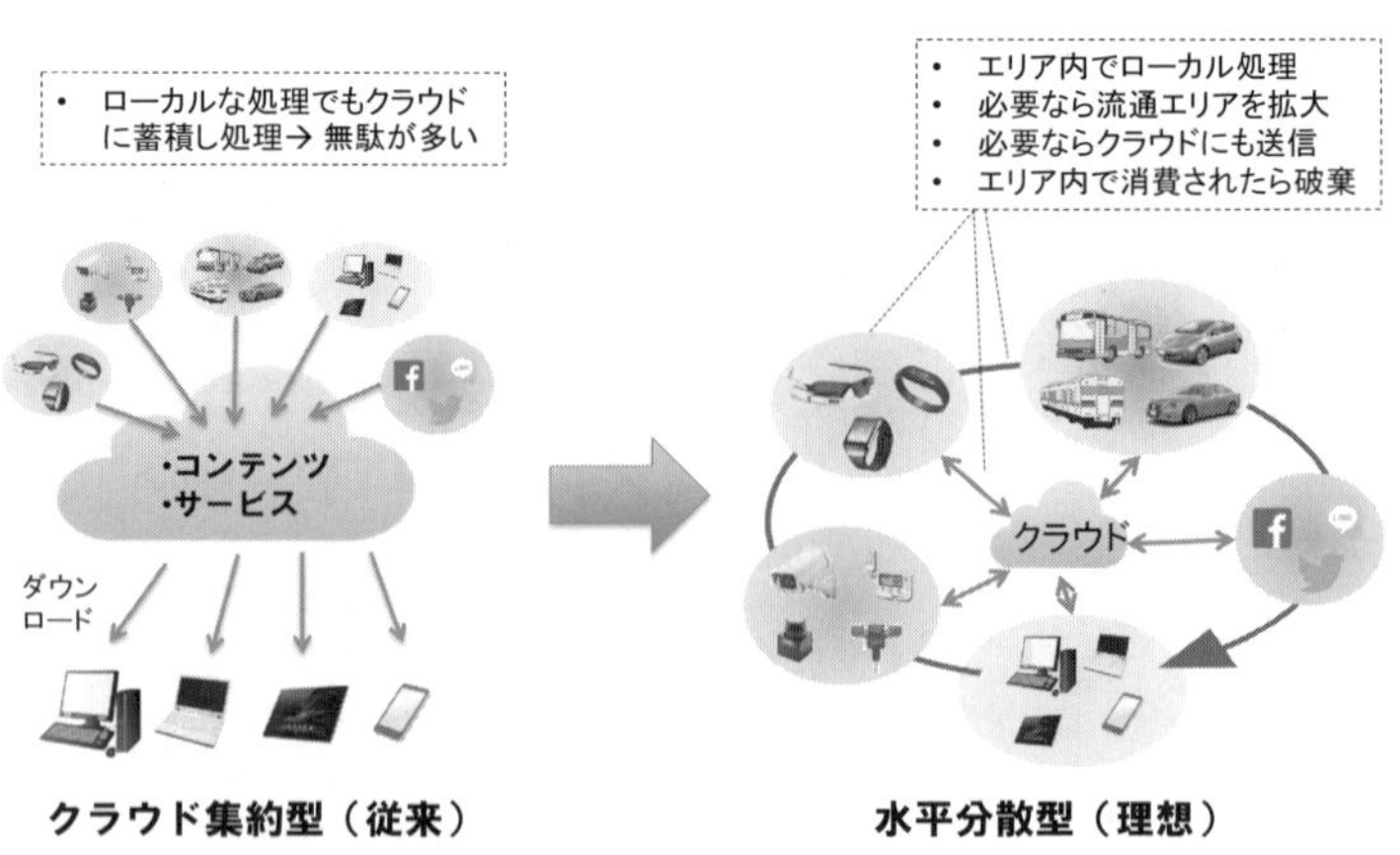

図１　従来の情報通信と情報大湧出時代の情報通信方式

●シンギュラリティに向けた研究

筆者らは、情報大湧出時代に向けた新しい情報通信基盤を検討するグループ[1]を結成し活動を行っています。このグループでは、情報流基盤を実現するために解決しなければならない様々な技術課題について検討し、表1のようにまとめています[1]。

多数の情報流を効率よく流通させるため、各IoTデバイスに通信機能、計算機能およびストレージを持たせ、多数のIoTデバイスが局所的なデバイス間通信により、クラウドを経由することなく表1の各機能を実現するアーキテクチャについて検討を進めています。このアーキテクチャでは、連携するIoTデバイス群が互いに近い場所に配置されることが多いことに着目し、関係するデバイスのみが動的にネットワークを形成し分散処理を行うことで「地産地消」的に、低遅延かつ高速に処理を行えるようにすることを狙っています（図2）。

また、私たちの研究室では、サッカーや野球などのスポーツを様々な角度、ズームレベルで撮影した映像情報流を対象に、キュレータ[2]が設定した価値観にあった映像情報流を自動的に選別・提示する支援システムや、テレビ放送におけるカメラ切換えタイミングを教師データ

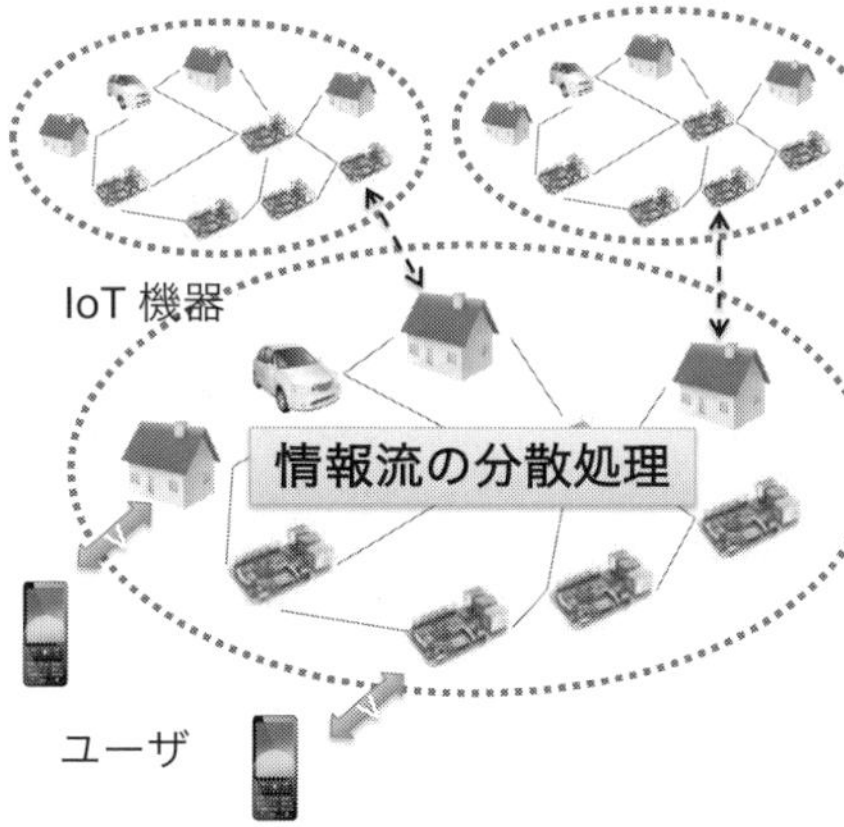

図2　情報流の分散処理

表1：情報流基盤に必要な機能と技術課題

機能	内容	技術課題
A 情報流獲得	情報流の発見・選別・配送	重要度付与、検索、帯域確保、粒度調整等
B 解析・理解	キュレータへの理解支援	可視化、予測
C タグ付け・加工	タグ付け、要約、抽出	シーン解析、オブジェクト認識、自動タグ付け、要約・抽出
D 編集・掲示	複数の流の融合、効果的な提示・配信	可視化、インタフェース、キュレーション自動化
E 分散処理	多数の情報流の取り扱い	スケーラビリティ
F セキュリティ	情報流の生産者・消費者、キュレータが安心・安全に利用	プライバシ保護 改ざん防止

1—http://www.infoflow.org/

2—複数の情報を要約・加工し一つの新たなコンテンツとして編さんする人

として学習し、テレビ放送並みの映像コンテンツを自動編纂することを目指したシステムの開発を行っています[2]。

情報流基盤の確立のためには、情報流の各区間に意味付けを行う自動タグ付けや、未知の価値を発掘する自動キュレーション、プライバシ保護といったチャレンジングな未解決課題が残されており、世界中で研究が進められています。近い将来、これらの課題を解決し、情報大湧出時代に備えなければなりません。

ソフトウェアエコシステム（ソフトウェア生態系）

▲松本 健一

ソフトウェアとは、コンピュータに計算や処理を行わせるために必要となる情報が記された文書（ドキュメント）の総称です。狭義には、計算や処理の具体的な手順やルールなどを示す「プログラム」のことですが、計算や処理に必要となるデータや取扱説明書、ゲームソフトであれば映像や音楽などもソフトウェアの一部ということになります。ここでは、「プログラム」を念頭に読み進めていただければと思います。

ソフトウェアであれプログラムであれ、皆さんはそれらに囲まれて日々の生活を送っています。ネットを使って安全に買い物ができるのも、スマホのバッテリーが長持ちするのも、自家用車のアクセルを踏み込んだ時に心地よい加速感が得られる一方で燃費もそれほど悪くならないのも、ソフトウェアが、ネットワークやハードウェアの良さをうまく引き出してくれているからこそです。「ダウンロード」や「インストール」といった単語は、今では小学生でも知っていますが、少し前まで、そうした単語が一般の人々の日常会話に出てくることはまずありませんでした。それだけ、ソフトウェアは多くの人にとって身近な存在となっています

●ソフトウェア開発の失敗による社会的損失は年間3・6兆円

身近な存在だからといって、その作成（開発）が簡単であるとは限りません。これは、情報科学技術全般に言えることですが、身近な存在だからこそ、むしろ、これまで以上に高い品質が求められ、皆さんの想像をはるかに超える手間と時間が投入されています。

その中でも、ソフトウェアの開発はやっかいです。その証拠に、ソフトウェアを開発する取り組

みのことを、多くの場合、「ソフトウェア開発プロジェクト」と呼びます。プロジェクトとは、個人や組織の戦略計画を達成する手段であり、通常業務（ルーチンワーク）では対処できない要求に応える手段、などと定義されています。何らかの点で他とは異なり、経験したことのない未知の部分が含まれる取り組み、といった方がわかりやすいかもしれません。ソフトウェアは複製が容易ですし、使っているうちに消耗するということもないので、全く同じものを何度も繰り返し作る必要はありません。したがって、新たに開発されるソフトウェアというのは、世の中に既に存在するソフトウェアとはどこかが異なります。よしんば、既存のソフトウェアと全く同じものを開発するとしても、開発チームのメンバーが同じということはまずありません。そうした差異をルーチンワークで解消することは難しく、試行錯誤や新たな技術が必要になることもあります。思いもよらぬ事態が発生したり、開発者の勘違いやミスが頻発したりもします。ソフトウェア開発プロジェクトが順調に進まないことによる社会的損失は国内総生産の０・６％、日本国内だけで年間３・６兆円に達するとの試算もあります。

●ソフトウェア開発におけるシンギュラリティ：超高速開発

手間も時間もかかるソフトウェア開発ですが、ソフトウェア開発に特化した超知能が人間に取って代わるようになると、様相は一変するかもしれません。人間が犯すような勘違いやミスがほとんどなくなり、無駄な作業が減るというだけでなく、開発作業のスピードそのものが大幅にアップします。このスピードアップが、ソフトウェアの開発スタイルそのものを変革する可能性があります。

日本では、八割以上のソフトウェアが受託開発、つまり、オーダーメード開発です。しかし、オーダーメードといいながら、そのオーダーが必ずしも明確ではありません。そんなばかなことが、と思われるかもしれませんが、一般に、開発すべきソフトウェアの機能、性能、そして、外観（インターフェース）等をひっくるめた全体の約三割は、ソフトウェア開発のスタート時点では明確になっておらず、開発が進むにつれて徐々に明確になっていく、と言われています。また、明確であったはずの残り七割も、ソフトウェア開発が進み、ソフトウェアが目に見える具体的な形を成してくると、「想像していたものと違う」といった理由で変更されたりします。

もちろん、何を開発すべきかが必ずしも明確でなく、後になって変更されることもある、というのは、ソフトウェアに限ったことではありません。ソフトウェアは建築物に例えられることがありますが、注文建築で自宅を建てる際に、建築主が建物の隅々に至るまであらかじめ注文を並べ立てることはまれです。また、設計図や完成予想図で確認し、了解していたはずなのに、建物が完成に近付き、実物を目の当たりにすると、イメージと違うとか、使い勝手が悪そうといった理由で、建築主が間取りなどの手直しを求めることもあります。

ですから、ソフトウェアだけが特別だと言うつもりはありませんが、ソフトウェアは、計算や処理の手順やルールを書いたものに過ぎず、建築物のように物理法則に縛られるものに比べると、オーダーされた機能等の実現方法に、桁違いに高い自由度（多くの選択肢）があります。例えば、奇抜なデザインで自宅を建てたいと思っても自ずと限界がありますが、絵に描いたり、文章に書いたりするだけなら可能ですし、その表現方法となると、バリエーションは無数です。

ただし、自由度がいくら高くても、人手による現在の開発スピードでは、選択肢をいくつも試すことは現実的ではありません。また、機能等に対するオーダーが変更になるたびに開発作業をやり直していたら、期限までにソフトウェアは完成しません。しかし、開発作業のスピードが格段に速いのであれば、選択肢をいくつも試し、その中からよいものを選ぶ、といったアプローチが可能になります。また、オーダーがたびたび変更されても慌てる必要はありません。むしろ、あらかじめ何もかも決めてしまうのではなく、変更も許容することで、偶発的発見（セレンディピティ）につながるなど、これまでにないメリットが生まれるかもしれません。現状では、「物理法則に縛られない」というソフトウェアの特性が、開発プロジェクトを混乱させる大きな原因となっていますが、技術的限界点を超えた先では、より多様で優れたソフトウェアを生み出す原動力の一つとなっているかもしれません。

●エコシステム：ソフトウェア開発における選択肢を増やしシンギュラリティを後押しする

選択肢をいくつも試すことができると言っても、肝心の選択肢が数多くなければ意味がありません。また、いくら数が多くても、似たようなものやあまり役に立たないものばかりでも困ります。もちろん、超知能なるものがさらに進化すれば、選択肢そのものを次々と生み出してくれるようになるかもしれませんが、まずは、現存する選択肢を集め、ソフトウェア開発に関わる当事者（ステークホルダ。開発者、利用者、……）間で共有し活用するところから始めることが考えられます。そして、そうした枠組みの一つとして、我々が研究に取り組んでいるのが、タイトルにもある「ソフトウェアエコシステム（ソフトウェア生態系）」です（図1）。

「エコシステム」とは、もともとは、動植物の食物連鎖や物質循環といった生物群の循環系を表す言葉ですが、そこから転じて、目的や興味を異にする当事者間に見られる経済的な依存関係や協調関係を表す一つのモデルとされています。循環系ですから、当事者間を何かが継続的・安定的に巡っていることが期待されますが、我々が目指す「ソフトウェアエ

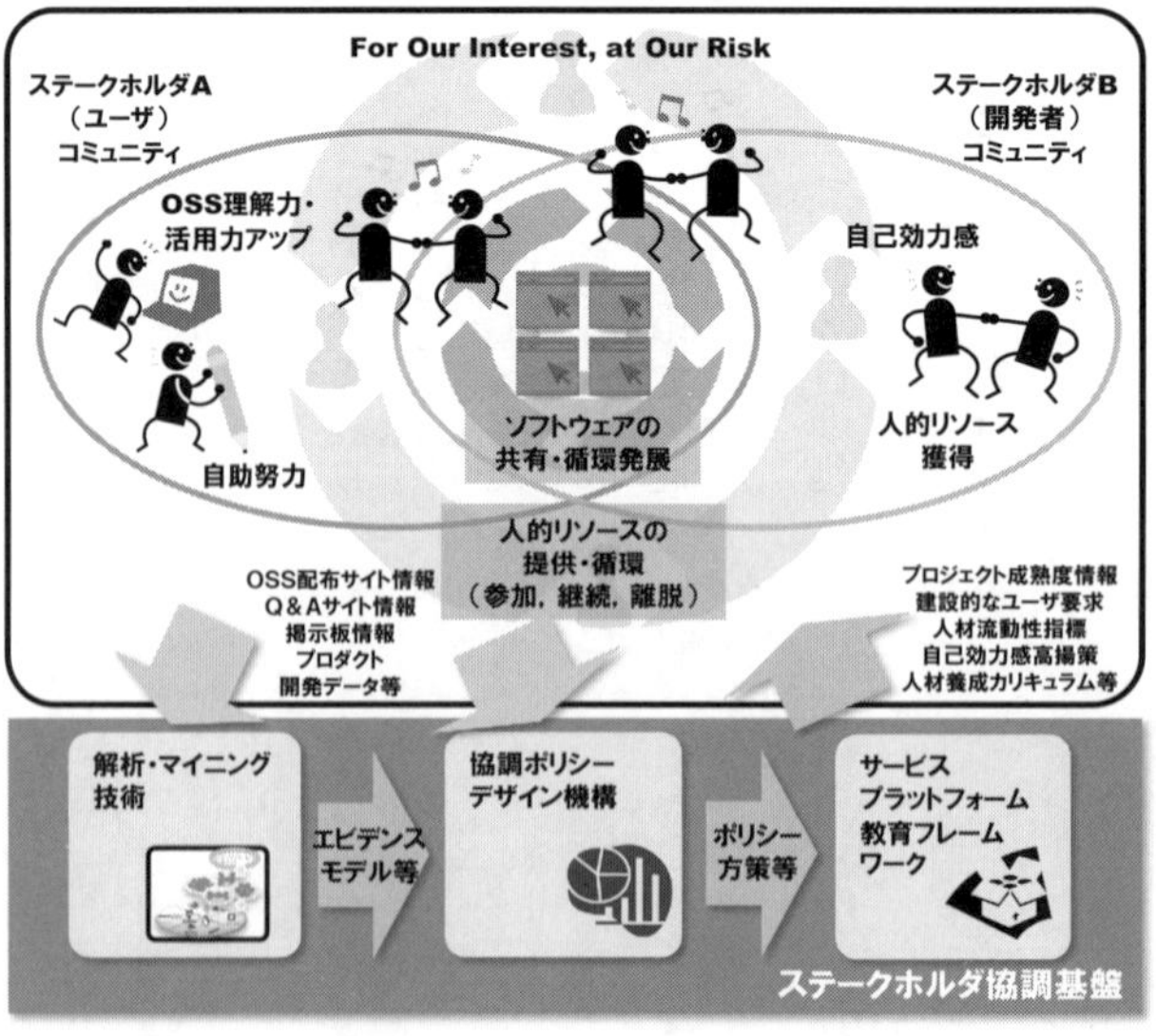

図1　限界点突破のための「ソフトウェアエコシステム」

コシステム」では、ソフトウェアそのものが、「選択肢」としてソフトウェアの開発者や利用者の間を循環していきます。スマホ向けに多数のアプリが用意されていて、利用者は目的や好みでそれらを取捨選択できる、というのに似ています。

なお、ソフトウェアを広く共有する概念としては、「オープンソースソフトウェア（OSS）」が知られています。OSSとは、ソースコード（プログラム）が広く公開されており、一定の条件の下で、誰もが自由にソースコードを利用、複写、改変、再頒布できるソフトウェアのことです（図2）。現在では、企業におけるソフトウェア開発でも広く利用されるようになってきていますが、利用企業の多くは、安価であるという理由でOSSを一方的に利用しているに過ぎず、ソフトウェアが広く循環しているとは必ずしも言えません。

ソフトウェアを選択肢として広く、また、継続的・安定的に循環させるためには、開発者や利用者といった当事者が，相互理解と相互貢献の下で協調し、win-win の関係を構築できるよう手助けしてやる必要があります。もちろん、目的や興味が異なる当事者が協調するように仕向けようというのですから、容易なことではありません。そこで、メカニズムデザイン、ゲーム理論といった、ソフトウェア工学分野ではこれまであまり用いられてこなかった技術を導入していきます。また、循環するソフトウェアを開発する人材も循環させることで、生態系としての継続性を高めることができると考えています。

生態系ですから、当然、淘汰されるソフトウェアも出てきます。しかし、生き残ったソフトウェアは、開発者や利用者の間を循環する中で品質と付加価値が高まり、社会全体で共有すべき資産（社会的資産）へと変貌していきます。そして、そうしたリッチな社会的資産の蓄積が、次なるイノベーションの核となってシンギュラリティの到来を後押しし、限界突破後の社会と技術を支えていくことになると考えています。

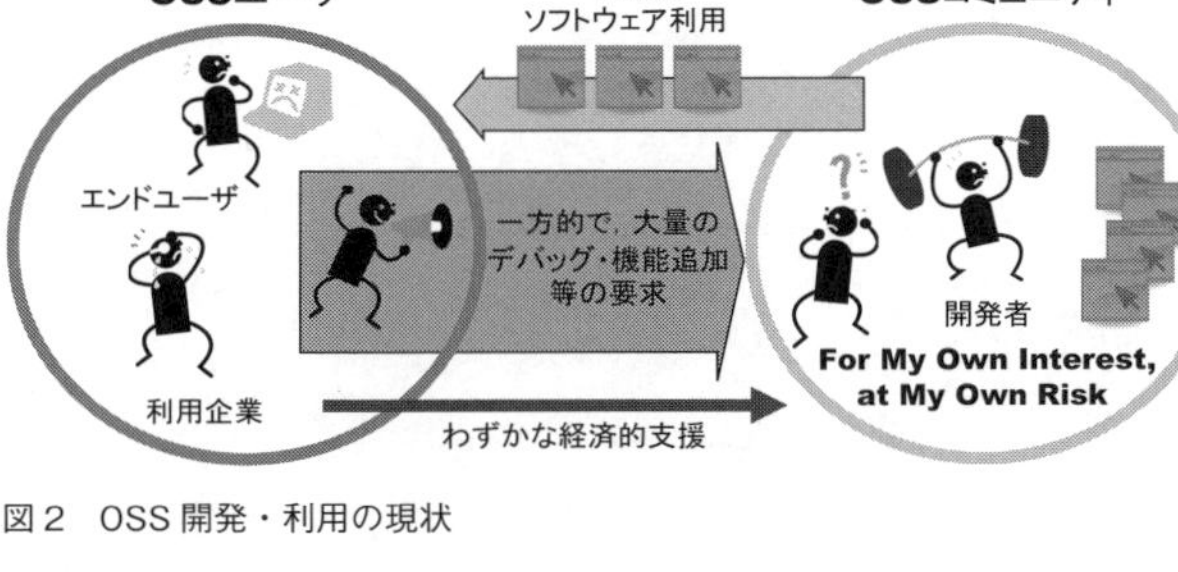

図２　OSS 開発・利用の現状

スケールアウト技術

▲笠原 正治

クラウド・コンピューティングは、ばく大な数のサーバマシンを接続して分散コンピューティングを提供する計算環境の総称です。サーバ環境はデータセンター内に構築され、デスクトップＰＣからタブレットＰＣ、モバイルフォンといった多様な端末がクライアントマシンとしてクラウド・コンピューティングサービスを利用しています。

クラウド・コンピューティングを提供するデータセンターでは、コモディティ（日常）レベルのサーバを増やして処理を並列化することにより、処理性能の向上を実現しています。このようなアプローチをスケールアウト[1]（図1）と呼び、現在のクラウド・コンピューティングを支える基盤技術として普及しています。

クラウド上で実行されるキーワード検索やビッグデータ解析のような処理では、巨大なタスクを複数のサブタスクに分割し、多数のワーカと呼ばれるサーバマシン上で処理を行う、いわゆる大規模分散並列処理が行われます。GoogleのMapReduceやオープンソースのHadoopが大規模な分散並列処理を行うソフトウェアフレームワークとして大変有名です。

キーワード検索を例に取ってみると、非常に大きいサイズ、例えば1ＴＢ（テラバイト）のファイルに含まれるキーワードを検索するとき、一台のマシンで検索するよりも、ファイルを千台のマシンに等分割保存して一台あたり1ＧＢの部分ファイルを検索する方が、探索にかかる時間は単純に千分の1になります。並列化のための前処理時間は並列台数が大きくなると増大しますが、それよりも処理時間の短縮効果が大きいときには有効です。

図1　スケールアウト・アーキテクチャ

●落伍者の問題

莫大な数のサーバマシンで並列処理を行うときに問題となるのは、マシン性能のばらつきです。ハードウェアの故障も、マシンの台数が百台、千台と多くなってくると、無視できない問題になってきます。並列処理では全てのサブタスクの処理が完了してタスク全体の処理が完了となります。このような処理では、最も遅いサーバマシンが全体の処理時間を決定することに注意しましょう。この問題は落伍者の問題（Issue of Stragglers）[2]として知られています。大規模分散並列処理では、マシン性能のばらつきやハードウェアの故障にも柔軟に対応してタスクを高速に処理するスケジューリングが重要な役割を担っています。

ここで簡単な例として４台のサーバで並列処理を行うことを考えてみましょう。次の二つの戦略を考えます。

戦略Ａ（図２左側）
タスクを４分割し、４台のサーバで並列処理を行う。４台のサーバの処理が全てが終了した時点でタスク全体の処理が完了。

戦略Ｂ（図２右側）
タスクを2分割し、1台のサーバでオリジナルのサブタスクを、もう1台のサーバでバックアップ的に同じサブタスクを処理する。オリジナル処理とバックアップ処理で、早く終わった方の結果を採用する。

戦略Ａと戦略Ｂでは、どちらの方がクラウド・コンピューティングでは有利でしょうか？

まず全部の処理が完了するまでの処理時間を考えましょう。1台のサーバでタスク全体を処理するのにかかる時間を1とすると、戦略Ａではタスクを４分割しているので1台当たりの処理時間は

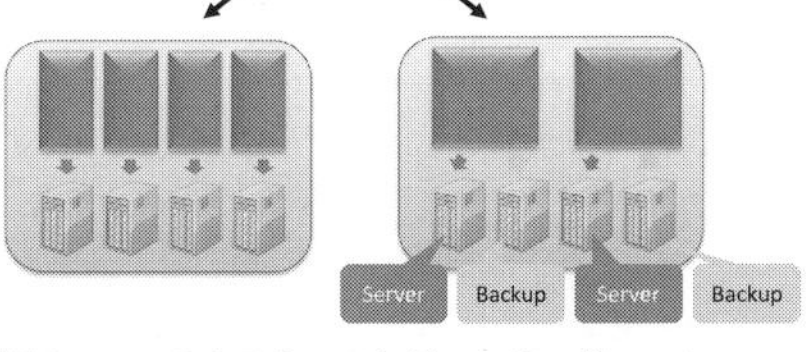

図２　二つのタスク・スケジューリング

4分の1、うまくいけば4分の1程度の処理時間でタスクを完了することが可能です。

一方の戦略Bでは、タスクを2分割しているので1台当たりの処理時間は2分の1、うまく処理が行われても2分の1の処理時間がかかります。タスク全体の処理時間の短縮を目指す立場からすると、戦略Aの方が分割数が多い分、効果的に時間を短縮できそうです。

次に4台のサーバの内、1台が故障した場合を考えて見ましょう。戦略Aでは4台のサーバの処理結果が返ってこないと処理が終了しませんから、故障の場合はタスクの処理を完了することができません。一方、戦略Bでは2台に同じ処理をさせていますから、1台が故障した場合でもタスク全体の処理を完了できます。つまり、戦略Bは単純な分割・並列処理と比べて故障に耐性があることがわかります。

タスクを処理するのにかかる消費電力量はどうでしょうか？　戦略Bは故障に対して耐性はありますが、故障がない場合，バックアップ処理は余分な処理となり、処理にかかる時間も戦略Aの2倍ですから、消費電力量は戦略Aの方がリーズナブルです。このように処理時間の短縮化、故障に対する耐性、消費電力量の3つについて、どれかを向上させれば何かが悪くなるというトレードオフ関係があるため、最適な戦略を考えるのが難しい問題となっています。

●処理時間のばらつきの影響

サーバが複数のジョブを走らせていて、処理時間にばらつきがある場合、どちらの戦略の方が有利でしょうか？

この問題を考えるためには、戦略Aや戦略Bによるタスクの処理メカニズムを確率的に分析する必要があります。簡単に説明すると、この問題は、複数の確率変数列の最大値がどのような分布に従うかという問題に帰着し、数理的に解析を行うと戦略Aや戦略Bのタスク処理時間の分布を導くことができます。この分析を行った結果、いろいろと面白いことがわかってきました。まずサーバの処理性能のばらつきが大きければ大きいほど、戦略Bの効果が高いことがわかりました。しかもばらつきが大きいときは並列処理を行うサーバの台数を百台、千台と増やすほど戦略Bの効果が高いことも判明しました。

さらに重要な点として、処理時間のばらつきも、分散が同じでも分布の裾が重いものほど戦略Bが効果的になることがわかりました。これは平たく言えば、サーバの処理がなかなか終わらない場合が少なからず発生するようなときには、バックアップ型のスケジューリングが効果的ということを意味しています。

実装に関する面白い結果として、一つのサブタスクを処理するサーバ数は3台から4台あれば十分であること、5台以上は処理時間がそれほど改善されないことがわかりました。Hadoopでは、タスク処理の失敗を見越して他のサーバにタスクを振り直す投機的実行という機能がありますが、この投機的実行の最大回数はデフォルトでは4と設定されています。このデフォルトの値は、分析を通じて得られた結果と合致しており、このような根拠の下で投機的実行の最大回数が設定されていることを改めて確認した次第です。

●クラウド・コンピューティングの未来

コンピュータの処理速度や通信の速度は限界に近付きつつあるため、ばく大なデータ処理のさらなる高速化には大規模分散並列処理技術のますますの高度化が欠かせません。現在の並列化は数十台程度、多くても百台のオーダのレベルです。この並列化のレベルをどの程度まで上げることができるのでしょうか？　並列化のさらなる向上を目指すためには、大規模分散ファイル技術やデータセンター内の高速ネットワーキング技術、さらにはデータセンター間のネットワーク技術の高度化や高性能化が重要です。また、大規模な並列計算を行う上で、電力消費量を抑えつつタスク処理を効率的に行う電源管理法も重要な研究課題です。地球規模の大規模データセンターに向けた研究が進行しつつあります。

3 計算機構の限界突破

微細化が進む半導体の動作保証

井上 美智子

パソコン、スマホ、クラウド、銀行のATM、自動車、飛行機、医療機器、ロボットなど全ゆるものがコンピュータで制御されています。コンピュータが動作を間違うと大惨事を招くかもしれません。そのコンピュータの心臓部とも言えるのが半導体のチップです。半導体のチップの中にはトランジスタと呼ばれる小さな部品がぎっしり詰まっていて、コンピュータの高速で正確な処理を担っています。トランジスタの微細化は年々進み[1]、20～30ナノメートルというスケールでの加工技術により、1チップに数億個のトランジスタを搭載することも可能になっています。1メートルの千分の一が1ミリメートル、その千分の一が1マイクロメートル、さらにその千分の一が1ナノメートルですから、一つ一つのトランジスタは大変小さなサイズです。微細化が進むと、より高速に動作するトランジスタをより多く搭載することができるので、半導体チップの性能が向上します。

ところが、こんな微細化加工でできる半導体は製造されたものが全て良品とは限りません。製造

1――「半導体チップに搭載されるトランジスタ数は18ヶ月ごとに倍になる」というムーアの法則がよく知られている。

工程で小さなほこりがついただけでも正常動作しませんし、ナノレベルの製造ばらつきにより規定の性能が出ないチップも製造されてしまいます。このような半導体の動作保証を担うのがテスト技術です。半導体製品は全品検査です。すなわち、全ての製品は厳しくテストされ、テストをパスした製品だけが市場へ出荷されます。見方を変えると、半導体のテストは製造工程の一部で、製造技術とテスト技術の合わせ技で半導体の微細化の限界突破に挑んでいます。半導体のテスト技術の最前線を紹介します。

●微細化がテストを困難にする

半導体チップのテストは、そのチップのありとあらゆる動作を保証するために行います。そのため、短いテスト時間で半導体の隅々までを活性化させ(内部の値を0にしたり1にしたりすること)、数億のトランジスタの一つ一つが正常に動作することを確認します。微細化が進むと、テストの対象となるトランジスタが増えるので、テストは難しくなります。しかし、微細化は数の問題以上にテストを複雑で難しくしています。半導体のテスト時には多くのトランジスタが一斉に動作するため、通常動作時より大きな電流が流れ、より大きな電力を消費します。ここで問題となるのが、テスト時の電圧降下と発熱の問題です。

トランジスタが一斉に動作すると、電源電圧が下がってしまうという現象が起きてしまいます。電源電圧が下がると個々のトランジスタの動作が遅くなってしまい、半導体のチップの動作も遅くなってしまいます。半導体のテストでは、半導体の回路が所望の周波数で動作するかをチェックする遅延テストが行われますが、このとき、想定以上に多くのトランジスタが一斉に動作することによって、テストの時だけ遅く動作し、テストにパスできないということが起きてしまいます。

発熱の問題も同様です。テスト時には通常動作時より高い消費電力を消費することがあります。

この状態が集中的に続くと、チップの一部が発熱し高温になってしまいます。トランジスタの動作速度は温度に依存し、温度によって動作が速くなったり遅くなったりします。そうすると、テストの時だけ異常に発熱し、想定されるより遅く動作してしまい、テストをパスできなくなるということになってしまいます。

電圧降下や発熱が起きると、通常動作は所望の周波数で動作するにもかかわらず、テストをパスできずに出荷できない事態が生じます。こうなると、せっかく製造したチップから利益を得る事ができなくて問題です。一方、この問題を避けるために、テスト時のトランジスタの動作を必要以上に抑えてしまうと、テストにはパスしたが、通常動作時に誤動作してしまうチップを出荷してしまうという問題も生じます。半導体のテストは、十分に、でもやり過ぎずに行うことが肝心で、ちょうどよいテストを実施することが重要で、しかし、とても難しい問題となっています。

●有効なテストパターンを見極める

半導体のチップが所望の周波数で動作するかどうかを確認する遅延テストは、テストパターンをチップの外部から入力し、その出力を確認することで行われます（図1参照）。遅延テストでは、2つのテストパターンを用います。まず、第一のテストパターンを入力しチップの内部の値を設定します。次に、第二のテストパターンを入力し、チップの内部の値を変化させ出力を確認し、あらかじめ計算して求めておいた期待値と比較します。すべてのテストパターンの組に対し出力値と期待値が一致していれば、そのチップは遅延テストにパスしたことになります。遅延テストでは、半導体のチップが規定の周波数で正しく動作するかを確認します。例えば、周波数が1ギガヘルツの半導体チップなら、内部のクロックの1周期はその逆数の1ナノ秒になります。チップの内部では、クロックの1周期で、数個から数十個のトランジスタが連鎖的に動作します。つまり、この数十個のトランジスタの動作が1ナノ秒で終わらないといけないことになります。

さて、テスト時に電圧降下が起きると何が起こるでしょう。電圧降下が起きると、個々のトランジスタに供給される電圧が下がり、トランジスタの動作が遅くなります。図1(b)は、第二のテストパターンを入力した直後の電圧降下の分布を表します。電圧降下量はチップ内で均一ではありません。チップの中央では電圧降下量が大きく、チップの端では電圧降下量が小さくなる傾向が知られています。また、左図と右図は異なるテストパターンを入力した際の電圧降下量の分布で、テストパターンによって電圧降下量が異なっています。

電圧降下量の大きなテストパターンを用いると、テストの時だけ過度な遅延を生じ、遅延テストをパスできずに不良品と判定されることがあります。逆に、遅延降下量を抑えすぎると、テストはパスするが、通常動作時に誤動作する製品を出荷してしまいます。これらを回避するには、テストパターンごとに、個々のトランジスタへ供給される電圧を正確に知る必要があります。このような解析は、電力シミュレーションツールを用いて行うことが可能ですが、非常に時間のかかる処理で全テストパターンを解析するのは現実的ではありません。そこで、電圧降下量を精度を落とさず高速に見積もる手法が提案されています[1]。このような見積り手法を使うことによって、有効なテストパターンを効率よく見極めることが可能になっています。

●テストパターンでチップの温度を制御する

半導体チップのテストでは、多くのテストパターン（遅延テストの場合はテストパターンの組）を用いてチップ内を網羅的にテストします。すでに述べたように、テストパターンを入力すると、

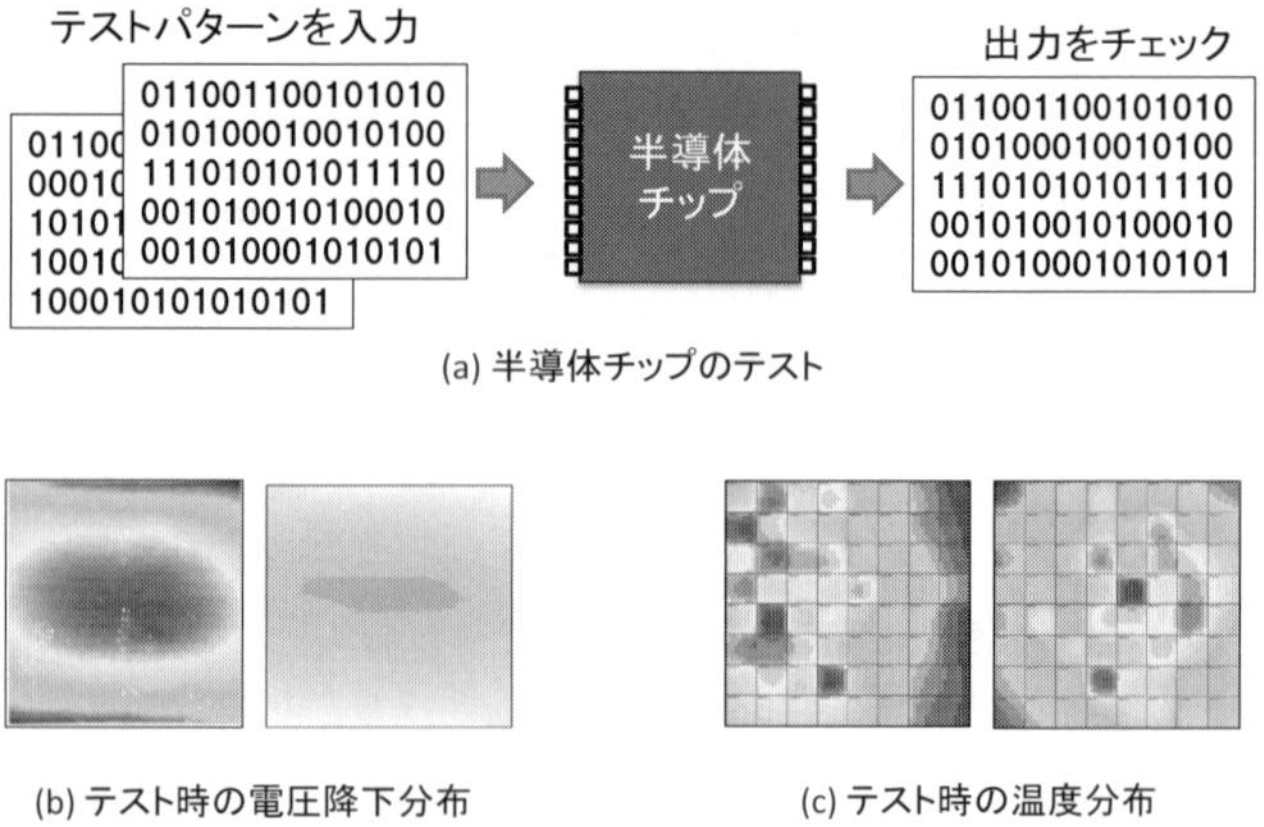

図1　微細化による半導体テストの課題

トランジスタが一斉に動作し大きな電力を消費します。いくつものテストパターンを連続的に入力してテストを行うと、チップ内が発熱します。図1(c)は、テスト時の半導体チップの温度分布です。左図と右図は、テストパターンを連続して入力した場合の異なるタイミングでの温度分布です。このように、半導体チップの温度は、空間的にも時間的にも均一ではありません。

トランジスタの動作速度は温度に依存し、温度が高いところと低いところでは動作速度が異なります。動作速度は、遅延テストの結果にも影響します。そこで、遅延テストの結果から温度による影響を取り除いて、より正確にテストを行う手法が提案されています[2]。この手法では、チップ内に温度センサーを埋め込み、テスト時のチップの温度を計測しテスト結果を補正します。しかし、チップ内に温度ばらつきが生じると温度センサーをたくさん埋め込む必要があり現実的ではありません。そこで、テストパターンの修正や入力順序を調整し、チップの温度を均一にする手法が提案されています[3]。これらの手法を利用することで、テスト時のチップの温度を制御し、より正確なテストを実現することが可能になっています。

障害から自己復旧し安定するネットワーク

井上 美智子

世界中の多くの人々、コンピュータ、携帯端末、センサーなどあらゆるものがインターネットにつながる時代になり、その数はさらに増え続けています。2014年6月末には、全世界で30億人以上の人々がインターネットにつながりました。これは、2000年に比べると740％増で全世界の42％の人々がインターネットにつながっていることになります。[1]

このような膨大なネットワークがきちんと動くように誰か1人で管理することはできませんし、高性能なコンピュータ1台で管理することも難しいでしょう。ネットワークにつながっている全てのコンピュータは、期待通りに動くわけではありません。サイバー攻撃のように悪意のある攻撃により障害が発生する場合もありますし、機器に故障が発生した場合など、悪意がなくても期待通りに動かないという場合も考えられます。このような信頼性・安全性の限界を突破するために考えられているのが、自己安定アルゴリズムです。

自己安定アルゴリズムの「アルゴリズム」とは、計算の手順という意味ですが、個々のコンピュータが従わなければならないルール集のようなものと考えるといいでしょう。個々のルールには、「こんな状況なら、こう対処する」といったことが書かれています。状況といっても、個々のコンピュータはネットワーク全体の状況を常に把握しているわけではありません。個々のコンピュータは、自身や自身と直接通信できるコンピュータから情報を集めて現在のローカルな状況を判断し、当てはまるルールがあれば対処策を実行するということを繰り返します。コンピュータはそれぞれ独立して動作可能、つまり、個々のコンピュータはそれぞれ自分勝手に動作することが可能ですが、アルゴリズムのルールに従うことで協調し連携します。ネットワークでつながっているコンピュータを

1—出典：世界インターネット統計（Internet World Stats – www.internetworldstats.com/stats.htm）

うまく協調・連携させるためのアルゴリズムを分散アルゴリズムといい、その中でも障害から回復しシステムを安定させるアルゴリズムを自己安定アルゴリズムと呼びます。

●自己安定アルゴリズム

自己安定アルゴリズムは、E. W. Dijkstra によって提案されて以降、広く研究されているアルゴリズムです[1]。自己安定アルゴリズムとは次のような性質を持つアルゴリズムです。

1．アルゴリズムはどんなシステム状態からでも開始できる。
2．通常では起こりえない不当なシステム状態からアルゴリズムを開始しても、いずれシステムは正当な状態に遷移し、正当な状態で安定する。

通常の分散アルゴリズムでは、例えば、変数の値は0というような、指定された特定の初期状態からアルゴリズムを開始することを仮定します。指定された初期状態からアルゴリズムを開始して、故障が起こることなくアルゴリズムが実行されるときに起こりうるシステム状態を正当な状態と呼びます。正当でないシステム状態、言い換えると、通常では起こりえない状態が不当な状態です。不当な状態には、システム内のコンピュータや通信路が故障することで陥ることもありますし、システムにコンピュータや通信路が新たに加わる、逆に、コンピュータや通信路を削除するというように、システム構成を変更することでも不当な状態になることもあります。無線で通信を行うネットワークを考えると、コンピュータの参加や離脱によるシステム構成の変化は常時起こりえます。

自己安定アルゴリズムは、どんなシステム状態からでも開始することができます。例えば、システム内に故障が起こり障害が発生している状態でも動作することができます。また、システムを初期化しないでも利用可能という利点もあり、例えば、システムの拡張や統合などによるシステム構成の変更があっても、システム全体を一旦停止して初期化するといった手間をかけることなくシステムを稼働しつづけることが可能です。

さらに、自己安定アルゴリズムには、不当な状態から正当な状態への自力での回復力があります。自己安定アルゴリズムでは、不当なシステム状態からアルゴリズムを開始しても、個々のコンピュータがアルゴリズムに従って動作を行うだけで、システムは不当な状態から正当な状態に遷移することができます。また、一旦、正当な状態に遷移すれば、再び故障やシステム構成変化が起きなければ、システムは正当な状態で遷移し続け安定します。

●自己安定アルゴリズムの例

自己安定アルゴリズムの例として、自己安定マッチングアルゴリズムを紹介します。マッチングとは、ネットワークでつながっているコンピュータ群からコンピュータのペアを決めることです。ペアとなるコンピュータは相互に通信可能であること、一台のコンピュータが二台以上のコンピュータと同時にペアにならないことが条件です。二台のコンピュータがペアを組んで行う協調作業を行うパートナーを決めるためのアルゴリズムです。システム全体で、ペアの個数が最大となる場合を最大マッチングといい、最大ではないがある程度の個数を保証するものとして、極大マッチング、一極大マッチングなどのバリエーションが研究されています。

図1に、最大マッチングアルゴリズムの実行が進んでいく状況を示します。図中の丸はコンピュータを表し、丸と丸の間の線は二台のコンピュータが相互に通信可能ということを表します。また、コンピュータ間の太線は二台のコンピュータがペアとなっていることを表します。図1(a)は、自己安定アルゴリズムではない通常の分散アルゴリズムの例です。通常のアルゴリズムでは、ペアが一つもできていない状態から始まり、徐々にペアを増やしていきます。一方、図1(b)は自己安定アルゴリズムの例です。自己安定アルゴリズムは、どんな状態でも開始できるので、例えば、あるコン

ピュータが二台のコンピュータとペアになっている不当な状態でも開始できます。このような不当な状態でも、個々のコンピュータがローカルな状況（自身、ならびに自身と通信可能なコンピュータの状態）だけを判定しながらアルゴリズムを実行すると、いずれ正当な状態になり、最大マッチングを形成して安定します。

●計算理論でネットワークを障害から守る

計算の手順を示すアルゴリズムは、適当なプログラム言語で記述されることにより実システムで実行することができます。アルゴリズムを設計し評価するためには、実システムで実行して評価する場合もあれば、理論的に解析して評価する場合もあります。理論的な解析では、どんな状況であってもアルゴリズムは正しく動作するとか、平均時や最悪時のパフォーマンスはこのくらいだとかいったことに対して、アルゴリズムを運用するシステムに依存しない汎用性のある評価が可能です。

自己安定アルゴリズムの研究は、理論的な解析に基づいて広く行われています。コンピュータやコンピュータ間の通信路をモデル化し、そのモデル上でアルゴリズムを設計・解析します。モデル化するとは、何ができて何ができないかを厳密に定義するということです。例えば、個々のコンピュータはそれぞれいくつかの変数を持っていてその変数群の値でコンピュータの状態が決まるとか、通信可能なコンピュータの状態を観測できるとか、自身の変数の値のみ更新できるといった定義です。また、二台のコンピュータが全く同じタイミング

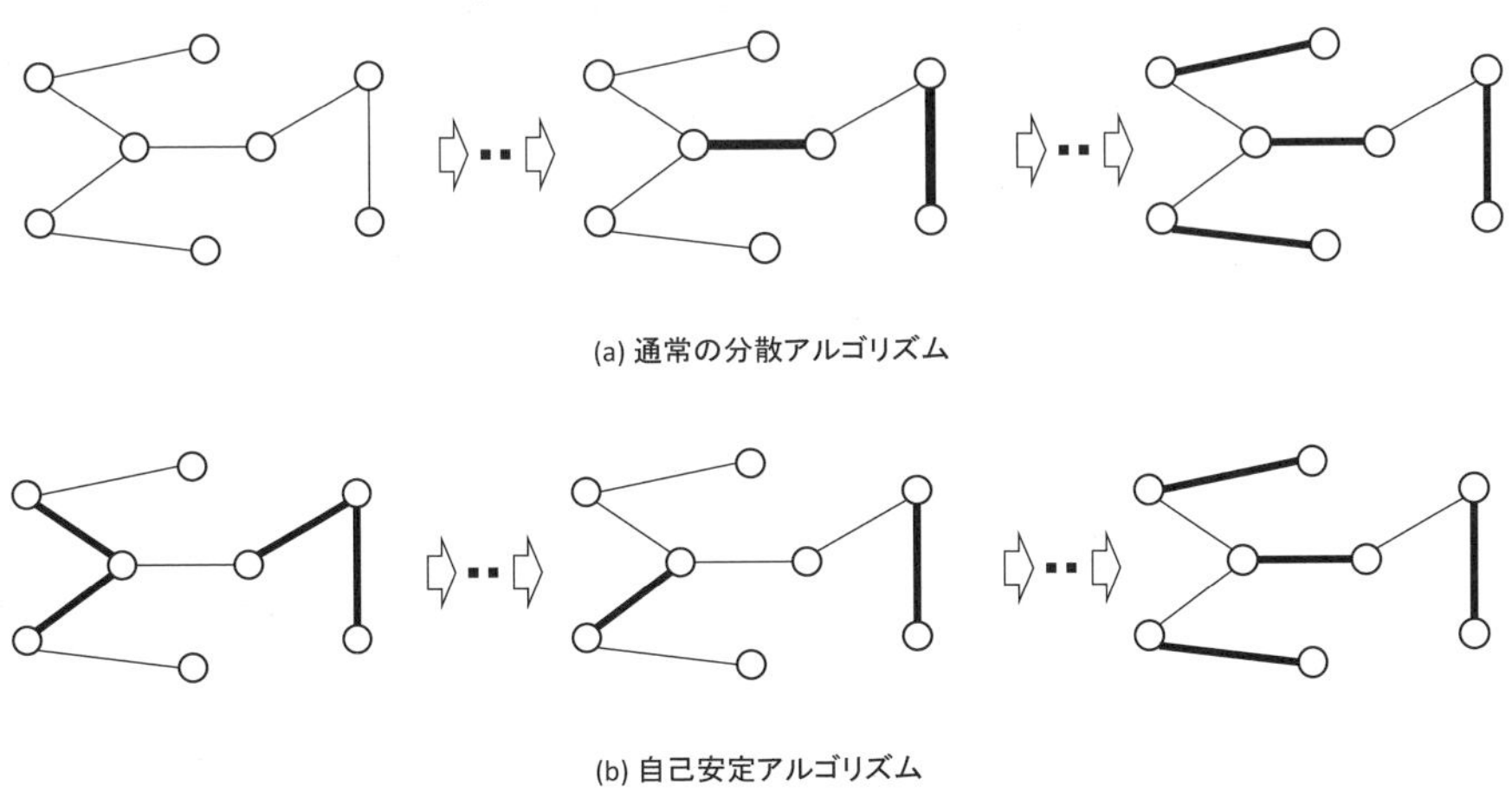

図１　通常の分散アルゴリズムと自己安定アルゴリズム

で動作できるとかできないとか、コンピュータ間の動作のタイミングもモデル化します。このような計算理論を用いてアルゴリズムの設計・解析を行うことで、モデルに適合する多くのシステムに対して、障害から自己復旧する自己安定アルゴリズムを考案することが可能になります。

　例として紹介したマッチングに対しても、最大マッチングで得られるペア数の三分の二以上のペア形成を保証する効率の良い $2/3$—近似自己安定マッチングアルゴリズムなど[2]、様々なアルゴリズムが提案されています。

高速・低電力計算機への挑戦

▲中島 康彦

最近、様々な「コンピュータ」が研究されていて、自動的に何らかの結果が出てくる仕組みであれば何にでも「XXXコンピュータ」と名付ける傾向があります。しかし、コンピュータは本来、「プログラム」により指示された計算過程に忠実に従い、プログラム通りの結果を得る装置を指します。「プログラムを必要としない計算システム」をうたう装置であっても、一般ユーザが（ちゃんと使えているのであれば）プログラムの存在を意識する必要がないだけで、実際にはプログラムがブラックボックス化されているに過ぎません。もちろん、真にプログラムを必要としない計算システムは、あらかじめ決められた機能しか有さない装置でよければ作ることができます。例えば、最近停波したアナログテレビは、電波を映像に自動的に変換する極めて複雑な装置ですが、変換過程にプログラムが不要であれば、コンピュータには属しません。神経細胞の模倣により文字が識別できるニューラルネットシステムも、模倣にコンピュータを利用したとしても、識別機能自体にプログラムが不要であれば、同様にコンピュータには属しません。

つまり、コンピュータはプログラムを実行できなければなりません。プログラムの実行に必要な基本部品は意外に少なく、図1のように、メモリ（広大なデータ置き場）、連想メモリ（狭いけれど検索が速いデータ置き場）、フリップフロップ（小さなデータ置場）、演算器（四則演算などが得意）の4種類（材質は問わない）です。コンピュータの設計とは、実行したいプログラムに合わせて、この4種類の部品の量を調整し最適に組み合わせる作業に尽きます。さて、本節では、このように設計する本来のコンピュータに関して、ちょっと変わった話をします。「変わっている」とは、「普通じゃないのでどこにも売ってない」ことを指します。本来のコンピュータだけど、普通じゃ

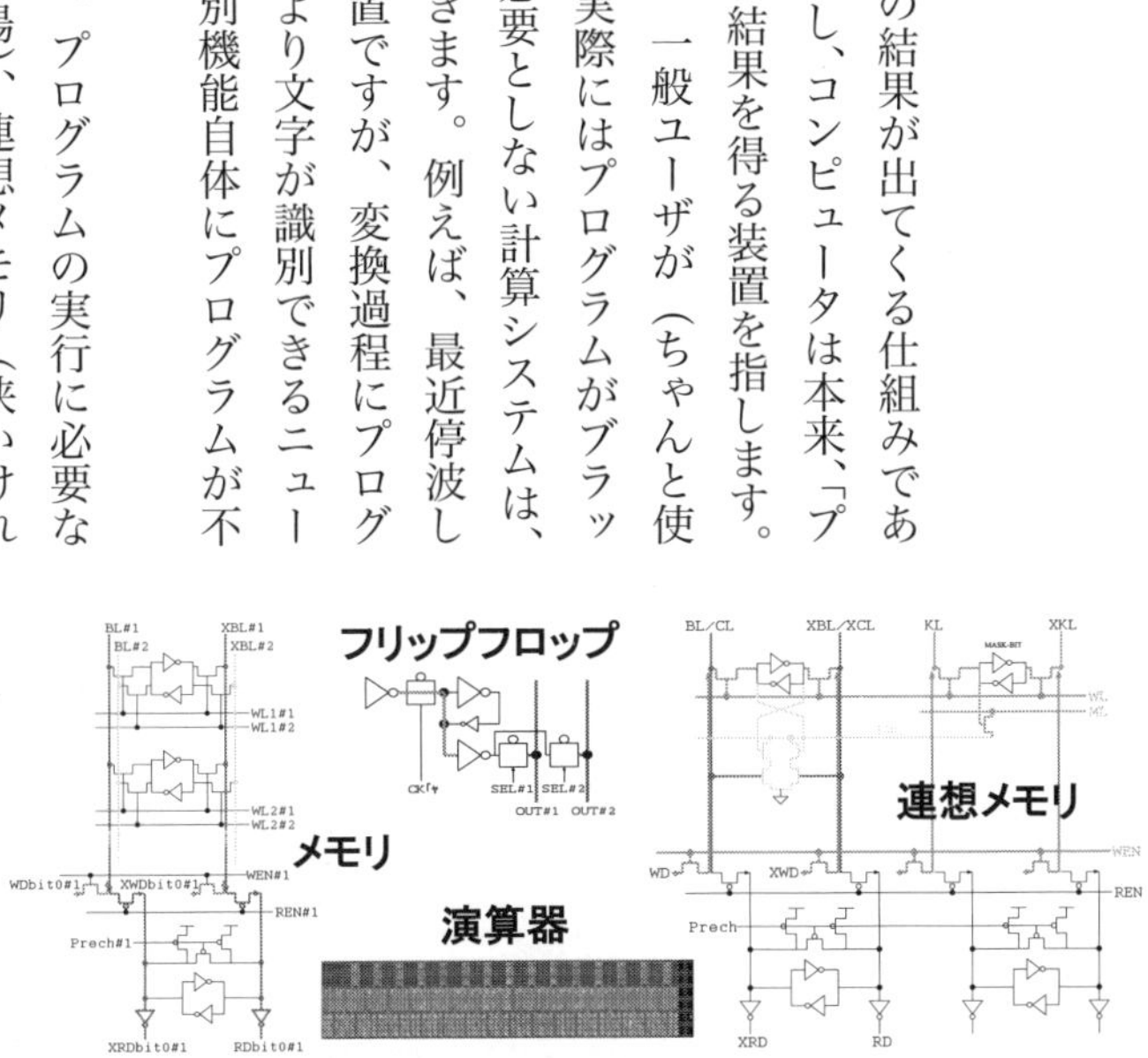

図1 コンピュータを構成する4種類の部品

ないって？ そう。最先端の研究というのは、地に足がついていて普通じゃないのです。

●計算の高速化＝演算の高速化とは限らない…無駄を省いて計算を速くする逆転の発想（CAMP）

ここから、「計算」をプログラムの目的、「演算」を演算器の動作と、使い分けることにしましょう。たとえば10の階乗（10！）を「計算」するには、普通、10×9×…×2×1と9回の「演算（乗算）」が必要です。計算に要する時間は、演算に要する時間×9回分となります。それでは問題です。

問題　階乗計算を速くする方法を考えよ。ただし演算には乗算のみを用いること。

まず普通の答えをいくつか紹介しましょう。

解答1　超高速素子を使って演算時間を短くする。もし読者が一般の方であれば至極当然の答えでしょうし、実際にこの方法によりコンピュータは高速化されてきました。しかし、現役の設計者であれば、それはずるいと思う方法です。なぜなら、素子の高速化は誰でもできる方法ではなく、最近は微細化の限界により高速化が困難になっているからです。

解答2　素子は変えず、代わりに大量の素子を投入して演算段数を短くする高速演算器（乗算器）を設計する。演算器の設計者であれば、これが直接的な方法です。ただし、素子数を増やすと回路面積が大きくなるので、周囲の回路にかかる迷惑との相談になります。

解答3　演算器は変えず、代わりに2つの演算器を並列配置して同時に動かす。例えば、10×8×…×2と、9×7×…×1の2つの系列に分けて、最後に1つにまとめる方法では、演算に要する時間×5回分で済みます。

賢明な読者は、以上の3つの方法を同時に適用できることに気付いたことでしょう。素子で2倍、演算器で2倍、組み合わせで9/5倍にできれば、合わせ技で7倍強速くなります。それでは次に、普通じゃない方法を紹介しましょう。

解答4　演算器は1つのまま、ただし、過去の計算結果を覚えておく。たとえば、8と、過去に計算した8！＝40320の組を連想メモリに覚えておきます。10！を10×9×8！と計算すれば、2回の演算で済みますね。

このように、演算結果を効率よく記憶して検索する機構を設計できれば、覚えていればという条件付きではありますが、1000！を1回の演算で求めることも可能です。区間再利用という本技術は、よく知られた最適化技術では高速化が難しい、パズルを解くようなプログラムに対して威力を発揮し、20倍の高速化が可能な場合もあります。この手の「売ってないものを提案する」研究では実現性を示すことが重要ですので、研究のゴールは、写真1のような試作システム（CAMP）を開発し、効果を実証することとなります。

●似たような仕事は1か所にまとめる話…ヤマタノオロチは胴体が1つ（OROCHI）

次は、違う種類のコンピュータを混ぜる（種類の異なる命令を同時実行する）話です。コンピュータの最適な構成はプログラムごとに異なるので、目的別に使い分けることが多く、さまざまな機能を搭載したスマートフォンにも、複数のコンピュータが搭載されていることが珍しくありません。人が陸上と海上を移動する場合、車と船を乗り継ぐのが普通なのと同じですが、地上走行用タイヤと、水上航行用推進装置の両方を備えつつ、ボディや座席を共用する水陸両用車であれば、乗客は乗り換える手間が減ります。なるべく共通化して2つの異なる機能を1つのコンピュータ上に融合させることで、データ移動の時間を短縮し、面積コストを減らすことができます。写真2は実際に試作した異種命令同時実行型コンピュータ（OROCHI）です。名前の由来はタイトル通りヤマタノオロチです。

写真1　区間再利用型コンピュータ CAMP

写真2　異種命令同時実行コンピュータ OROCHI

●小回りがきかないほうが低電力というジレンマ…演算器アレイ方式（LAPP）

冒頭に、プログラムを実行できるかできないかがコンピュータであるか否かを判断する基準ですと説明しました。しかし、実際の境界はあいまいであって、中間的な構成も存在します。たくさんの演算器に対して一度に指示を出し、データが絶え間なく流れる状態は、プログラムが不要な変換器の動作ですが、ある程度まとまった量のデータごとに指示を変更するという方法を用いれば、全体としてプログラムを実行していると見なすことができます。このような方法は、個々の演算器の動作を頻繁に変更する用途には向かないため、さまざまなプログラムに対応することはできないものの、パターン化された計算に対しては極めて高い性能を発揮できます。また、小回りが効くための機能を備えていないために、性能が高い割に消費電力が小さい特長も持っています。アクセラレータと総称される、小回りがきかない計算機構が多数研究対象となっているのは、ひとえに、応用範囲の広さと消費電力にトレードオフが存在するためです。写真3は、従来型コンピュータとの互換性を維持しつつ計算速度を10倍程度に引き上げることができる、線形アレイ型アクセラレータ（LAPP）の試作システムです。

●データを動かすと電力を消費するというジレンマ…データを動かさない計算方法（EMAX）

コンピュータが電力を消費するのは、演算器が動作する時と、メモリやフリップフロップへ読み書きする時です。前者に関して削減する普通じゃない方法は最初に説明したので、後者を削減する方法について考えてみましょう。なるべくメモリやフリップフロップを使わない方法の1つに、以前に説明したLAPPがあります。実は、演算器を通ったデータを一旦メモリに書き込む普通の方法では、頻繁にメモリへの読み書きが発生するので、電力を減らすことができません。LAPPは多

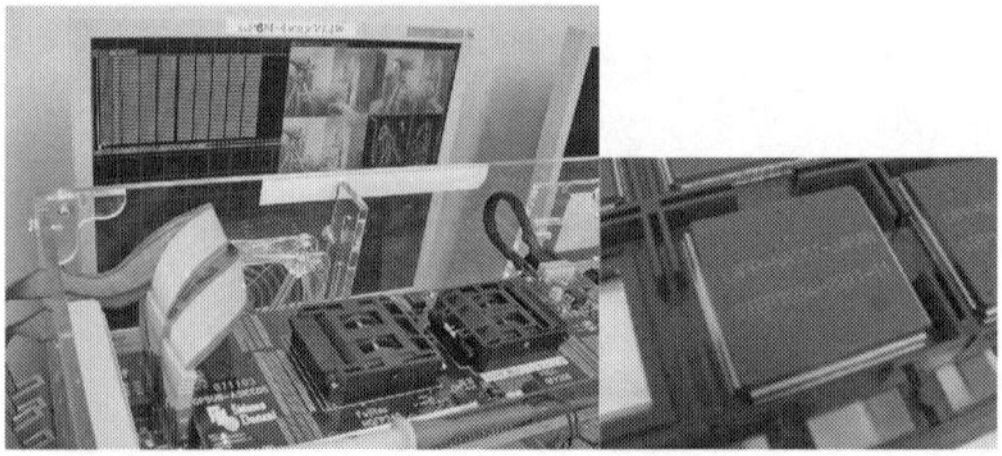

写真３　線形アレイ型アクセラレータ LAPP

数の演算器をバケツリレーのように使用し、なるべくメモリを使わないので、省電力です。しかし、さらにもうひとひねりできる余地があります。なるべく使わなくしたメモリの内容を極力再利用して、メモリ間のデータの移動をさらに抑制することができれば、より省電力にできます。このために、メモリも多数配置して、隙間に演算器をちりばめることにします。必要なデータが入ったメモリに近接する演算器を使うことで、プログラムに対する制約を課すことなく、高性能と省電力を両立できるはずです。写真4は、この考え方に基づいて試作したメモリ再利用重視型アレイアクセラレータ（EMAX）の試作システムです。

以上、ハードウェア技術を中心に、最近の研究成果を紹介しました。一般的には、高速であるほど良いコンピュータです。また、消費電力が少ないほど良いコンピュータです。しかし、プログラムできるという性質を損なわずに、これらの要求に応えることは容易ではありません。であればこそ、店頭に並ぶことがなくても研究する価値があります。もし店頭に並ぶことがあるとすれば、それは、これらの研究にヒントを得たまったく別の製品に違いありません。

写真４　メモリ再利用重視型アレイアクセラレータ EMAX

自己進化する計算機　▲中島 康彦

前節では、普通じゃないコンピュータをいくつか紹介しました。ここでは、さらに輪をかけてへんてこりんなコンピュータを紹介しましょう。自己進化とは、自動的に賢くなる能力だけでなく、故障に耐える能力も指すことにします。キーワードは、「未来の計算を予測して先回り」するコンピュータ、そして、「壊れてもなんとか」するコンピュータ、さらに、「間違えても影響が小さければあえて直さない」コンピュータです。ただし、これらの研究に共通するのは、前節と同様、決して絵空事ではなく、また、未来の優れた技術を前提にすることもなく、現時点で実際に利用可能な技術を使ってLSIを開発し、効果を実証している点にあります。

●経験＋予測により計算を高速化…学習してより速く（CAMP）

前述のCAMP（区間再利用）は、演算の元データと結果を記憶しておき、あとで有効利用することで計算を速くする仕組みでした。これを発展させると、まだ計算しようとも思っていない元データを予測し、先回りして結果を用意しておくコンピュータを作ることができます。階乗計算の場合では、10！を計算しようとしたら、なぜか9！の結果が用意されていて、10×9！だけ計算すれば済むといった具合です。洞窟探検していると、奥から知らない人が出てきて、「あ、この先は調査済みだから行かなくていいよ」と言われるのと同じですね。実は試作コンピュータCAMPにはこの機能が搭載されており、さらに「この先の計算はおおむね似ているから省略する」機能もあります。ただし、こんなコンピュータが実現されているからといって、「未来予測可能なコンピュータの開発に成功！」と勘違いしてはいけません。人が知りたい未来をコンピュータが予測できるためには、まだまだ、量的にも質的にも技術が不足しています。膨大なデータを収集できたとしても、どうすれば意味のある未来が予測できるかは、まだ水平線のかなたにあります。

●多少壊れても持ちこたえるために…素子レベルの高信頼化（DEP）

複雑すぎて今できない計算をできるようにするには、とりあえず膨大な計算をこなせる大規模なシステムを稼働させることが必要であると考えられています。ただし、コンピュータの部品は一定の確率で壊れていくので、大規模なシステムになるほど、長時間の稼働に耐えられなくなります。高信頼化の方法には二重化や三重化に代表される冗長構成があります。前者は、二者の結果を比較することでどちらかが壊れていることがわかりますが、どちらが正しいかはわかりません。後者は、三者の結果を比較することでどれが壊れているか、また、正しい結果がわかります。しかし、信頼性を高めるほどシステムの規模は2倍、3倍と増加するため、2倍のお金を払って2倍の規模が手に入るのであれば2倍の性能が出せると考える利用者には受け入れがたい方法です。素子の組み合わせや演算器の組み合わせにより、一部が壊れても故障個所を検出して迂回できる技術を採り入れることが重要となります。写真1は、素子レベルを高信頼化した試作システムです。実際に壊した素子を組み込んで、それでも正常に動作することを実証しました。

●故障を回避しつつ高速実行する仕組み…多数決を使わず自分で異常を見つけて回避（EReLA）

前述のLAPP（線形アレイアクセラレータ）は、多数の演算器を組み合わせてメモリを経由しないデータの流れを作り出すことで、高速性と省電力性を高める仕組みでした。これを発展させると、たくさんあるのだから、多少壊れても避けて使えば大丈夫なコンピュータが作れるはずです。また、守るべきデータのみを厳密に守り、その他の演算に多少の間違いがあっても目をつぶることも可能

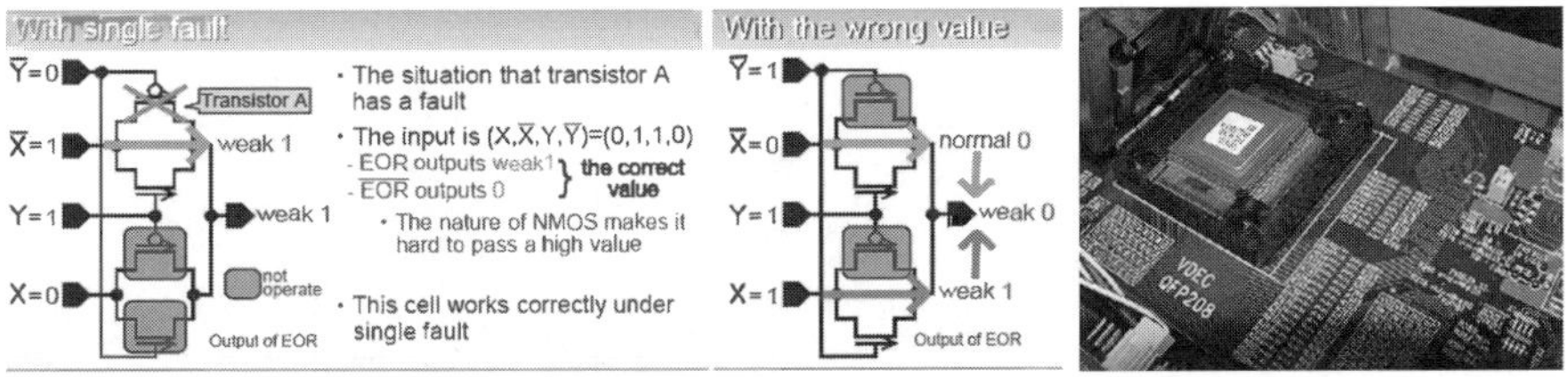

写真1　素子レベル高信頼化システム

でしょう。写真2は、このような考え方に基づいて試作した明示的冗長化可能線形アレイ（EReLA）です。右から順に、最小限の冗長実行、完全な冗長実行、さらに、故障個所を推定する冗長実行の際の演算器利用状況と演算結果画像を示しています。右端画像には多少のノイズがのっていますが、全体としてみれば無視できる程度であり、左の2つにはノイズが見られません。なお、まったく冗長実行しない（守るべき部分も放置する）場合、画像は大幅に乱れます。

●小さく作って故障を回避すればとにかく動かすことができる…小が大を真似る話（EMIN）

冒頭に「未来の優れた技術を前提とすることなく」と述べましたが、逆に、優れた技術となることが期待されつつも、まだ、手が出せない未完成の技術がある場合にやるべきことは何でしょうか。この問いは、前節において、コンピュータの基本部品が4種類あると述べた部分に「材質は問わない」と付記したことと関連があります。具体的には、画期的な材料を開発すべく昼夜を問わず励んでいる研究者は、将来、この材料で素晴らしいコンピュータができると夢見ているはずです。一方、現在使い物になる材料に限界を感じているコンピュータの研究者は、今使っている材料と同レベルの設計可能規模と信頼性が保証されたら、乗り換えようと待ち構えているはずです。ところが、長年利用されてきた従来型材料には、品質面でのノウハウの蓄積だけでなく、研究者の多さや大量生産によるコストダウンのご利益があるために、新材料が主役の座を奪うことは非常に難しいのです。このままでは、どんなに画期的な材料が発明されても、従来型材料が自滅しない限り、新素材コンピュータの時代は到来しないでしょう。興味を持ってもらうためには、理論の構築だけではだめで、どんなに設計可能規模が小さくても、信頼性が低くても、性能が低くても、まずは、現状のコンピュータと同じプログラムが動く新素材コンピュータを作って動かして見せることが重要となります。たとえ細くても、一旦道ができて通る人が増えてくれれば、いずれは大きな道となり得ます。

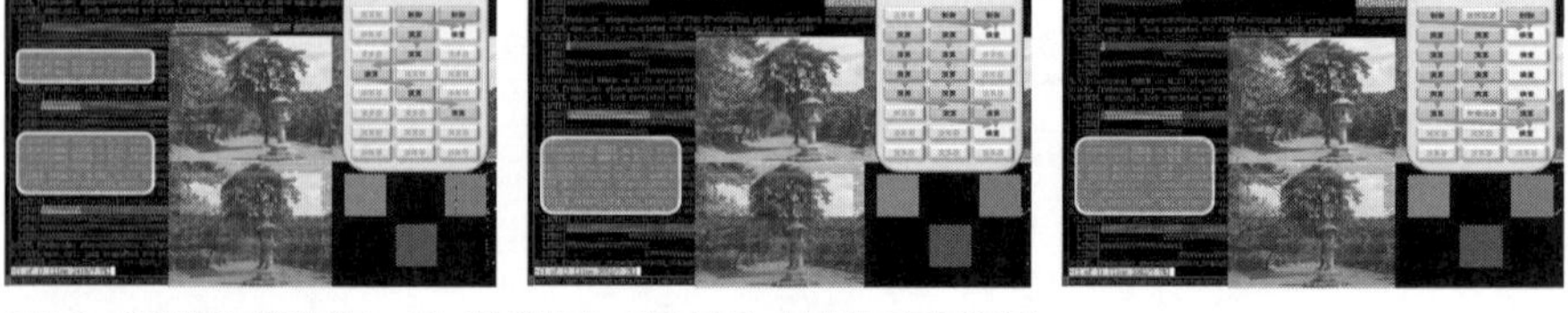

写真2　3種類の高信頼化レベル（故障特定・完全冗長・最小限の冗長実行）

このような考えに基づいて、とにかく小さく作ることを最優先に考えたコンピュータが写真3のEMINです。このコンピュータは、エミュレーション技術を利用しています。エミュレーションとは、そのコンピュータでは直接実行することができない他機種用のプログラムを自分に適した実行形式に変換しながら実行する方法のことで、普通は、新しい（より高機能な）コンピュータ上で、古い（廃れた）コンピュータのプログラムを動作させる場合に用います。EMINが普通じゃないのは、逆に、小さい（低機能な）コンピュータに、大きい（より高機能な）コンピュータの真似をさせる点にあります。エミュレーションに特化した構成とすることで、単に小さいコンピュータに真似をさせる場合の実行速度に比べて、10倍の速度を発揮できる点がユニークです。残念ながら、小さいとはいえ、EMINを実現できるレベルに達するには、新素材の技術レベルがもう少し上がるのを待たなければなりません。本物のEMINはまだできていない（写真3は本物の新素材コンピュータではない）ものの、プロトタイプ上では、現在のコンピュータで稼働するオペレーティングシステム（Linux）が実際に稼働しています。あとは新素材のレベルが上がってくるのを待つだけですが、大規模回路を前提とするコンピュータの設計に利用可能となるまでの時間に比べたら、はるかに短い待ち時間で済むはずです。

●まとめ

さて、2つの節にわたって、主にハードウェアに関する研究の一端をご紹介しましたが、いかがでしたか。いまどき、コンピュータのハードウェアなんていくらでも安く買えるし、性能が足りなければ、いくらでもネットワークで繋ぐことができる時代なのだから、もうコンピュータの細かい中身なんて知る必要はないと思われる方も多いでしょう。そうなってくると、より実用的でビジネスに直結して、お金が儲かる応用分野のほうが輝いてみえるかもしれません。この手の話をすると、

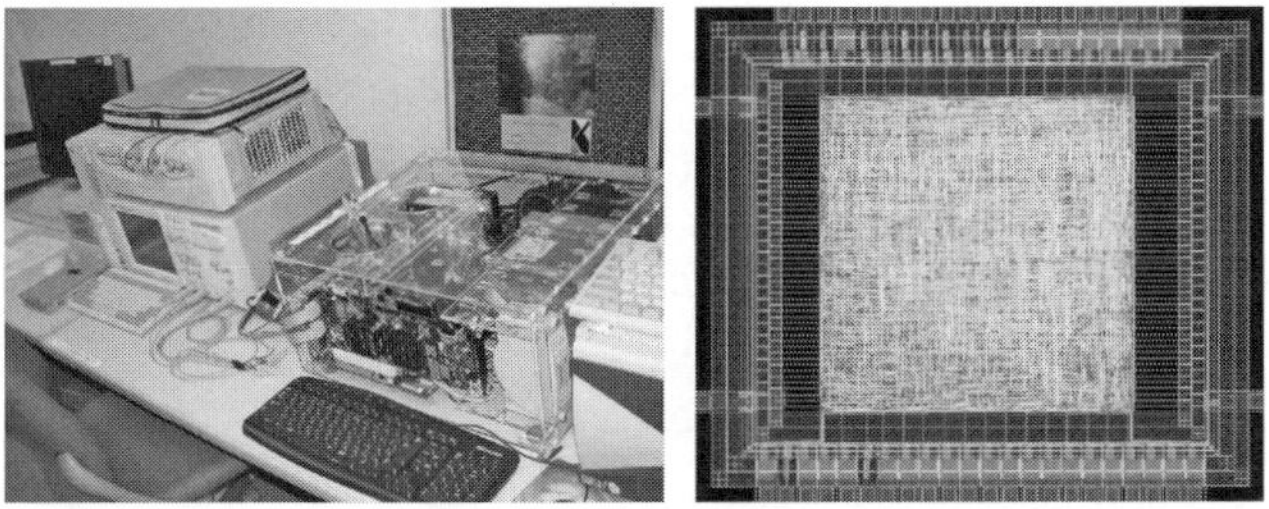

写真3　新素材向け超小型コンピュータのプロトタイプ

「ああ、自分も20年前は同じようなことをやっていたよ。懐かしいね」とおっしゃる方がいます。でも、1つ、覚えておいてほしいことがあります。コンピュータアーキテクチャと総称されるこの分野は、らせん階段のように、過去の似たような技術を思い出しながら、それでも全く新しい適用方法を見い出しながら、徐々に進化しています。20年前の技術と似ていても、実際には全く異なった技術として花開き続けています。似ているからこれ以上勉強しても研究しても意味がないと思ったら、それ以降の技術のフォローはできませんし、あとで気付いても追いつくことはできません。すぐ上にいるのに、一周しないと追いつけない、まさにらせん階段ですね。

もし、これを読んで興味をもたれたら、ぜひともこの分野に来てください。研究者が減っているのは恐らく日本だけですから。そうそう、いまどき流行のビッグデータ処理システムも、現在、普通じゃない方法を開発中です。いずれ研究会などでお会いしましょう。特に「電子情報通信学会・コンピュータシステム研究会」に参加していただければ、いつでも大歓迎します。

情報の表現と「もったいない」精神

▲楫 勇一

黎明期のコンピュータでは、紙テープやパンチカードに情報を記録して入出力を行っていました。1970年代に子供時代を過ごした筆者には、大型コンピュータが吐き出す紙テープをスラスラ解読する科学者をテレビアニメで見て、格好いいと思った記憶があります。テレビアニメに映ることはないと思いますが、あの紙テープ、用が済んだ後にはゴミ箱行となるはずです。穴の開いた紙テープ、再利用することはできませんから。考えてみると、もったいないと思いませんか？ 同じようなことを考える人はいるもので、その当時、穴の開け方に一工夫することで、使い捨ての紙テープを有効に利用する研究に取り組んだ人たちがいます。昔のお話だと笑うことなかれ。その技術、いま広く使われているフラッシュメモリ[1]の寿命を延ばすのに役立つかもしれないのです。

●記録装置は消耗品

紙テープに情報を記録するときには、あらかじめ決められたルールに従ってテープに穴を開け、穴の場所やパターンで情報を表現します。一度開けた穴をふさぐことは出来ないので、基本的に、紙テープは一度限りの使い捨てになります。それでは不便だということで、中身を消去することのできる磁気テープが登場してきました。とはいえ、磁気テープも万能ではありません。何度か書いたり消したりを繰り返すと磁性体がダメになって、情報記録には使えなくなります。ハードディスクも同様で、長時間使っていくと（機械的な故障が発生しなくても）やがて寿命がくることになります。

フラッシュメモリでは、磁気の特性を用いるのではなく、「セル」と呼ばれる記録素子[2]に電荷[3]を

1―デジタルカメラやスマートフォンで使われているSDカード、パソコン等のデータ保存で使われるUSBメモリ等も、フラッシュメモリを内蔵しています。

2―最小単位の情報を記録する仕組みで、紙テープにおけるパンチ位置やDRAMにおけるコンデンサに相当するものです。

3―ここでは「電子」と読み替えても構いません。

蓄えることで情報を表現します。電荷がまったく蓄えられていなければ0、電荷量が少なければ1、以下、電荷量に応じて2、3…という値がセルに格納される、と考えます。本稿執筆の時点では、0から3の4段階、または0から7の8段階のセル値を許す製品がたくさん販売されています。

フラッシュメモリを使う上で特徴的なのは、セルに電荷を継ぎ足し、記録された値を大きくするのは自由に行える半面、一度セルに格納された電荷を取り除いてセル値を小さくすることは、原理的には許されないということです。もう少し正確にいうと、セルの値を減らすためには、セルから電荷を全て取り除いて値を0にリセットし、その後に電荷を再度継ぎ足して、希望の値までセル値を増やしていく必要があります。ここでやっかいなのは、1つのセルをリセットすると、そのセルの周辺にある数千~数万個のセルも同時にリセットされてしまうという点です。「ブロック消去」と呼ばれるこの操作は、電気的に大きなストレスを回路に与えるため、数千回のブロック消去を経験したセルは、情報の記録ができなくなってしまいます。紙テープのように1回穴を開ければおしまい、ではありませんが、フラッシュメモリも、有限の寿命を持つ消耗品であることに変わりはありません。

●「符号化」という武器

記録装置が消耗品とはいえ、湯水のようにジャブジャブ使うわけにはいきません。一度導入した装置は、できるだけ長期にわたって使い続けられることが重要です。データを記録する装置の場合は、あらかじめ大容量の装置を導入することで見かけ上の寿命を延ばすことができますが、それでは本質的な解決になっていません。

ここで簡単な例として、0と1の2つの値を取るセル（1ビットセル）を使って、2ビットのデータを記録することを考えてみます。先にも述べたとおり、セルの値を増やす（セルの値を0から1

に変更する）ことは簡単にできますが、その逆（セルの値を1から0に戻すこと）はできません。また、2ビットのデータは、最初に記録された値から1回だけ変更される可能性があるとしましょう。最初の2ビットデータ値と、値が変わった後の2ビットデータ値を記録するのに、1ビットセルはいくつ必要でしょうか。

単純に考えると、最初のデータ値を格納するのに2個のセル、変更後のデータ値を格納するのに2個のセル、あわせて4個のセルが必要になりそうです。2ビット×2回＝4ビットなので、常識的には、これ以上は節約のしようがなさそうです。しかし、データの表現方法を工夫してやると、1ビットセルを3個使うだけで、2ビットのデータを2回記録することができるようになります。いったいどうすれば良いでしょうか？

●Write-Once Memory 符号

この問題には1980年代に答えが出ています。表1に従ってデータの記録を行うことを考えてみましょう。この記録方式のミソは、データの値をそのままセルの値として表現するのではなく、「できるだけケチケチとセル値を使っていく」点にあります。もう少し具体的にみていきましょう。この記録方式では、最初のデータ値を記録するときの方法（第1世代の符号化規則と呼びます）と、変更後のデータ値を記録するときの方法(第2世代の符号化規則)を別々に準備します。最初のデータ値は、第1世代の符号化規則に従ってセル値上で表現されます。例えば、最初のデータ値が01であるならば、3個のセルの値は010にセットします。その後、データが操作されたときには、第2世代の符号化規則に切り替えてデータの記録を行います。例えばデータ値が01から11に変化した時には、1番目のセルの値を0から1に変化させて、セル値の組み合わせを110としてやります。変更後のデータ値が00や10の場合は、同じように、セル値の組み合わせを111、011とします。

表1　2世代にわたる符号化の方法

データ値	第1世代	第2世代
00	000	111
01	010	101
10	100	011
11	001	110

データ値が変化しない場合は、わざわざセル値を変化させる必要もありません。いずれの場合にせよ、0のセルを1にする操作は必要となりますが、1のセルを0に戻す必要はありません。最初に記録されるデータ値が01以外の場合であっても、今述べたのと同じ性質が成り立つことを確認してみてください（図1）。データ表現に使われるセル値の組み合わせが絶妙に選ばれているおかげで、3個の1ビットセル（3ビット分のセル）だけで、のべ4ビット分以上のデータを記録できることになります。

ここで紹介した符号化方式は、Rivest のWOM符号として知られています。WOM＝Write Once Memory、一度しか書き込むことのできないメモリという意味です。特別な装置や高度なハードウェアを使わなくても、符号化という「知恵」を使うだけで、メモリセルの容量という限界を超えることができるのです。

●「もったいない」という考え方で限界を超える

先に述べた通り、現在のフラッシュメモリでは、4段階、8段階といったセル値が使われます。また、ブロック消去で巻き添えを食うセルの個数も膨大なので、Rivest のWOM符号のような単純な方式では太刀打ちすることが難しい面があります。この問題に対処するため、情報理論の分野では「フラッシュ符号」と呼ばれる符号化方式[4]の研究が進められています。筆者も、非常に大きなデータサイズやセル数に適用可能で、どのような使われ方をしても優れた性能を発揮するようなフラッシュ符号の開発に取り組んでいます。技術的な詳細については述べませんが、セルを小集合に分割し、各集合に2種類の情報を同時に符号化する方式を採用することで、従来型のフラッシュ符号よりもはるかに高い汎用性[5]を持つ符号の開発に成功しています。

情報理論といえば、データ圧縮のハフマン符号や誤り訂正のハミング符号などがよく知られてい

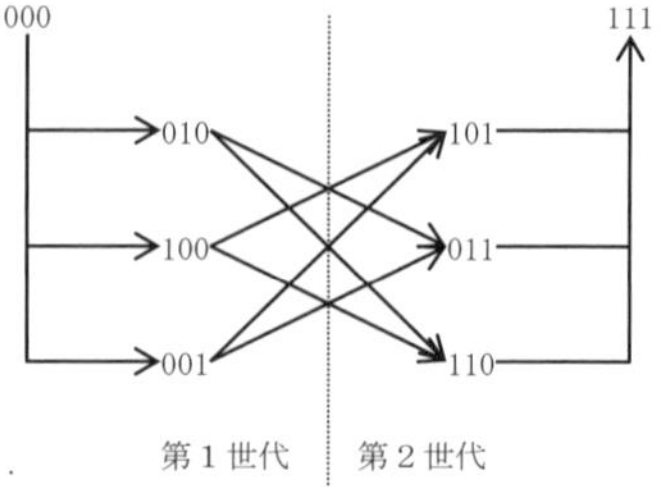

図1　セル値の遷移

4—情報の表現方法を定めるルールのことです。

5—どのような使われ方をしても役に立つという性質。

ます。データ圧縮の符号化では、データの持つ統計的な性質を最大限に活用して、できるだけコンパクトな情報表現を与えることを考えます。一方、誤り訂正の符号化では、2つの異なる情報表現の距離に着目し、万一の障害に備えることを考えます。これに対し、フラッシュ符号の研究では、これら既存の符号化方式とは異なる視点から、情報の表現形式の問題に切り込んでいく必要があります。その際に重要となるのは、我々に取ってなじみの深い「もったいない」という考え方。「こんなセルの使い方ではもったいない」「ここで操作を打ち切るのはもったいない」というアイデアから、従来の壁を超える符号化方式が出てきます。私たちが実感として持っている感覚が、最新のメモリデバイスの長寿命化につながります。アイデア一つで限界を超える。理論研究の醍醐味だと思いませんか。

Part 1 参考文献

1 クラウド社会の限界突破

・持ち主の気持ちを理解するスマートフォン

[1] D. Nagata, Y. Arakawa, T. Kubo, K. Yasumoto: Effective Napping Support System by Hypnagogic Time Estimation based on Heart Rate Sensor, ACM 6th Augmented Human International Conference (AH2015), 2015. (Poster)

[2] 重田航平，青木俊介，劉広文，岩井将行，瀬崎薫：モバイル端末を用いたユーザ参加型環境センシングにおける誤計測地点の検知・修正手法，情報処理学会マルチメディア，分散，協調とモバイル（DICOMO2013）シンポジウム，2013.

[3] 松田裕貴，新井イスマイル：スマートフォン搭載照度センサの集合知による網羅的な街灯情報収集システムの開発，『情報処理学会論文誌』，Vol.55，No.2．750–760，2014.

[4] Y. Hirabe, Y. Arakawa, K. Yasumoto: Logging All the Touch Operations on Android, The 7th International Conference on Mobile Computing and Ubiquitous Networking (ICMU2014). 94–95, 2014.

・コンピュータによる「粋」なはからい

[1] K. Ueda, H. Suwa, Y. Arakawa, K. Yasumoto: Exploring Accuracy-Cost Tradeoff in In-Home Living Activity Recognition based on Power Consumptions and User Positions, *Proc. 14th IEEE Int'l. Conf. on Ubiquitous Computing and Communications (IUCC 2015)*, 1131–1137, 2015.

・未来のナビゲーション⑴　ダイナミックセンシングによるナビゲーション技術

[1] Jiaxing Xu, Weihua Sun, Naoki Shibata and Minoru Ito : "GreenSwirl: Combining Traffic Signal Control and Route Guidance for Reducing Traffic Congestion," in *Proc. of IEEE Vehicular Networking Conference 2014* (IEEE VNC 2014)(23% acceptance rate). 179–186.

[2] M. Kenmotsu, W. Sun, N. Shibata, K. Yasumoto, and M. Ito,: "Parking Navigation for Alleviating Congestion in Multilevel Parking Facility," *Proc. of 2012 IEEE 76th Vehicular Technology Conference (VTC2012–Fall).*

[3] 上田知幸，孫為華，柴田直樹，伊藤実：EVTour：『電気自動車の乗換スケジューリング法の提案，情報処理学会研究報告，研究報告数理モデル化と問題解決』，2014–MPS–97，No.22．1–11.

・未来のナビゲーション⑵　ナビゲーションにおける価値創造

[1] S. Morishita, S. Maenaka, D. Nagata, M. Tamai, K. Yasumoto, T. Fukukura, K. Sato,SakuraSensor: Quasi-Realtime Cherry-

Lined Roads Detection through Participatory Video Sensing by Cars, *Proc. 2015 ACM Int'l. Joint Conf. on Pervasive and Ubiquitous Computing (UbiComp 2015)*, 695–705, 2015.

・インターネットと通貨

[1] Babatunde Ojetunde, Naoki Shibata, Juntao Gao, and Minoru Ito : An Endorsement Based Mobile Payment System for A Disaster Area, in *Proc. of The 29th IEEE International Conference on Advanced Infor*

・サステイナブルな都市センシング

[1] 松田裕貴，新井イスマイル：スマートフォン搭載照度センサの集合知による網羅的な街灯情報収集システムの開発，『情報処理学会論文誌』，Vol.55，No.2．750–760，2014.

[2] 松田裕貴，新井イスマイル，荒川豊，安本慶一：スマートフォン搭載照度センサの個体差に対応した夜道における街灯照度推定値校正手法の提案，『情報処理学会論文誌』，2016．(印刷中)

[3] Yutaka Arakawa, Yuki Matsuda: [Invited Paper] Gamification mechanism for enhancing a participatory urban sensing: survey and practical results," *Journal of Information Processing*, 24(1), 31–38, 2016.

2 ネットワークシステムとシステム構築の限界突破

・私たちを守る隠れた英雄「暗号」の光と闇

[1] Arjen K. Lenstra, Eric R. Verheul, Selecting Cryptographic Key Sizes, *Journal of Cryptography*, vol. 14, 255–293. 2001.

[2] Kazumaro Aoki, Advances in Integer Factoring Technique: The Way to Factor RSA–768, *IPSJ Magazine*, Vol.51(8), 1030–1038, 2010.

[3] T. Kleinjung, A. K. Lenstra, D. Page, N. P. Smart, Using the Cloud to Determine Key Strengths, IACR ePrint, https://eprint.iacr.org/2011/254.pdf

[4] 猪俣敦夫，岡本栄司，クラウド時代の暗号危殆化リスク，岩波書店，『コンピュータソフトウェア』，Vol.30，No.2，14–22，2013.

・知の集約拠点としての次世代電子図書館

[1] Vannevar Bush, "As We May Think." *The Atlantic.* 1945.

[2] 長尾真，『電子図書館』，岩波書店，2010.

・インターネットが止まった時の通信手段

[1] Muhammad Ashar, Morihiko Tamai, Yutaka Arakawa, Keiichi Yasumoto: Prioritized Medical Image For- warding over Delay

Tolerant Networks in a Volcano Disaster, The 9th International Conference on Multimedia and Ubiquitous Engineering (MUE-15), 18-20, 2015.

[2] Seigi Matsumoto, Yutaka Arakawa, Edgar Marko Trono, and Keiichi Yasumoto, "RecureShare - Internet-less application distribution mechanism for internet-less emergency communication systems," The Fifth International Workshop on Pervasive Networks for Emergency Management, 2015 (PerNEM '15).

・情報大湧出時代に求められる新しい情報通信基盤

[1] 安本慶一, 山口弘純:多数のデータストリームを実時間で融合・編纂し利活用するための次世代「情報流」技術,『情報処理』55(11), 35-41, 2014.

[2] 藤澤和輝, 平部裕子, 諏訪博彦, 荒川豊, 安本慶一:複数カメラで撮影したスポーツ映像ストリームの実時間自動編纂システムの提案,『マルチメディア, 分散, 協調とモバイル（DICOMO2015）シンポジウム論文集』. 1010-1018, 2015.

・スケールアウト技術

[1] 『クラウド大全第2版』, 日経BP社出版局編, 2010.

[2] ルイス・アンドレ・バロッソ他,『Googleクラウドの核心』, 日経BP社, 2010.

3 計算機構の限界突破

・微細化が進む半導体の動作保証

[1] Yuta Yamato, Tomokazu Yoneda, Kazumi Hatayama and Michiko Inoue, "A fast and accurate per-cell dynamic IR-drop estimation method for at-speed scan test pattern validation," *International Test Conference,* Paper 6.2, 2012.

[2] Yasuo Sato, et al., "DART: dependable VLSI test architecture and its implementation," *International Test Conference,* Paper 15.2, 2012.

[3] Tomokazu Yoneda, et al., "Temperature-variation aware test pattern optimization," *IEEE European Test Symposium* (ETS'11). 214, 2011.

・障害から自己復旧し安定するネットワーク

[1] E. W. Dijkstra, "Self-stabilizing Systems in Spite of Distributed Control." *Communications* of *ACM* 1974.

[2] Y. Asada, and M. Inoue. "An Efficient Silent Self-Stabilizing Algorithm for 1-Maximal Matching in Anonymous Networks." *WALCOM: Algorithms and Computation*. Springer International Publishing, 187-198. 2015.

Part 2

メディア科学における限界点

4 センシングの限界突破
5 知能の限界突破
6 リアリティの限界突破

Part 2. 序文

向川　康博

一般には，「計算機」と「コンピュータ」という用語は少し違う意味で使われています．「計算機」といえば電卓のように数値を計算する機械で、「コンピュータ」はネットで検索ができるような賢い機械を指すように使い分けられている方が多いのではないでしょうか．最近では，コンピュータによる言語翻訳も身近になってきていますが，「計算機で英語を日本語に翻訳する」という表現に違和感のある方もいるかもしれません．ところが，情報科学分野の人間は，「計算機」と「コンピュータ」を同じ意味で使います．「計算機で英語を日本語に翻訳する」も「コンピュータで英語を日本語に翻訳する」もどちらも同じです．もともと，「コンピュータ」は「計算する」という動詞である compute（コンピュート）が元になっていますので、直訳すると「計算機」となります．実際に，コンピュータの内部では，様々な処理が行われていますが，基本的には 0 と 1 のビットで表される数値の計算です．

我々人間は，目で映像を見て，耳で音を聞いて，さらに口で声を出し，外界と交流しています．この場合，画像，音声，言語が情報を伝えるメディア（媒体）の役割を果たしています．コンピュータの内部処理は基本的に計算であると前述しましたが，このような画像，音声，言語もデジタル化してしまえば，全て数値として計算できます．最近ではコンピュータの能力が飛躍的に向上し，片手に収まるスマートフォンでも，これらのメディア情報を簡単に扱えるようになり，メディア科学の技術も進化しています．

しかし，メディア科学が進化するにつれて，その限界点も見え始めてきました。まず，センシング技術について，これまでのように単にセンサの精度を向上させるだけでは測れない対象があることが分かってきました．また，知能的な情報処理についても，これまでのルールベースや学習ベースでは網羅できないことが分かってきました．さらに，人間にリアルな視覚情報を伝えるコンピュータグラフィックスにおいても，リアルにしようとすればするほど，逆に不自然になる「不気味の谷」と呼ばれる限界点があることが分かってきました．

第二部では，メディア科学におけるセンシング，知能，リアリティの限界点とその突破の手がかりについて紹介します．

4 センシングの限界突破

声とその表情を読みとるコンピュータ

サクティ・サクリアニ

私たちが住む世界は、コンピュータ技術であふれています。コンピュータ技術のおかげで、電子メール、チャット、テレビ会議、携帯電話による連絡が簡単になり、人と人との絆を強めます。コンピュータが私たちの生活に影響を与える時代よりも前に使われていた手紙と比較して、時間とお金の節約にもつながります。しかし、そのためには、パソコンに向き合い、キーボード入力や、マウスを使ってメニューからオプションを選ぶなどコンピュータを使う方法を学ばなければなりません。キーボード入力の練習は生産的で、スキルアップにもつながりますが、タイピングが苦手な人や、身体に障がいのある人には簡単な作業ではありません。また、ほとんど全ての作業をコンピュータの前で行うこととなり腰痛や肩こりの原因ともなります。

他方、音声というのは、実は、私たちの考えや気持ちを伝えるための最も自然で効率的な方法です。通常、コミュニケーション能力は3～4歳までに話し言葉を通して発達します。人間の感情を表現するための手段として、音声は最も高い能力を発揮します。これは、自然発生的な音声の伝送速度が1秒間に約2・0～3・6語であることからも定量的に示されます。これとは対照的に、手書きの場合は1秒あたりわずか約0・4語、タイプ入力の場合は、熟練タイピストでも1秒あたり約1・6～2・5語です。

そこで人々は、自然発生的な言葉で機械とコミュニケーションをとったり対話をしたりすることができる技術を実現することを夢見てきました。そのような音声指向のインターフェースを実現する基盤技術を自動音声認識（ASR：Automatic Speech Recognition）といいます。技術的には、音声認識システムというのは、人間の音声を理解し、聞き取った言葉から、人の発話を正確にテキスト、コマンドに書き取らなければなりません。音声認識は、ハンズフリーなインタラクションで、コンピュータの前にずっといなくても入力することが可能になります。

ただし、コンピュータに人間の音声を学習、理解させるのはかなりの難題と思ってください。人が話をする時は、まず肺から空気を送り、声道（喉頭から口と鼻腔までの部位）を通って振動し、さらに舌と唇で空気流を制限、変化するという過程を経ます。これは、空気、音波、音の収縮と拡大の過程です。音声波形は、人それぞれで異なります。同じ人でも、まったく同じ言葉を50回発話して、その音声波形がぴったり同じになることはありません。また、雑音が大きい環境（レストラン、ショッピングセンター、駅など）で話す時は、周囲の音が発話音声を覆うためさらに認識が難しくなります。音声認識システムの設計では、発話音声の音響特性および音素から、単語、句、文など人間の言語の基本単位との対応関係を学習させることが不可欠です。現在の音声認識の課題は、雑音が多い悪条件で複数話者の大語彙（20,000語以上）を学習することです。また、多言語および多種のアクセントに対応することも課題です。

研究者は、何十年も音声認識技術に取り組んできました。音声認識へのアプローチは、ごく短い音声を認識する単純なものから、実際の話し言葉を認識するより高度なシステムへと進歩を遂げました。また、音声認識のために多くの手法とアルゴリズムが開発されました。大まかに言うと、これらの手法とアルゴリズムは、「知識ベース」、「コーパス・ベース」の二つの主要なアプローチに分類できます。知識ベースのアプローチの考え方は、専門家の音声知識をルールベースの認識システムに直接かつ明示的に組み込む方法です。このようなアプローチは、語彙数が小さくそれぞれ独立した発話を扱う際には対処可能ですが、大語彙で会話が連続するような条件で膨大な音響音声的、語彙的、統語的特性に直面すると、とても手に負えなくなります。一方、コーパス・ベース（または統計的）アプローチは、通常、明確な統計アルゴリズムを用いた音声信号のモデル化に基づいています。この場合、専門家の知識を手入力する代わりに、システムはデータ・コーパスから知識を自動学習して獲得することができます。よって、最先端の音声認識技術では統計的アプローチが採用されています。基本的に、連続音声の認識における統計的アプローチは、図1に示すように、以下を含みます：⑴音声の重要な特徴を抽出するスペクトル分析；⑵音響波形から音素への

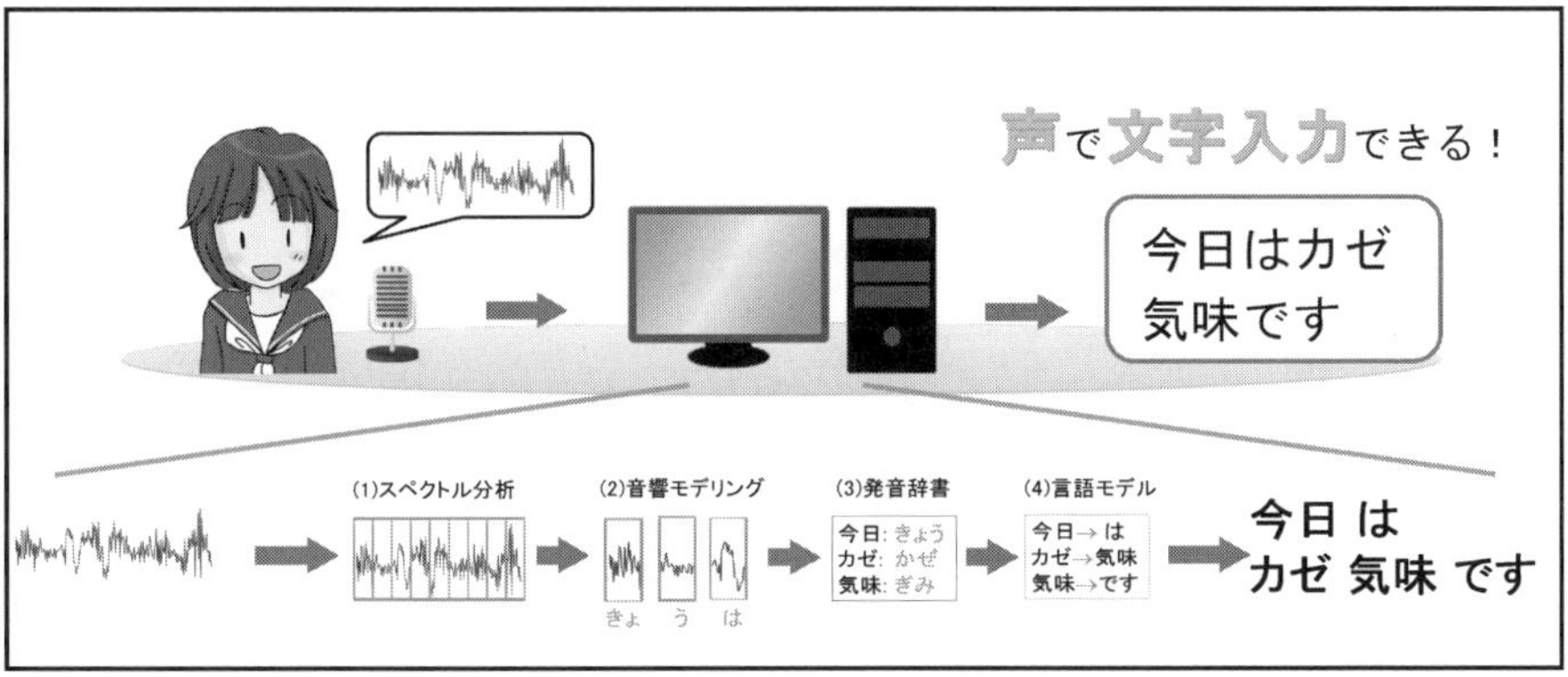

図1　自動音声認識システム

図2　音声認識技術を使ったアプリケーション

マッピングを学習する音響モデリング：(3)音素から単語へのマッピングを学習する発音辞書：(4)文中の単語列のもっともらしさを表す言語モデル。ここでは、入力された音響信号列に対して統計式が計算され、発話の可能性が最も高い単語列を可能な単語列候補から選びます。

最近では、携帯電話、カーナビ、家庭用テレビなど音声認識技術を使ったアプリケーションがあちこちにあります（図２）。自分の声を他の言語に翻訳する音声翻訳システムや重要情報の伝達に役立つ個人支援型対話システムの構築において、音声認識は重要な構成要素の一つです（図３）。

図３　現在の音声認識研究

見えないものを見せる電波センシング

岡田 実、東野 武史

マクスウェルが1864年電波の存在を理論的に示してから約百五十年の間に、電波利用技術は長足の進歩を遂げています。例えば、携帯電話、デジタルテレビ、無線LAN（Local Area Network）といったブロードバンドワイヤレス通信の基盤技術となる電波は我々の日常生活に切っても切れないものです。また、電波は通信以外に、レーダやGPS（Global Positioning System）といったセンシングにも応用がひろがっています。電波は、一般に光や音に比べて到達距離が長く、大気や風雨などにも大きく影響されずに伝えることができることから、センシング技術に応用することで、今まで「見えなかった」ものを見えるようにすることができます。

しかし、電波の「波」としての制限から、電波センシングの解像度や信頼性の性能は制限されており、より精密、高精度な電波センシングの実現には、情報科学の力による限界突破が必要となります。

●電波センシングの原理

では、レーダやGPSなどの電波センシングでは、どのようにして、ターゲットの位置を測定しているのでしょうか。

今まで数多くの電波センシングが開発されており、ここでは、基本的に、⑴減衰量、⑵到来時間、⑶到来方向のいずれかあるいはこの3つを組み合わせてセンシングが行われています。まず、⑴については、受信する電波の強さは、送信アンテナからの距離の二乗に反比例して減衰することが知られています。このことから、電波の減衰量を測ることで送受信機間の距離を推定することができます。この方法は簡単ですが、現実の環境では、減衰量は距離だけでなく周辺の障害物や反射、散乱物体の影響を受けるため、正確な距離推定することが難しいのです。ただ、測定自体は簡単なので、最近ではスマートフォンでGPSが使えない時、周辺の無線LANのアクセスポイントの信号強度を測定して位置を推定するGeolocationサービスとして実用化され、広く使われています。次に、(2)については、電波は光速と同じく秒速三十万キロメートルの速さで伝搬することから、送信アンテナから送信された信号が受信アンテナに到来するまでの時間を測定することにより、距離を推定するものです。この方法は、信頼性の高い距離推定が可能であり、現在のレーダやGPSの基盤技術として用いられています。(3)については、指向性アンテナを用いて電波の到来方向を測定するものです。これもレーダの技術として用いられています。

●電波は「波」である。

このように、減衰量、到来時間、到来方向の情報を用いて電波センシングが行われています。特に、正確にターゲットの位置を推定する方法として到来時間が使われます。しかし、その性能は電波の「波」としての性質により制限されています。

電波は、電界と磁界が変化することにより、電界や磁界が「波」として空間を伝搬するものです。このとき、理論上は、どんな波形でも電波として伝搬させることが可能です。しかし、電波を実用的な効率で送信したり受信したりするためには、特定の周波数に共振したアンテナを使う必要があります。そのため、電波の波形は、特定の周波数で振動する波の形となるのです。

図1に典型的な送信波形の例を示します。ここでは、特定の周波数で振動する正弦波の幅が変化してパルス波形を形成しています。図中、パルス全体の長さはパルス幅、パルスを構成する正弦波の1周期の長さは波長です。このパルスを用いて送受信アンテナ間の伝搬遅延時間を測定する場合、

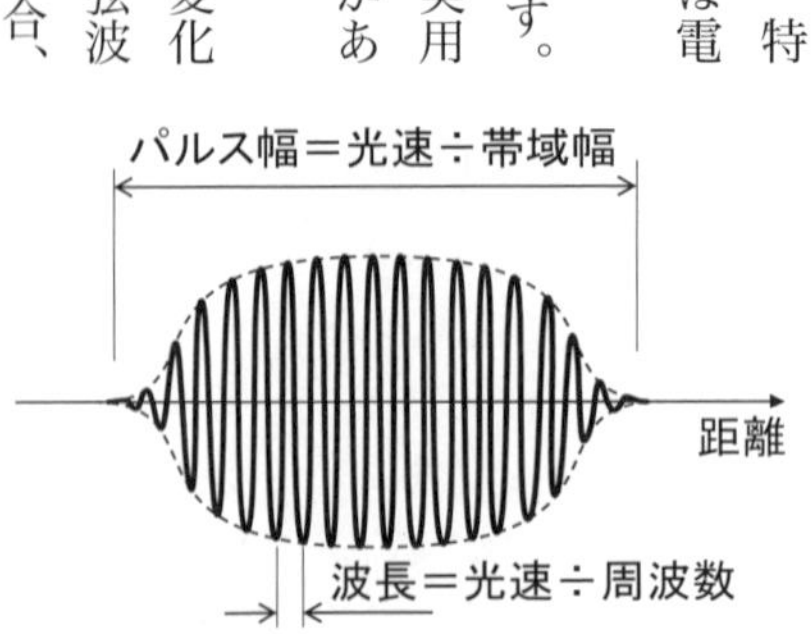

図1　典型的な電波センシングにおけるパルス波形。

その距離分解能は、パルス幅程度となります。分解能を高くするためには、このパルス幅を小さくします。パルス幅は、無線局に割り当てられる電波の周波数帯域幅の逆数に比例します。そのため、広い周波数帯域を割り当てれば、分解能を高くすることができます。しかし、現在、電波センサー以外にも非常に多くの電波利用システムが存在しており、電波センシングに割り当てることのできる周波数帯域は多くはありません。例えば、無線LAN等でよく用いられている2.4GHzの周波数では1チャネルあたりの周波数帯域は20MHzであり、パルス幅、すなわち距離分解能に換算すると約15mに相当しています。この分解能は、例えば室内で人の追跡をするような用途には全く不十分です。

一方、電波の「波」自体の位置を測ることにより、分解能を大幅に向上させることが考えられます。波の波長はパルス幅に比べて非常に短いものです。例えば、先ほどの例の2.4GHzの波長は約12㎝であり、パルス幅の15mに比べて2桁の分解能向上が見込まれます。この方法は、現在値からの距離の変化を見るには有効な方法です。しかし、「波」は、周期波形であり、例えば、波のある山の点を測ったとき、それが、送信時点から何周期目かを決めることはそう簡単ではありません。絶対的な距離を波長程度の精度で推定することは現実的には難しいのです。

さらに、センシングを困難にする要因として、干渉と雑音の問題があります。電波は、数多くのユーザにより用いられています。また、ガソリンエンジンのスパークなど人工的に発生する電波や雷など自然界からも電波が発生しています。さらに、受信機を動作させると回路内の電子のゆらぎが雑音となってしまいます。これらの干渉と雑音は、電波センシングのデータの信頼性を損なう原因となります。

●電波センシングの限界を突破する

このような電波センシングの限界は、情報科学の手法を用いることによって突破出来る場合があることがわかってきました。その一例として、雑音部分空間法[1]の応用が挙げられます。この方法は、受信信号をベクトル空間で表現し、固有値分解により信号と雑音の部分空間に分解すると、雑音部分空間は信号ベクトルと完全に直交することを利用します。我々の研究室では無線LANを用いた位置推定手法を検討しています。先ほどの例で説明した20MHz帯域の無線LANでは距離分解能は15mでしたが、我々の提案する雑音部分空間法の応用により、その分解能を1m以下にできます。

また、圧縮センシング[2]という手法が注目されています。圧縮センシングを用いることで、推定すべきデータがほとんど0で一部のデータだけが0ではない値を持っている場合、すなわち、推定すべきデータが「疎」である場合、観測データ数が推定すべきデータ数より少なくても問題を解決することができます。このアルゴリズムを侵入者検知システムに応用した例を紹介します。この例では、漏洩同軸ケーブルを図2に示すように、侵入者検出を行う地域周辺に配置します。漏洩同軸ケーブルは、同軸ケーブルのシールド部にスロットと呼ばれる穴を開け、ここから、電波が漏れるようにしたものです。一方の漏洩同軸ケーブルから漏れでた電波をもう一方の同軸ケーブルで受信し、侵入者による受信信号の変化を検出します。図3にその結果を示します。図におけるピークが侵入者を表しています。ここで、従来手法では、図3左のグラフに示す通り、ピークの他に多数のゆらぎが観測されていま

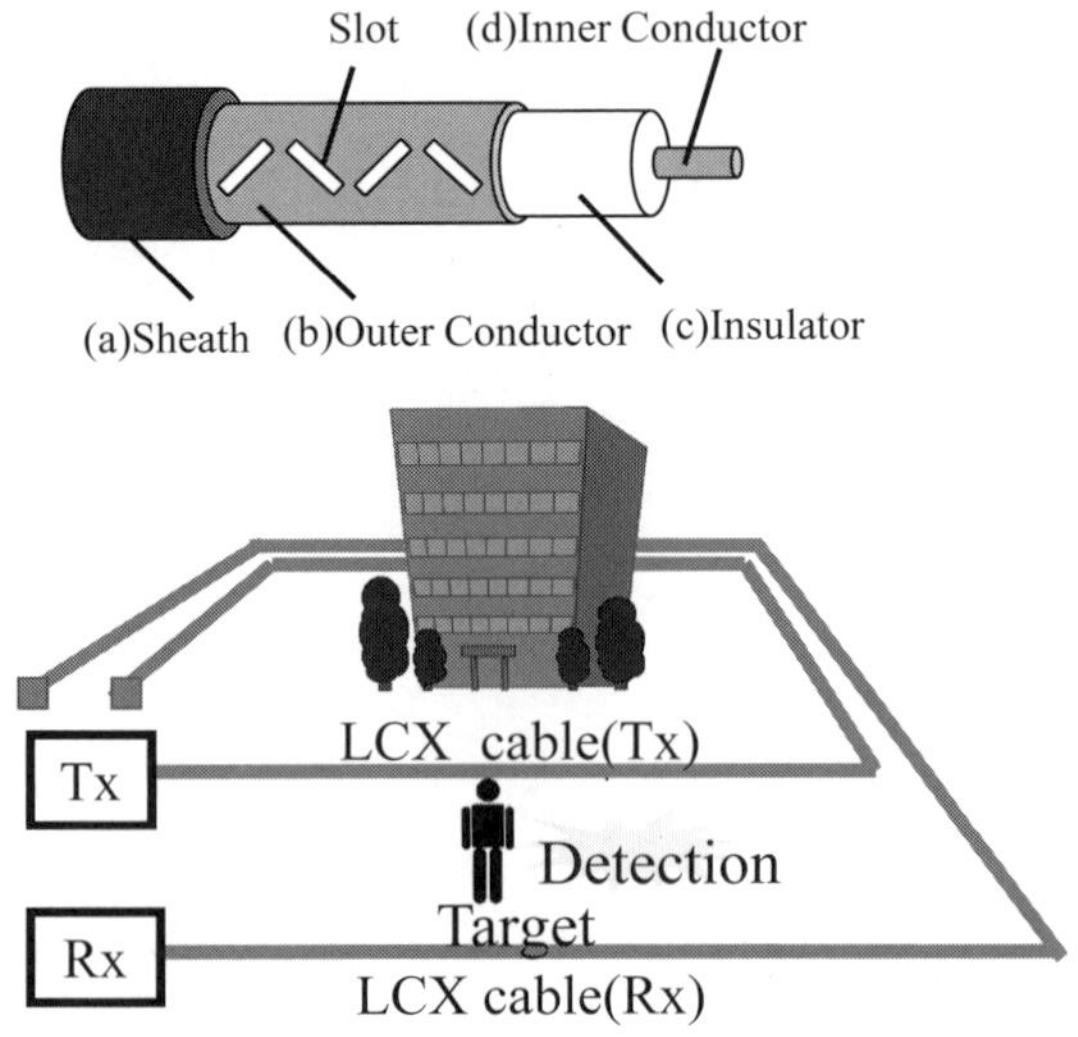

図2　漏洩同軸ケーブルを用いた侵入者検出システム

す。このゆらぎが誤検出や検出誤りの原因となります。一方、圧縮センシングにより、受信信号を処理した結果、図3右側の図のように、侵入者によるピーク以外はほとんど0に抑えられており、外乱の影響を抑えることができます。

このように、単に受信した電波だけではなく、推定するターゲットの持つ特徴や性質をうまく使うことで、今まで推定できなかったり、精度が十分ではなかったりといった電波センシングの限界を突破することが可能となるのです。

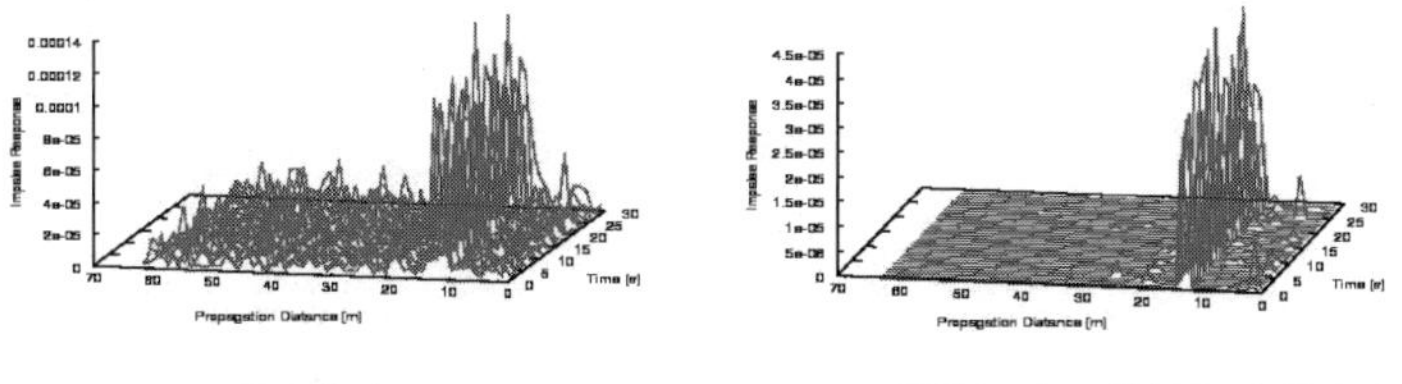

従来方式　　圧縮センシングを用いた推定法

図3　圧縮センシングによる推定特性の改善

画像の特徴を手がかりに写真の撮影位置を推定する

▲佐藤 智和

皆さんは、スマートフォンやカーナビゲーションシステムが、どのようにして位置や方向を計測しているかご存じでしょうか。これらの機器は主に、ＧＰＳやコンパス・加速度計・ジャイロなどの複数のセンサーを使って端末の位置・姿勢を推定しています。ＧＰＳは、Global Positioning System の略で、地球の周りを周回している複数の衛星からの信号を解析することで、受信機の地球上での位置を特定するものです。また、加速度計・ジャイロ・コンパスは、それぞれ加速度・角加速度・方位を計測するセンサーであり、受信機の傾きや向き・回転を表す姿勢情報を測ることができます。このようなセンサーは、スマートフォンなどの小型の端末に内蔵される程小型化されており、スマートフォンアプリやカーナビゲーションシステムは、これらの内蔵センサー情報を利用することでユーザの位置を特定し、ナビゲーションを実現しています。しかし、このような方式は万能ではありません。例えば、ＧＰＳの電波はそれほど強くないため、電波が壁面や地表面を通過できず、屋内や地下では利用できません。現在市販されているスマートフォンは、このようなＧＰＳの電波が観測できない場合でも、携帯電話の基地局からの電波強度や、WiFi のアクセスポイント情報からおおまかな端末位置を推定し、それを地図上に表示することができます。しかし、スマートフォンのナビゲーションシステムを屋内や地下街で利用してみれば分かるように、地下や建物の中では端末位置の推定精度は著しく低下してしまい、細かい道案内を実現できるレベルの位置推定は実現されていません。

このような問題に対して、カメラで撮影される写真を手がかりにカメラの位置・姿勢を推定し、カメラが内蔵された端末の位置を高精度に推定する方法が研究されています。写真情報を手がかりとすることで端末位置の推定精度が高まれば、ナビゲーションシステムの道案内がより正確になるとともに、極めて高い位置推定精度を要求する拡張現実（実世界の映像上にCGなどで仮想物体を合成することで実際には存在しないものを見せる技術）や、ロボットや車両の自動走行を実現することが可能となります。また、インターネット上のSNS等で共有されている写真の撮影位置・姿勢が分かれば、膨大な量の写真を使って自動で三次元地図を作るといった応用も可能となり、実際にそのような研究が実施されています[1]。

●マーカを利用した位置推定方法

では、具体的にはどのようにすれば写真を手がかりに位置を推定できるでしょうか。これには、何らかの手がかりが必要です。最も基本的な方法として、マーカを使う手法があります。これは、図1に示すような、マーカの見え方を手がかりに、マーカとカメラの間の距離や方向を推定する手法で[2]、この方法を使った拡張現実感システムは、最近のゲーム機やスマートフォン用のアプリとして利用されています。マーカの形はあらかじめコンピュータに記憶されており、どのような物体を表示するかは、マーカの中央に描かれたパターン情報から読み取られます。また、カメラの位置・姿勢は、記憶されているマーカの見え方が、撮影された画像上のマーカの形状に一致するように仮想空間中のカメラの位置と姿勢を動かしてやることで推定することができます。このような方法は手軽で、推定の間違いも起こりにくいため、比較的小さい物体を合成する目的で、エンタテインメント分野や教育学習分野で利用されています。

●自然特徴を利用した位置推定方法

では次に、より広いシーンでの位置推定を考えてみましょう。マーカを使う方法では、マーカが

図1　マーカによる拡張現実の例

見えていなければカメラの位置が特定できませんから、この場合には適していません。ここでは人を例に、何が手がかりに使えそうかを考えてみましょう。皆さんは、例えば海外で道に迷った場合に何を手がかりに自分の位置を特定するでしょうか。多くの人は地図を見るでしょう。ランドマークなど目立った建物を手がかりにする人もいるでしょう。また、今まで来た道筋を思い出しながら自分の位置を想像できる人もいるかもしれません。このような方法は、コンピュータであっても同じように利用することができます。まず地図を手がかりにする場合を考えてみましょう。我々の研究室では、航空写真を地図として利用し、これを地上で撮影された写真と照合し、二枚の双方の写真に写る同一物体を探すことで、カメラ位置・姿勢を特定する手法を開発しています[3][4]。同一物体を探すためには、特徴点と呼ばれる、画像の中に存在する位置特定の手がかりとなる特徴的な点を利用します。ただし、このような場合における特徴点の照合は簡単ではありません。例えば、図2の地上で撮影された写真(a)と航空写真(c)を見比べて、(a)と(c)のどのタイルが同じものであるか、またそれを元にどこで撮られたものか言い当てることができるでしょうか。これは難しいですよね。では、(b)と(c)ではどうでしょう。(b)は、写真(a)を、上空から見た画像に変換したものです。このような画像変換を行うことで、写真に写し出されたタイル全体の模様が比べやすくなっています。このような画像の変換を行った上で同一の特徴点を探すことで、コンピュータにとっても特徴点の照合が容易となり、カメラの撮影位置・姿勢を正しく推定することが可能となります。

一方、あらかじめこのような特徴点の三次元位置と地上からの見え方をデータベース化しておき、写真中の同一の特徴点を探索することでカメラの位置・姿勢を特定する方法についても研究しています。このような方法は、人間が建物などのランドマークを目印に位置を推定する方法に似ていることから、我々はこの目印となる特徴点を特徴点ランドマー

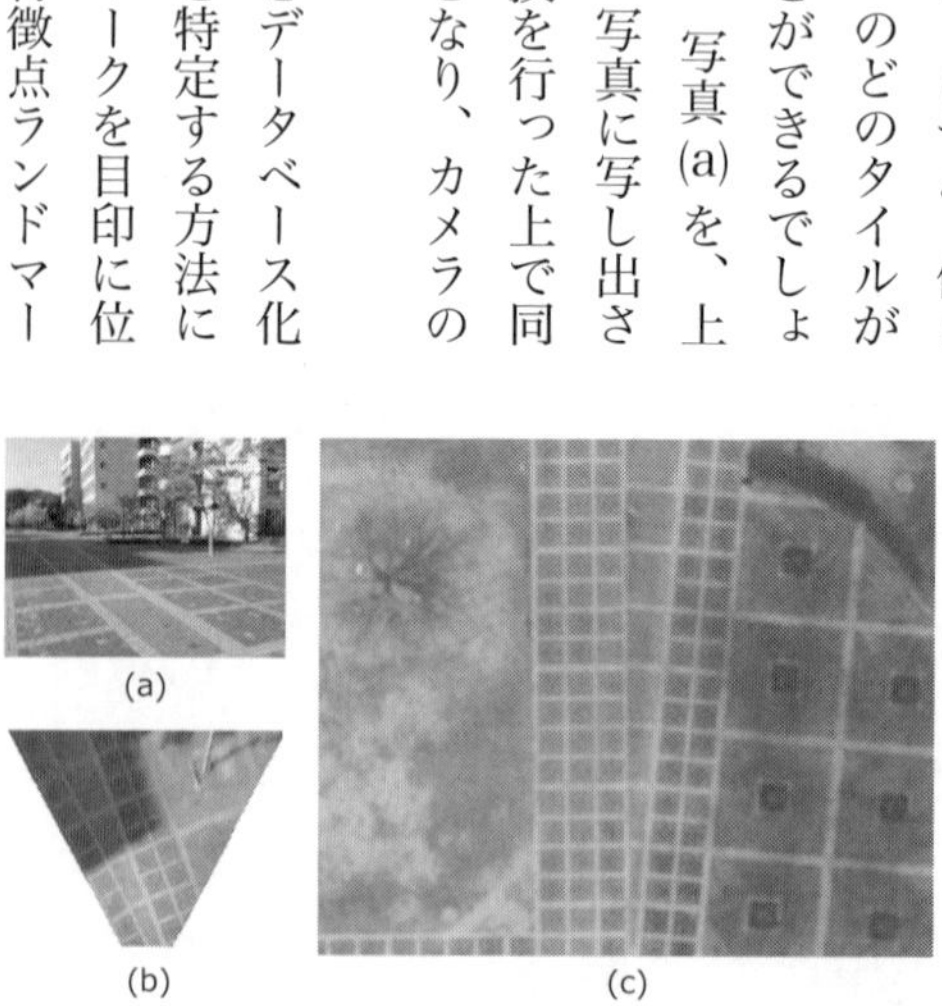

図2　航空写真と地上撮影画像の対応付けによるカメラ位置の推定：(a)地上撮影画像，(b)(a)を真上から見た画像に変換したもの，(c)航空写真

クと呼んでいます[5]。特徴点ランドマークは、あらかじめStructure from motionと呼ばれる手法によって動画像中から自動で抽出し、データベース化することができます。Google Street-Viewなどでおなじみの、全方位画像から特徴点ランドマークを抽出すれば、広い範囲のランドマークを一度に抽出しデータベース化することができます。

また近年は、特徴点の画像上での動きの情報を使って、カメラの移動経路をリアルタイムで復元するvisual-SLAMと呼ばれる手法が盛んに研究されています。このような方式を採れば、ロボットやスマートフォンの相対的な動きの情報を逐次推定することができます。ただし、このような方法には、推定の誤差が蓄積していくという問題があり、人間と同じように、知らない環境を移動し続けると推定される位置や方向がどんどんずれてくるという問題があります。このような問題を解決するために、航空写真や自然特徴点ランドマークなどの外部指標を統合的に利用する方法や、GPSなどの外部センサーを併用する手法が研究されています[6]。このような技術は年々発展しており、近い将来実現されるであろう自動走行車両にもこれらの技術が応用されると考えられます。我々は、このような様々な可能性を秘めたカメラの位置・姿勢推定精度の向上に向けて、研究を続けています。

見るだけで形が分かるカメラ

武富 貴史

日常生活において、カメラを使って写真や動画を撮影するという行為は一般的になっており、多くの方がスマートフォンや携帯電話に搭載されているカメラを使っての撮影経験をお持ちだと思います。スマートフォンや携帯電話を使っての写真や動画の撮影は、思い出や記録を手軽に残すことができます。しかし、写真や動画は立体的な形状を持っている物体（三次元物体）を平面的な映像（二次元映像）に変換しているため、撮影後に様々な角度から見直すということができません。インターネットを利用して買い物をする際に、掲載されている写真だけではなく、別の角度から商品を確認したいと思ったことはないでしょうか？　このような問題に対して、カメラで撮影された映像から映像中に映っている物体の形を推定する研究を行っています。また、映像中に映っている物体の形を推定する技術は、目の前の現実環境にコンピュータグラフィックス（CG）映像を重ねて表示することで情報を付加する拡張現実感と呼ばれる技術へも応用が可能です。

●カメラ映像から物の形を知る

大量の写真や動画から、被写体の形状情報を復元する処理は、これまでに様々な研究がなされています[1]。このような研究では、撮影対象の物体を様々な位置や方向から撮影することで物体の三次元の形状を推定しています。なぜ、このようなことが可能なのでしょうか？　このような技術の最もシンプルな例は、二枚の異なる位置で撮影された画像から物体の形状を推定することです。これは、我々人間が両眼で環境を見ることによって、目の前の環境の三次元的な構造を認識する過程と同様です。目の前に指を一本突き立て、左右の目で交互に見ると、右目で見た場合と左目で見た場合で見える位置が異なることが分かります。これは、視差と呼ばれ、視差の大きさは左右の目の位置関係や視点から対象までの距離によって異なります。この視差の大きさの違いにより視野内の物体の形状情報を認識することが可能となります。この認識プロセスを写真や動画へ適用することで、撮影された物体の形状を推定することが可能となります。このような、撮影された物体の形状を推定する技術は、事前に撮影された写真群または動画像を入力し、コンピュータで処理をすることで形状情報を推定するというオフラインでの処理が主流となっていましたが、近年では、動画を撮影することと同時に撮影された物体の形状情報をリアルタイムで逐次推定する手法が提案されつつあります[2]。

では、具体的にどのような処理で物体の形状をリアルタイムで推定するのでしょうか? 一般に、このようなカメラ映像からの物体の三次元形状の推定処理は、大きいといえば撮影環境や撮影対象の物体の形状を推定するマッピングと呼ばれる処理と映像を撮影したカメラの動きを推定するトラッキングと呼ばれる処理から構成されます。マッピング処理についてですが、ここでは撮影された画像中で物体表面の同じ点が観測されている各画像上での点の位置関係を求めることにより、これらの点の三次元空間中での位置、および各画像を撮影したカメラの位置関係を推定します。物体の三次元形状やカメラの位置関係はそれぞれの幾何学的な関係を考慮した場合に、撮影された画像(観測)と矛盾することが無いように調整することで求めることができます。一方で、トラッキング処理では、マッピング処理によって推定された三次元形状を撮影画像中で追跡することによってカメラの動きを推定します。トラッキング処理では、三次元形状およびカメラの位置関係を同時に推定していたのに対し、トラッキング処理ではカメラの動きのみを推定する点が異なります。そのため、推定のための計算にかかる時間は、一般にトラッキング処理の方がマッピング処理よりも短くなります。そのため、近年提案されているアルゴリズムのほとんどは、複数のＣＰＵコアを持つコ

1――物体の三次元形状とそれに対するカメラの位置・方向、焦点距離などのカメラ固有のパラメータが与えられると、物体上の点が撮影される画像上のどの位置に映るのかということを計算することができます。

ンピュータが一般的となったことから、トラッキング処理はリアルタイムで処理を行い、マッピング処理は別のＣＰＵコアを用いてバックグラウンドで行うというような実装となっています。

このような技術により三次元形状を計測する場合、マッピング処理において各画像上で同一の点が撮影されている位置をまずは知る必要があります。様々な模様があるような環境では、各画像上で同一の点が観測されている位置を知ることは容易ですが、模様が少ないような環境では、各画像上での対応する位置を正確に知ることが難しくなります。そのため、カメラ映像から模様の少ない環境や物体の形状情報を推定する際には、画像上で明るさや色が大きく変化する部分では形状が大きく異なり、明るさや色の変化が小さい部分では形状の変化が小さく同一の平面に存在しているという仮定をおいて三次元形状の推定処理を行っています。しかし、このような場合には、模様のあるテーブルクロスが掛けられているテーブルの形状を推定しようとした場合に、実際の形状とは異なる形状が推定されてしまうことがあります。これに対して、我々の研究室では、画像上の各点を全て同じように扱うのではなく、三次元形状の推定のしやすさに基づく信頼度情報を考慮することによる復元手法を提案しました。我々の手法[3]を用いた場合には、テーブルクロスの例でも実際の三次元形状を精度よく求めることができます。我々の手法を用いてカメラ映像から三次元形状を推定した結果を図1に示します。画像中の壺の三次元形状が復元されているため、任意の視点からの見た目をシミュレートすることができます。このような三次元形状の復元が手軽にできるようになると、インターネットオークションへの出品などにおいて、画像だけではなく三次元のモデルも提供することが可能となり、購入希望者へよりリッチな情報を提供することが可能となります。ただし、このような三次元形状を推定する処理は多くの計算を必要とするため、タブレットやスマートフォンなどで実現することが難し

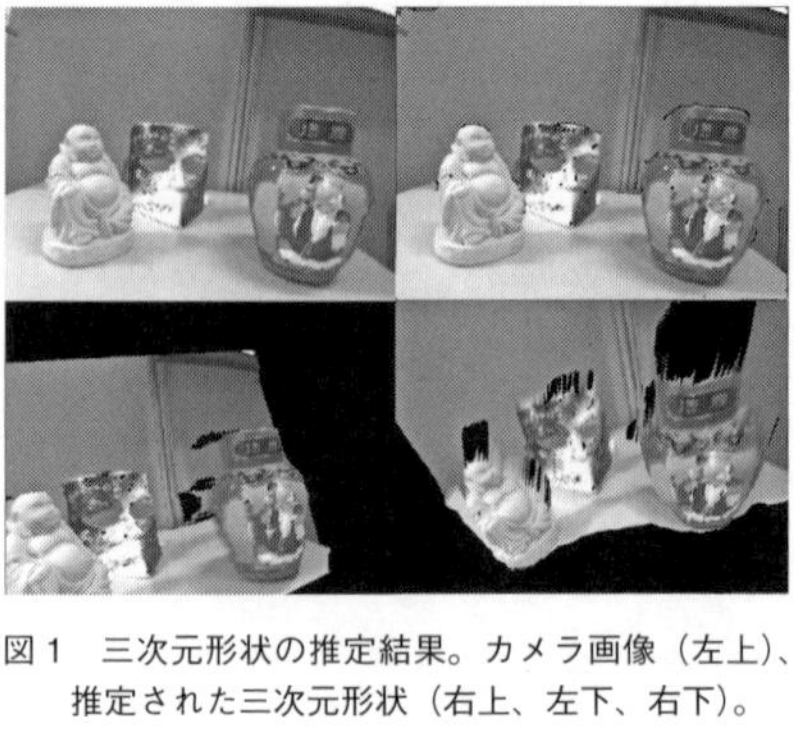

図１　三次元形状の推定結果。カメラ画像（左上）、推定された三次元形状（右上、左下、右下）。

いという問題が残っています。これらの端末で実現するためには、より効率的な計算アルゴリズムを開発する必要があります。

●物の形を知ることでできること

実際にカメラの映像から映像中の環境や物体の形状情報またカメラの動きが推定できると、どのような嬉しいことがあるのでしょうか。一つの例は、前項で紹介したインターネットオークションなどにおける三次元モデルの活用です。また、我々はこのような応用とは別に、拡張現実感と呼ばれる技術への応用も検討しています。拡張現実感技術は、目の前の現実環境に対してコンピュータで生成されたナビゲーション情報、注釈情報、CG映像などを合成して提示することができます。拡張現実感技術は、教育現場、作業支援、エンタテイメントなどの分野での利用が期待されています。我々の研究室では特に、作業支援現場での拡張現実感技術の利用可能性に着目し、研究を行っています。カメラ映像から環境や物体の形状およびカメラの動きが推定できると[4]、図２に示すような拡張現実感のための注釈情報をその場で作成することが可能となります。作業支援のようなシナリオにおいて拡張現実感を利用する際には、どのようにして拡張現実感によって表示するコンテンツを準備するのかが課題となります。このような課題に対して、我々はタブレット端末のタッチインタフェースを用いて簡単に注釈情報を三次元的に配置することが可能な手法を開発しました。我々の手法では、注釈の三次元位置は、映像より推定された三次元形状に基づき決定され、また、位置の微調整が必要な場合には、三次元形状およびカメラの動きを考慮して調整することが可能となっています。ただし、ここで用いている手

図２　拡張現実感技術への応用。

法は、前項で紹介したような物体表面の三次元形状を全て求める方法ではなく、色の変化が激しい場所のみに三次元位置の推定を限定した手法となっています。このように、復元する対象を限定するとタブレット端末などで処理を行うことが可能です。このような方法は、図2に示すようなテキスト情報のみを表示する場合にはそれほど問題になりませんが、コンピュータで生成されたCGなどが現実の環境と相互に作用する必要がある場合にはしばしば問題が生じます。

!光学的な性能限界を超えるカメラ

▲向川 康博

●フィルムからフラッシュメモリへ

最近では、フィルムを使う昔ながらのカメラをすっかり見かけなくなりました。フィルムカメラは、ごく一部のマニアが使う珍しいものとなり、ほぼ完全にデジタルカメラに置き換わってしまいました。デジタルカメラの誕生は意外に古いのですが、日本で一般に広く普及するきっかけとなったのは、1995年にカシオ計算機から発売された「QV–10」でしょう。現像しなくてよい、フィルム代がかからない、その場で写り具合を確認できる、失敗しても消せばよいだけであるなど、その圧倒的な便利さが認知され、フィルムではなくフラッシュメモリ[1]に写真を記録するデジタルカメラが急速に普及しました。最近では、携帯電話に内蔵されているデジタルカメラの性能も飛躍的に進歩しました。我々は日常的に高性能なデジタルカメラを持ち歩いているわけです。

●光学的な仕組みは変わっていない

さて、この高性能なデジタルカメラですが、光学的な仕組みについては、実はフィルムカメラと基本的な構造がほとんど変わっていません。大ざっぱに言ってしまえば、フィルムをCCDやCMOSなどの撮像素子[2]に置き換えただけです。もちろん、撮像素子上に結像した画像をデータとしてフラッシュメモリに記録するために、内部ではコンピュータが様々な計算をしています。また、パノラマ合成やミニチュア効果[3]など、写真を撮った後の画像処理にもコンピュータが使われています。しかし、空間を飛び交う光線の一部をレンズによって結像させ、シャッターボタンを押した瞬間の

1—データの書き込みや消去が自由にできる半導体。電源を切っても記録された内容が保存されるため、デジタルカメラだけではなく、タブレット、スマートフォン、USBメモリなどにも広く利用されている。

2—光の強度を電気信号に変換する電子部品であり、イメージセンサーとも呼ばれる。

3—実際の風景を撮影しているのに、まるで小さな模型を撮影しているかのように見せる撮影技法。

見え方を画像として記録するという光学的な仕組みは、ほとんど同じままです。

フィルムカメラとデジタルカメラで、光学的な仕組みが同じであるということは、様々な利点があります。レンズ交換式のカメラの場合、仕組みが同じなので、規格さえ合えばフィルム時代のレンズがそのまま使えます。また、絞りやシャッタースピードなど、撮影時に調整すべき項目も同じですので、絞りを大きくして背景をぼかすとか、短いシャッタースピードで動きを止めるとか、様々な撮影テクニックもそのまま使えます。デジタルだからといって写真の撮り方が大きく変わったわけではありません。

一方で、変わっていないという意味では、フィルム時代の問題もそのまま残っています。フォーカスが不適切であれば、ピンぼけが生じます。被写体の動きが速ければ、ぶれが生じます。デジタルカメラになっても、同じような失敗をしてしまいます。つまり、撮影の仕組みが変わっていないので、フィルムカメラの性能限界を、デジタルカメラでもそのまま引き継いでしまっています。この限界点を突破するためには、撮影の仕組みそのものを変える必要がありそうです。

●コンピュテーショナルフォトグラフィ

あまり聞きなれない言葉かと思いますが、最近、「コンピュテーショナルフォトグラフィ」と呼ばれる新しい写真撮影技術が注目を集めています。写真を撮影する光学的な仕組み自体を変えてしまい、光線情報を画像に変換する過程にコンピュータによる演算を導入することで、カメラに新たな機能を持たせることができる技術です。

例えば、絞りを大きくして撮影すると、フォーカスの合う範囲が限られてしまい、ピンぼけしやすい写真になってしまいます。逆に、絞りを小さくして撮影すると、フォーカスは合いやすいのですが、光量が少なくなり、暗くなってしまいます。フラッシュが使えない場合は、なかなか上手に撮影することができません。このトレードオフを解決する技術が「符号化開口」です。通常、レンズの絞りというものは円形で、その直径が変わるだけですが、この符号化開口の場合は、多数の穴が規則的に空いています。このようにして撮影された画像は、多重像のような不自然なぼけ方になりますが、コンピュータで処理するためのデータであり、人間が直接見るものではないので問題ありません。うまく穴を開けてあげる、すなわちうまく符号化すると、全体にフォーカスの合った画像を演算によって作り出せることができます。

他にも、動きの速い被写体のぶれを除去できる「符号化露光」や、撮影した後でフォーカスの合わせ直しができる「光線空間カメラ」など、新しい技術が次々と開発されています。いずれも、コンピュータで演算されることを前提に、カメラの光学的な仕組み自体を変えていることが特徴です。フィルムカメラでは、どのように光学系をうまく設計しても超えることができなかった限界点を、そもそも仕組みを変えてしまうことで突破しようという考え方です。

●見えないものを撮影する

通常のカメラでは見えないものを撮影できることを目指して、我々が研究を進めている新しい原理のカメラを紹介します。一つめは、霧や濁った水中など、光が散乱してはっきりと見えない状況でも、鮮明な画像を撮影できるシステムです。図1(a)は、我々が開発した「平行高周波照明」[1]で、プロジェクタを照明機器として用いることで、直進する透過光と曲がってしまう散乱光を別々に記録することができます。例えば、(b)のような、濁った液体中に沈んでいる金属部品を撮影することを考えます。通常のカメラで撮影すると、(c)のように、光が液体中の微粒子で散乱してしまい、何かがあることは分かっても、その形は写りません。一方、先ほどの装置で直進する透過光のみを取り出して、演算によって画像を作り出すことで、(d)のような透過光のみからなる鮮明な画像が

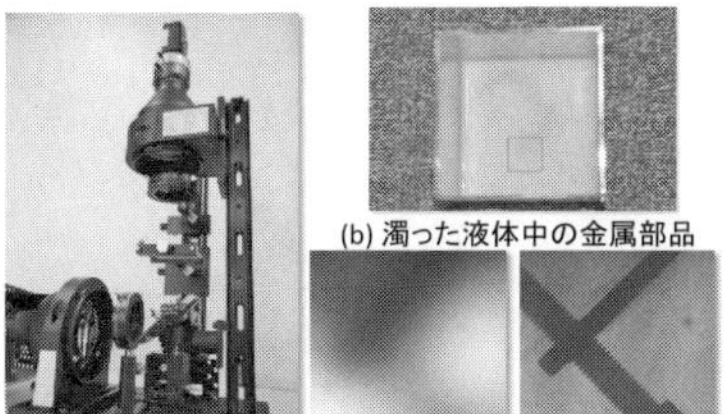

(a) システム全景　(b) 濁った液体中の金属部品　(c) 通常のカメラ　(d) 散乱光除去

図1　平行高周波照明

得られます。この場合、直進しない散乱光を除去できる架空のカメラを実現しました。

もう一つの例は、油絵などの下書きを撮影する技術です。波長の長い近赤外光[4]は、様々な素材に対して透過性が高い場合が多く、人間には不透明に見える絵の具も透けて見えることがあります。有名な絵画の裏に別の絵が隠れていたなどという発見もよく耳にします。しかし、単に近赤外光を使っただけでは、表面の絵と下書きが混ざって撮影されてしまいます。我々が開発した「多重高周波照明」[2]では、図2(a)のように、先ほどと同様にプロジェクタを照明機器として用いて、狙った深さだけを撮影することができます。この撮影技術では、(b)のようにキャンバスに描かれた下書きに絵の具が塗られているという一般的な油絵を対象として、(c)のような絵の具だけの上層と、(d)のように下書きだけの下層を別々に可視化できます。より深くまで到達した光線は、散乱によって広がることをうまく利用し、特定の深さの見え方を演算によって作り出しています。この場合も、油絵の下書きが見えて、それでいて手前にある表面の絵は見えないという架空のカメラを実現しました。

ここでは、見えないものを撮影できるコンピューテーショナルフォトグラフィ技術を2つ紹介しましたが、アイデアしだいで、まだまだ面白いカメラを実現できます。カメラ自身の性能はいまだに向上し続けていますが、光学的な工夫だけでは限界も見えてきています。光学系を変えて計測した光線情報をもとに、コンピュータの演算によって画像を作り出すという新しい原理のカメラによって、これまでのカメラの物理的な性能限界を突破することを目指して、我々は挑戦を続けていきます。

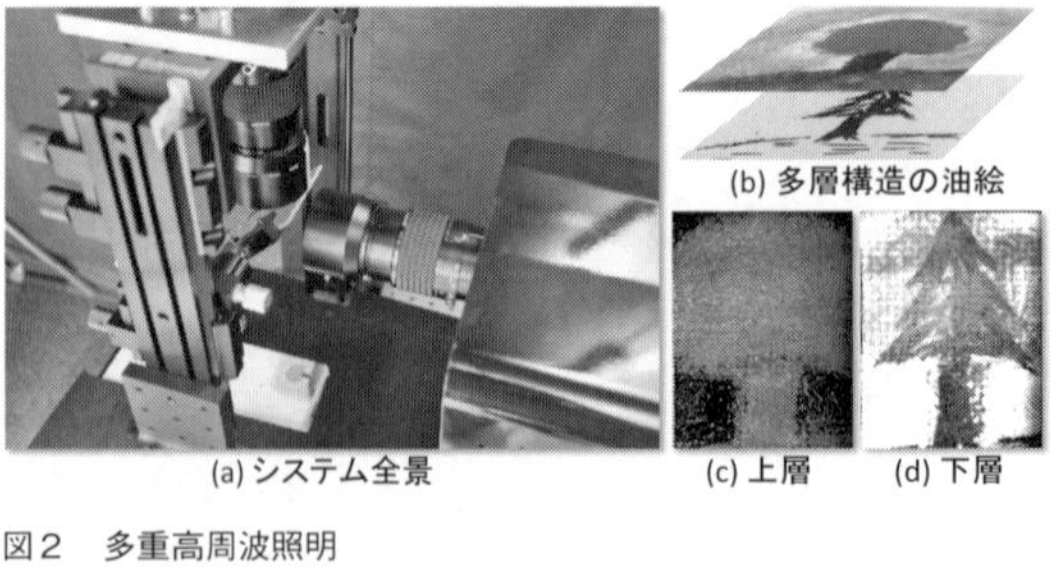

図2　多重高周波照明

4 ―赤色よりも少しだけ波長が長く、人間の眼には見えない光。光としての性質は持っているため、リモコンなどに広く利用されている。

5 知能の限界突破

人と自由に会話する人工知能

吉野 幸一郎

数年前からApple社のSiriなどの音声で会話を行うアプリケーション（対話システム）が次々に発表され、会話する人工知能というものが一気に身近なものとなりました。しかし、こうしたアプリケーションを相手に、まさに人と話すように会話ができるかというとそうではありません。これはどのような理由によるもので、実際に人間のように話すことができる対話システムを作るためにはこれからどのような技術が必要となってくるのでしょうか。

人と会話する人工知能というのは、ELIZA［Weizenbaum, 1966］やSHRDLU［Winograd, 1971］といったシステムが１９６０年頃から研究・開発されてきており、現在の対話システムも、これらに大きな影響を受けています。対話システムは、これまでにいくつものブレークスルーを経て、現在の形へとたどり着きました。現在存在する会話アプリケーションは、主に２種類の技術によってその会話機能を成立させています。

まず1つは、タスク指向対話と呼ばれる技術です。現在の対話システムは、対話目標である「ゴール」、ゴールに到達するための道筋や対話の手順を定義した「タスク」、そしてこれらを実現するために必要な知識を記述した「ドメイン知識」という3つの重要な概念を持ち、これをどう構成するかが重要となります。具体的には、ゴールは、ある場所の天気を調べる、電車の時間を調べる、アラームをセットするといった「対話システムにやって欲しいこと」として定義されます。またタスクは、「天気を調べるにはどこのいつの天気を調べるか知らなければならない」「電車の時間を調べるにはどこからどこまで何時頃の電車に乗りたいか知らなければいけない」といった実現の手段を、ドメイン知識は主要な都市や天気の種類、駅の名前などの、システムが知っていなければうまく答えられない知識として定義されています。タスク指向というのは、このタスクを実現するために特化された技術のことをいいます。

しかし、こうしたタスクの定義に依存した対話システムというのは、想定されているタスクの範囲内ではうまく動作することができますが、人が想定外のことを言ったり、システムが知らないことを聞かれたりするとうまく答えることができません。この問題に対処するための技術がもう1つの技術である音声検索です。現在の対話システムは、人が話した言葉を知らない、または言っていることが理解できない場合に、その言葉についてウェブで検索するようユーザに促したり、単語の意味や質問の答えを検索してきて表示したりすることでこの問題を回避しています。

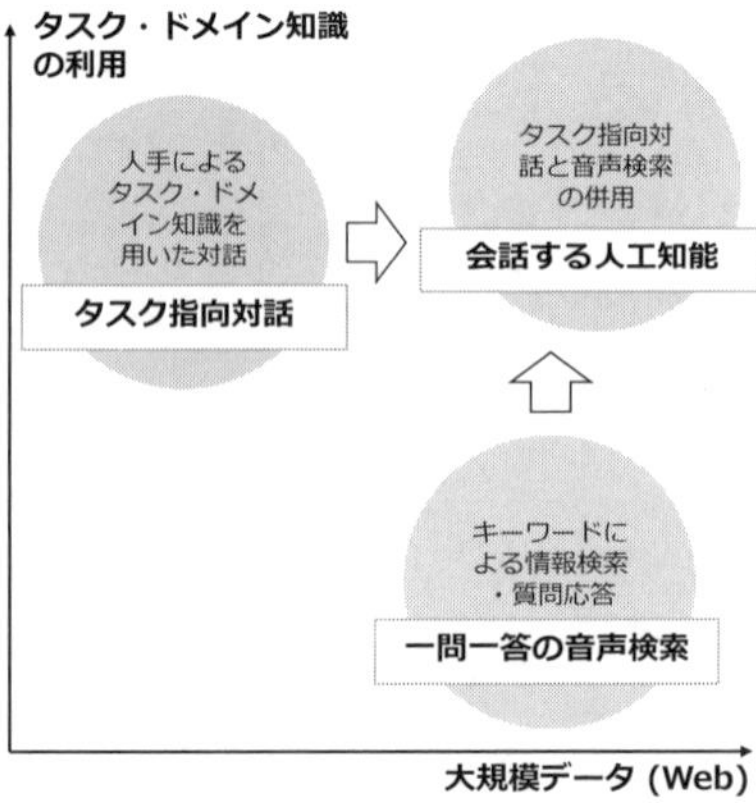

●意図推定

まず、人と対話を行うためには相手の発話の意図を推定する必要があります。例えば相手に「京都の天気は？」と言われた場合に、その相手が京都の天気を知りたいが、いつの天気を知りたいのか明らかでないといった情報を正確に把握する必要があります。これを発話の意図推定といい、近年ではユーザの発話中の単語表現、人名や地名などの固有名詞の有無などから統計的に判断する統計的意図推定の研究が行われています。

●統計的対話制御

タスク指向対話や音声検索は、いずれもユーザが対話目標となるゴールを持っている場合にうまく動作することが知られています。こうしたゴールが存在する対話を行う場合に、何をユーザに聞けばゴールに到達できるのか、音声認識の誤りなどがある可能性がある場合にいつどうやって聞き返しをするかという制御の問題が存在します。これは、かつては人手でどう制御するかのルールを記述していたのですが、こうした方法はルールの数が多くなりすぎて大規模なシステムを構築するのには不向きです。そこで２０００年前後から、人工知能の古典的な手法である強化学習を用いて、対話システムが持つ多様なパラメータ（音声認識が信頼できるか、ユーザがこれまでに何を言ったかなど）に対応する制御を自動で学習する枠組みが研究されてきています。これを統計的対話制御と言います。

●応答生成

対話制御によって何を言えばよいのか（路線案内タスクでどこから乗りたいのか聞き返す、うまく聞き取れなかったので聞き返すなど）が決まると、それをどのように相手に伝えるかということが問題となります。これを行うのが応答生成で、多くの場合はあらかじめ定義したり、統計的に獲得した発話のテンプレートに、聞きたいことの内容を当てはめて発話を行います。

●背景知識獲得・情報抽出

対話に必要な背景知識や質問の答えは、これもかつては人手で記述されてきましたが、これを統計的に獲得することが盛んに行われています。これは特にウェブの発達により、知識や答えの候補となるような情報が容易に入手できるという可能性が非常に大きくなったためです。また、近年は特にWikidataなどの物や事の関係を表す知識（「生駒市」と「奈良市」は「隣接する行政区画」という関係にあるなど）が様々なプロジェクトによって記述されており、こうした知識ベースを利用して対話システム・質問応答システムを賢くするといった研究が行われています。

●これまでのシステムの課題とこれからの取り組み

ここまでに対話システムの大まかな枠組みについて述べましたが、なぜこうした枠組みでは人と変わらないような会話を行う対話システムが実現できないのでしょうか。問題の1つは、現在の対話システムが常にゴールを想定した対話を行っているということです。実際の人同士の対話について考えてみると、全ての発話が明確なゴールを意識して行われているわけではなく、ゴールや目的が曖昧な発話というのがいくつも存在します。例えば、野球に詳しい人に「昨日の野球はどうだった？」と聞いたとき、実際に野球の結果を聞きたいわけではなく、その人が野球について何か話をしてくれることを期待しているというような場合があります。こうした人の曖昧な欲求をうまく扱うための枠組みとして、情報案内システムというものが提案されています。情報案内システムは相手の興味・焦点に応じて、相手の欲求が曖昧な場合には主導的に持っている情報を案内したり、これまでの話題に関連した内容の案内を行ったりします。こうした情報案内システムは、人の情報アクセスをより効率的に、より豊かにすることが期待されています。

また、多くの対話システムは、対話の相手である人が欲求を持っていて、その欲求を満たすことを主な目的として設計されています。これに対して、システムにも欲求を持たせて、システムが期待する結果に人を誘導する説得対話システムというものが研究されています。説得対話システムは、直接的にはマーケティングなどに資することが期待されていますが、加えてシステムが人間のように「話したいこと」としての欲求を持つことによって、より知性を感じることができるようになるかもしれません。

また、話し方、イントネーションなどの話者性は、対話システムに対する親しみや人格を感じるという面で重要です。このため、システムが様々な話し方、イントネーションを持って発話をするという研究が行われています。加えて、利用者の話者性である方言を考慮して、これを認識するような研究も行われています。システムがこうした話者性を自在に操ることができ、また人の話者性に応じた応答をできるようになることで、より親しみがあり使いやすいシステムができることが期待されます。

対話システムは話された内容の情報だけでなく、様々な情報を用いることができます。例えば、話し相手の微妙な言葉遣いやイントネーションの変化、目線、表情、口の動きなど人間でも利用している情報は、既にいくつも計算がなされています。これに加えて、対話システムは人間が用いることができない情報、例えば温度センサーや相手の脳波なども利用できる可能性があります。こうした対話システムの入力となる情報の拡張によって、例えば嘘を見抜く対話システムを構築できるといった研究が行われています。

最後に、対話システムには様々な関連する研究分野が存在しますが、特に関連が深い分野に音声認識と自然言語処理が挙げられます。これらの分野でのブレークスルーが対話システムの新しい可能性を切り拓き、また対話システムでの研究がこれらの分野の研究を前進させることも少なくありません。深層学習による音声認識の向上は、音声を使った対話システムの可能性を多くの研究者が再確認するきっかけとなりました。また、自然言語処理の分野における要約の研究の進展は、音声要約システムという対話システムの1つのアプリケーションへの発展に寄与しています。

こうした様々な周辺分野との相互連動によって、今後の対話システム研究はますます進展することが期待されます。これによって、いずれは人がシステムと話していることを意識せず会話を行うことができる対話システムが開発されるかもしれません。

言語の壁を突破する自動音声翻訳技術

中村 哲

音声の自動音声翻訳（通訳）技術とは、コンピュータを用いて、原言語で話された音声（例：こんにちは）をその場で聞き取り、目的言語に翻訳し、話し相手の言語の音声（例：Hello）を出力する技術です。究極の目標は、人間の同時通訳者のように聞き取った内容を理解し、その場で目的言語に意味を考えながら同時に通訳することです。この技術は、海外旅行や国際会議のような異なる言語を話す人とのコミュニケーションや、世界のあらゆる言語の情報の獲得、あるいは、日本語の情報を世界へ発信する際に必要になる技術で、長年の人類の夢として、これまでに多くの研究が行われてきました。我が国では１９８６年に、京都、大阪、奈良にまたがるけいはんな学研都市に（株）国際電気通信基礎技術研究所（ＡＴＲ）が、郵政省（当時）の支援のもとに設置されて、世界に先駆け国家プロジェクトとしての自動音声通訳研究がスタートしました。１９８６年当時は、自動音声翻訳を構成する要素技術である、音声認識や機械翻訳の性能が不十分であったことから、発話が比較的短く構文が平易な日常旅行会話に特化して（例：東京へ行く。）研究開発を進めてきました。自動音声翻訳は、いわゆる書きことばの翻訳とは異なり、話しことばを対象とした翻訳で、対象とする発話は十分推敲されていないため、文法通りでない文も多く、言い間違いや、「えーと」「あのー」などの言いよどみと呼ばれる発話を含んでいたりします。さらに、コンピュータで音声認識を行うため、誤りが含まれます。また、Face-to-face のコミュニケーションを達成させるために、その場で即時に翻訳することも必要となります。図1に自動音声翻訳システムの構成を示します。利用者の発話（とうきょうへいく）を音声認識しテキスト化し、機械翻訳して、翻訳後のテキストを音声合成します。音声認識、音声合成については他の節で述べていますので、本節では、近

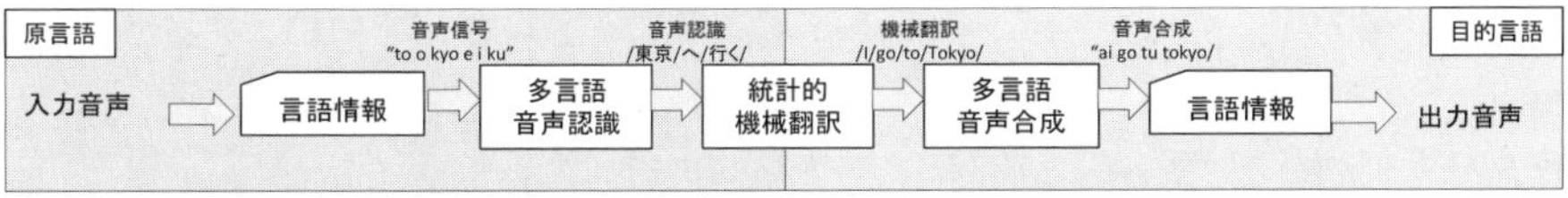

図１　自動音声翻訳システム構成図

年主流となっている統計情報を考慮した機械翻訳の仕組みについて述べます。

●統計情報を考慮したテキストの機械翻訳手法

機械翻訳では、1980年ごろまで、入力文を単語に分割して、名詞や動詞といった品詞と呼ばれる情報を自動的に付与した後に[1]、この形容詞がこの名詞に係るといった係り受け情報を自動付与し[2]、言語学者が人手で作成した言語間の係り受け関係の変換ルールを適用することによって入力文を目的言語に翻訳する、ルールベース機械翻訳と呼ばれる方法が用いられていました。しかし、言語には例外が多く、ルールで記述することが非常に難しく、また、言語対を拡張する際には変換ルールを作り直す必要があるなど、多くの課題がありました。この課題を解決するため、1985年に長尾ら[1]によって、同じ意味を持つ異なる言語の文対の集合（対訳文コーパス）[3]から文例（用例と呼ばれる）を収集して翻訳を行う用例ベース翻訳が提案されました。さらに、1993年Brownら[2]によって提案された統計情報を考慮した技術では、機械学習の枠組みを取り入れることで、大量の対訳文コーパスから句単位や文構造の対応関係を自動で統計的に学習し、言語の違いによる語順の入れ替えや、単語の置き換えの自動学習ができるようになりました。この方法は統計的機械翻訳と呼ばれ、現在主流の方法となっています。この方法の概念図を図2に示します。

まず、大量の対訳文コーパスを統計解析し、原言語の単語を目的言語のどの単語に入れ替えるかを決める翻訳モデル、原言語の単語列を正しい目的言語列に並び替える並び替えモデルを学習します。また、大量の目的言語のテキストコーパスから目的言語の文としての正しさを表す言語モデルを学習します。原言語の入力文が入ると、これらの3つのモデルを同時に使用して確率が最大になるように目的言語文を探索し、最も適切な翻訳文を選びます。この部分はデコーディングと呼ばれます。旅行会話の対訳文コーパス、原言語、目的言語の音声、言語コーパスを用いた実験では、

1—形態素解析と呼ばれる処理。

2—構文解析と呼ばれる処理。

3—「私は東京に行く」と、"I go to Tokyo" 等のような同じ意味を持つ文対を対訳文、あるいはパラレルテキストと呼び、これらを大量に収集したものを対訳文コーパス、パラレルテキストコーパスと呼ぶ。

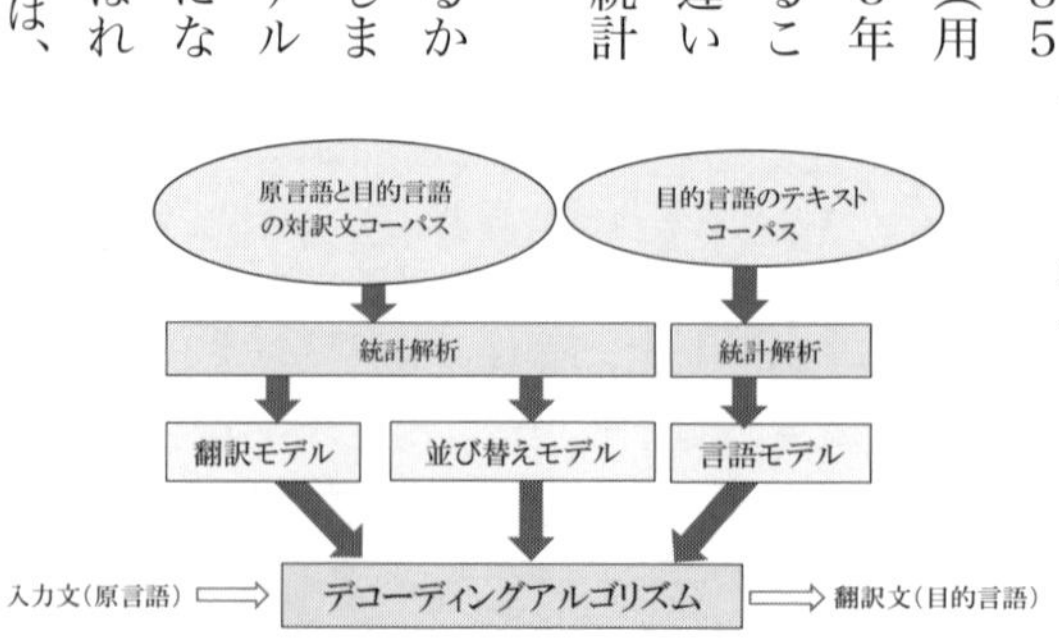

図2　統計的機械翻訳処理図

TOEIC換算値で約６００点の性能が達成できていることが報告されています[3]。

●自動音声翻訳のための新たな挑戦

統計的機械翻訳は、大量の対訳文コーパスがあれば、どのような言語対でも機械翻訳が可能です。ただ、日本語（主語＋目的語＋述語）と英語（主語＋述語＋目的語）のような構造が異なる言語の機械翻訳では並び替えが多く発生するため、難しいといわれています。また、文が長くなれば、単語の対応関係を見つけることがさらに難しくなります。また、日本語の話しことばでは「私は」などの主語が省略されることが多く、このことも課題になっています。その一方で、人間の通訳者の機能の実現を目指し、文末を待たずに、話すごとに翻訳していく同時通訳方式の研究[4]も進んでいます。音声翻訳としての性能を最大化するために、音声翻訳性能から音声認識や機械翻訳の最適化を行う研究[5]、利用者の声で翻訳音声合成出力を行う研究[6]等も非常に重要な研究といえます。さらに、強調などの非言語の意図情報を翻訳後の音声に付与する音声翻訳の研究[7]、文の意味などを考慮した機械翻訳の研究、常識を踏まえ、行間を読み、文化や習慣の違いを考慮した機械翻訳の研究など、多くの研究課題が山積しており、夢の自動音声翻訳を目指して精力的に研究が行われています。

空気を読んで意思疎通を試みるコンピュータ
▲サクティ・サクリアニ

音声翻訳や音声対話システムなどの最先端技術が私たちの生活により浸透するにつれて、人間とコンピュータシステム（以後システム）のコミュニケーションは日常生活の一部になりつつあります。音声翻訳は、異なる言語を話す者同士がシステムを通じて自由に話せるようにします。音声対話システムは、人間とシステムの自由なコミュニケーションを可能にします。いずれの場合も、システムが話者の発話内容を正確に聞き取り、理解できると、非常に自然で効果的なコミュニケーションが生まれます。

しかし、たとえ私たちがいかにうまく考えを言葉にして伝えることができたとしても、またシステムがいかにうまく私たちの音声を聞き取ったとしても、コミュニケーションというのは、しばしば困難なものです。人間と人間の会話であっても、残念ながらミスコミュニケーションはいつでも起こりうるものであり、聞き手が相手の発話内容を理解できないことがあります。相手が話している単語に対して、いろいろな解釈の可能性が存在します。その単語の意味は、個人、文脈、環境、文化、経験によって大きく変わるからです。しかし、聞き手がその単語を理解できるかをはっきりと表さなかったとしても、聞き手の視線や表情を通して誤解が生じていることに気がつくことがあるかもしれません。その場合には、ミスコミュニケーションをすぐに解決できます。したがって、人間とシステムのコミュニケーションでは、システムもコミュニケーション中のミスマッチを検知する必要があります。その一つの方法は、聞き手の視線や表情を認識することです。しかし、表情というのは人によって異なり、理解できない場合には無表情となることも多いため、ミスコミュニケーションをリアルタイムで検知することは簡単ではありません。

近年では、ブレイン（脳）・マシン（システム）・インタフェースの台頭により、システムが脳信号を読み取って分析し、人間の考えを少し理解できるようになりました。この研究が進めば、話すことができない、あるいは身体を自由に使えない人が再びコミュニケーションを取ったり、歩行および操作補助具を使ったりできるようにもなります。コミュニケーションは、人間の記憶に関わる認知プロセスでもあるため、ブレイン・マシン・インタフェースの研究は、人とシステムのインタラクションにおけるコミュニケーションのミスマッチを検出する一つの解決策になるかもしれません。この手法を用いる場合、図1に示すように、音声認識のエラーでミスコミュニケーションが起こると、システムが音声認識にフィードバックを伝えて訂正結果を要求できるようになります。また、認識エラーではなく、誤解もしくは未知語の検出の場合は、システムが話し手にフィードバックを伝えて、より簡単な分かりやすい単語で再度話すよう促すことができます。こうしたことが、聞き手が声に出して反応する前に、リアルタイムで処理できるのです。

私たちの研究では、さらに一歩進めて、事象関連電位（ERP：Event Related Potential）に基づき受け手の脳がシステム出力をどのように認知するかを調べています。具体的には、(1)、(a) 音声認識エラーが起きた場合、(b) 音声認識ではなく、誤解や未知語が検出された場合など、コミュニケーションエラーの影響を人間の脳がどのように処理するかを分析する研究、(2) コミュニケーションエラーを自動検知できるようにＥＲＰ波形

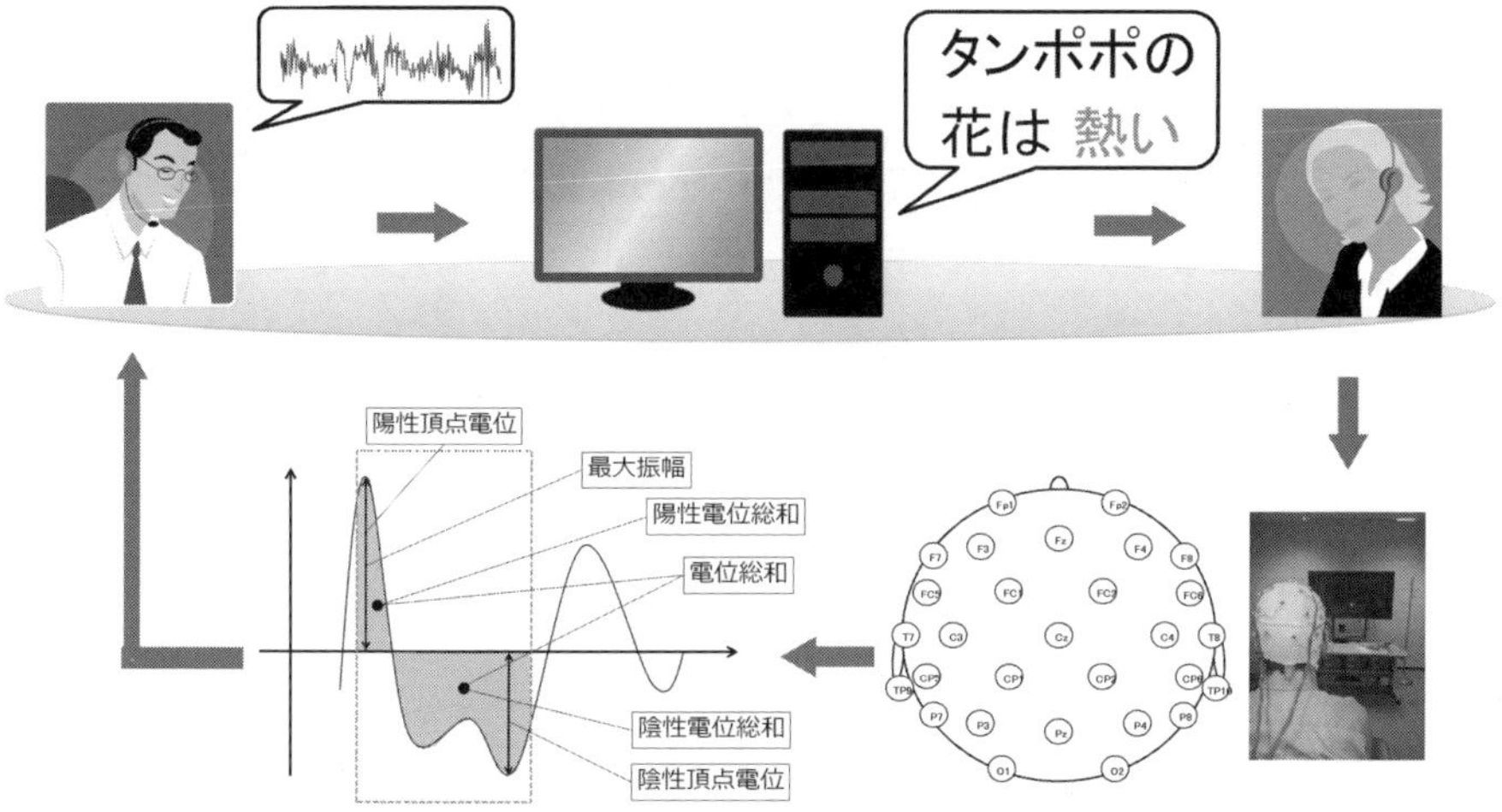

図１　違和感検出の例（“バラの花は赤い”が”バラの花は熱い”に音声認識で誤認識された場合、それを見た人間が間違いに気付いた時の脳の反応をリアルタイムに検出する）

に基づく識別器のモデリングをする研究です。この研究の目的は、コミュニケーション時に人間の認知プロセスがどのように処理するか理解することです。

私たちの研究では、ＥＥＧ（Electro-encephalogram）により計測した脳波データを使ってコミュニケーションエラーの検知に取り組んでいます。ＥＥＧは頭皮の複数の箇所に電極を置いて脳からの電気信号を記録する電気生理学的測定法で、ＥＲＰは外部事象の提示タイミングに合わせて加算平均を行って算出します。過去20年の間、言語活動に関連するＥＲＰ記号としては、次の２つがよく知られており、分析の対象となっています（図２を参照）。

N400：意味的不一致語の存在

P600/SPS：統語的な誤り

これまで予備実験をいくつか行いましたが、音声認識エラーでのＥＲＰ結果では、正シフト（ＥＲＰ成分P600）がエラー語の提示からおよそ600ms後に現れること、未知語認識については、N400成分が著しく増加することなどが分かりました。

ただし、このような結果が得られたにもかかわらず、これは脳のメカニズム全体を知るためのごくわずかな秘密をひもといたに過ぎません。オンライン不一致検知の発展には、他にもいろいろな

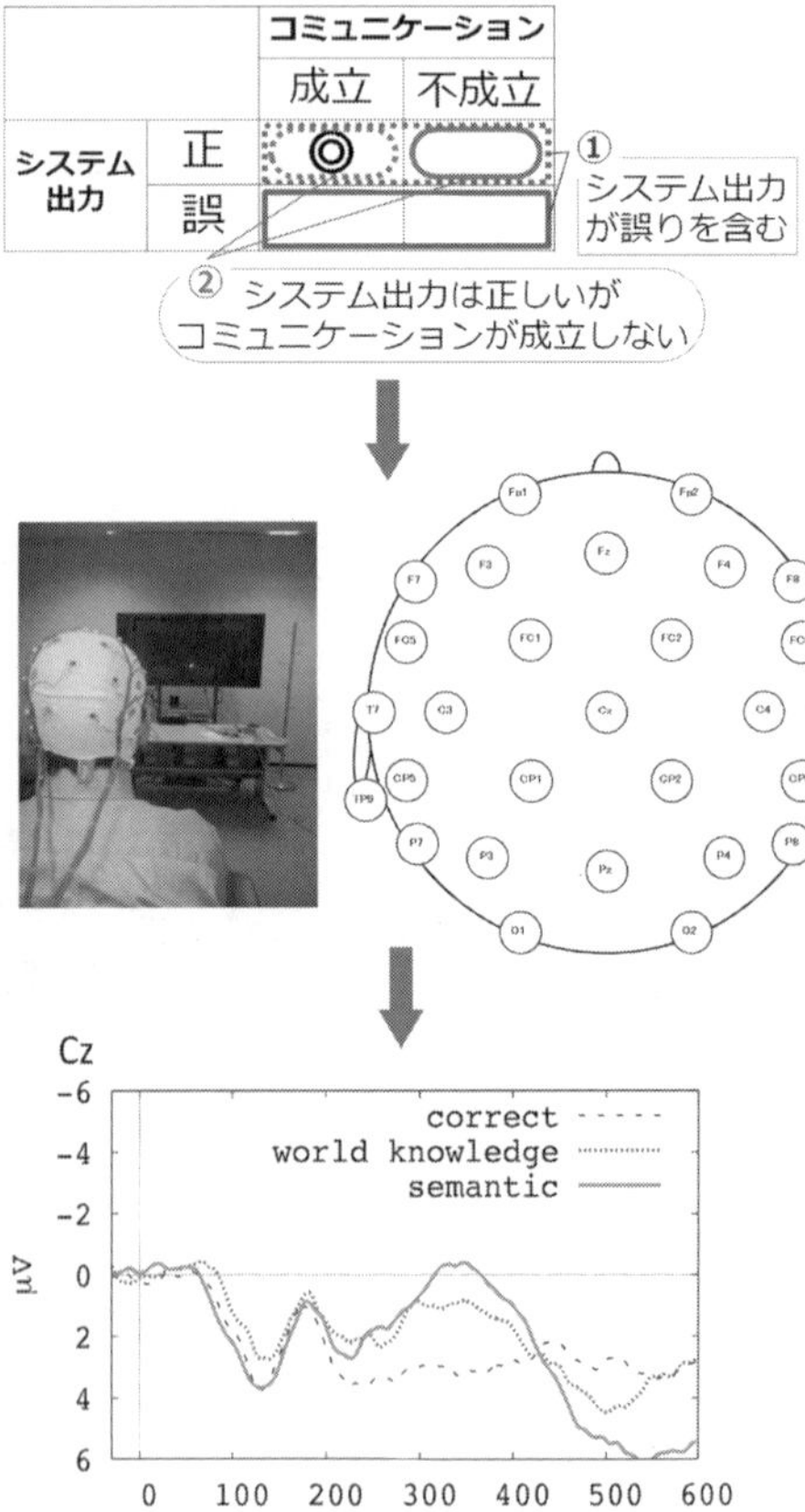

図２　事象関連電位に基づく受け手の脳の分析

視点での研究が必要です。たとえば、名詞、動詞、品詞などの機能語やフィラーなどの非機能語など、様々な種類の単語におけるエラーの影響を調べる必要があります。また、言語が変わっても同じような影響が現れるかどうかについても調査する必要もあります。したがって、今後数年間は、人間とシステムのコミュニケーションのために人間の認知アプローチについてさらに研究を進めていきます。

ビッグデータ解析で世界を予測する

鈴木　優

昨今、テレビや雑誌の特集などに『ビッグデータ』という言葉が登場するようになりました。ビッグデータで医療が発達した、ビジネスを成功に導いたなど、様々な文脈でビッグデータという言葉が使われていますが、一体ビッグデータとは何なのでしょうか。

ビッグデータとは文字通り大きなデータのことですが、単純に量の多いデータのことではありません。ビッグデータには様々な定義がありますが、一般的にはガードナーにより提唱された「三つのV」によって説明されます。三つのVとはデータ量（Volume）、データが入力・出力される速度（Velocity）、データの種類（Variety）であり、これらを満たしたデータ群のことをビッグデータと呼びます。コンピュータの高速化、大容量化によって、このような大規模なデータを扱う環境が整ってきました。

ビッグデータ解析と今までのデータ解析とは何が違うのでしょうか。テレビの視聴率調査を例に説明します。視聴率調査では、視聴率測定器をテレビに装着し、どのチャンネルを視聴しているのかを測定しています。ところが、この測定器はごく一部のテレビにしか装着されていないので、一部の家庭における視聴率しか測定されていません。そこで統計学的な手法によって、測定した視聴率から全家庭における視聴率を推測する必要があります。一方、ビッグデータ解析では、このような統計学的な推測が必要ありません。今のテレビはインターネットにつながっていることが多く、テレビから視聴履歴を収集することができます。今までの方法では、これら膨大な視聴履歴を扱う手段がなかったため統計学的な手法に頼る必要がありましたが、全ての視聴履歴を集計することによって、より正確な視聴率を測定することができるようになります。このように、ある事象の一部のみを見て全体を推測するのではなく、大量のデータをそのまま扱うことがビッグデータ解析の特徴です。

大規模なデータ処理技術は、ビッグデータという言葉が生まれる前から存在している概念です。また、ビッグデータを支える技術も大変古くから研究されています。ところが、計算機の能力が十分ではなかったことや、基盤技術が十分に広く知られていたとはいえなかったことなどから、適用範囲が限定的でした。２０１０年ごろからビッグデータという言葉が使われ始め、大規模なデータ処理を行う処理基盤や、ビッグデータを支える技術の進歩が進みました。

●ビッグデータとサイバーフィジカルシステム・IoT（Internet of Things）

現在、世の中で生成されているデータの量が急速に増加しているといわれていますが、このデータはどのように作られているのでしょうか？　一つは、電子メールやソーシャルネットワークサービスなどのテキストデータがあります。また、写真や映像データなどもどんどん増加していますが、現在顕著に増加しているデータは、実は人間が発信しているデータではなく、様々なセンサーが発信しているデータです。

インターネットに接続している機器としては、かつてパソコンが主でした。パソコンを使って人は情報を入力し、情報を得ていました。ところが、このような状況は大きく変わりつつあります。例えば冷蔵庫や電子レンジなどの家電が直接インターネットに接続され、冷蔵庫にある食品に関する情報や電子レンジの利用時間などがインターネットを通じてスマートフォンに配信されるような仕組みが既に構築されています。つまり、パソコンやそれを使う人が利用するインターネットではなく、モノが利用するインターネット、つまりInternet of Things（IoT）がインターネット上のデータ生成について主流となりつつあります。このように、サイバーな空間と現実空間を結びつけ、現実世界の課題をサイバー空間上で解決しようとするシステムをサイバーフィジカルシステムと呼びます。

モノがインターネットに接続されることによって、現実世界とネット上の世界を結びつけることができます。例えば、家へ帰ろうとしたときに事前に冷房をつけていたり、スーパーマーケットへ買い物に行ったときに、冷蔵庫の食品在庫から自動的に必要なものやできる料理を教えてもらえたりするようになります。

●ビッグデータを支える技術

このようなモノのインターネットでは、センサーなどが発信するデータは数値データが主であり、そのままでは人間にとって直感的に何を表しているのかが分かりません。そのため、数値データが何を表しているのかを判断する必要があります。気温センサーが以前には二十度と計測しており、今は三十度と計測していることから、人間ならば「気温が上昇している」ことや「暑い」ことなどが直感的に分かります。ところが計算機は自動的にこのような判断を行うことはできませんから、何度以上気温が上昇していたら「気温が上昇している」と判断するのか、「暑い」とは何度以上のことを指すのかなどのルールを作成する必要があります。人手によってこのルールを作成することもできますが、複雑なルールとなると人手によって作成することが難しくなってきます。このときに自動的にルールを構築するという技術が重要となってきます。

「暑い」や「寒い」という概念は曖昧です。十度以上高くなっても暑くなったと思わない人もいますし、一度上昇しただけで暑くなったと感じる人もいます。このような状況に対応するためには、パーソナライゼーション（個人化）という技術が必要になります。これは、ルールを個人に応じて変更する方法です。ある特定の人向けに特化した、何度以上気温が上がると暑いと感じるかというルールの集合のことをプロファイルといいます。多くのプロファイルを組み合わせることによって、人や集団での傾向が分かってきます。

最後に、重要な技術として情報秘匿化技術・情報匿名化技術があります。例えば冷蔵庫の中身を世界中の人に知られてしまうと、その人が留守であるかどうかを知らせてしまうことになりますから、不法侵入が行いやすくなります。電力の使用量についても。他の人に知られてしまうと留守の時間がすぐに分かります。財布にどれだけ入っているかを全世界の人に伝えることは、窃盗につながります。個人のデータをそのままインターネットに流してしまうことは、その情報を不正に利用しようとする人にとって非常に有益な知識ともなり、犯罪を誘発する原因になります。ビッグデータが広がりを見せることによって犯罪が増加することは好ましくありません。このような不正を誘発することを防止するための一つの方法として、誰がデータを送信したのかを隠してしまう方法があります。つまり、どの冷蔵庫から出力されたデータなのか、どの人に対して発信しているデータなのか分からなくしてしまおうということです。ところが、全部分からなくしてしまうと、データの価値が失われてしまいます。誰の冷蔵庫からデータを送信しようとしているのかが分からなくなってしまったら、どの冷蔵庫のデータを基に食材が推薦されてしまっているのか分からなくなってしまいます。このための方法として、情報の暗号化や匿名化技術が重要となってきています。

●ビッグデータと人の力

ビッグデータを処理するために必要な力は、計算機の力だけではありません。なぜなら、計算機にとっては非常に難しいですが人にとっては簡単な処理があるためです。例えば、ある状況についてどう思うのか、ある画像を見てどのように感じるのか、画像に何が描かれているかなど、機械的な処理が極めて難しい問題があります。このような種類の処理を大量に実行する仕組みとして、クラウドソーシングがあります。クラウドソーシングでは、不特定多数の作業者が小さい単位の仕事を行います。一つの仕事は数秒から十分程度と手軽ですが、多くの人が仕事を行うことによって、全体として非常に大きな仕事を遂行することができます。

●ビッグデータで何が期待されているのか

企業には購買履歴や顧客データなど、様々で膨大なデータを保持していますが、そのデータを効果的に活用することができず、ただ持っているだけという場合が少なくありません。そのため、昨今ではビッグデータを活用しようという企業や官公庁が増加しています。

ビッグデータを活用するときには、三つの重要な要素が不可欠です。一つはデータそのもの、一つはデータを活用することにより行いたい目標、そして最後の一つはデータから目標となる知見を見出すことができる人材です。特に、最後の一つである人材はデータサイエンティストと呼ばれ、世界中の企業で必要とされている人材です。ところがデータサイエンティストになるために必要な知識を持つ人材は少なく、今後極めて重要な位置を占めることは確実です。そのため、このような人材を育成する大学や大学院の需要が急速に高まってきています。

ビッグデータを活用するという目標は大変曖昧なものです。そこで、データを解析してどのようなことが分かりそうなのか、アタリをつける必要があります。このとき、様々なデータを解析する経験と、そのデータ解析を行う上で計算機科学に関する様々な知識が必要となります。主として、機械学習、データマイニング、そしてデータ工学はビッグデータを扱うために必須となる学術分野であるといえます。このような学術分野に明るい人材を、大学や大学院で育成することが急務となってきています。

現在、まだビッグデータを扱うことによりどのようなすばらしい未来を作ることができるのか、専門家の間でも様々なアイデアを出している段階です。扱う方法によっては、自分のプライバシーが全て知られてしまう、恐ろしい世の中が構築されていくかもしれません。ビッグデータを用いることによって幸せな社会を実現するためには、まだまだ多くの技術的課題や社会的な課題が山積しています。データからは必ずしも宝が出てくるとは限りませんが、データに宝があるのか、宝があるとしたらどのようにしたら見つけることができるかが分かる、将来展望を描ける人材を社会は求めています。

オピニオンマイニングによる株価予測

諏訪 博彦

株価を予測するには、その会社の業績のみをみていればいいわけではありません。著名な経済学者であるケインズは、株式投資をいわゆる美人投票に例えて説明しています。美人投票は、自分が美しいと思う美女に投票するものではなく、みんなが美しいと思う美女を予測して投票するものです。そのため投票者は、周りの人たちがどのような予測に基づいて投票するかを予測して投票することになります。株式投資も同様に、周りの投資家がどのような予測に基づいて投資するかを予測して、投資することになります。そのため、周りの投資家たちの考え（オピニオン）が重要となります。では、このオピニオンはどうすれば予測することができるのでしょうか？

●ファンダメンタル分析とテクニカル分析

株式投資の手法として、大きくファンダメンタル分析とテクニカル分析が存在します。ファンダメンタル分析は、世の中の経済活動の状況を示すＧＤＰや失業率、あるいは各企業の業績や資産価値などの財務指標に着目する手法です。これは、株価が経済状況や各企業の業績に基づいて決定されることを想定して、株式投資を考える手法です。

一方、テクニカル分析は、これまでの株価の変動パターンからこれからの株価を予測する手法です。代表的なテクニカル分析は、移動平均線などの向きに着目するトレンド系と、トレンドの転換点に着目するオシレーター系に分けられます。トレンド系は、相場が上げ相場・下げ相場の程度を判定し、オシレーター系は売られ過ぎ・買われ過ぎの程度を判定します。いずれも過去の変動パターンが将来の株価を予測できるということを想定して、株式投資を行う手法です。

では、どちらの手法が正しいのでしょうか？　結論から言えば、どちらも正しいとはいえません。ファンダメンタル分析は、現在の経済状況や企業の業績を把握することができ業績好調の企業を判定することはできますが、将来も業績が好調である保証はありません。また、業績などの一定期間ごと（四半期など）にしか更新されない指標を用いているため、短期的な動きに対して意味を持ちません。一方、テクニカル分析は、過去のパターンに基づいていますが、過去のパターンがそうであったからと言って将来も同じパターンになるという保証はどこにもありません。むしろ、全く同じパターンになることはほぼないといっても過言ではないでしょう。また、めったにないパターンを予測することはできません。そこで、我々が着目したのは、投資家たちの考え（オピニオン）です。

●潜在するオピニオン

ここで、ケインズの美人投票を思い出してみましょう。美人投票で大切なのは、「自分がどの女性を美人だと考えるか」ではありません。ポイントは、「みんなはどのような女性を美人だと考えるか」であり、「みんなは『みんなはどのような女性を美人だと考えるか』をどのように考えるか」です。少し複雑なので、図1を使って説明しましょう。

一番左は、自分が誰を美人だと思うかを考えた場合です。自分の目を信じれば美女Ａに投票すればよいことになりますが、好みは人によって様々なためこの方法では他者と好みが異なる場合はうまくいきません。

真ん中は、「みんなはどのような女性を美人だと思うか」を考えた場合です。多くの人は美女Ｂを美しいと思うだろうと考えるため、美女Ａではなく美女Ｂに投票することになります。では、これでうまくいくでしょうか。まだ不十分です。

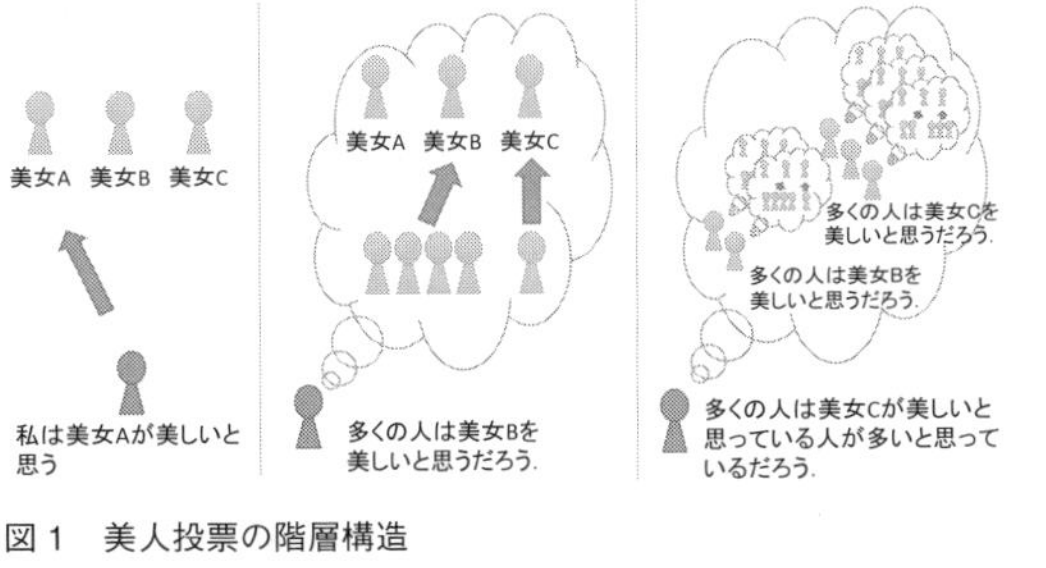

図１　美人投票の階層構造

一番右は、「みんなは、『みんなはどのような女性を美人だと考えるか』をどのように考えるか」を考えた場合です。二人はみんなは美女Bを美しいと思うと予測し、三人はみんなは美女Cを美しいと思うと予測しています。この予測が正しければ、美女Cに投票することが正解となります。この構造はさらに複雑に考えることも可能ですが、今は単純化のためにここでとどめておきます。大切なのは、個人の好みや単純な予測ではなく、他者の最終的な考え（オピニオン）を予測することです。株式投資でも同じことがいえ、他の投資家がどのようなオピニオンを持っているかを予測することが重要となります。

では、投資家のオピニオンはどこに存在しているのでしょうか。全ての投資家が自分のオピニオンを表明してくれるわけではありません。むしろ、機関投資家[1]と呼ばれる大口投資家のオピニオンは公表されず潜在化するのが普通です。そこで我々は、潜在化するオピニオンを他のオピニオンに基づいて顕在化する手法を考えました。

●ソーシャルメディア[2]からのオピニオン予測

基本的な考え方は、「みんなの意見は案外正しい」[1]ということです。これは、少数の専門家のオピニオンよりも、一般的な多くの人のオピニオンの平均値のほうが正しいという考え方です。ソーシャルメディアには、株式投資に関する一般の人のオピニオンがたくさん流れています。例えば、Yahoo! 株式掲示板には、銘柄（企業）別に掲示板が設置されており、ユーザはその銘柄に対するオピニオンを述べることができます。また、自分の気持ち（売りたい・買いたい）を5段階で表明することもできます。我々は、これらのオピニオンを抽出し、株式投資に活用しようとしています（図2）。

我々は、ソーシャルメディア上に書かれた人々のオピニオンは潜在化している機関投資家や個人

1―株や信託などの有価証券へ投資し収益を上げることを目的とする法人形態の投資家。

2―SNSやブログなど、個人が情報を受発信することで成立する情報交流サービスの総称。

投資家のオピニオンを代替すると考えます。投稿者は、様々な情報や考えに基づいて潜在化した機関投資家のオピニオンを予測し、それに基づく自分のオピニオンをソーシャルメディアへ投稿します。それにより、ソーシャルメディアには多くのみんなのオピニオンが流通することになります。我々は、自然言語処理や機械学習の手法を用いることでそれらを指標化し、オピニオン指標として顕在化させます[2]。

この顕在化された指標は、株式指標と相関があることが確認されています。また、Twitter に投稿された tweet から、ダウ平均株価の変化の方向性を86・7％の精度で予測できると主張する研究もあります[3]。このように、ソーシャルメディアからみんなのオピニオンを抽出し指標化することで、株価の予測が可能となってきています。

●予測を予測し合う世界

では、これで誰もが株で儲けられる世界が来るのでしょうか。もちろんそんなことはありません。株式市場は、全員が儲けられるような仕組みにはなっていません。よって、ソーシャルメディアからオピニオンを抽出し株価予測に使うことが一般的になった場合、それだけでは儲けられないことになります。そこで、重要になるのは「みんながどんなオピニオンを抽出したのかを予測すること」になります。そして、それが一般的になった場合は、「みんなが『みんながどんなオピニオンを抽出したのかを予測すること』を予測すること」になります。この構造は繰り返し続いていき、終わりがあるのか分かりません。予測速度の競争になるかもしれません。最終的には、他者のオピニオンをいち早くすべて予測しきったものが勝者になるでしょう。まるで神様のような存在ですが…。

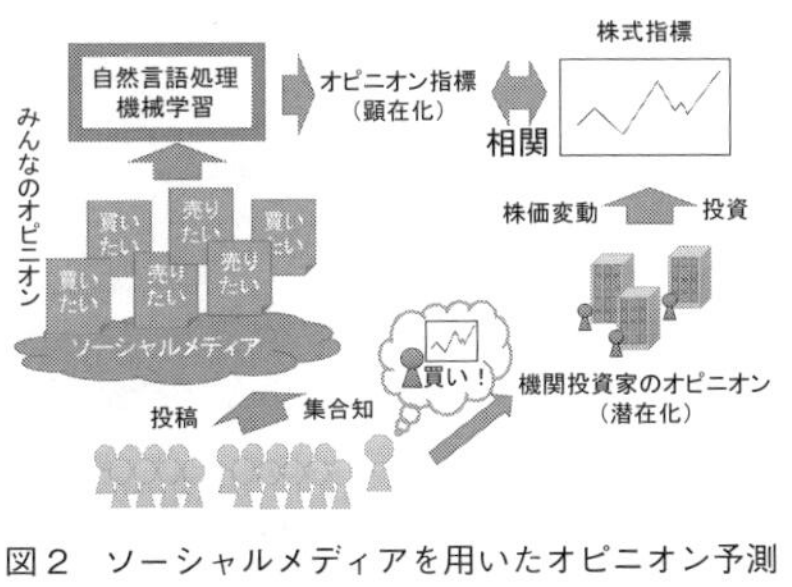

図２　ソーシャルメディアを用いたオピニオン予測

自動走行になるとストレスは減る？増える？

神原 誠之、萩田 紀博

　自動車の自動走行技術は、交通事故の低減や渋滞緩和を目的とした重点的課題であり、「世界最先端ＩＴ国家創造宣言」では、２０２０年代前半には、運転の大部分、または全部が自動化され、緊急時のみ搭乗者が対応する準自動走行の実現が目標として掲げられています。自動走行の普及には、搭乗者の快適性への配慮は重要な課題であり、一般に自動走行化によって搭乗者は運転の煩わしさから解放され快適性は向上するように思われますが、実際には運転から解放されることによって快適性を低下させる新たなストレスが発生します。例えば、図1のように準自動走行では、搭乗者は常に運転状況を把握し、緊急回避行動に備える必要があるため、その心構えの継続からストレスを感じ、快適性が低下することが容易に想像されます。我々の研究室では、自動走行車両の搭乗者の快適性の向上を目的として、走行状況と生理情報の観測に基づいた生理学的検証を実施し、自動走行によって搭乗者が感じるストレス要因の解明を目指しています。さらに、多くのストレス要因は情報提示によって軽減可能という一般的な知見（例：信号の待ち時間表示）より、本研究では、準自動走行の搭乗者の各ストレス要因を効果的に軽減させる情報提示手法を開発しています。

図１　自動走行時の新たなストレス

●すぐそこに迫る自動走行の実用化

　２０１３年に閣議決定された「世界最先端ＩＴ国家創造宣言」では、２０１８年を目途に交通事故死者数を２５００人以下とし、２０２０年までに世界で最も安全な道路交通社会を実現するために、車と車、道路と車との情報交換等を組み合わせ、２０２０年代には自動走行システムの試用を開始するとしています。それを受け、国内外の自動車メーカーを中心とした産業界では、自動走行システムの研究開発を加速しています。学術界でも、DARPA（アメリカ国防高等研究計画局）主催の"Grand Challenge"に代表されるように、最先端のセンシング・環境理解技術に基づく自動走行システムの研究開発が進んでおり、一部では実際の道路環境での走行に耐えうるシステムが実現しつつあります。国家戦略で目標としている２０２０年代に実現する自動走行は、緊急時のみ搭乗者が対応する準自動走行（自動化レベル２、３）を想定しています。搭乗者が一切の運転に関与しない完全自動走行（自動化レベル４）は、その先の目標として掲げられています。一方で、自動車の利用目的の１つは、我々人間の移動であることを考えると、自動走行システムが広く普及するためには、高度な走行制御に加え、搭乗者が安心して快適に過ごせるシステムの実現が必要になります。しかしながら、前頁の図に示す通り、準自動走行では、搭乗者は常に運転状況を把握し、緊急時に回避行動をとる必要があるため、搭乗者はその心構えを継続することで、大きなストレスを感じ快適性が低下することは容易に想像されるものの、自動走行車に搭乗する人達の快適性を向上させることを目的とした研究は多くありません。

●車両の挙動情報の提供によるストレスの軽減

本研究では、搭乗者の快適性を向上することを目的として、搭乗型自律移動体の１つである車椅子ロボットを利用して快適性に関する実験を進めています。車椅子ロボットも同様に、これまで自律走行に関する研究が多く行われていますが、その多くは物理的な衝突を回避する安全性や目的地まで自律走行するための制御方法に主眼が置かれています。搭乗者の快適性を考慮した研究も報告されていますが、自律走行中にリアルタイム計測し評価することは行われず、対象とするストレス要因も限られています。本研究では、自律走行時に感じる搭乗者のストレス原因の解明および、ストレス原因の中でも大きな要因であるロボットの挙動情報共有の不足を解決します。実験では図２

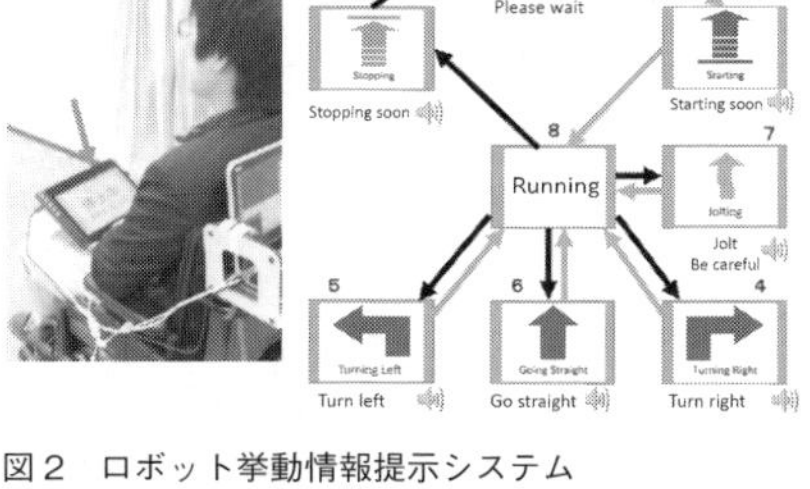

図２　ロボット挙動情報提示システム

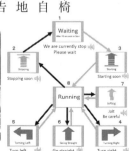

に示す通り、自律型車椅子ロボットの快適搭乗のためのロボット挙動情報提示システムを開発し、生理指標である心拍・発汗情報を用いて、挙動情報共有がどのような種類のストレスイベントに対して有効であるか検証しました。実験では、車椅子ロボットが自律走行した際の搭乗者のストレスを各生理指標で計測し、イベントの種類とストレス反応の関係性を調査し、さらに生理指標による客観的な評価により挙動情報共有の有効性を示しました。まず、複数のストレスイベント発生時の搭乗者の各生理指標反応を調べることで、刺激が強いと発汗に反応しやすく、刺激が長いと心拍に反応し易い傾向があることを示しました。次に、車椅子ロボットの挙動情報を搭乗者に提示することで、ストレスイベントの刺激が強い場合、発汗による評価において有意な差が見られ、ストレスイベントが長時間続く場合、心拍による評価において有意な差が見られました。これらにより、複数の生理指標を使用することで幅広い種類のストレスイベントに関して、客観的に評価できることが示されました。これは、自動車の自動走行下おける快適性の低下を解決する手法として利用可能であると考えられます。

●移動物体との衝突予測によるストレスの軽減

自動走行する搭乗型移動物体の搭乗者が感じる他のストレス要因として、見通しの悪い経路などにおける歩行者などの他の移動体との衝突予測によるストレスが挙げられます。このストレスは、他の物体に接触するかもしれないという予測によって発生するストレスです。つまり、物体に衝突しないということを搭乗者が視覚により確認することで、対象とするストレスの解消ができると考えることができます。そこで本研究では、図3に示す通り、車椅子ロボットの搭乗者が物体と衝突しないと最低限保証できる領域を衝突予測領域 It と設定し、その領域が搭乗者から見えている割合をもとに、衝突するかもしれないと予測して発生するストレスの検証を行いました。その指標として視覚的快適性（Visible Comfort：VC）という、搭乗者が物体に衝突しないと保証できる全領域（衝突予測領域）に対して、それがどれくらい見えているのかという割合を設定します。視覚的快適性ＶＣを求める過程を図３に示します。図３では、車椅子ロボットとその移動体が通過する予定の経路、時間ｔ、および曲がり角を示しており、１．の丸い円は、衝突予測領域Itを表しており、時間ｔの変化によってItが大きくなっていることがわかります。この衝突予測領域の半径は、周りの動的な物体の速度が１ｍ／秒と設定した際、車椅子ロボットが衝突しないと最低限保証する領域の半径であり、車椅子ロボットが到達する時間×周りの人の速度より求めることができます。２．では、衝突予測領域Itに対する通路領域の面積Ptを表しています。また、３．では、衝突予測領域Itに対する可視領域の面積Stを表しており、この通路領域の面積Ptと可視領域の面積Stを用いてＶＣを求めることができます。

本研究の戦略として、搭乗者のＶＣを一定以上に保ちつつ車椅子ロボットをコントロールすることで、対象とする予測により発生するストレスの解消を試みます。今回の場合、コントロールするパラメータとして速度を用い、より安全な視覚的快適性を設定すれば、角への侵入の速度が低下します。

検証実験では、被験者が屋内通路で見通しの悪い経路を車椅子ロボットに搭乗し、その際に得られる生理指標である心拍と発汗から推定したストレス度の値により、ストレスを評価しました。その結果、被験者に対して、視覚的快適性ＶＣを60％以上確保した速度制御によって、歩行者との衝突予測によるストレスの発生を軽減することが示されました。

●運転からの解放により発生する他のストレス

自動走行化により、搭乗者が運転から解放されることで、新たに発生すると考えられる他のスト

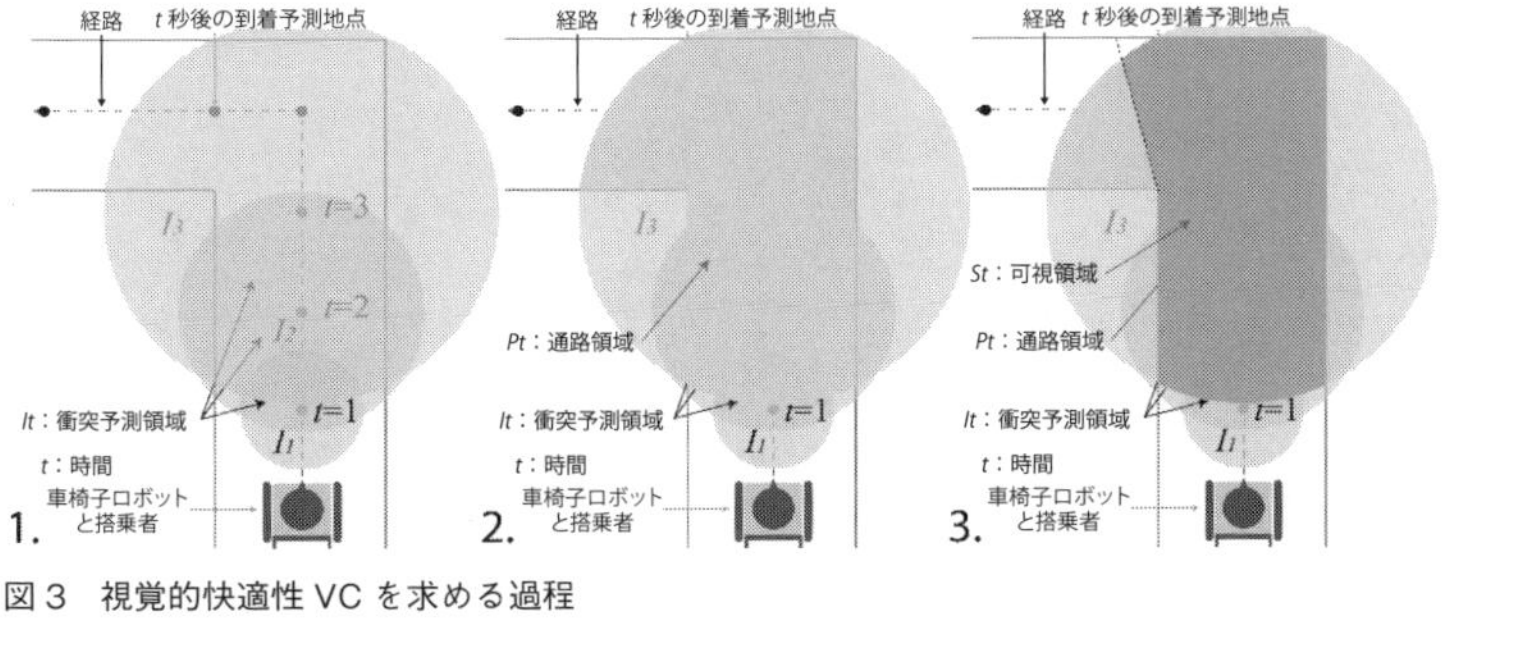

図３　視覚的快適性 VC を求める過程

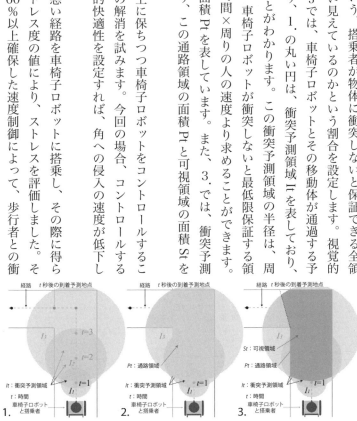

レス要因として、「車酔いの増加」が考えられます。一般に運転すると酔わないと言われますが、これは運転により人間が感じる視覚と加速度の整合が保たれるためで、運転から解放することで、それらに不整合が発生し車酔いが発生する可能性があります。これを解決する一つの手法として、ドライブシミュレータなどで利用されている、視覚・力覚提示により擬似的に加速度を発生させるバーチャルリアリティ技術の利用が考えられます。これは、発生してない加速度を疑似的に発生させるバーチャルリアリティの問題設定と逆で、自動車の自動走行により発生する加速度をいかに低減するかが課題となります。

外見と内面の両方から見えてくる人の気持ち

浮田 宗伯、萩田 紀博

皆さんは、家族や友達と一緒にいるだけで、相手が元気なのか、少々機嫌を損ねているのか、とても楽しくしているようだとか、その人の気持ちや精神的な状態がなんとなく分かってしまうことを経験していると思います。もちろん完全に分かるということは難しいかもしれませんが、相手が親しい人であればあるほど、その人の気持ちや状態を正しく捉えることができるのではないでしょうか。

相手の気持ちを理解できると、コミュニケーションがうまくいきます。人と人のコミュニケーションだけでなく、人と機械のコミュニケーションの際、すなわち、皆さんがパソコンやスマホを操作しているときや、これから増えてくるであろう家庭用のコミュニケーションロボットとつきあう場合などにも、気持ちを正しく理解してほしいですよね。例えば、パソコンやスマホを操作しているとき、「私がしたいことはそれじゃないよ……」とか「空気を読んで、何度も同じことを聞かないでほしいなぁ……」などと思ったことはありませんか。パソコンや機械に人間の気持ちを知ってもらうことができれば、こうしたイライラを解消できるようになるかもしれません。

人の気持ちや精神的な状態を知るということには、コミュニケーションを円滑にするだけでなく、他にも多くのメリットがあります。例えば、重要な応用として、医療用途が挙げられます。現代社会において深刻な問題となっている鬱などの心の病や、高齢者における認知症において、かかった人たちは、健常な時と比べて感情の表出が変わってしまうことが知られています。後ほど詳細に述べますように、こうした精神状態や脳機能に関わる病気であっても、ガンなどの病気と同じように、早期検出・早期介入が重要であることが分かってきています。しかし、普通の病気であってもなかなか病院に行こうと思わない人が多いのではないでしょうか。それが、痛みや分かりやすい症状を伴わない精神的・脳機能的な問題であれば、なおさらすすんで病院に行こうとは思わないものです。しかし、もし日常生活においてパソコンやスマホを操作するとき、自動的に気持ちや感情を記録することが可能になり、その記録から何らかの問題の兆候が表れていることを教えてもらえるならば、どうでしょう。少しは、「病院に行ってみよう」と思えるかもしれません。[1]

このように、パソコンなどのＩＣＴ（情報通信技術）機器が人の気持ちや精神状態を知ることができれば、これまで感じていたストレスから解放され、これまで以上にＩＣＴ機器に親しみを感じて活用の機会が増えたり、新たな医療や産業の可能性を見つけることができます。しかし、我々人間にとっても、相手の気持ちや精神状態を知ることは、簡単なことではありません。それをＩＣＴ機器において実現することは難しいことです。この難しい問題に、我々がどのように取り組んでいるのかを、お話しいたします。

●外見から見えてくる人の気持ち

我々人間は、相手の気持ちや精神状態をどうやって知ることができるのでしょうか。多くの場合、表情、目線、しぐさ、歩き方など、人の気持ちが外見に表れている様子を見て、知ることができています。「見る」という人間の視覚をＩＣＴ機器で実現するためには、ビデオカメラが利用されます。人の顔やしぐさに限らず、カメラの撮影映像中に何が写っているか、その被写体がどういう状態なのかなどを認識する問題は、画像認識[2]と呼ばれています。画像認識の中で、皆さんになじみが深いのは、顔認識でしょう。デジタルカメラで人を撮影する場合、自動的に人の顔を見つけて、その顔にピントを合わせてくれます。被写体の人が笑っている瞬間を認識して、笑顔の写真を撮影できるカメラも販売されています。

1―スマホやロボットが人と仲良くなり、推薦や提案を人に受け入れてもらいやすくする技術も、本書8.5項にて紹介しています。

2―デジタルカメラなどで撮影された写真やビデオ中に写っている「何か」を認識する技術。例えば、人が写っていれば、その人が誰なのか、何歳なのか、何をしているのか、などを認識する。

このように、笑顔のように分かりやすい表情の認識は実現できていますが、人の気持ちを汲んだＩＣＴ機器を実現するためには、人の感情はもっと細やかに分類できなければなりません。笑顔だけでなく、つまらなそうなのか、悲しいのか、機嫌を損ねているのか、激しく怒っているのか。さらに、我々人間は、親しい人と話しているとき、その人が本当に笑っているのか、それとも愛想笑いなのかまで分かる場合もあります。表情全体だけでなく、目線の動きを見るだけでも、多くの感情を捉えることができますが、表情の認識と同様、目線に表れる細やかな感情や精神状態の違いを捉えることは、容易ではありません。このように従来の限界を超えた画像認識によって、外見から人の気持ちを理解しようとするのが我々の研究です。

顔画像認識では、まず撮影画像から、認識したい表情に応じて変化が表れやすい目、眉、口の形状やその動きを特徴として抽出します。笑顔であれば目は細くなり、目じりが下がります。口は、笑い始める瞬間に大きく開くでしょう。そこで、認識したい表情ごとに、このような形状や動きを、多人数の撮影映像から特徴抽出して、事前にデータベースとして記録しておきます。認識したい顔の映像が与えられると、この顔映像から同様の特徴を抽出し、記録済みのデータベースから最も似ている形状や動きを探し当て、その類似形状・動きが撮影されたときの表情を認識結果とみなします。

このように顔のパーツのおおまかな特徴に注目するだけでも、大きな表情変化は認識できます。しかし、前述した多様で細やかな感情の変化まで捉えるためには、大まかな顔のパーツの輪郭だけに注目しただけでは足りません。そこで、我々の研究グループでは、大まかな輪郭に加え、顔全体の頬や額に表れる細かな変化（表情筋の動き）まで特徴として抽出し、さらに、こうして得られた膨大な数の特徴の山の中に埋もれてしまっている「どの特徴が、各表情をより的確に表現しているか」という情報を探し当てることによって、目標とする細やかな表情、そしてそのもとになっている気持ちの変化を捉えようとしています。

顔全体だけでなく、各パーツに注目するだけでも分かることはたくさんあります。特に、「目は口ほどにモノを言う」という言葉が示すように、目線からは人の気持ちに関わる多くのことが分かります。また、前述した認知症のように、脳の変化によって表れてしまう症状が目線に表れたりもします（目線の制御の遅れや、意図する方向を正しく注視する能力の低下など）。目線の解析では、表情のように顔全体ではなく、目からのみ特徴を抽出すればよいため、特徴の抽出が簡単になるといったメリットがある一方、速い目の動きを抽出する難しさがあります。目線の動きにおいて、識別したい動きの違い、例えば認知症の人と健常者の間の目線の動きの違いは、とても小さいという難しさもあります（認知症の人と健常者の目線の動きはじめに要する時間で、違いは0・2秒ほど）。このように高精度な解析は、これまで何十万、何百万円もする専用の機器を利用して行われていました。これに対し、我々のグループでは、主な検査対象である高齢者の顔画像を大量にデータベース化し、目線の動きに伴う目周辺の画像変化を学習しておくことで、ノートパソコンについているようなカメラでも黒目の輪郭や目頭・目尻の位置を正しく抽出して、目線の動きを解析できる技術を開発しています。

●内面から見えてくる人の気持ち

人の気持ちを知るために、我々人間には相手の外見に注目するしかすべはありません。しかし、表情や目線のように外見には表れない変化も、人の内面には表れています。驚いた時には心臓がバクバクしますし、イライラした時などには体温が上がったりします。このような内面の変化も、ICT機器やロボットは、内面を計測するセンサーを介して知ることができます。最近では、心拍[3]、体温、発汗[4]、血流内の酸素濃度[5]、筋肉の緊張などなど、多様な内面の変化を計測可能な小型センサー

3—体（主に胸部）に電極を取り付けて、心臓の電気的な活動を計測し、心臓の拍動数を数えるセンサー。

4—皮膚表面の電気的な変化や湿度の変化から、発汗量を計測するセンサー。緊張やストレスなどによる発汗の変化を計測できる。

が入手可能です。こうしたセンサーを利用して、いつでもどこでも人の健康状態などを計測・記録する研究はライフログなどと呼ばれ、多数行われています。

しかし、こうした内面の変化から人の気持ちを認識することは、それほど容易ではありません。例えば、心臓がバクバクしたからといっても、それは、驚いたからかもしれませんし、イライラしたからかもしれませんし、体調の異変が原因かもしれません。このように、より正しく人の気持ちを知るためには、一つのセンサーの計測結果だけに注目するのではなく、多様なセンサーの計測結果を統合的に判定することが有効なアプローチの一つです。また、ある瞬間の計測結果だけでなく、長期間計測した結果の中で、時々刻々内面の計測値がどのように変化しているのかを参照することによって、今起きている細かな変化を逃さず捉えることも可能になってきます。ここまでは、外見と内面から分かることを別々に述べてきましたが、これら二つの情報を統合することによって分かる新しいこともあります。我々のグループでは、このような巨大な内面のデータから見えてくる人の気持ちを探し当てるべく研究を進めています。

●これからの展望

外見と内面から見えてくる人の気持ちを認識する方法について述べてきました。外見を捉えるカメラは、いまやパソコンにもスマホにもついており、誰でも利用できます。内面を計測するセンサーは、社会への浸透はまだまだですが、小型化・無線化されて、すぐに誰でも使えるようになってくるでしょう。内面を知る究極のセンサーの一つが、脳を計測するセンサー（ブレイン・マシン・インタフェース）だと思われます。病院などで使われているfMRI（磁気共鳴機能画像法）などの高性能な機器だけでなく、頭に装着可能な機器も開発されてきていますが、こうした究極の機器が、高精度かつ安価で、いつでもどこでも利用できるのはまだまだ先のことでしょう。

5—皮膚表面から血管に向けて赤外光などを照射し、その反射の強さから血中の酵素濃度を計測するセンサー。体調管理の重要なバロメーターのひとつ。

人間がコミュニケーションをとる際の最も有効な手段は、言語です。隠し事なくいつも胸襟を開いて語り合えるなら、何の問題もありません。言語を理解できる機械があれば、人とＩＣＴ機器のコミュニケーションも可能です。人と機械がおしゃべりするための技術については、本書次節でも紹介しております。でも、いつでも自分の気持ちを正しく言葉に表わすのは難しいものですよね。そういうときにでも、気持ちをくんでくれる機械があればうれしくないですか？　さらに、言葉を話すことができない赤ちゃんやペットの気持ちを、外見や内面の状態から知ることができたら素敵だと思いませんか？　我々の研究は、このような未来を目指しています。

たずねて育てる僕らのコンシェルジェ

川波 弘道、萩田 紀博

皆さんが誰かにものをたずねたいというとき、わけあって声が出せないという場合は別にすると、まず話しかけてみることでしょう。声を使ったコミュニケーションは道具を使いませんし、手がふさがっていたり相手が離れていたりしても実現できる、お互いに負担の少ない伝達手段といっていいでしょう。ものをたずねる相手が機械に代わっても、声でやりとりできると便利です。もちろん、全てのやりとりを声だけで行う必要はありません。表情やジェスチャーと協調させた、効果的なインタフェイスが今後の主流となるはずです。それでも人の声（音声）を使う価値と便利さが損なわれることはないでしょう。

ここでは奈良先端大で開発されコミュニティセンターで使われ続けている音声情報案内システムのこれまでとこれからを紹介します。それは、大人から子どもまで使えるシステム、そして、みんながそのシステムを使い質問していくことで、ユーザの知りたいことに答えられるようになっていくシステムです。

●音声情報案内システム「たけまるくん」

奈良先端大のある生駒市は茶筌の産地として有名です。その材料であるタケにちなんだたけまるくんというかわいらしいマスコットキャラクターがいます。このたけまるくんをシステムのキャラクターとした音声情報案内システム「たけまるくん」を開発しました（写真1）[1]。システムは大学近くの「生駒市北コミュニティセンターはばたき」の受付案内システムとして作られ、２００２年11月のコミュニティセンター開館当初からそのエントランスホールに設置されています。

図１　運用開始当初の「たけまるくん」（右のディスプレイは応答に関連するウェブページを表示）

２０１６年現在も、いつでも自由に使うことができます。

「たけまるくん」の機能と構成を簡単に説明しましょう。「たけまるくん」は常にユーザに耳をかたむけており、音の大きさ・長さ・音質の点で一定の条件を満たす音がマイクに入ってきたらリアルタイムで音声認識処理（声を文字に変換する処理）を行います。それと並行して、その音の「音声らしさ」、「咳・笑い声・雑音らしさ」を調べ、これは音声だと判断された音に対してのみ質問に答えます。音声認識は言語モデル（認識するときの何らかの言語的制約のモデル）と音響モデル（音素の物理的特徴のモデル）と呼ばれる二種類の音声のモデルを使って総合的に行います。「たけまるくん」は大人向けと子ども向けの二つの異なるモデルを使って認識を行い、音声認識した結果とともに、大人か子どもかの識別も行います。システム内部には大量の質問文と応答文の組からなるデータベースが用意されており（これを以後、ＱＡデータベースと呼びます）、それらにも大人用と子供用があります。大人と子どものどちらに識別されたかによってＱＡデータベースを切り替え、データベースの中から、音声認識結果と最も似ている質問文を探し、それと対応する応答文を、システムからの応答とします。大人と子どもと別のＱＡデータベースを持っていますから、同じ質問をしても大人と子どもとで別の応答をすることができます。[1] また、「たけまるくん」自身では答えられない質問にも対応できるよう、音声認識結果をインターネット検索する機能もあります。

これらの仕組みによって「たけまるくん」は大人から子どもまで楽しく使えるシステムとなりました。市民の皆さんにかわいがられ、今でも平均すると一日あたり約三百件の入力があります。

●ユーザが育てた「たけまるくん」

運用を始める前に想定して用意していた質問は、コミュニティセンターのこと、生駒市のこと、近くの施設や観光のことといった、受付の人がたずねられそうな質問でした。運用が始まり、ユー

1―例えば、大人が「煙草を吸いたい」と質問すれば喫煙所を案内しますし、子どもが同じ質問をすれば「子どもは煙草を吸っちゃダメ」と答えます。

ザが実際にどんなことをたずねているかを調べてみると、⑴幼児を含む子どもの発話が大人の倍以上あること、⑵「たけまるくん」自身に関する質問や、挨拶、雑談が多いことが分かりました。そこでユーザの質問を質問例に追加し、「たけまるくん」の好きなものや家族などのプロフィール、「元気ですか」と聞かれたら「いつも元気です」と答えるといったような簡単なおしゃべりもできるよう、ＱＡデータベースを拡張してきました。[2] また、ユーザ発話を使って言語モデル、音響モデルも改良し音声認識性能もあがりました。これらの結果、「たけまるくん」は大人に対して70パーセント以上、子どもに対しても55パーセント以上の質問に正しく答えるようになりました。幼児の発話にはたどたどしさが残っていること、子どもたちは予想できない面白い質問を考えつくことなどの理由で、子どもを相手にするときと大人のときとでまだ大きな差があります。ただ、使っている様子を観察すると、子どもたちは「たけまるくん」がピントの外れた応答をすることも楽しんでおり、かわいがられていることがよく分かります。近年、スマートフォンのアプリなどで、誰でも自由に使える音声情報案内システム・雑談システムが普及してきました。「たけまるくん」は10年以上前からそういった情報案内システムとしておしゃべりをしています。このようなシステムは国内外でも珍しいものです。

●これからの「たけまるくん」と私たちの研究

このように、「たけまるくん」はユーザの声によって賢くなってきました。ただ、これまでは人がユーザ発話を聞いて、書き起こしたものをデータベースに追加してきましたが、これには手間がかかります。私たちのこれまでの実験から、ユーザ発話を音声認識したものをそのまま質問文として使うことも有効であることが分かりました。そこで、ユーザが質問をするたびに、その音声認識結果をデータベースに追加していくことで、自律的に性能が向上していくシステムが作れないかという研

2―2015年現在、大人用、子供用にそれぞれ約一万三千の質問例、約五百の応答文を使っています。また、言語モデル、ＱＡデータベースを置き換えることで目的に合った情報案内システムを容易に開発することができます。派生システムとして駅構内案内システム、平城遷都千三百年祭会場システムなども運用してきました。

究をしています。このとき、質問文には応答文も一緒につける必要がありますが、機械自身が、自分の選んだ応答が本当に正しかったかどうかを確実に判断することはできません。そこでシステムが正しい応答をできたかどうかをその後のユーザの声や表情の反応から判断するという方法を検討しています。そのようにして、正しく答えられたときにはそのユーザ発話と応答文のペアをＱＡデータベースに追加していくのです。このアプローチが高精度に実現できるようになれば、ユーザが使えば使うほどひとりでに賢く育っていく、コミュニティにとっての気の利いたコンシェルジェのような存在、一皮むけた「たけまるくん」になってくれることでしょう。

冒頭でも書きましたが、これからのシステムの入力は音声だけに限る必要はありません。それに音声にも「文字」や「大人か子どもか」といった情報だけでなく、話し手の意図や態度、話のどこに注目しているか、さらには、気持ち。そのような非言語情報・準言語情報が豊富に含まれています。（これらは言語学における韻律、つまり文字に書き起こせない、声のイントネーションやアクセントに強く表れます。）またモバイルデバイスを使っていればユーザが今どこにいるか、そこは何をするところかといった情報も利用できるでしょう。音声、画像、環境から得られる多様な情報を総合的に利用することで、ユーザが求めている答えをより的確に、より適切な表現で答えられるようになることでしょう。

カメラマンは何を見せたかったんだろう？

中島 悠太

現在、多くの人がデジカメやビデオカメラ、またはスマートフォンを使って動画を撮影しています。インターネットに慣れた人は、自分で撮影した動画をYouTubeのような動画共有サービスにアップロードして、自分の体験をほかの人と共有することもあるかと思います。では、たくさんの動画を撮影して保存している場合、その中から見たいものを探し出すにはどうしたらいいでしょうか？　多くの人は実際に動画を再生して内容を確認します。これはとても面倒で、目的の動画を見つけ出すのに時間がかかりすぎてしまうかもしれません。動画共有サービスでは、動画に説明文やその動画を表すタグ（撮影されたモノの名前など）が付けられているので、キーワードで検索することができます。自分で撮ったたくさんの動画でも同じように検索できればいいのですが、今度は撮影するたびに説明文やタグを付ける必要があります。コンピュータが自動的にこの作業をやってくれたら便利ですよね。

●セマンティックギャップ

いろいろなことができるコンピュータですが、実は説明文やタグを付ける作業は得意ではありません。動画に説明文やタグを付けるためにはその意味内容を理解する必要があるのですが、コンピュータが直接「見る」ことができるのは動画を構成するフレームの、さらにその中のピクセル[1]の色（と位置）の集まりのみです。そこにどんなモノが写っているのか、それらのモノのうちどれが意味内容を理解するために必要なのかなど、人には簡単に分かるのですが、コンピュータには分かりません。コンピュータが見ることのできるピクセルの集まりと、その動画が持つ意味内容との間

1―コンピュータで画像を扱う際の最小単位で、色の情報を持つ小さな点。画素とも呼ばれる。

には大きな差があるのです。このような差は画像解析における「セマンティックギャップ」と呼ばれています。動画に説明文やタグを付けるためには、セマンティックギャップを乗り越えなければなりません。

セマンティックギャップを乗り越えるための取り組みとして、画像を対象とした一般物体認識と呼ばれる技術が広く研究されています[1]。これは、あるモノ（例えばいろいろな種類の自転車）の画像をたくさん用意して、そのモノ（ここでは「自転車」）に対応するピクセルの集まりのパターンをコンピュータに「学習」させます。新しい画像の中に「自転車」のパターンを見つけたら、その画像には自転車が写っていると判定します。様々な種類のモノについてパターンを学習すると、画像の中にどんなモノがあるのか分かるようになりますね。さらに、一般物体認識の技術を応用して、画像に説明文を付ける研究も進められています[2]。この研究では、モノの名前の代わりに学習用の画像と対応する説明文を集めて、説明文を構成するフレーズに対応する画像のパターンを学習します。説明文を付けたい画像が与えられると、まずその画像中のパターンに対応する複数のフレーズを抽出し、言語モデル[2]に基づいてそれらのフレーズを組み合わせることで自然な説明文を生成します。

これらの技術の多くは動画ではなく画像を対象としていますが、動画は何枚もの画像を素早く切り替えて表示しているだけなので、画像を対象とした技術は動画にも簡単に応用できます。それでは、動画と画像とでは写っているモノ、またはその写り方は全く同じでしょうか。画像を撮影するとき、多くの人は構図を決めて、撮りたいモノをよく狙って撮影するはずです。一方で、動画を撮影するときは、同じように構図を決めるはずですが、動画なので撮りたいものに合わせてカメラを動かします。こうなると、カメラを動かしながらの撮影になるので、特に一般の人の場合は最初に決めたはずの構図が崩れてしまいますし、その過程で撮りたいものとは無関係のモノも動画中にた

2―単語の並びのパターンの出現しやすさなどを表す。

くさん登場するかもしれません。人が見れば、カメラの動きやモノの動きからその動画の中で何が重要なのかわかるのですが、ピクセルの集まりしか見ていないコンピュータにとってはこれも難しい問題です。したがって、前述の画像用の技術をそのまま動画に適用すると、その動画で見せたいものとは無関係なモノに関するタグや説明文を付けてしまう可能性があります。我々は、この問題も広義のセマンティックギャップと考えて、この解消のために動画中の重要なモノ、つまり動画中の重要領域を推定する技術について研究を進めています。

●動画中の重要領域

ひとくちに重要領域といってもいろいろな考え方があります。ひとつの方法として、生物の持つ視覚的注意の仕組みをコンピュータで模倣するものが広く研究されています[3]。視覚的注意とは、例えば赤いものや動くものに自動的に注意が向く、などの性質を指していて、画像・動画に適用可能な様々なモデルが提案されています。このようなモデルは、基本的に視聴者の画像・動画に対する反応を考えています。しかし、動画に対してタグや説明文を付けるときに、赤いモノが登場したからといってそこばかりに注目することはできません。赤いボールで遊ぶ赤ちゃんの動画を見たとき、視聴者の注意は少しの間赤いボールに向くかもしれませんが、「ボール」というタグを付けてしまうとその動画の内容をうまく表せていない可能性もあります。この動画に対してひとつだけタグを付けるとすると「ボール」と「赤ちゃん」のどちらのタグを付けるのが適切でしょうか。この問いに対するひとつの答えとして、我々の研究では、カメラマンが何を見せたかったのか、に着目した新しい重要領域の推定手法を提案しています[4]。

●カメラマンにとっての重要領域推定

前述のように、カメラマンは大まかな構図を決めて動画の撮影を開始すると考えられます。しかし、対象のモノが動く場合にはこの構図を常に維持するのは難しいので、カメラを動かしながら目的の構図に近づけていきます。また動画で風景を見せたいときには、カメラをパン（ゆっくりと水平方向に動かすこと）しながら撮影します。このことから、カメラマンが見せたかったモノ（風景も含む）は、動画中のモノがどのように動いたかと、それに対してカメラマンがどのようにカメラを動かしたかの二つを考えることで推定できると考えました。

モノがどのように動いたかを知るためには、動画中のモノを見つけて追跡する必要があります。前述の一般物体認識を利用することで、学習したモノであれば見つけられる可能性があります。しかし、動画に登場するモノは多岐に渡るため、それらのモノ全てを事前に学習できているとは限りません。さらに、一つのモノが多くのパーツから構成されることもあります。人を例にすると、全身を一つと考える場合もあれば、頭だけ、もしくは手だけが重要という場合もあります。そこで我々の研究では、モノごとに追跡するのではなく、図1（上）に示すようにその表面上の点を追跡する手法を利用します。これらの点がどのように動いたかをここでは点軌跡と呼びます。我々の手法では、重要領域の推定のために、カメラマンが動画を撮影して、その動画中のどこが重要なのかを指定したものを用意し、前述の一般物体認識と同じように重要領域上の点軌跡の動きのパターンを学習します。新しい動画が入力されると、その点軌跡から重要領域上のパターンに似たものを見つけ、さらにその結果に基づいて図1（下）のような重要領域マップ

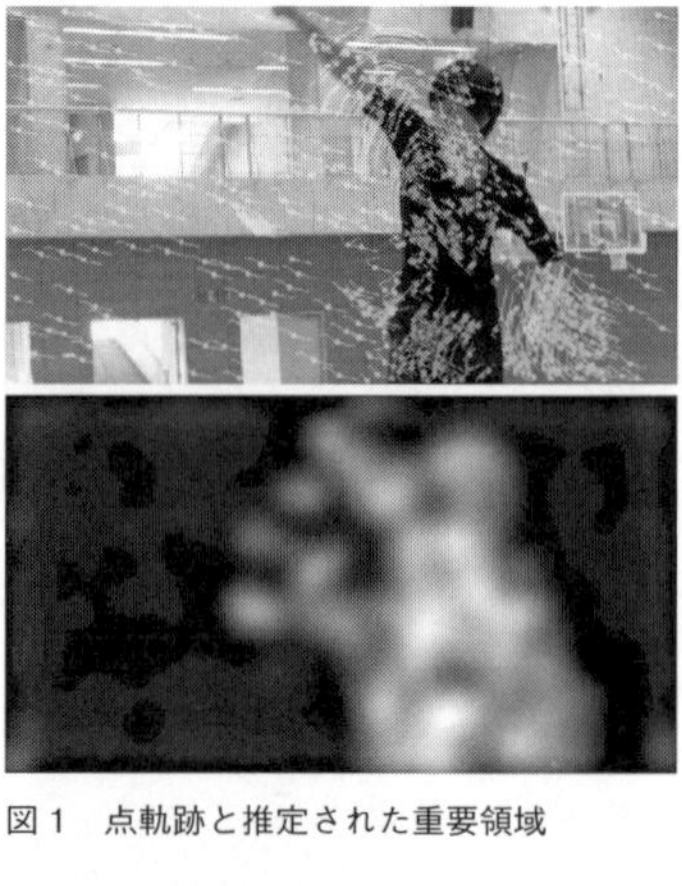
図1　点軌跡と推定された重要領域

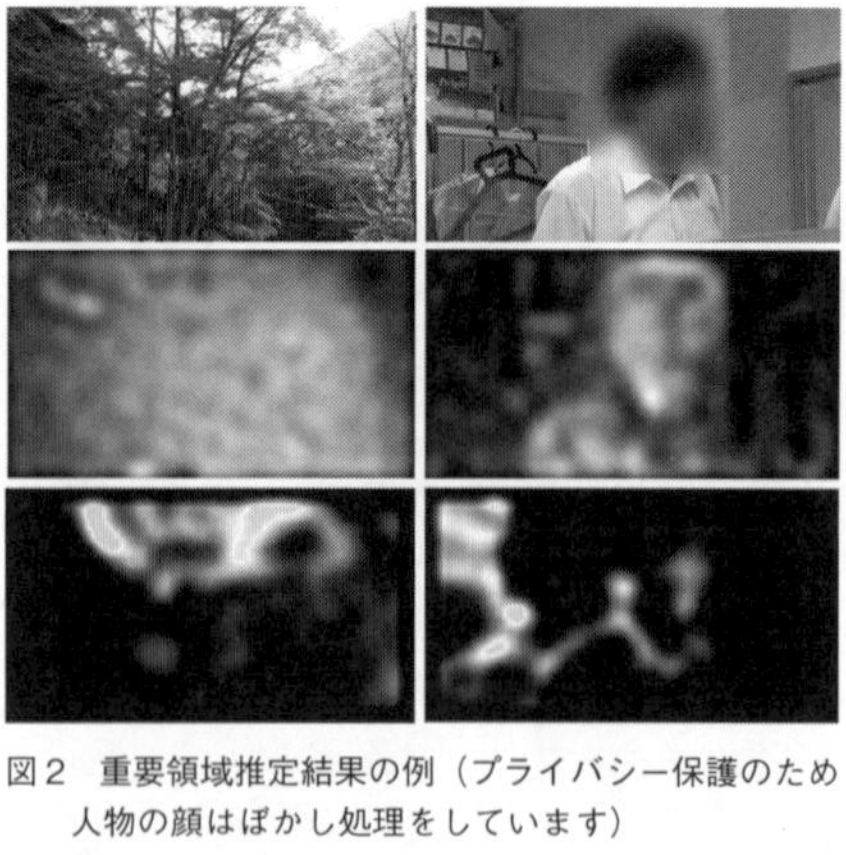
図2　重要領域推定結果の例（プライバシー保護のため人物の顔はぼかし処理をしています）

を生成します。これでカメラマンにとっての重要領域が推定できます。図2は、二つの動画（上段）に対して我々の手法を適用した例（中段）です。色の白いほうが重要であることを表します。比較のために、視覚的注意モデルによる重要領域推定の結果も載せています（下段）。右の例では、カメラマンは人物全体を撮影しています。我々の手法では、人物のあたりが重要だと判定されていますが、視覚的注意モデルは左上の領域に対して強く反応しています。白黒では分かりにくいのですが、左上にはオレンジ色の箱が置いてあり、周囲の領域に比べて目立ちます。この反応は視覚的注意モデルとしては納得のいくものですが、カメラマンがどこを見せたかったのかという点では我々の手法の推定結果のほうが望ましいでしょう。一方、左の例では風景を撮影しており、カメラマンは全体を重要領域としました。この映像に対して、視覚的注意モデルはやはり木の間から空がのぞく明暗の差の大きい領域に対して反応しています。我々の手法では全体的に白くなっており、実際にカメラマンに指定されたものとよく一致します。

我々の提案する手法は、動画に自動でタグや説明文を付けるというコンピュータにとって非常に難しいタスクに対して、カメラマンが何を見せたかったのか、という新しい切り口で挑んでいます。将来的には、この技術と一般物体認識などを組み合わせて、人と同じようにタグや説明文を付けることができるコンピュータの実現を目指します。

熟練農家の暗黙知抽出・継承

▲諏訪 博彦

家庭菜園をしたことはありますか？　おいしく収穫できることもあれば、育成途中で枯れたり、実がならなかったりすることがあると思います。ふと、農家の人の畑を見ると、同じ時期に同じように植えて育てたはずなのに、青々と育ち、たわわに実っていたりします。農家の人に聞くと、肥料や植え方、水の量などいろいろアドバイスしてもらえますが、やっぱり同じようにやっても同じものを収穫することは困難です。

水や肥料の量を聞くと、「植物がほしそうにしている分だけ」とか「適当」とかあいまいな答えが返ってくることもありますが、よくよく観察していると畝（うね）ごとやその日の天気にあわせて微妙な調整をしています。この微妙な調整が作物を育てるための重要なポイントなのですが、その知識が失われようとしています。

●熟練農家の消えゆく暗黙知

農家の中には、「篤農家」や「スーパー農家」と呼ばれるより高品質の作物をより高収量で育成する経験豊富な熟練農家がいます。彼らは、長い年月をかけて多くの経験をし、それらの経験に基づいて知識を形成しています。それらの知識は、言葉にできる部分と、言葉にできない勘のような知識や本人も気付いていない潜在的な知識があります。野中のSECIモデル[1]では（図1）、言葉にできる知識を形式知、言葉にできない知識を暗黙知といいます。この暗黙知が、作物の品質や収量を向上させる重要な要素の一つなのです。

しかし、この暗黙知が現在失われようとしています。熟練農家の多くが高齢化のため、徐々に引

1―SECIモデルは、形式知と暗黙知の知識移転プロセスを表現したナレッジマネジメントの基礎理論のひとつです。

退しているのです。本来であれば、それらの暗黙知は次世代に引き継がれるべきなのでしょうが、平均収入の低迷や不安定化、労働の高負荷や休暇の取得困難などにより後継者が不足しています。これまでは、共に農業に従事する後継者が各農家や地域に存在することで暗黙的にその技術は引き継がれてきました。この共同作業やＯＪＴ(On the Job Training)などによる暗黙知を暗黙知のまま伝承することを共同化と呼びます。後継者がいないことでこの共同化ができず、長い年月と歴史の中で脈々と培われてきた農業知識・技術の伝承が途絶えようとしています。

知識や技術の伝承は様々な分野で課題になっており、様々な解決策が提案されています。例えば、伝統工芸における熟練技術に注目し、対話によって職人の頭の中だけに存在する知識を抽出する試みや、東京消防庁における消防活動経験の伝承をＳＮＳを用いて支援する消防活動経験伝承支援ＳＮＳの提案などがあります[2]。しかしこれらの提案の多くは、暗黙知を言語化し形式知に変換する表出化の段階を熟練者の気付きに頼っています。そのため、熟練者が気付いているノウハウなどは、言語化・編集・蓄積することができますが、熟練者が無意識に実施している潜在的な知識を顕在化させるのは困難です。また、形式知同士をつなぎ合わせ新たな知識を形作る連結化は、知識伝承の重要なプロセスになりますが、形式知同士の因果関係を構築するにも大きな時間とコストを必要とします。これまでは、数十年の農作業を通じてそれぞれの形式知をつなぎ合わせ、一つの知識体系やその地方の言い伝えとして伝承してきましたが、そのサイクルが途絶えようとしています。この問題に対して、ＩＴ（情報技術）は何ができるのでしょうか。

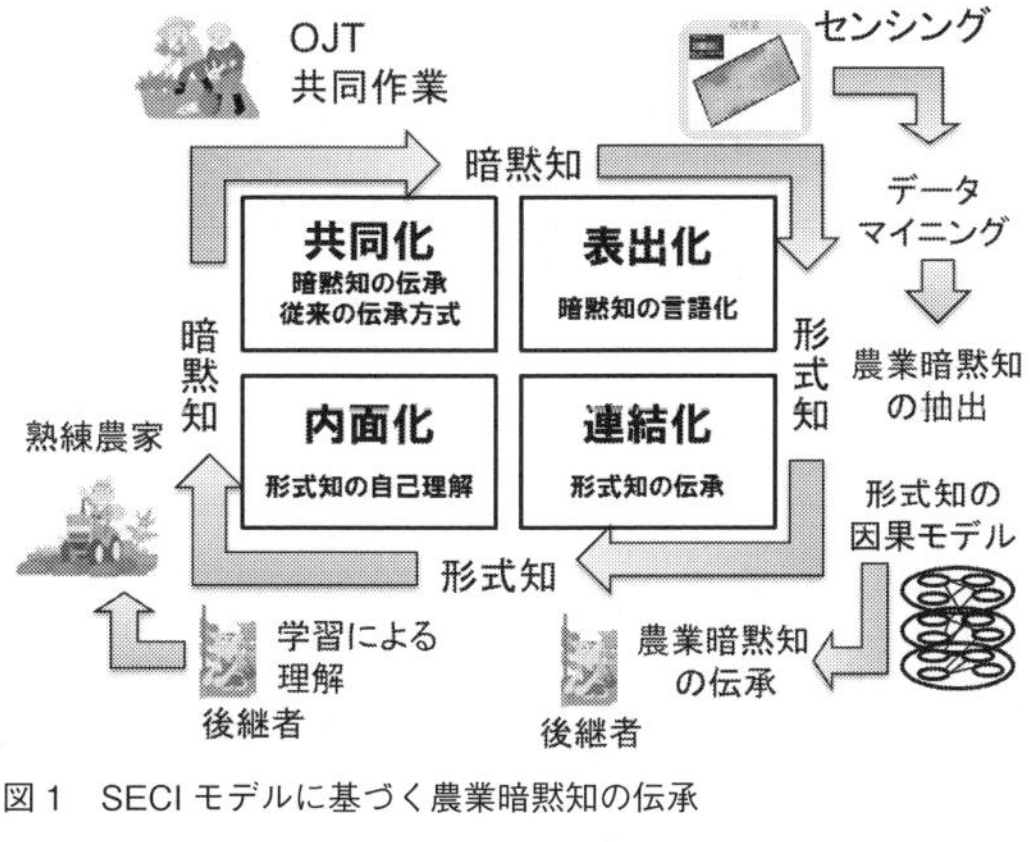

図１　SECI モデルに基づく農業暗黙知の伝承

●ＩＴ農業・ＡＩ農業への取り組み

農業のＩＴ化は、ハウス栽培の温湿度管理や窓などの開閉管理だけでなく、様々な分野で進んでいます。例えば、(株)クボタの「クボタスマートアグリシステム(KSAS)(https://ksas.kubota.co.jp/)」は、主に大規模米作農家の効率化のための営農[2]支援システムということができます。このシステムでは、広範囲に散らばって存在している圃場[3]管理に対応するために、ＰＣとモバイル端末を使用して全体管理者と作業者間の情報流通を支援し、圃場管理や作業管理の指示・報告を可視化[4]・効率化しています。さらに、コンバインにセンサーを設置し収穫と同時に食味・収量を計測することを可能にしています。米作以外では、ＮＥＣソリューションイノベータ株式会社が、「果菜栽培向け営農指導支援システム」を開発しています。また、東京農工大の澁澤らのグループは、土壌センサーを用いてリアルタイムに圃場の土壌成分を計測し、ＧＰＳと連動し電子地図にマッピングする技術を開発しています[3]。このように、通信やセンシング技術を用いて圃場や作業の状況を可視化・効率化する技術の開発は進んでおり、簡易なデータマイニングも行われています。

一方で、センシングされたデータ同士の関連付けは、まだまだ課題が多く残っています。現状では、食味・収量センサーや土壌センサーにより得られた結果は、人によって判断され籾の乾燥時間や次年度の施肥量の決定に用いられています。ここでの意思決定は、依然として意思決定者の勘と経験に基づく知識に頼っています。農作物の育成に影響をおよぼす要因の因果関係は、農作業従事者の行動や農作物の状態、土壌や気温・天候といった多様なデータから構成されるため、その関連を解明するのは困難です。さらに農作業には時間を経てその影響が現れるものや積算温度[5]など長期的な視点で計測が必要な指標などがあり、様々な時間粒度でのデータマイニング[6]や因果モデルの構築が必要となり、データ同士の関連付けをなおさら困難なものにしています。

2—農業を経営すること。

3—農作物を栽培する田畑や菜園。

4—人の目に見えない現象を映像やグラフなどで分かりやすくすること。見える化。

5—日々の平均気温から基準値を超えた分を取り出し、特定の期間を合計したもの。

6—鉱脈や宝物を掘り当てるように、データから有用な情報や知識を探し当てること。

●多段マイニングによる農業暗黙知抽出

この困難な課題に対応するためには従来のマイニング技術では不十分です。そのため、我々は群知能アプローチに着目しています[4]。代表的な群知能アプローチ手法として、アリの採餌[7]行動を模したACO（Ant Colony Optimization）があります。アリはえさを見つけると、あたかも会話をしてえさの場所を伝え合い、組織的に隊列を作り、えさを巣まで運ぶように見えます。しかし、実際は個々のアリが発するフェロモンを利用して、より多くのアリが歩いた場所をたどっているに過ぎません。「よりフェロモンの強い場所をたどる」という単純なルールだけを用いて、組織的な隊列を作り効率的にえさを巣に運ぶという結果を導き出すところに、このアルゴリズムの面白さがあります。このルールの単純さにより、ACOアルゴリズムは多様な状況に対応でき、天候や人の行動などノイズが大きいデータの解析に効果を発揮すると期待しています。この手法を拡張することで、農作業従事者や土壌・天候といった多様な異種時系列データ群からの因果関係抽出を試みています。

また、データから因果関係を抽出できたとしても、その関係を説明する理由に納得できなければ、人はその因果関係(形式知)を自己理解し内面化することはできません。どんなに正しい知識であっても、納得できなければその人の知識として習得できないということです。そのため、「なぜ、その行動をしないといけないのか。その行動をするとどうして農作物に良い効果が現れるのか」を明らかにする必要があります。言い換えると、抽出された因果関係と農産物の成長における生物学的知見を結び付けるモデルが必要となります。

このモデルの構築には、脳や人体などの生理機能システムのモデリングで着目されているPhysioDesignerの概念を応用できると考えています。PhysioDesignerは脳神経系といった人体

7—えさをとるための行動。

という統一された世界のモデル化をサポートしますが、我々は植物や人、そして自然界という完全に異なる仕組みで動いている複数の世界のモデル化を試みています。これにより、我々はデータから導き出される因果関係を生物学的な説明に基づいて理解することができるようになります。そうすることで、熟練農家が気付いていなかった潜在的な知識を顕在化させることができ、従来は発見できなかった新たな熟練農家の暗黙知を抽出・伝承することが可能になると考えています。

多くの「篤農家」や「スーパー農家」の暗黙知に基づいて、「ＡＩ篤農家」や「スーパーＩＴ農家」を誕生させることができれば、これまでは失われてしまっていた農業暗黙知が、いつでも・どこでも・誰でも使えるようになります。これは、日本中の農家が高品質の作物をより高収量で育成することができることを意味します。将来は、家庭菜園でスマートフォンに話しかけるだけで、「こっちの畝（うね）は日当たりいいからもうちょっと水あげて」とか、「葉っぱの色が少し薄いから肥料増やして」とか、教えてもらえるようになることでしょう。

6 リアリティの限界突破

インペインティング：見えないところを見せる

河合 紀彦

昔から多くの人々がカメラやビデオカメラによって写真や映像を撮影してきました。また近年では、スマートフォン等のカメラが備わった端末も普及し、より多くの人々が気軽に写真や映像を撮影しています。このようにして記録された写真や映像は様々な用途に利用されています。例えば、家族で撮影した写真や映像を後で見返すことで、過去の思い出を振り返ることは昔からよく行われています。また近年では、撮影した写真や映像を個人的に見るだけでなく、インターネット上に写真や映像をアップロードし、他人と共有することで、多くの人に写真や映像を見てもらい、それを楽しむことも行われています。

このような利用を考えたとき、写真や映像の画質や写っている内容等に関する様々な問題が生じることがあります。この中でも今回は二つの問題を扱います。一つ目は、写真や映像中の傷やよごれによる品質の低下です。例えば、現像された写真を折り曲げてしまったり、飲み物を写真上にこぼしてしまったりした時にできる傷やよごれです。また映像の場合、ビデオテープの磁気テープの劣化により映像が劣化することがあります。二つ目は、インターネットで写真・映像を共有する時に生じるプライバシーの問題です。一般的に多くの人は撮影対象を決めて写真や映像を撮影しますが、観光地等で混雑しているような場所では、意図せず他人が写りこんでしまいます。そのような写真・映像をインターネット上で共有したときには、プライバシーの問題によりトラブルが発生することがあります。

このような問題に対して、傷やよごれ、またはプライバシー問題が生じる人物を写真や映像中から取り除き、その領域（欠損領域）を周辺の領域と調和するように修復することで、まるでもともとその傷やよごれ、その人物が存在しなかったかのような写真・映像を作成する解決方法が考えられます。従来から、写真や映像中の傷・よごれを修復する専門家によるサービスも存在します。我々は、写真中のある物体の背景がどのようになっているかを容易に想像できますが、これは我々が日常から様々な風景を見ており、それが知識として頭の中に残っているためです。専門家は、その知識を実際に写真の中で表現する技術を持っているため、修復を行うことができます。しかし、容易に扱える撮影機器の普及により、ますます多くの量が扱われるようになった写真や映像に対して人手による修復サービスを利用すると、多大な費用と時間が必要になります。このため、コンピュータにより自動的に修復を実現する「インペインティング」と呼ばれる技術が開発されました。「インペインティング」という言葉は、２０００年に開催されたコンピュータグラフィックスに関する国際会議SIGGRAPHで発表された論文「Image Inpainting」[1]に由来します。もともと英語でも「Inpainting」という単語は存在せず、この論文の著者による造語ですが、この論文が発表されて以降、世界中でこの言葉が「写真や映像中の欠損領域を修復する」という意味で用いられています。

●様々なインペインティングのアプローチ

インペインティングのアプローチは、静止画像（写真）または動画像（映像）のどちらを対象にするか、またどのような撮影シーンを対象にするかによって大きく異なります。例えば、動画像中の動いている人を対象とした場合、動画像を構成するあるフレームにおけるその人の背景は、異なるフレームにおいて取得できている可能性が高くなります。このため、その人の背景に対応する箇所を異なるフレームから見つけ出し、その箇所の画像をあるフレームの人の領域に合成することで、人を動画像中から消すことができます。静止画像を対象とした場合でも、有名な観光地で撮影したのかどうかで採り得るアプローチが異なります。有名な観光地の場合には、インターネット上に同様の風景を撮影した画像が大量にアップロードされていることが一般的です。このため、動画像の時と同様に、インターネット上の画像から消したい物体の背景に対応する箇所を見つけ出し、その画像を合成することで対象物体を静止画像中から消すことができます。ただし、このようなことを実現するためには、コンピュータビジョンの分野におけるカメラの位置・姿勢を推定する技術や画像から撮影シーン中の地面・建物等の三次元形状を推定する技術を用いる必要があります。

一方、一枚の静止画像のみを入力とし、インターネット上に同じ場所で撮影された画像がほとんど存在しない場合、これまで例に挙げたようなアプローチを用いることはできません。今回は、このような一枚の静止画像中の不要な物体を取り除く場合に着目し、様々なアプローチの中でも特に近年ソフトウェアにより実用化されている画像パターンの類似性に基づくアプローチを紹介します。

●画像パターンの類似性に基づくインペインティング

多くの画像では同一の物体や類似した模様の物体が画像中に複数個写っています。例えば、街で撮影した画像では、建物の窓や地面のタイルが周期的に並んでいるシーンをよく見ることができます。自然の風景を撮影した画像は、類似した木々、空、地面で構成されていることが一般的です。このアプローチでは、このような一般的な画像の特徴である、画像中には類似した画像パターンが多くあり、欠損領域内に存在すると推測される背景・物体に類似した背景・物体も同一画像内に存在するという仮定に基づき、欠損領域内の画像パターンを画像中の他の領域の画像パターンを用いて生成することで、欠損領域を修復します。

このアイデアに基づく最も単純な方法の一つとして、図1に示すように、欠損領域の境界にパッチを当てはめ、パッチ内の欠損領域以外の画像パターンと類似した画像パターンを画像内から探索し、それを欠損領域にコピーする操作を、欠損がなくなるまで繰り返すという方法が提案されています。このようなアプローチの代表的な文献としてCriminisiらの研究[2]があります。しかし、このような逐次的にコピーをするアプローチでは、局所的には違和感のない画像パターンを生成できますが、コピーの順序に結果が大きく依存し、画像によっては処理の終盤に画像パターンが違和感なくつながらない場所が生じるという問題が存在します。このため、近年は次に挙げるコピーの順に依存しない全体最適化による手法が盛んに研究されています。

全体最適化によるアプローチの代表的な文献としてWexlerらの研究[3]があります。この文献で提案された手法のアイデアは、欠損領域内の任意の場所の局所領域の画像パターンが欠損領域以外のどこかの画像パターンに類似するように欠損領域の輝度値を決定すれば、全体として違和感のない画像が生成できるというものです。このアイデアに基づき、欠損領域を含む全てのパッチとそれ

図1　画像パターンのコピー

に対応する画像中の欠損領域外のパッチの類似度の重み付き総和に基づくエネルギー関数（目的関数）を最小化することで、欠損領域を修復します。具体的な修復処理としては、まず初めに欠損領域に初期値を与えた後、欠損領域を含むパッチと最も類似したパッチを画像内から探索する処理と、対応付いたパッチの重み付き平均により欠損領域内の輝度値を更新する処理を、エネルギーが収束するまで繰り返します。なお、この手法の一部がAdobe社Photoshopの〝「コンテンツに応じる」塗りつぶし〟として利用されています。

また近年では、Wexlerらの手法に基づき拡張した手法が多く提案されています。筆者らの提案した手法[4]では、構造的なパターンは同じであるが明度が異なる画像パターンや、構造的に対称性がある画像パターンが、同一画像中には多く存在するという考えから、画像パターンの明度変換や反転を許容した修復を行っています。また、同時期にDarabiら[5]も、画像パターンの拡大・縮小や回転の幾何学的変換を許容した修復手法を提案しています。筆者らの手法を用いたインペインティングの結果例を図2に示します。図から、物体を除去した領域では、画像中の他の領域に存在する画像パターンと類似した画像パターンが生成されており、その結果、まるでもともとそこには何もなかったかのような画像が得られていることがわかります。また、図2下の結果では、掲示板の左下の角が再現されており、画像パターンの対称性を考慮することの効果が確認できます。

このように、画像パターンの幾何学的・光学的な拡張により、拡張前と比較してさらに多くの画像に対して違和感のない修復を実現してきました。しかし、それでもなお修復が失敗する例はまだ多くみられます。これは、これまで提案されたアプローチがまだ我々が頭の中で背景を想像している方法には及んでいないことを示しています。このため、今後、より多様な画像に対しても違和感のないインペインティングを実現するためには、我々が画像中のある物体の背景を想像する思考回路をいかにしてコンピュータで処理できる形に落とし込むかを探求していく必要があります。

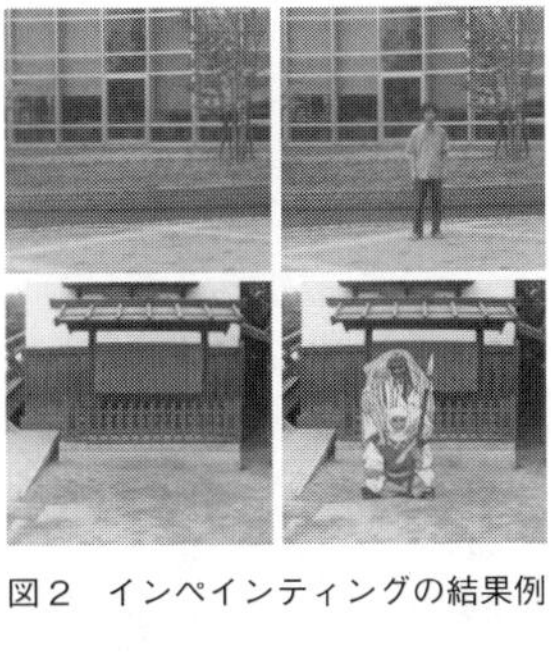

図２　インペインティングの結果例

声とその表情を生み出すコンピュータ

▲戸田 智基

我々人類は、常日頃、言葉を声にした音声を用いて、他人とのコミュニケーションを図ります。音声は、単なる空気振動で表される一次元の時系列信号ですが、そこにはテキストで表される言語的な情報のみでなく、誰が話しているかといった個人を表す情報や、話し手の態度や感情のように必ずしも言語では表現しきれない情報までも含まれています。多様な情報を、同時に伝達可能な音声信号で即座に生成することが可能であるため、即時性に優れたコミュニケーションが実現されます。

人々の生活に欠かせない音声ですが、我々はそもそもどのようにして発声しているのでしょうか？ まず、肺からの呼気の流れにより、喉元にある声帯と呼ばれる器官を振動させて、ブザーのような音を生成します。この時、呼気圧や声帯の張力を巧みに制御することで、ブザー音の大きさや高さを調整します。それと同時に、舌や口といった器官を巧みに動かして、口の中の空間（声道）の形状を変化させせます。この時、声道形状に応じて、特定の周波数成分が共振し、ブザー音に対して音色が付与されます。所望の言語情報に応じた音色を付与するために、「あ」なら「あ」を発声するための舌や口の形、「い」なら「い」を発声するための舌や口の形をつくることで、声道形状を変化させ、共振周波数を調整するわけです。このようにして生成される音が、口から音声として周囲に放射されます。この音声を生成する過程において、声帯の振動数や声道形状などは話し手に依存するため、生成される音声には、おのずと個人を表す特徴が付与されます。また、話す速さや声帯の振動数の時間変化パターン、さらには声道形状の変化のさせ方などを調整することで、生成される音声に様々な表情付けがなされ、言語的な情報以外にも様々な情報が付与されます。

複数の器官を巧みに用いて音声を生成するため、ある器官に物理的な問題が生じると、音声を生成する機能を失うことがあります。例えば、喉頭がんを患うと、喉頭を摘出する手術を受けることになり、しばしば喉頭と共に声帯も一緒に取り除かれます。この場合、音を生成する器官が失われるため、これまで通り声を発することはできなくなります。また、神経性の病により、舌や口を適切に動かすことが難しくなると、明瞭な発声が困難となります。程度の差はありますが、高齢化に伴い、これらの器官の動作に支障をきたすこともあります。発声障害を患うと、音声による意思伝達に支障が出るため、生活の質は大きく低下してしまいます。

物理的に声が出せなくなってしまった場合、我々はどのように相手に自分の意思を伝えれば良いのでしょうか？声以外の伝達手段に頼るしか方法はないのでしょうか？もう声による意思表示はできないのでしょうか？

●音声を自在に生み出す技術

コンピュータから音声を生成する技術が、古くから研究されています。１９６０年代には、決して十分な性能とはいえないものの、テキストから音声を合成する技術が実現されました。１９８０年代後半には、予め収録された音声波形データを活用して、音声合成処理をほぼ自動で構築するコーパスベース方式が考案されました。個々の研究者の設計に大きく依存していた音声合成処理を、数理的なアルゴリズムにより記述することが可能となり、技術の共有および技術の改善が大いに促進されました。結果、テキストから音声を合成する技術は実用化され、実際に我々の社会で使用されています。

近年では、音声合成処理を数理モデル（例えば、隠れマルコフモデルと呼ばれる確率モデル）を用いて表現する統計的パラメトリック音声合成技術[1]が盛んに研究されています。この枠組みでは、まず、音声波形データから、声帯の振動数や声道の共振周波数特性などを表す音声パラメータを抽出します。テキストと音声パラメータを対応付ける数理モデルを用意し、学習データとして大量の音声データを用いて、そのモデルパラメータを自動的に最適化します。得られた数理モデルを用いることで、所望の入力テキストに対応する音声パラメータが生成され、音声パラメータから音声波形の再合成が行われます。学習に用いられた音声の特徴（個人性や、感情表現などの音声の表情付け）が数理モデルのパラメータとして表現されるため、それらは合成される音声にそのまま反映されます。

統計的パラメトリック音声合成技術では、数理モデルのパラメータを変化させることで、合成される音声の特徴を容易に変化させることができます。この特徴をいかして、「声をまねる」、「声を混ぜる」、「声を創る」といった処理を実現できます。「声をまねる」処理では、ある人の音声データを用いて学習された数理モデルに対して、別の人の音声データをうまく表すように、そのパラメータに対して適切な変形処理を施します。その結果、別の人の音声の特徴を持つ音声を合成できるようになります。「声を混ぜる」処理では、ある人の音声データで学習された数理モデルと、別の人の音声データで学習された数理モデルを用意し、それらのパラメータを補間することで、二人の間の中間的な特徴を持つ音声を合成します。「声を創る」処理では、多数の人の声を自由自在に混ぜ合わせることで、様々な特徴を持つ音声を合成します。このように、合成される音声の特徴を柔軟に制御する技術の研究開発が盛んに進められており、言語情報のみでなく、個人性や発話様式、感情表現など、音声の表情付けも制御できる音声合成技術が実現されています。

●音声を自在に変える技術

テキストから音声を合成するのではなく、入力された音声を別の特徴を持つ音声へと変換する技術もあります。音声変換技術と呼ばれるもので、1990年頃から研究が開始されており、近年の統計的パラメトリック音声合成技術の発展に伴い、著しい性能向上を成し遂げています[2]。具体的な仕組みとしては、まず、入力とする音声と目標とする音声の同一内容発話データを収集します。これらを用いて、入力音声の音声パラメータを目標音声の音声パラメータへと変換する変換関数を自動的に学習します。得られた変換関数を用いることで、入力音声の任意の発話を、目標音声の特徴を持つように変換できます。音声変換技術では、テキスト情報を必要としないため、入力された音声を瞬時に変換する実時間処理が可能となります。このため、音声コミュニケーションにおける応用が盛んに研究されています。

音声変換技術は、物理的制約を超えた音声の生成過程を実現できる可能性を秘めています[3]。例えば、声帯消失に伴う発声障害を患うと、現状では外部機器などを用いた特殊な発声法を用いることになりますが、生成される音声は機械的で不自然なものとなります。これに対して、音声変換技術を用いて、機械的で不自然な音声から通常の自然な音声へと変換する技術の研究がなされています。先に述べた「声をまねる」処理や「声を創る」処理を音声変換技術に応用することで、失われた自身の声を取り戻す研究もなされています。これらは、「身体的な障害」を超えた発声機能を実現する技術といえます。別の応用例として、特殊なマイクロフォンを用いて周りに聞こえないぐらい小さな声を収録し、それを通常の音声へと変換する技術が研究されています。これは、声を出すことをためらう状況や、声を出すことで他人に迷惑をかけてしまう状況でも、通話を可能とする技術であり、「環境的な制約」を超えた発声機能を実現する技術です。さらに、自身の声を別の人の声に変換したり、声を若返らせたり、逆に年を重ねた声に変換したり、自由自在に変換するボイスチェンジャー技術も研究されています。話し声だけでなく、歌声に対しても適用可能であり、これまでには不可能であった歌唱表現や発声表現をもたらす可能性を秘めています。これらは、「身体的な制約」を超えた発声機能を実現する技術です。

●音声変換・合成技術が創り出す社会

音声合成技術および音声変換技術は、我々が元来持つ発声能力を大きく上回る能力を備えています。その一方で、合成される音声の品質は、まだ自然な音声にはおよばないのが現状です。特に、自然な音声には、「揺らぎ」が含まれており、例え同一内容の文を発声したとしても、生成される音声の特徴は変化します。この「揺らぎ」成分を、現状の音声合成技術では適切に再現できていません。この課題に対して、数理モデルのさらなる高度化や、音声パラメータや音声波形合成処理の見直しなど、様々な観点から研究に取り組んでいます。また、音声に表情を付与する技術が盛んに研究されていますが、それを適切に制御する機能が必要となります。そこで、音声変換技術においては、話し手の意図をくみ取り、変換処理に反映させる枠組みの実現に向けて、発声器官動作に相当するパラメータを柔軟に制御する枠組みの構築を目指しています。さらに、我々人間の適応能力に着目し、音声合成技術および音声変換技術の性能が最大化されるような使用法を、使用者がおのずと習得する枠組みの実現を目指しています。

音声合成技術および音声変換技術の品質が向上し、さらに意図を反映させる機能が実現されるとどうなるでしょうか?我々は、これまでにない発声機能を持つことになります。発声障害という言葉はもはや存在しなくなるでしょう。聴取困難なほど小さな声でも通話が可能となり、あたかもテレパシーのようなコミュニケーション形態が生まれるかもしれません。さらには、ファッションのように、声の特徴を自由自在に選択できるようになる可能性もあります。伝達する情報が多様化し、より豊かな音声コミュニケーションの実現が期待できます。その一方で、忘れてはいけないのは、技術の悪用です。音声合成技術および音声変換技術は、他人の声での発声さえも可能とします。そのため、なりすましを増長するという負の側面もあります。ここで重要なのは、技術の使い手である我々が、技術の正しい使い方を学ぶということです。音声合成技術や音声変換技術は、包丁のようなものです。正しい使い方をすれば、我々の生活を豊かにしますが、間違った使い方をすると悲劇をもたらします。悲劇をもたらすからといって、技術の発展を止めるのではなく、現状の技術で出来ることおよび出来ないことを社会が正しく認知し、その有効性を理解し、正しい技術の使い方を学ぶことが重要です。我々研究者は、このことを肝に銘じて、よりよい社会の実現を目指し、研究に励んでいます。

現実世界と電脳世界の融合：拡張現実感

加藤 博一

●画面の氾濫と人の暮らし方のデザイン

現代社会において、人の暮らしは「画面を見る」ことなしに成り立たないかもしれません。テレビが登場して以来、人々は画面の前に集まり、そこが生活の中心になってきました。リビングルームにはテレビが必ずあって、みんなでそれを囲んで画面を見ることが、20世紀後半の家庭の普通の姿でした。21世紀に入って以降、画面は多様化し、公共空間の大型情報ディスプレイ、家庭用の大型ハイビジョンテレビ、勉強机の上に置くことができるノートパソコン、いつでもどこでも見ることができるスマートフォンやタブレット端末など、とにかく、世の中の至る所に画面があふれています。そして、人間は起きている間のどのくらいの時間、画面を見ているのでしょうか？　業務で画面を使っている人の中には、50％を容易に超える人も多いでしょう。では、どうしてこのように画面を見なければ生きることができない世の中になったのでしょうか？　このように画面をみて生きる姿は、人間として健全なのでしょうか？

画面は、最も優れた情報の出力装置です。つまり、人は画面から多くの情報を得ています。そして、そのことが日々の生活にとって有益だったのです。ニュースを見て仕事に役立てたり、ドラマやバラエティ番組を見て日々のストレスを緩和させたり、いろいろな使い方をしてきました。しかし、情報を提供するということを超えて、それが人の暮らしにどのような影響を与えるのかといった観点での設計はなされていなかったと思います。建物のデザインを考えてみましょう。もちろん、雨風を防ぎ、地震にも強くするという基本機能は重要ですが、そういった基本機能を前提に、その建物の中で人がどのように生活するのかといった暮らしのデザインが建物といったハードウェアのデザインにおいても重要になっています。建築家は、建物というハードのデザインによって、そこで生活する人の暮らしのデザインをしていると考えることができます。一方、情報機器の開発者は、情報伝達や情報提供といった基本機能のところの性能指標の向上ばかりに目が向い、それを使用するユーザの暮らしのデザインまで意識が回っていなかったのではないでしょうか。仮にそこまで考えていたとしても、それは、人間はこう生きるべきだという強い思いを反映したものではなく、ビジネスとしての成功を最大の目標にしていたと思います。

コンピュータの中やインターネットの向こうにあるばく大な情報へのアクセスなしに生きていくことができない時代になる中で、そのような情報空間（ここでは、以降それを電脳世界と呼びます）での活動は、日々の暮らしの非常に大きな部分を占めるようになっています。つまり、電脳世界での活動も、人はかく生きるべきといった信念に基づいてデザインされるべきであり、情報技術者は、電脳世界の建築家として振る舞わなければならない時代になってきたと思います。

この節のタイトルになっている拡張現実感とは、そのような電脳世界での人の活動に関する強い信念に基づき考えられたものです。具体的には、人は電脳世界で活動するために画面ばかりのぞき込みながら生きるべきではなく、現実世界の中で身体をしっかりと使って生きるべきであり、その方が人の暮らし方としてふさわしいという考えです。

そこで、電脳世界での活動なしでは生きていけないこの時代において、どのように現実世界での活動に軸を移すのかということが課題になってきます。その答えが、電脳世界へのアクセスを画面を通じて行うのではなく、電脳世界の情報を直接現実世界の中に浮かび上がらせようという発想であり、それが拡張現実感の目指すものです。必要な情報を必要とする場所に適応的に表示することで情報の洪水から人の暮らしを守り、また、人にとって最も自然な形で情報を提示することで、人の本来持つ認識能力をフル活用しようという考えです。

●拡張現実感を実現するための技術

そもそも電脳世界の情報を直接現実世界の中に浮かび上がらせようという考えはSF的であり、理想的なものが容易に実現できそうには思えません。魔法や幽霊ではないので、基本的には何らかの装置を使って実現することになります。人がものを見るというプロセスは、現実世界に存在する物体が発する、もしくは、反射する光が瞳孔・レンズを通過し、網膜に結像し、さらに、その網膜上の明るさと色の情報が視神経を通じて脳に伝えられることです。つまり、電脳世界の情報を現実世界の中に浮かび上がらせるためには、実際にそれを物理的に実現しなくても、人がものを見るこのプロセスのどこかで電脳世界の情報を紛れ込ませればよいのです。

脳に最も近い視神経でこれを行うことを考えると、それがかなり困難で危険なことは容易に想像できると思います。次は、網膜上で行う方法です。これは、網膜投影型ディスプレイという技術で実現できます。目の前にレーザー光をスキャンする装置を置いて、網膜に直接絵を描く技術です。実際に製品としても登場していますが、実用上の問題もあり、普及するには至っていません。次に考えられるのは、光が目に入る直前に電脳世界の情報を合成する方法です。これには、ヘッドマウントディスプレイと呼ばれるメガネのような装置を使用するのですが、合成方法として2種類の方法が使われています。一つは、ハーフミラーなどの光学素子を使用し、小型ディスプレイに表示された画像を光学的に合成する方法で、光学シースルー方式と呼ばれています。もう一つは、小型カメラを目の近くに取り付け、そのカメラで撮影した画像に電脳世界の情報を合成し、その画像を小型ディスプレイを使って提示する方法で、ビデオシースルー方式と呼ばれています。また、この方法の簡易版として、最近広く普及しているのが、スマートフォンやタブレット端末を使用し、そのカメラで撮影した映像に情報を合成し、それを端末上のディスプレイに表示し、見せる方法です。

しかし、これだけでは自然な形で情報を提示するということは実現できません。ソフトウェアで表示する情報を制御しなければならないからです。例えば、海外で自動車を運転している状況を想像してください。外国語で表示されている看板の情報を素早く読み取るのは難しいものです。なんらかのセンサーがその情報を自動的に読み取り翻訳できたとします。しかし、その情報が車内のディスプレイに表示されては、それがどの看板の文字の翻訳かがわかりません。拡張現実感技術を使って、実際の看板の文字を上書き表示するのが最も分かりやすい方法だと思います。これを実現するためには、車の動きやドライバーの頭の動きに応じて情報を表示する位置や大きさを変えなければいけません。そこで、その具体的な技術開発が現在精力的に行われているところです。最も重要な技術課題は、ユーザがどの位置からどの方向を見ているのかという情報をリアルタイムかつ高精度にセンシングすることです。ＧＰＳを使えば位置が、電子コンパスや加速度センサーを使えば方向が分かりますが、精度が足りません。そこで、カメラを使って、その映像から位置や方向を高精度に計算するアルゴリズムを開発する取り組みが世界中で精力的に行われています。かつては環境中にマーカを置いて、それを基準に位置や方向を計算する方式が広く使われていました。筆者の開発したARToolKitは、その代表的な技術であり、世界中で最も多く使われています。現在では、そのようなマーカを用いずに計算する方式の研究が主流となっていますが、まだ、完璧といえるレベルにまでは達していません。

●情報技術を必要としない人を育てる情報技術

情報技術の発展と普及によって、人の生活は非常に便利になりました。しかし、技術者の使命は、世の中を便利にする技術を作ることでしょうか。便利を否定する必要はありませんが、それによって失われるものがあるとするなら、バランスが大事になります。電子端末のタイプ入力と仮名漢字変換の普及により、文章を手書きする機会が減ったことで、漢字を書く能力が衰えたと感じる人も多いでしょう。カーナビの普及により、道を覚えなくなったと感じる人も多いでしょう。便利は、もともと困難であったことができるようになるところに意味があり、もともとできていたことをサボるためにあるものではありません。これを、技術の問題ではなく、使い方の問題だと主張することもできます。しかし、最初に書いたように、情報技術者も人の暮らし方のデザインを意識しているなら、そういう答えにはならないと思います。

情報技術の基盤であるコンピュータ、そのルーツのひとつはそろばんです。そろばんは便利な道具ですが、使いこなせるようになるには訓練が必要です。しかし、使い込むことで何が起きるかというと、手元にそろばんがなくても計算が速くできるようになるのです。実際、そろばんの達人はそろばんが不要です。現在の情報技術がもたらす副作用と全く逆の現象が起きているのです。現在の世の中、いつ何が起きるかわかりません。携帯がないと生きていけないという人もいますが、これほど自然災害の多い日本ですから、携帯が全く使えなくなる事態も容易に想定できます。

拡張現実感とは電脳世界の情報を現実世界に浮かび上がらせる技術であり、その発想は、人は現実世界の中で活動すべきであるという信念によるものであると説明しました。この狙いは、今説明したそろばんの特徴にあります。人を退化させる情報技術ではなく、人の能力を向上させる情報技術のあり方を考えなければいけません。これは非常に難しく、そのデザイン手法は簡単に体系化できるものではありません。しかし、現実世界の中で身体をしっかり使って活動するというところがポイントになると考えています。それを解明することが、電脳世界での情報処理活動を現実世界に連れ出す拡張現実感の狙いでもあります。

どこでもディスプレイ：プロジェクションマッピングの未来

山本 豪志朗

スマートフォンやタブレット、テレビ、公共大型ディスプレイなど、我々の生活の中にはすでに多くのディスプレイが普及しています。いつでもどこでも情報を見ることができる環境がほぼ整っているといっても過言ではありません。これらのディスプレイを通して、個人的な情報からインターネットを介した世界規模での情報に至るまで多種多様でかつ膨大な情報を閲覧でき、知ることができます。

ディスプレイの中でもプロジェクタは実空間に光を投影することで実物体表面に像を結像し、視覚情報を提示することができる表示装置です。通常は、白色スクリーンに対して映像を表示するという用途でプロジェクタは用いられます。一方で、自発光する液晶ディスプレイなどはそのデバイス上にディスプレイ領域が限定されるのに対して、プロジェクタは光が結像できる多くの物理表面をディスプレイに変えることができます。このような特徴から、実際に存在する建物の見かけを光投影によってガラリと変えるといったメディアアート等で「プロジェクションマッピング」という技術として用いられることが多くなっています。プロジェクションマッピングは、現在、アートイベントなどをはじめとし、エンタテインメント・宣伝広告用途でしばしば用いられています。これによって、実物体の形を基準とし、その見かけを比較的自在に変化させることができます。他の言葉で表現すれば、実物体がディスプレイの皮をかぶったようなものです。

プロジェクションマッピングを行うにあたり、従来技術では投影対象の形や色が事前に計測・推定済みであることなどの条件下で動作が保証されている一方、それを超えた応用を考えるところには限界があります。さらなる一歩を踏み出して応用分野を広げるためには、その条件を緩め、形や色が事前に分かっていない、といったより一般的な制約のもとで動作する技術を生み出す必要があります。プロジェクションマッピングの未来図の一つとして知的照明を考えています。その名の通り、照明の持つ明かりという機能を知能化させ、ピクセルという小さな単位領域で調光し、明かりに加えて実空間内に情報を投影するものです。時には雰囲気に合う色・光量で室内を照らし、時には情報を提示するようなことができます。このように光投影によって映像を的確に表示しながらも、実世界での変化を検出し次の投影に反映するという処理を行うことで、インタラクティブかつフレキシブルなプロジェクションマッピングが可能になると考えています。これらを実現するには、対象となる実物体の形や色の動的な変化に応じた投影技術を生み出す必要があります。物体の形・色の動的な変化に対応するには実時間的な演算が必然であり、加えて形の変化や色の変化にそれぞれ対応したアプローチが求められます。以降、これら二点に絞って説明します。ここで、プロジェクションマッピングの進化にはハードウェアの進歩とソフトウェアの進歩があると思いますが、本章ではソフトウェアへ焦点を充てていきます。

●柔軟物体へのプロジェクションマッピング

プロジェクションマッピングの適用先としては、建物など静的な物体がしばしば選ばれます。これらは基本的にはその形を変えないことが約束されており、変形するとしても事前に予定している簡易なものに限定されます。実は、観点を変えれば、これらは従来技術のもつ限界によって制限されている結果であるともいえます。従来技術では事前に対象の形状を一度だけでも計測しておくことで、その形状に適した映像を重畳投影することができます。形が変わらなければ、プロジェクタの各ピクセルと実物体上での小領域の対応関係が一定であり、随時その関係を推定する必要がなくなります。ただし、形が変わってしまうとその関係性が崩れるため、改めて対応関係を求める必要があります。つまりは、建物ではなく服のような変形可能な柔軟物体を対象としてプロジェクションマッピングをすることを考えると、従来技術では対処できないということになります。

身の回りには、このように動的に形を変えるという性質の物体はたくさんあります。例えば、服、靴、袋・鞄、布団、カーテン、ソファ、タオルなどがあげられます。これらは容易にその形状を変えるもので、中には一定の形状を保つことの方が難しいものもあります。我々は究極のプロジェクションマッピングのあるべき姿としては、このような変形する柔軟物体に対してさえも、元々印刷されていたかのように特定の絵柄（テクスチャ）が貼り付けられているように見せられるものであると考えています。例えば服であれば、服の着こなし方によってその形状が異なりますし、少し引っ張ったりねじったりといった変形も加わったとしても、元々印刷されていたかのようにその変形に合わせた映像が表示されるということです。このような課題に対して、我々は技術開発を行い、図1に示すようなシャツへのプロジェクションマッピングを実現しました[1]。その他の研究でも顔などの変形可能な物体に対するプロジェクションマッピングといったアプローチはとられていましたが、我々の手法では対象物体が折り畳まれるという大きな変化（一部が隠蔽される）に対しても適切に動作するという技術です。

形が変化するような対象へのプロジェクションマッピングへは少しずつ解決方法が提案され、実現されつつあります。この発展によって、今後はデザインプロセスの短縮、よりリアリティの高い試着システム、医療応用などの面での活躍が期待できます。また、さらなる発展としては、可展面（伸縮せず、平面に展開できる面）として仮定できるような柔軟物体だけでなく、伸び縮みするような対象にも適用できる技術として発展すればより実

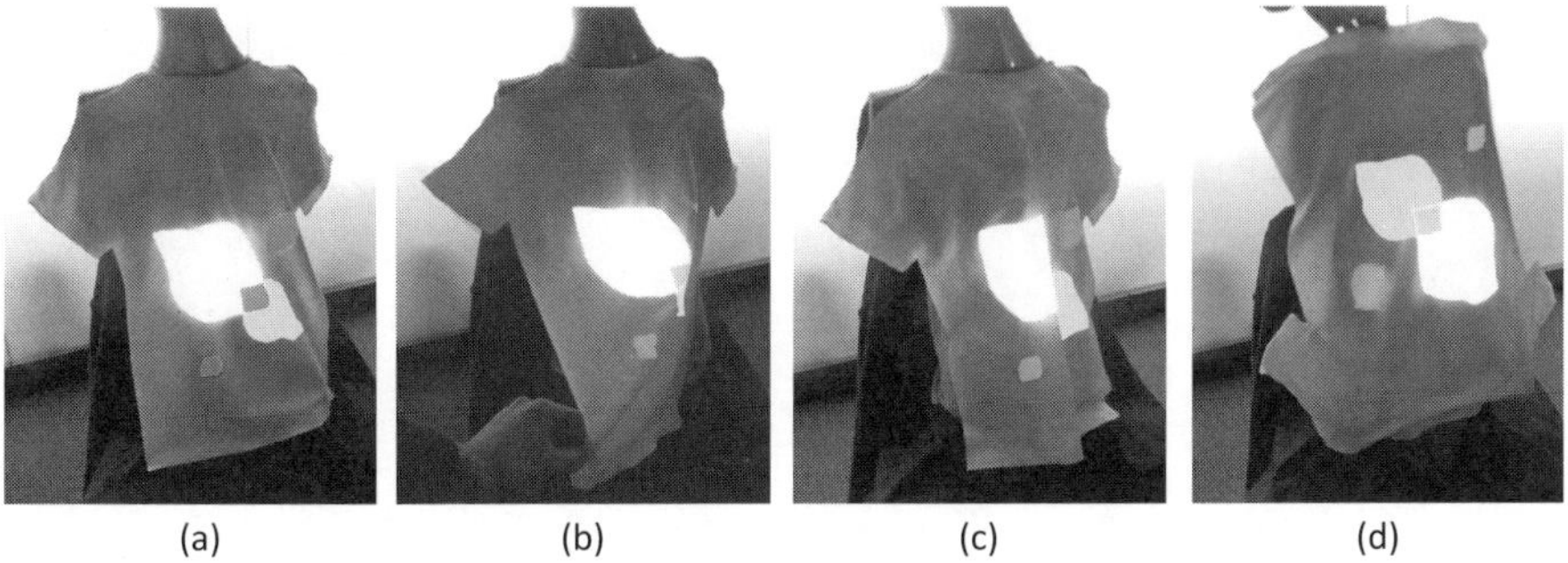

図1　シャツのような柔軟物体へのプロジェクションマッピング、(a)(b)(c)様々に皺をつくっても形状変化に合わせて投影できている，(d)全体を上下逆さまにしてもシャツの定位置に投影できている．

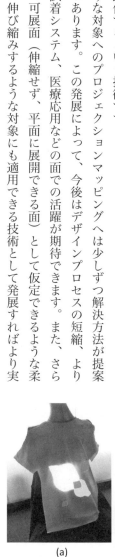

用的な技術として進化できるでしょう。

●見かけを思い通りに変化させよう

知的照明はプロジェクタとカメラの組み合わせでできたものとします。この場合、対象物が静的であれば、事前にカメラを通してその反射特性としての色を計測しておくことで、その後、その見かけを光投影によって制御できるようになります。例えば、青っぽい色に対しては黄色っぽい色を加えることで灰色になるように調光できます。つまりは、これも形の変化と同様で、動的な色変化が起きるという条件下で利用できる技術が次への第一歩となります。カメラが固定の場合、色の変化は形の変化にも依存しており、対象物が動くこと自体が色の変化に起因します。例えば、机上面に写真のような平面対象が置いてあるとして、その見かけを制御することを考えましょう。平面対象が動かない場合は、一度反射特性を計測しておくだけで対処できます。ただし、平面対象が机上面上を滑らすように移動すると、カメラにとっては随時色が変化しているように観察されます。

これまで、プロジェクタとカメラの組み合わせで光投影とその投影結果の取得というプロセスで構成されるループ系によってフィードバックを形成し、その見かけを思い通りに変化させる技術が提案されています[2][3]。随時、その反射特性を推定し、目標とする色との差分を考慮して次の投影光を決定します。この技術によって、動的に色が変化する環境においても対象の見かけを制御できることが示されました。さらなる一歩としては、環境の光の変化への対応です。現状では、環境にある光は一定であるという制限がありますが、実用的なことを考えれば環境光変化時にも頑強に制御できることが望まれます。

以上の通り、形や色が動的に変化する状況下で実用的に動作可能にすることがプロジェクションマッピングの発展として望まれています。この課題に挑戦し、これを実現することで、どこでもいかなる対象でもディスプレイとしての高品質な映像・情報が提示でき、最終的には人間の生活をより豊かな方向へと導く技術として浸透していくと信じています。

複雑でリアルな手の関節構造の数学的記述

▲船冨 卓哉

3次元の映画やゲームなどのコンテンツとともに、3次元データの入出力デバイスがちまたでもみかけられるようになりました。3Dプリンタについては第3次産業革命として期待される声も耳にします。3次元データが計測可能な入力デバイスも家庭用ゲーム機用に開発され、手軽かつ安価に利用できるようになりました。これまで3次元コンテンツのほとんどは手作業で緻密に作成されたコンピュータグラフィックスでしたが、3次元データの入力デバイスの発達やこれを用いた研究の深化により、計測に基づく3次元コンテンツの作成が増えていくと考えられます。これは2次元でいえば、カメラの普及により写真コンテンツが爆発的に増えている現状に対応しており、この潮流からも容易に想像ができます。

身の回りにある様々なものを対象とした3次元計測の研究が進められていますが、主流の1つは「人体」を対象としたものです。実在の人を計測することで、その人そっくりなCGキャラクタを自動生成したり、いわゆるインターネット通信販売と結び付けて仮想的な試着システムを構成したりなど、さまざまな応用が考えられています。身の回りにあるコップなどの静物と違って、人体は姿勢を変えることで形が変わります。一方、この変形は骨格によって強く制限されていて、例えばタコやクラゲほどには自由に形を変えることができません。これをどのように計測して、どのように記述するのか。このような観点から私もこれまで人体の計測、とりわけ最近は「手」に着目して、研究に取り組んできました。人体の変形は、骨格に制限された姿勢の変化と、姿勢の変化に応じた筋肉の収縮などによる局所的な変形の、大きく二つに分けて考えることができます。では、骨格に制限された姿勢の変化はどうやって測り、記述するのか。ここではその技術について紹介します。

●数学的にシンプルな構造

リアルな人体の表現は、これまでもコンピュータグラフィックスの世界で挑戦されてきました。皆さんもご存知の通り、今では実在の人なのかコンピュータグラフィックスなのか、区別がつかないレベルにまで進歩しています。しかし、グラフィックスと計測では大きな違いがあります。何もないところから創造するか、実在のものをいかに精度よく再現するか、の違いです。何もないところから、人らしいグラフィックスを創造するのは、今でも大変な労力を要する難しい仕事になります。ただでさえ難しいこの作業が、さらに実在の人を再現しようとすると、とてつもなく難しい問題となります。このような場合、計測技術を使ってその人を測り、得られたデータを基にグラフィックスを生成するアプローチが考えられます。

グラフィックスで人の姿勢変化を表現する場合、骨格に相当するスケルトンと、表面形状に対応するスキニングの2段階でモデル化されます。スケルトンは、ボーンと呼ばれる剛体が関節でつながれたモデルになります（図1）。関節は、その自由度に応じて、ある軸を中心に回転する蝶番（ちょうつがい）関節（1自由度）か、ある点を中心に回転する点関節（3自由度）のいずれかがよく用いられます（図2）。自然な形状変化を表現できるモデルを構成するためには、関節間の距離や回転軸・座標軸の向きを適切に設定することが求められます。こ

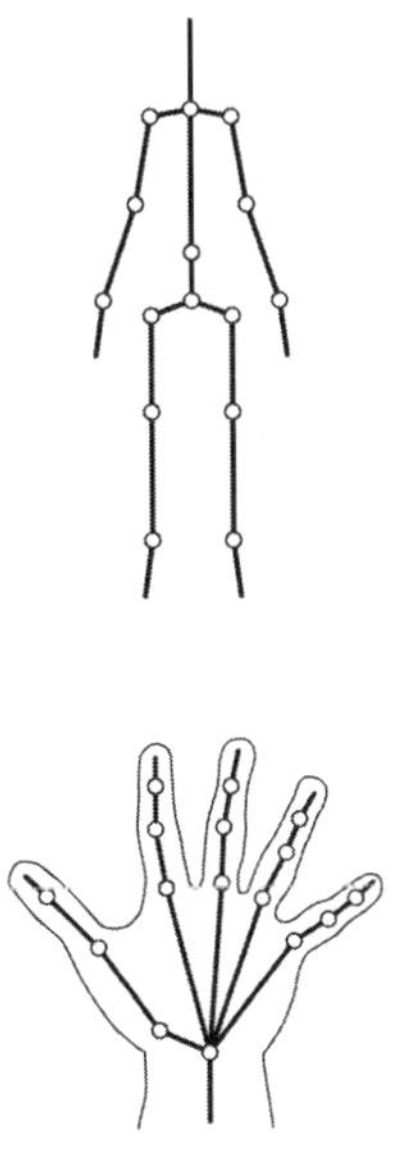

図1　人体，手で用いられるスケルトンの例

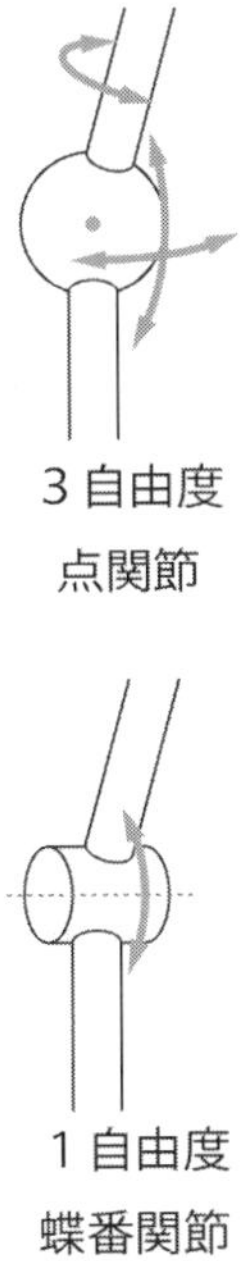

図2　シンプルな関節のモデル

のモデルは、グラフィックス分野のみならず、例えば画像からの人物姿勢推定など、骨格に制約された変形を扱う場合に非常によく用いられますが、そのほとんどは人手で適切に調整されていることを前提としています。また、変形する対象の動きを観測することで、その関節の位置（点関節では回転中心、蝶番関節では回転軸）を推定しようとする研究も行われています[1]。

●人の関節構造

蝶番関節や点関節は、数学的にも単純なモデルで扱いやすいためとてもよく用いられます。いくつかの工業製品が持つ関節、つまりリンク構造も、このような関節構造で設計されていることが多いでしょう。では、実際の人体の骨格はどうでしょう？　一見単純な動きをしているようで、実はとても複雑です。特に手首や足首では、たくさんの複雑な形をした骨がつながれており、複雑な機構で屈伸が実現されています。軸周りの回転をしているように見える指先の関節でも、屈伸時には軸方向が微妙に変化することが分かっています[2]。

もちろん、点関節や蝶番関節でも近似は可能です。グラフィックスのように何もないところから創造する場合にはこれらが用いられ、外表形状と共に人手で調整されます。一方、実在のものを精度よく再現する計測の立場からは、記述力が不足していることは大問題で、いくらきちんと計算をしても、実在の動きを再現しきれないことになります。このシンギュラリティを突破するため、これまでの点関節や軸関節から離れ、実在の関節構造もより精度よく記述可能な、新たな関節構造の数学的記述にチャレンジすることにしました。

●よりリアルで、複雑な構造の記述を目指して

まずは実際の手指の動きをきちんと計測することから始めました。姿勢の変化に応じた筋肉の収

縮などによる局所的な変形が微小であるとすれば、人体の変形は骨格に制限された姿勢の変化とみなすことができます。そこでまず、関節そのものではなく、関節でつながれたボーンの動きに着目しました。といっても、体内にある骨を直接観測するのは容易ではないため、ここでは手の皮膚の上にマーカを貼付し、各節の動きを計測することにしました。この時、関節付近では屈伸に伴う皮膚の横滑りなど、大きく複雑な変形が起こりますので、極力その影響を避けるためにも、関節と関節の間、あるいは末端の部分にマーカを貼付しました。各節がほとんど変形しない剛体としてみなせるならば、動きは3次元的な回転・並進として記述することができます。たくさんのカメラを使ってマーカの3次元位置の変化を計測し（モーションキャプチャ）、そこから手を構成する節の回転・並進を算出しました。

3次元の回転・並進は6自由度[1]あるわけですが、隣の節と接続している関節が点関節とみなせるならば、並進成分が制約を受け、実質3自由度[2]の運動となります。今回チャレンジした新たな関節構造の記述では、点関節モデルのような明示的な物理構造を仮定するのではなく、計測データを基に動きが従う制約を見つけ出すというアプローチを取りました。

まずは計測データである3次元の回転・並進を1つの数として表現するところから始めました。絶対値が1となる複素数[3]（$a+bi$, $i^2=-1$）が2次元平面での回転に対応することはご存知な方が多いかと思います。これを拡張した二重四元数[4]というものが代数学の分野で考えられており、絶対値が1となる二重四元数が3次元の回転・並進の表現に適していること、この数を使った補間が直感的に自然な結果を導くことが、コンピュータグラフィックスの分野の研究で示されています[3]。

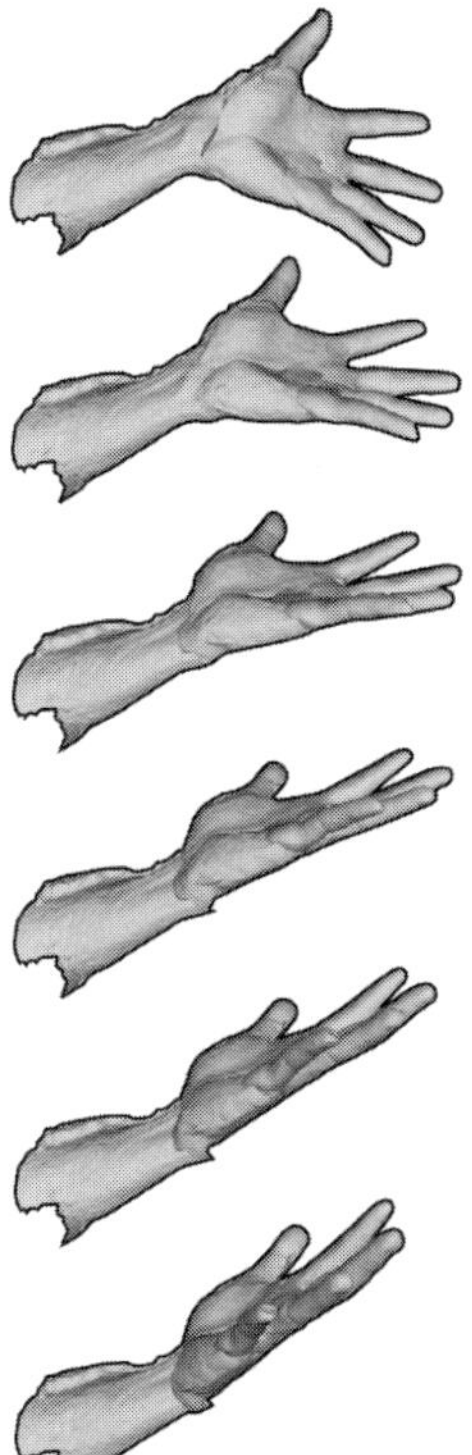
図3　動きの制約に基づいた関節構造の記述（手首での例）

1—上下・前後・左右の3方向について、それぞれ平行移動・回転の2種類がありうるため、合計3×2＝6種類の変化の仕方がある。

2—図2の矢印で示したような、関節を中心とした3種類の回転。

3—2つの実数a,bと、2乗すると-1となる虚数iを用いて表される数。絶対値が1となるものだけを考えた場合には、三角関数を用いて$\cos\theta + \sin\theta\, i$として表すこともでき、複素数平面上における原点を中心とした角度θの回転操作に対応する。

二重四元数は1つの実数と7つの虚数を持っており、8次元の数として定義されています。この数を使って、計測したデータを表現しました。

今回開発した手法は、6自由度ある回転・並進を8次元の数である二重四元数で表現し、その8次元空間の中で計測データがとる低次元空間（例えば直線上に並んでいたら1次元，平面上に並んでいたら2次元など）を見つけ出すというものです。この技術を基礎に、動きの制約を導出する方法を開発しました。この方法により、同じ1自由度でも、蝶番関節では表現できなかった回転軸の微妙な変化を表現できることや、手首で起こる並進を伴う回転をとてもシンプルに表現することができること、結果としてより精度よく実際の関節の動きを再現できるようになることを確認しました（図3）。

実際の手の複雑な骨格構造を直接記述することなく、データを集め、代数学での知見に従って処理することで、これまでの関節構造で表現できる動きを越えた、リアルな動きを再現可能な関節構造の数学的記述を実現できました。とてもシンプルなアプローチであるため、関節構造の表現だけでなく、3次元の動きを扱うさまざまな処理にも応用が可能と考えられます。今後は、そのような応用先も探しながら、二重四元数を用いた新たな処理方法も考えていきたいと思います。

4—複素数を拡張した四元数（a＋bi＋cj＋dk）と、二重数（a＋bε）という2つの概念を併せ持つ数。四元数は、4つの実数a,b,c,dと、3種類の異なる虚数i,j,kを用いて表される。ここで、虚数については$i^2=j^2=k^2=-1$が成り立つ数として定義される。複素数と同様に、絶対値が1となるものだけを考えた場合、3次元空間中での原点を中心とした回転操作に対応する。また、二重数は2つの実数a,bと、2乗すると0となる虚数εを用いて表される数である。この2つを併せ持つ数として、二重四元数は、8つの実数a,b,c,d,a',b',c',d'と上記4種類の虚数を用いて、(a+bi+cj+dk)+(a'+b'i+c'j+d'k)εと表される。

！不気味の谷を飛び越えるCG技術 ▲ 久保 尋之

ディズニーの長編フルCG映画『アナと雪の女王』（原題：Frozen・２０１３年公開）が世界的にヒットして久しいですが、いまやコンピュータグラフィクス（CG）は私たちに十分なじみ深い技術になっており、同作品に限らず、多くの映画やドラマでは様々な場面でCGが駆使されています。かつての映像作品においてCGは、「CGでなければ表現できないシーン」を作り出すために使われてきました。たとえばCGのれい明期に映画『ジュラシックパーク』（原題：Jurassic Park・１９９３年公開）では恐竜のシーンにCGが使われていますが、現代では恐竜は絶滅していますから、CGなしに恐竜が登場するシーンを作ることはできません。しかし、最近ではCG技術がかなり成熟してきており、「CGで表現できるシーンは積極的にCGでつくる」ようになってきています。例えば、雪原のシーンを撮りたい場合は遠く北方の地域までロケに行けばよいのですが、制作スタッフを移動のため長時間拘束するため人件費がかさみます。したがって、時間や費用をかけて遠方まで移動するくらいなら、都市部のスタジオで撮影してCG技術で合成により映像を制作するほうが、最終的にコストダウンが図れるという寸法です。

一方で、CGではどうしても再現できないシーンも確かに残っています。それは、人間（役者）のCG表現です。役者そのものを架空のCGと完全に置き換えるのは非常に困難であることが知られています。では、どうして人間をCGで再現するのは難しいのでしょうか。

人を再現するCG映像をつくるためには、人を模した架空の人形をコンピュータの中で制作する必要があります。その制作過程では、CGデザイナが丹精込めて微細な皺の一本一本まで徹底的に作り込むことで、その人形はだんだんとリアルさが増して、見た目が人間に近づいていくわけです。

ところが、ある水準を超えたところで、その人形の見た目は一気に人間らしさを失い、極めて不気味で不快に見えてくる現象が生じます。この現象が、いわゆる「不気味の谷」[1]と呼ばれているものです。

デザイナが心血を注いで制作を続け、どんどんと人間に似せたCGを作っていったつもりが、この不気味の谷が原因で逆に不気味さが露見してくるという皮肉な現象が起きてしまっているのが現状といえます。つまり、CG技術にとってこの谷こそがリアリティのシンギュラリティ（特異点）であり、私たちCG研究者は、この特異点を日々突破するためのチャレンジを続けています。

そこで私たちが着目したのが、人間の肌の特殊な光学的性質です。人間の肌は、実は光を通す半透明な物体であることが分かっています。これを確かめるには、良く晴れた日に太陽に向けて手のひらをかざしてみてください。手のひらの比較的薄い部分を光が透過して、真っ赤に見えるはずです。これまでのCG技術では、CGで表現する物体は光を通さない不透明な材質であることが前提でした。不透明な材質では、物体に差し込んだ光はその場で全て反射するためCGで画像を生成するときには、その場に光が差し込んでいるかどうかだけを考えればこと足ります。そのため光学現象は単純で、CG表現も比較的簡単でした。一方で半透明な物体では、差し込んだ光は物体の内部に潜り込んで離れた場所から出射する、表面下散乱現象が生じます。したがってCGで表現するためには、その場に光が差し込んでいるか以外にも、その周囲が照らされているかどうかを考慮する必要があります。考慮しなければいけないことが格段に増えてしまって、そのため非常に複雑な計算をしなければならなくなっていました。

図1　人肌の質感を人間の肌の半透明な質感を再現した例．左頬の陰影に人間の肌特有の赤みが再現されている．
© 2009 TECMO KOEI GAMES CO., LTD. Team NINJA All rights reserved.

そこで私たちはこの問題を解決するために、まず半透明な物体をよく観察してみたところ、比較的デコボコした物体であっても本来そこにあるはずの物体の微細な凹凸が表面下散乱によって光がにじみ、滑らかな見た目になっていることに気付きました。これはちょうど、透明度が高いと言われている赤ちゃんの肌がいかにもすべすべに見えて、逆にかさかさ肌の中高年の肌が殊更ごつごつして見えることと一致します（もちろん、赤ちゃんより中高年の肌の方が、実際にデコボコしていることも影響していると思われます）。半透明な物体は、その透明度が同じでも物の大きさによって見え方が大きく異なります。例えば、炊きたてのお米の一粒一粒を見てみると、かなり透明度は高いように見えます。しかしそのお米が寄り集まって大きくなり、おにぎり位の大きさにまでなると、あまり透明には見えなくなってきます。もし大玉転がしの玉くらいの大きさのおにぎりがあったら、それは透明に見えるでしょうか？答えはノーです。つまり、透明度が同じでも物体が小さければ相対的に透明度が高く見えますし、逆に物体が大きければあまり透明には見えなくなってきます。このことは、半透明な物体内部の平均光路長[1]や光学的深度[2]といった考え方を導入することでより精確に説明できますが、今回は省略します。

　そこで私たちが提案したのは、物体の表面を局所的に球面で近似する方法です。球体はどんな方向にも対称でシンプルな形をしていますから、半透明な球体の陰影をCGで再現することは比較的容易に行えます。物

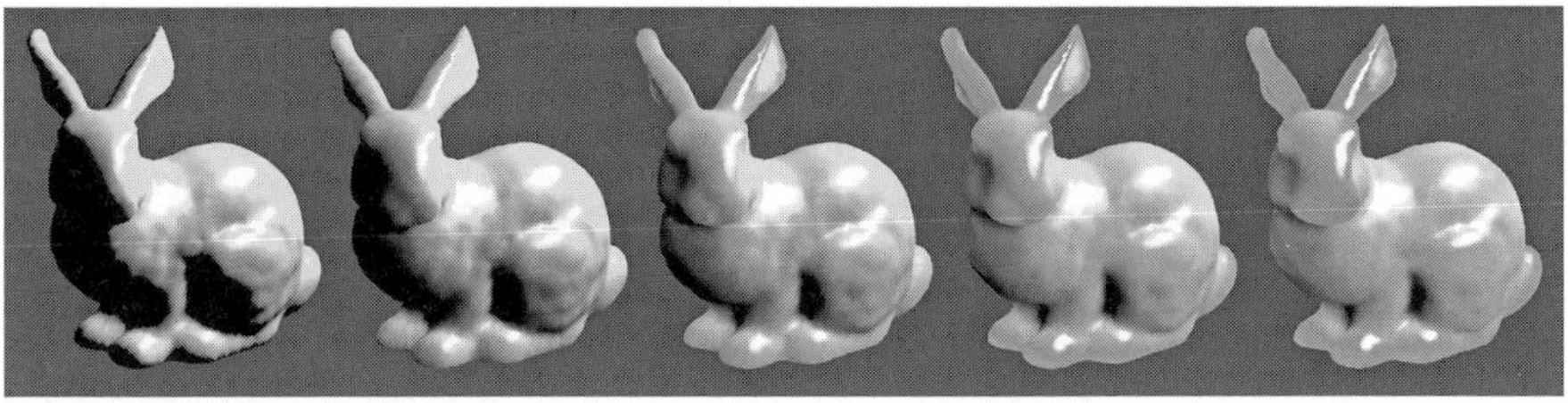

図２　緑色の翡翠（ヒスイ）の質感を再現した例。左から右にかけて透明度を強くなるように調整している。

1—物体に差し込んだ光線が散乱することなく直進できる平均的な距離のこと。

2—光線が物体内部を進んだ長さに、物体の透明度を考慮した距離尺度のこと。

体の表面を局所的に球面で近似することによって、いわば球体の集合として物体表面の陰影を近似する手法をとることにしました。大きな球体で近似される部分は表面下散乱の影響は相対的に小さく、逆に小さな球体で近似される部分は表面下散乱の影響を大きくすることで、全ゆる形状の半透明物体の陰影を近似的に表現することが可能となります。そのため、私たちは物体の陰影を表現するための関数として、曲率[3]に依存する反射関数（Curvature-Dependent Reflectance Function; CDRF）を新たに考案しました。まず物体表面の曲率と呼ばれるパラメータを計算し、さらにその曲率を用いてCDRFを適用することによって半透明物体の陰影を算出します。これによって、半透明物体のリアルなＣＧ画像の生成が可能となりました。なお、手法の詳細については論文[2]を参照して下さい。本手法は特に人間の肌の半透明な質感をよく表現する手法として広く認められ、実際の商用ゲーム作品でも使用されました。本手法を用いて生成したＣＧ画像を図１と図２に示します。なお、図の一部はカラーで筆者のＨＰ[3]から閲覧可能です。

本手法の導入によって、ＣＧで再現されたキャラクタの肌の質感が改善し、リアリティが格段に向上する結果がもたらされました。とはいっても、これで完全に「不気味の谷」を越えられたのか、人間の見た目は再現されたのかというと、残念ながらまだ完璧とはいえません。わずかな表情の機微やそれに伴う陰影の変化、あるいは眼球の質感など、取り組むべき課題はまだたくさん残っています。わたしたちはこれからもこれらの課題の一つひとつに根気よく取り組んで行く予定です。

3—物体表面の曲がり具合を表わす指標のこと。

4 センシングの限界突破

・見えないものを見せる電波センシング

[1] Schmidt, R.O., "Multiple emitter location and signal parameter estimation," Antennas and Propagation, *IEEE Transactions on*;, Vol. 34, No. 3. 276–280, Mar 1986.

[2] Donoho, D.L., "Compressed sensing," Information Theory, *IEEE Transactions on*;, Vol. 52, No. 4. 1289–1306, 2006.

・画像の特徴を手がかりに写真の撮影位置を推定する

[1] Qi Shan, Riley Adams, Brian Curless, Yasutaka Furukawa, and Steven M. Seitz: The Visual Turing Test for Scene Reconstruction, *Proc. Int. Conf. on 3D Vision (3DV2013)*. 25–32, 2013.

[2] Hirokazu Kato., Mark Billinghurst: "Marker tracking and HMD calibration for a video-based augmented reality conferencing system.", *Proc. the 2nd IEEE and ACM Int. Workshop on Augmented Reality (IWAR 99)*. 85–94, 1999.

[3] Taiki Sekii, Tomokazu Sato, Hideyuki Kume, and Naokazu Yokoya: "6-DOF camera pose estimation using reference points on an aerial image without altitude information", *IPSJ Trans. on Computer Vision and Applications*, Vol. 5. 134–142, 2013.

[4] Hideyuki Kume, Tomokazu Sato, and Naokazu Yokoya: "Sampling based bundle adjustment using feature matches between ground-view and aerial images", *Proc. Int. Conf. on Computer Vision Theory and Applications* (VISAPP2014), Vol. 3. 692–698, 2014.

[5] Takafumi Taketomi, Tomokazu Sato, and Naokazu Yokoya: "Real-time and accurate extrinsic camera parameter estimation using feature landmark database for augmented reality", Int. *Journal of Computers and Graphics*, Vol. 35, No. 4. 768–777, 2011.

[6] 粂秀行，佐藤智和，武富貴史，横矢直和，穴井哲治，高地伸夫：GPS測位情報の併用による動画像からのカメラ位置・姿勢推定の高精度化，『画像ラボ』，Vol.25，No.12．61–69，2014．

・見るだけで形が分かるカメラ

[1] Changchang Wu, Towards Linear-time Incremental Structure from Motion, *Proc. Int. Conf. on 3D Vision (3DV 2013)*. 127–134, 2013.

[2] Richard A. Newcombe, Steven Lovegrove, and Andrew J. Davison, DTAM: Dense Tracking and Mapping in Real-time, *Proc.*

Int. Conf. on Computer Vision (ICCV 2011). 2320–2327, 2011.

[3] Qirui Zhang, Takafumi Taketomi, Goshiro Yamamoto, Christian Sandor, and Hirokazu Kato, Exploiting Depth Information from Tracked Feature Points in Dense Reconstruction for Monocular Cameras,『研究報告コンピュータビジョンとイメージメディア (CVIM)』, 2015-CVIM-195(63), 2015.

[4] Jarkko Polvi, Takafumi Taketomi, Goshiro Yamamoto, Mark Billinghurst, Christian Sandor, and Hirokazu Kato, Evaluating the Use of Handheld Augmented Reality Authoring and Guidance in Unknown Environments, *Proc. ACM Symp. on Spatial User Interaction (SUI 2014)*. 147, 2014.

・光学的な性能限界を超えるカメラ

[1] 田中賢一郎，向川康博，八木康史，平行高周波照明による透視画像の散乱光除去，『電子情報通信学会論文誌 D』，Vol.J96-D, No.8．1834–1843，Aug．2013．

[2] K. Tanaka, Y. Mukaigawa, H. Kubo, Y. Matsushita, Y. Yagi, Recovering Inner Slices of Translucent Objects by Multi-frequency Illumination, *Proc. CVPR2015*, 2015.

5 知能の限界突破

・言語の壁を突破する自動音声翻訳技術

[1] 長尾真，辻井潤一，『機械翻訳における訳語選択と構造変換過程』，情報処理学論文誌，Vol.26，No.11．1261–1270，1985．

[2] P.F.Brown, V. J. Della Pietra, S. A. Della Peitra, R. L. Mercer, “The Mathematics of Statistical Machine Translation: Parameter Estimation”, *Journal Computational Linguistics - Special issue on using large corpora: II archive*, Volume 19, Issue 2. 263–311 MIT Press USA, 1993.

[3] 菅谷文昭，竹沢寿幸，横尾昭男，山本誠一，音声翻訳システムと人間との音声翻訳能力評価手法の提案と比較実験，『電子通信学会論文誌』J84-D-II，2001．

[4] 藤田朋希，G. Neubig，S. Sakti，戸田智基，中村哲，同時性を考慮した音声翻訳システムの検討，『情報処理学会研究報告』，Vol.2012-NL-209，No.13．1–5，2012．

[5] 大串正矢，G. Neubig，S. Sakti，戸田智基，中村哲，音声認識と機械翻訳のランク学習による同時最適化，『言語処理学会第 19 回年次大会』．568–571，2013．

[6] M. Abe, S. Nakamura, K. Shikano, H. Kuwabara, “Voice Conversion through Vector Quantization”, *Proceedings of ICASSP*.

655-658, 1988.

[7] T. Kano, S. Sakti, S. Takamichi, G. Neubig, T. Toda, S. Nakamura, "A Method for Translation of Paralinguistic Information", *Proceedings of IWSLT 2012*, 158-163, 2012.

・オピニオンマイニングによる株価予測

[1] ジェームズ・スルウィッキー，『「みんなの意見」は案外正しい』，角川書店，2006.

[2] 諏訪博彦，梅原英一，太田敏澄，インターネット株式掲示板の投稿内容分析に基づくファクターモデル構築の可能性，『人工知能学会論文誌』，27 巻，6 号．376-383，2012.

[3] Johan Bollen,Huina Mao,Xiaojun Zeng, Twitter mood predicts the stock market, *Journal of Computational Science*, 2011.

・たずねて育てる僕らのコンシェルジェ

[1] 西村竜一，原直，川波弘道，李晃伸，鹿野清宏，10 年間の長期運用を支えた音声情報案内システム「たけまるくん」の技術，『人工知能学会誌』，28 巻，1 号．51-59，(2013).

・カメラマンは何を見せたかったんだろう?

[1] L.-J. Li, Y. Lim, and L. Fei-Fei: Object bank: an object-level image representation for high-level visual recognition. *International Journal of Computer Vision*, Vol. 107, Issue 1. 20-39, 2014.

[2] Y. Ushiku, T. Harada, and Y. Kuniyoshi: Efficient image annotation for automatic sentence generation. *Proc. ACM International Conference on Multimedia*. 549-558, 2012.

[3] X. Hou and L. Zhang: Dynamic visual attention: searching for coding length increments. *Proc. 22th Conference on Neural Information Processing Systems*. 681-688, 2008.

[4] Y. Nakashima and N. Yokoya: Inferring what the videographer wanted to capture. *Proc. IEEE International Conference on Image Processing*. 191-195, 2013.

[5] P. Sand and S. Teller: Particle video: long-range motion estimation using point trajectories. *Proc. IEEE Conference on Computer Vision and Pattern Recognition*. 2195-2202, 2006.

・熟練農家の暗黙知抽出・継承

[1] Ikujiro Nonaka, Hirotaka Takeuchi, *The knowledge-creating company: How Japanese companies create the dynamics of innovation*. Oxford university press, 1995.

[2] 大野光太郎，小川祐樹，諏訪博彦，太田敏澄，東京消防庁における消防活動経験の伝承を支援する SNS の提案，『情報処理学会論

文誌』, Vol.54, No.1. 284–294, 2013.

[3] Siti Noor Aliah Baharom,Sakae Shibusawa,Masakazu Kodaira,Ryuhei Kanda, Multiple-depth mapping of soil properties using a visible and near infrared real-time soil sensor for a paddy field, *Engineering in Agriculture, Environment and Food*, 2015.

[4] Kazuaki Tsuboi, Kosuke Shinoda, Hirohiko Suwa, and Satoshi Kurihara, Collective Intelligence-based Sequential Pattern Mining Approach for Marketing Data, *Socio-Economic Dynamics: Networks and Agent-based Models (SEDNAM, Worikshop co-located at SocInfo)*, 9. 2014.

6 リアリティの限界突破

・インペインティング：見えないところを見せる

[1] M. Bertalmio, G. Sapiro, V. Caselles and C. Ballester: Image Inpainting, *Proc. SIGGRAPH*. 417–424, 2000.

[2] A. Criminisi, P. Perez and K. Toyama: Region Filling and Object Removal by Exemplar-Based Image Inpainting, *IEEE Trans. Image Processing*, Vol. 13, No. 9. 1200–1212, 2004.

[3] Y. Wexler, E. Shechtman and M. Irani: Space-Time Completion of Video, *IEEE Trans. Pattern Analysis and Machine Intelligence*, Vol. 29, No. 3. 463–476, 2007.

[4] N. Kawai and N. Yokoya: Image Inpainting Considering Symmetric Patterns, *Proc. Int. Conf. Pattern Recognition*, 2744–2747, 2012.

[5] S. Darabi, E. Shechtman, C. Barnes, D.B. Goldman, P. Sen: Image Melding: Combining Inconsistent Images Using Patch-based Synthesis, *ACM Trans. Graphics*, Vol. 31, No. 4. 82: 1–82:10, 2012.

・声とその表情を生み出すコンピュータ

[1] K. Tokuda, Y. Nankaku, T. Toda, H. Zen, J. Yamagishi, K. Oura, Speech synthesis based on hidden Markov models, *Proceedings of the IEEE*, Vol. 101, No. 5, 1234–1252, 2013.

[2] 戸田智基, 確率モデルに基づく声質変換技術, 『日本音響学会誌』Vol.67, No.1, 34–39, 2011.

[3] T. Toda, Augmented speech production based on real-time statistical voice conversion, *Proc. IEEE Global Conference on Signal and Information Processing* (GlobalSIP), 755–759, 2014.

・どこでもディスプレイ：プロジェクションマッピングの未来

[1] Y. Fujimoto, R. Smith, T. Taketomi, G. Yamamoto, J. Miyazaki, H. Kato, and B. Thomas, Geometrically-Correct Projection-Based Texture Mapping onto a Deformable Object, *Proceedings of IEEE Virtual Reality Conference*, Minnesota, United States, 2014.

[2] T. Amano, and H. Kato, Appearance Control Using Projection with Model Predictive Control, *Proceedings of ICPR2010: 20th International Conference on the Pattern Recognition.*

[3] T. Amano and H. Kato, Appearance Control by Projector Camera Feedback for Visually Impaired, *Proceedings of IEEE Computer Society CVPR2010:* Conference on Computer Vision and Pattern Recognition Workshops.

・複雑でリアルな手の関節構造の数学的記述

[1] A. G. Kirk, J. F. O'Brien, and D. A. Forsyth, "Skeletal parameter estimation from optical motion capture data", *proceedings of the 2005 IEEE Computer Society Conference on Computer Vision and Pattern Recognition (CVPR'05)* - Volume 2. 782–788.

[2] N. Miyata, M. Kouch, M. Mochimaru, and T. Kurihara, "Finger joint kinematics from MR images", *Intelligent Robots and Systems, 2005. (IROS 2005). 2005 IEEE/RSJ International Conference* 2750–2755.

[3] L. Kavan, S. Collins, J. Zara, and C. O'Sullivan, "Geometric skinning with approximate dual quaternion blending". *ACM Trans. Graph*. 27, 105: 1–105:23, 2007.

・不気味の谷を飛び越えるCG技術

[1] 森政弘，不気味の谷，『Energy』，第７巻，第４号．33–35，1970.

[2] Hiroyuki Kubo, Yoshinori Dobashi, Shigeo Morishima, "Curvature-Dependent Reflectance Function for Interactive Rendering of Subsurface Scattering", *The International Journal of Virtual Reality*, Vol. 10, No. 1, 45–51. 2011.

[3] http://omilab.naist.jp/~hkubo/index-jp.html

Part 3

システム科学における限界点

7 数理・制御の限界突破

8 生活支援技術の限界突破

9 ライフサイエンスの限界突破

「研究対象のゲノム配列が決まると何がいいのでしょうか？」

それは，ゲノムが分からないということは対象とする遺伝子の候補について手さぐりだったわけです．ところが，ゲノム配列が決まればその中に候補遺伝子が存在しており，情報科学の視点でみると，いかに条件を決めて，遺伝子を選択するかという問題になりました．すなわち，無限の可能性を考える世界から有限の世界となりました．つまるところ，「無限から有限へのパラダイムシフト」が起こったわけです．

第三部「システム科学における限界点のシンギュラリティ」としての面白さは何かというと，「異分野コミュニケーションによる限界突破」と位置付けられます．ニューロサイエンスは，神経生物学と情報科学・数理科学の融合，ロボティクスは，人間，機械，制御工学の融合，バイオインフォマティクスは生物学と情報科学，計算医科学は，まさに医学と情報科学の融合，さらには，ビッグデータともなるとおのおのの分野を理解したうえで，あふれんばかりの情報から統一解釈を見い出そうとします．ただ，融合するだけではだめです．融合することによる新分野ではじめて新たな問題が解決されなくてはなりません．このような立場で，「システム科学における限界点のシンギュラリティ」では，情報科学と○○学を足して，さらに新しい分野をつくる研究者の格闘の様子がかいま見えるはずです．読者の皆様も，この章を読みながら新たな研究分野を提案してみてはいかがでしょうか．

「ともあれ読んで！」

Part 3. 序 文　　　金谷　重彦

この本のテーマであるシンギュラリティとはなんでしょうか？

日ごろ,「バイオインフォマティクスは人類を救う. なぜかといえば, ヘルスケアとエコロジーの解析がビッグデータサイエンスの究極の課題であり, その中にバイオインフォマティクスが含まれるからである」と大風呂敷を拡げている私が, ストイックな分野・第三部「システム科学における限界点のシンギュラリティ」の概説を書くことになってしまいました.

シンギュラリティとは, 人工知能研究の世界的権威のレイモンド・カーツワイル (Raymond Kurzweil) 博士の著作「ポスト・ヒューマン誕生：コンピュータが人類の知性を超えるとき (THE SINGULARITY IS NEAR ; WHEN HUMANS TRANSCEND BIOLOGY)」によると,「技術が急速に変化し, 人間の生活へ甚大なる影響を及ぼす来たるべき未来」のことを指すのだそうです.

この時期はいつなのでしょうか. Raymond 博士は「2040 年代の中盤には, 1000 (＝ 10^3) ドルで買えるコンピューティングは 10^{26}cps となる. (ここで, cps は 1 秒あたりの計算回数を意味します). すると, 約 10^{12} ドル (＝ $10^3 \cdot 10^9$) を一年間のコンピューティングに使うと, 創出される知能は, 今日の人間の全ての知能よりも約 10 億倍も強力になる. すると, 確かに抜本的な変化が起こる」と予測し, その時期はというと「シンギュラリティ (技術の変革点 (特異点)) は, 2045 年に到来する」のだそうです. ちなみに, 私は 1962 年生まれだから, 83 歳のときです.「うーん, 83 歳の自分は, 多分, わけのわからないことを言っているにちがいない. いまでもそうだが…. その時の技術革新を理解してびっくりできるか, それともぼけちゃって誰にも理解されない人になっているか…」などと考えてしまいます.

1970 年代に, ウイルスのゲノムが決まったとき, ゲノム配列をもとに生物を理解する時代はそうは遠くない. だから, 生物学はゲノム配列を決めることから始めようという発想がもととなってゲノム生物学が生まれました. そして, ヒトゲノム配列も決定されました. 細胞の働きと遺伝子の関係を研究してノーベル賞を受けたシドニー・ブレンナー博士は, 来日した際に, こんな冗談を言いました.

「DNA は何の訳だと思う？」

「それはね, Don't (K)Now, Anything! 何もわからならいってこと. DNA だけで全て説明できるほど, 人間は単純じゃない. だからおもしろい」

それで, 生物学はゲノム情報に基づいて研究される分野と変革されました.

7 数理・制御の限界突破

さすがは計算機パワー・やっぱり数理のチカラ！

杉本 謙二

他の節では最先端の応用技術における限界突破がトピックとなっていますが、ここでは応用から少し離れ、基礎的な（したがって抽象的で、すぐに役立つようには見えない？）数理の問題から話を始めたいと思います。計算機と数理の果たす役割に関わる話です。

●直交性と最適性

ガウス（Carolus F. Gauss）は少年時代、1から100までの和を瞬時に計算した（その工夫を編み出した）という逸話がよく知られていますが、最小2乗法の創始者でもあります（諸説あり）。彼は天体の運行をモデル化する（数式で表す）ために、式の係数（パラメータ）を仮に設定し、様々な変数を代入して得られる値と観測データとの誤差をそれぞれ2乗し、それらの和を最小にするようにパラメータを決定したと言われます。

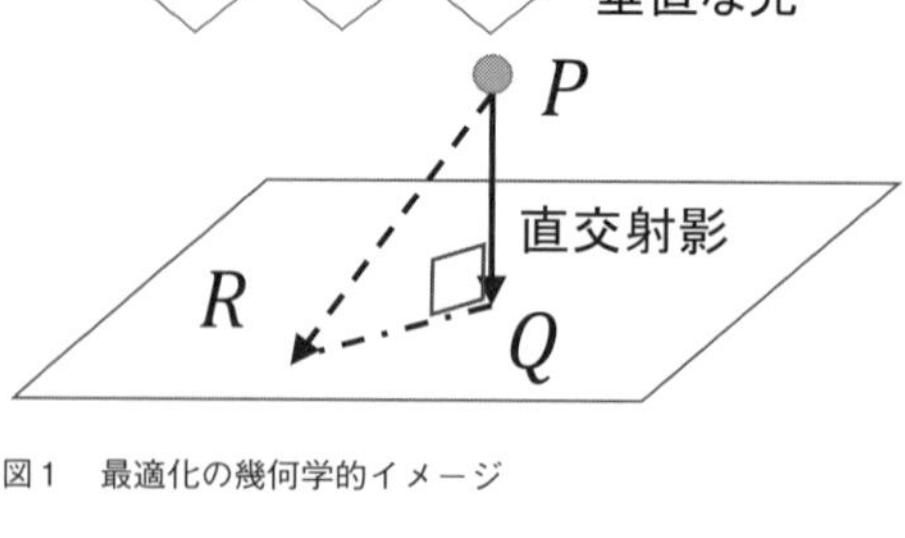

図1　最適化の幾何学的イメージ

最小2乗法は、幾何学的には次のように説明できます。いま、図1において、ある点Pから離れた平面の中でPに最も近い点は、その平面に垂直な光を当てたときのPの影（直交射影）Qです。このことは三平方の定理（ピタゴラスPythagorasの定理）からすぐに証明できます。つまり、Pと平面内の任意の点Rとの距離は図中にある直角三角形の斜辺の長さになり、常にPQの長さより小さくない（等しいのは辺QRの長さが0のときで、そのときのみ）からです。従って問題はこのような点Qをいかに求めるか（これを最適化と呼ぶ）に帰着され、内積を用いた代数的演算による解法が確立しているので、例えば計算機でプログラムを書くことも容易です。

●様々な距離

前述のように直交性によって最適性を定式化して解くというアプローチは、ガウス以来の科学・工学の根幹を成してきたのです。これを可能にしたのは2点間の距離の2乗がそれらの座標の差の2乗和になる（つまり三平方の定理の言い換え）という性質であり、この性質を満たす量をユークリッド（Euclid）距離と呼びます。これ以外にも距離と呼ばれる量はいくつも知られていて、例えばpを1かそれ以上の実数値として、座標の差をそれぞれp乗し、その和のp乗根を取るものや、座標の差の絶対値の中で最大の値を取るものがあり、前者をp距離、後者を∞距離と呼びます。イメージをつかむため、このような様々な距離の測り方で原点から等距離となる点の全体（いわば「円」）を描いてみます（図2。pは2よりもずっと大きいときを例示。なおpが2のときはユークリッド距離に一致するし、pが大きくなると∞距離に近づく）。図1は3次元、図2は2次元の場合ですが、これらの距離は一般にn次元でも同様に定義できます。

こうした一風変わった距離は色々な役に立ちますが、前項で述べた直交射影は残念ながらユークリッド距離でしか導けません。つまり、直交という概念は2以外のp距離や∞距離には拡張できな

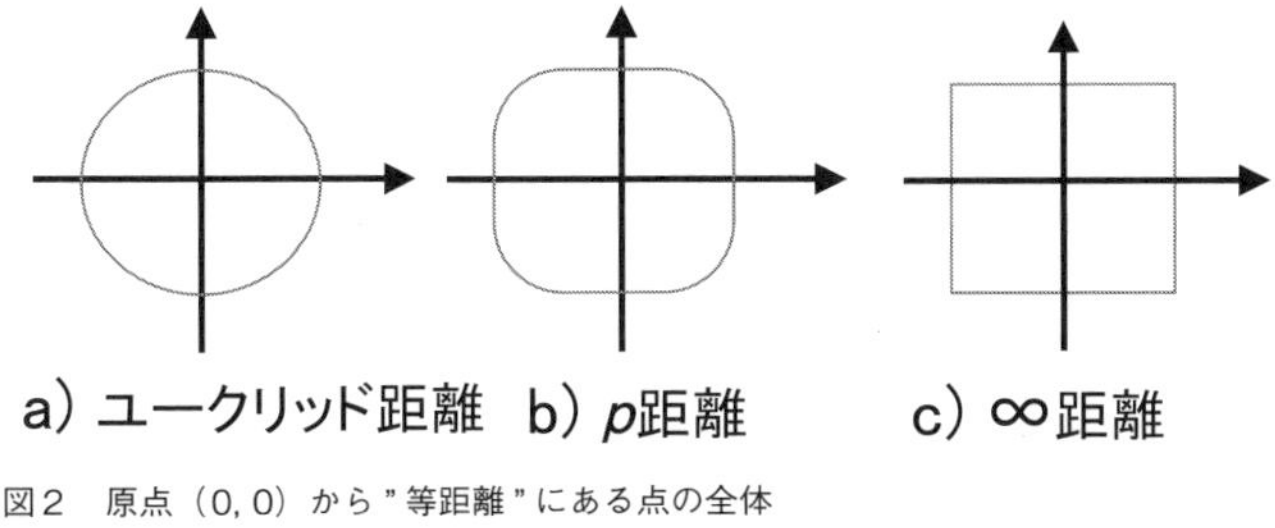

図2　原点（0, 0）から"等距離"にある点の全体

い（しようとしても矛盾が生じる）ことが示されるのです。2という数値が特別な意味を持っているのは何か不思議ですが、やはりユークリッド距離がピタゴラスの時代から用いられてきたのは理由があったのですね。なお、2乗和を求める前に重み付けと言って、各座標に適当な定数を掛けたり座標間で掛け算したりすることもあります。重みの付け方によっては図2の縦軸と横軸は平等でなくなったり、aの円が楕円になったりします。

●計算機パワーによる限界突破

さて、ようやく研究の話題です。ロボットや乗り物など、モノを思いのままに動かすシステム制御は現代に欠かせない基盤技術となっています。最近では車の自動運転が注目されているのはご存じの通りです。このようなシステムを構築する代表的な方法は、モデル式を元にして最適に設計する数理的なアプローチですが、その評価基準はユークリッド距離を用いることが多いのです。また、工学だけでなく経済学などへの応用で広く知られたカルマン（Kalman）フィルタなども直交性に基づいた、ある種の（重み付き）ユークリッド距離を誤差の基準として最適化する理論です。ただしこれらは時間とともに変化する信号、つまり時間の関数を扱う点が前項と異なりますが、次のように考えれば同様に説明できます。まず図3のように時間軸をn等分し、信号値を近似的に添字付きの数、つまり数列で表します。さらにこのn個の数を各座標と考え、一本の信号をn次元空間の点（ベクトル）と見なすのです。nが3より大きいとn次元空間は正しく描けませんが、想像はできるでしょう。そして、ここに前項で述べた様々な距離を導入すると、原点から信号までのp距離は図4でグレーをつけた短冊のp乗面積（高さをp乗して幅と掛け算し、それらを全て加える）のp乗根[1]となり、また∞距離はピーク値となって、重要な役割を制御で果たします。これは、試験で全科目を平均的に（または重みを付けて）評価するか、ある科目で突出した成績の人を一芸に秀でているとして高く

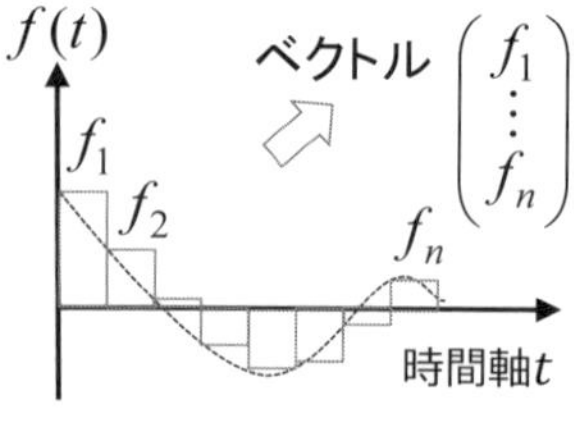

図3　時間軸をn等分し、一本の信号波形をn次元ベクトルと考える

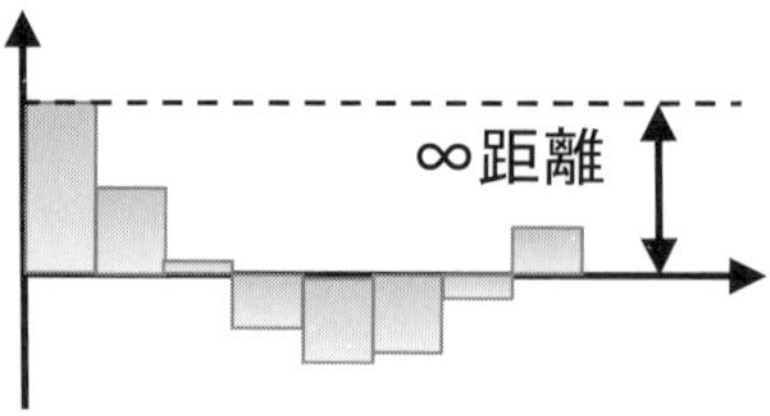

図4　0から（$f_1,\cdots,f_n$）までのユークリッド距離は2乗面積の平方根、∞距離はピーク値となる

1―p乗すると数aに等しくなる数をaのp乗根と呼ぶ。通常、2乗根や3乗根はそれぞれ平方根や立方根と呼ばれる。

評価するか、といった違いに似ています。試験と同様、どの評価基準が正しいかは一概に言えません。

そして$p=2$のとき、つまりユークリッド距離（より一般には2次形式）には直交性が導入できるので、前述したような理論で最適化が可能です。計算回数は増えるものの、計算機は同種の演算を繰り返すことは得意なので、この程度の回数ならnがかなり大きくても現代では容易です。最適解が明示的に得られることは大きな強みとなり、この手法は長年にわたり制御系設計の主流となってきました。一方、測定信号からノイズ（ガウス分布と仮定）[2]の影響を除去するカルマンフィルタでは確率論における誤差分散を評価関数としますが、これもユークリッド距離と密接に関連する、直交性に基づく最適化なのです。こうして線形の制御対象に対して、測定にはカルマンフィルタ、制御には2次形式最適制御を用いた設計手法が確立され、伝統的に線形2次形式ガウシアン（Linear Quadratic Gaussian）の頭文字を取ってＬＱＧアプローチと総称されてきました。

さて、ユークリッド距離は信号を2乗面積で評価することに相当し、ピーク値は直ちに影響しません。ところが、例えば機械系（ロボットやメカトロニクス）では関節角度の制約や速度制限など、ピーク値が大切なときもあります。また、モデル式が少々不正確でも安定性を保証するためには、平均でなく最悪ケースでのモデル誤差の限度を設定する必要があります。これらの要求から∞距離を評価基準にした新しい手法が誕生し、大きな成果を挙げてきました。直交性から解が明示的に得られなくても、最適解に準ずるものを繰り返し求めれば十分、実用的な結果が得られることが示されたのです。これが現在の計算機パワーを活用した制御系設計法の最高峰と言えるでしょう（図５）。

●最小2乗法によるモデリング

もう一つ、制御技術における計算機パワーの活用は、計算機そのものを制御ループの中に組み込んでネットワークで結ぶことであり、これもすでに実用化され、さらにセキュリティや伝送遅延・

2—代表的な確率分布であり、正規分布とも呼ばれる。

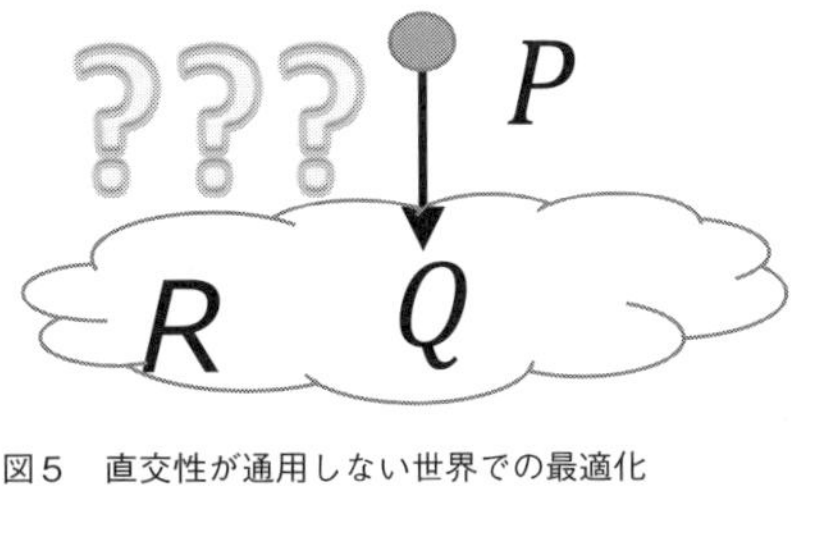

図5　直交性が通用しない世界での最適化

パケット損失・通信量制限といった様々な運用上の問題も検討されています。しかしここではガウスの発想に戻り、モデル獲得に関する最新の研究課題に触れましょう。

まず、システム制御の設計に用いるモデル式は、モータなどへの入力とセンサーなどからの出力を比較して最小2乗法によって係数を求めることができます。しかし、その前提となる式の次数をいくらに設定すべきなのかガウスは教えてくれません。これには物理的考察から設定する方法や情報論的な方法が提案されています。さらに、現代の制御技術では複数の入力や出力が互いに干渉する多入力多出力（MIMO）システムを扱うことができますが、このときの次数設定はかなり高度な課題です。少しでも係数が変化すると内部構造が変わってしまうため標準的な構造が決められないからです。これは部分空間法と呼ばれるアプローチで解決されつつあります。

次に、このようなモデル獲得をオンラインで、つまり制御動作中に行う試みを筆者らは行っています。ただし通常のフィードバック制御（反応を後ろに戻す・帰還）ではなく、獲得したモデルで目標の出力から入力を逆算し、それを加えるというフィードフォワード制御（先回り）に利用します。前々節で少し触れた重み付きユークリッド距離を時間信号に導入し、忘却型オンライン最小2乗推定をMIMO系に適用する手法を開発しています[1]。また、多重モデルでの最小2乗法を用いた非線形性[3]への対処にも取り組んでいます[2]。

●やっぱり数理のチカラ?

絶大な計算機パワーによって直交性によらない∞距離の最適化が実用化されたのはすばらしいことです。ただ、そのためか計算機を過信してしまう傾向が昨今は感じられます。本稿で述べたような基本に立ち返り、背景となる数理を踏まえて本質を見失わない設計を行うよう心掛けたいと思うのは筆者だけでしょうか。

3―線形という性質は数理的に扱いやすく、しかも自然現象の多くは近似的に線形と見なせるので有用でもある。一方、非線形現象は一般論が難しいため線形の手法を多重化して用いる試みがある。

❗不確かさを触って減らすロボット制御

▲松原 崇充

●不確かな環境下で活躍できるロボットを目指して

私たちは日々の生活の中で、天気、健康状態、人間関係、ひいては社会や経済の動きに至るまで、完全に把握することのできない不確実な要因に囲まれながらも、目的を達成するために意思決定(行動選択)を繰り返し実行しています。そのような不確実な環境下での意思決定は、工場の中から飛び出して、私たちの生活環境で活躍しようとする次世代型ロボットにも必要となります。

例えば、水の入ったコップをロボットが手でつかんで運ぶ、というタスクを考えましょう。もちろんカップの形状や材質はその時々で異なります。ロボットがそれらに関する正確な情報を持たずにタスクを実行する場合、不確かさを我慢してなんとか行動する、というアプローチが考えられます。具体的には、コップが薄い紙製で非常に柔らかい場合、勢いよくつかむと形状が変化して水があふれる恐れがあります。また、形状が滑らかで表面もツルツルだとすると手が滑ってコップを落とすことがあるので、頭に思い浮かぶ最も柔らかい材質で滑らかな形状・表面のコップを想定した保守的な把持形態をとって、慎重に運ぶことになります。そのような行動選択は、コップの形状や材質の不確かさに対して受動的なアプローチといえます。ここでは、不確かさに対してより能動的な別のアプローチを考えます。

人の場合で考えれば、もしコップの材質や形状が不確かならば、事前に何度か触ってみることでそれらを直接確認することができます。またタスク達成の確率を大きく向上させることができるでしょう。そのような不確実な事象を確実にするための行動は「探索行動」と呼ばれます。実は、最先端のロボットハンドに搭載される触覚センサーは、人の触覚と同様に、圧力や振動、温度などを高精度にセンシングすることが可能ですので、触覚を頼りに表面をなぞるように触れれば表面形状、また、強く押しつけて触ればカップの固さや材質・質感についての情報を取得することができます。つまり、そのような触覚センサーを活用すれば、ロボットについても探索行動によってコップの形状・材質に関する不確実性を減らしてからタスクを実行する、ということが可能になるかもしれません。ただし、予備動作であるはずの探索行動にあまりにも長時間を要してしまっては本末転倒です。そのため、一度の触り動作で事象の不確実性を大きく減少させるような効果的な探索行動を綿密に計画・実行することが肝要です。

私たちは近年、そのようなロボットの探索行動の計画方法について、機械学習や制御工学を融合するアプローチ「能動探索」を探求しています。その実現方法の概略を図1に示します。まず、ロボットが持つ事象に関する仮説（その時点における事象に関する思い込み）を確率分布によって表現します。そして、この仮説の不確実性（確率分布の広がり具合）を最も減少させるセンサーデータがどのようなものかを計算で求めます。ここで、不確実性の量をどのように測るかについて疑問が浮かびますが、これに関しては情報理論と呼ばれるすでに確立された学問体系がありますので、そちらで提案されている概念や尺度を利用します。ただし、尺度によっては知識として事象と触覚センサー情報との間の関係性が必要となります。

次に、計画された探索行動を実行する際、ロボットは不確実な対象と物理的に接触するわけですから、無駄な力みをとり、しなやかに動作するような制御系を設計しなくてはいけません。一般にロボットは非線形なダイナミクスを持っていて、いわゆる線形制御理論は適用できません。また、関節角度の可動範囲や、モータの出力限界など、様々な制約や拘束も併わせて考慮する必要があります。そこで、ここではそのようなロボットの制御系設計問題の解法として、ロボット工学の分野

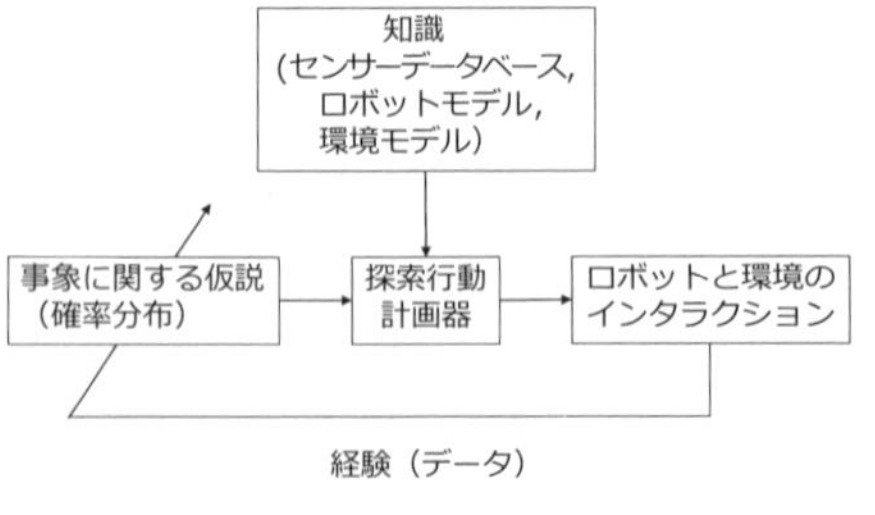

図1　能動探索の概要図

で培われた、ロボットのモデル（幾何学・力学的特徴の数学的な記述）を用いるモデルベースド運動計画・制御技術を利用します。

まとめると、ロボットの探索行動の計画・実行は、不確実性を測る情報理論的な尺度を考慮したロボットの運動計画・制御技術として理解することができます。また、統計的な機械学習分野で知られる能動学習の枠組みに、ロボットや環境の拘束条件などの知識を追加し拡張された問題ともみることができます。計画した探索行動を実行して、実際に対象を触って得られた触覚センサー情報を基に仮説を更新、以後それらを繰り返し実行することで、いずれ仮説の持つ不確実性が十分に減少し、確信を持った時点でタスクの実行へと移ればいいというわけです。

●実現例：触覚によって物体を能動的に認識するロボットハンド

実際にテーブルの上に置いてあるコップを手触りから特定する、という問題を考えます。この問題に対して、先に述べた能動探索の有効性を実験検証するために、図2(a)に示す実験システムを開発しました。このシステムは、触覚センサー付きの三本指ロボットハンド、一軸ターンテーブルロボット、そして、テーブル上に固定された形状や材質の異なる十種類のコップから構成されています。ロボットには視覚が備わっていないため、目の前においてあるコップが想定される十種類のコップのうち、どれに当たるかは分からない状態から始めて、仮説の不確実性を最も減らす探索行動の計画・実行と、得られる触覚センサーデータによる仮説の更新を交互に繰り返し、最終的な仮説の収束点をコップの識別結果として出力します。事前準備としてターンテーブル上のコップ全てに様々な触り方を試してみて触覚情報を収集します。ターンテーブルにもモータが付いており、ロボットと協調して回転する

a)

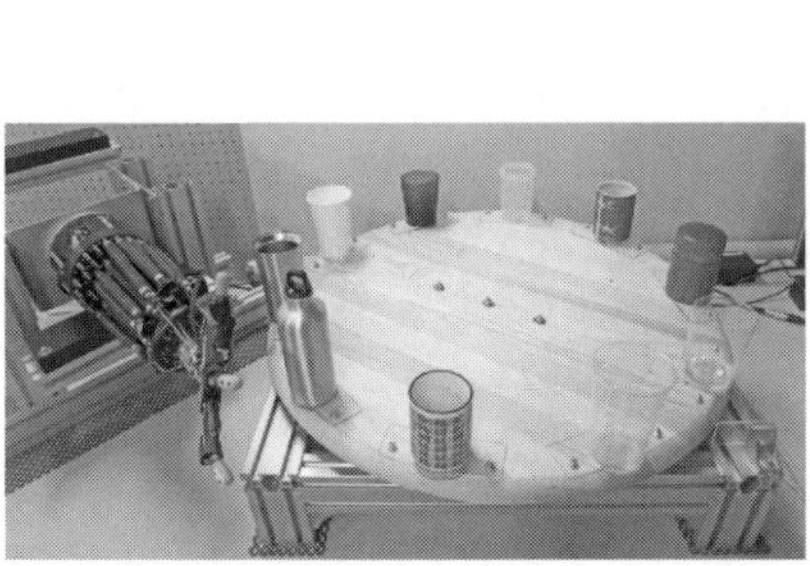

b)

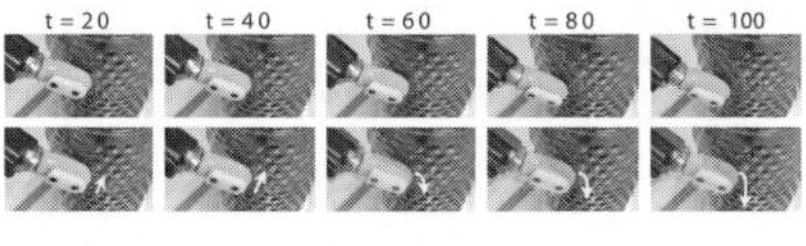

図2　実験システムと能動探索の結果
a）実験環境、b）実現された探索行動の一例。

ため、自動収集が可能です。収集されたデータに機械学習を適用し、コップ・ロボットの行動・触覚データ間の関係性をコップに関する知識として取り出しておきます[1]。

実際の認識試行では、目の前のコップが知識中のどれに当たるかという仮説を持ち、この仮説と知識を照らし合わせることで、仮説の不確実性を最も減少させる探索行動を計画します。この問題では不確実性を測る尺度として相互情報量を用いています。相互情報量はロボットの行動に応じて変化するため、相互情報量が最も高くなる行動を選択し、実行すればよいことになります。

図2(b)に示すのは、スポンジとガラスコップのどちらか迷っている、という仮説を与えたときに能動探索を実行した際のロボットの連続写真です。まずしっかりと押して固さを確認してから、さらに念のため表面形状も確認するというような直感的に理解できる探索行動がきちんと実行されていることが確認できます[2]。

不確実性の高い環境下で活躍できるロボットの実現には、より軽量で高出力のアクチュエータやバッテリー、鋭敏で頑健なセンサーなどのハードウェア開発のみならず、ここで示したような知的な情報処理技術の研究開発もまた大変重要となってくるでしょう。現在の技術における未解決問題として、大規模・高次元問題に適用した際に、必要とされる計算量やメモリ量が爆発しないスケーラビリティの実現が挙げられます。この問題を解決することができれば、不確実性の高い私たちの生活環境において、様々な道具や物体を巧みに操って、掃除や洗濯、食器洗いなどの家事を代行できるロボットが登場するかもしれません。計算機の進歩に伴って、大規模・高次元のデータも実時間で処理できるようになりつつあることを追い風に、今後の発展を期待しています。

！超解像制御による高スペックシステムの実現

▲南 裕樹

対象としているモノを思い通りに操る技術を「制御技術」と言います。本節の「超解像制御」は、その制御技術の中の最先端の話題です。これは、おおまかには、「少ない情報で高性能なモノを作ることを可能にする技術」です。多くの場合、モノを制御する際、利用できる情報が多いほど性能がよくなり、逆に、情報が少ないほど性能が悪くなります。超解像制御は、情報が少ない場合でも、情報が多い場合と同程度の高性能を実現することを目指すものです。情報が少ないと性能が悪くなるということを基準にすれば、超解像制御は、従来の常識を超えた結果を生み出す技術といえます。

これまでの制御技術は、多くの情報が利用できることを前提として構築されてきたため、利用可能な情報が少ない場合には、望ましい結果が期待できないことがあります。また、近年、機器の低コスト化やネットワーク化、省エネルギー化を進めるにあたり、限られた情報を用いてモノを制御することが求められています。とくに、最近注目されている大規模で分散化したシステムを構築するためには、ネットワーク化や省エネルギー化は欠かせません。そのため、限られた情報で望ましい結果が得られる次世代の制御技術（超解像制御）の構築が課題となっています。本節では、著者が取り組んでいる超解像制御の概要と応用例を紹介します。

●情報が少ないと制御は難しいのか？

まず、利用可能な情報が少ない場合において、制御が難しくなることを確認しておきましょう。いま、車の運転を考えます（図1）。目標は、道に沿って走ることです。通常、ハンドルを操作して進む方向を変えます。そのような状況であれば、運転はそれほど難しくないと思います。しかし、

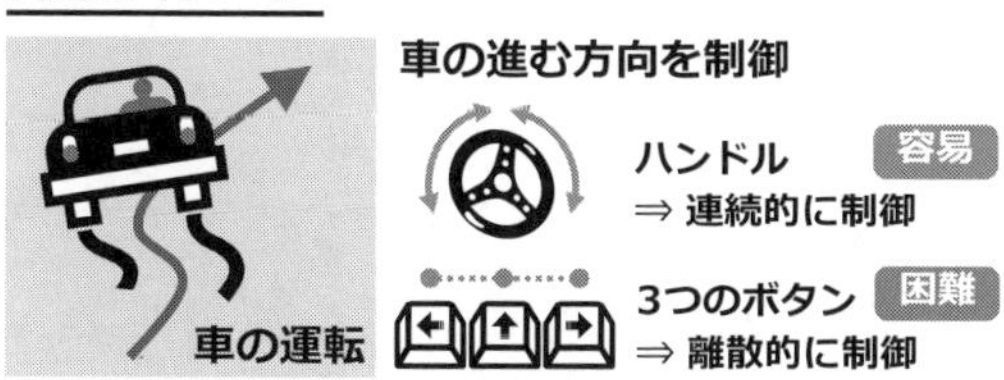

図1　問題のイメージ

ハンドルではなくて、3つのボタンを使って、前・右・左の3方向に進む方向を変える場合ならどうでしょうか。ハンドルで操作する場合に比べて、運転が格段に難しくなることが想像できると思います。つまり、ハンドルを使って細かく（連続的に）制御することに対して、ボタンで粗く（離散的に）制御することの方が難しいということです。これが、情報が多い場合の制御と情報が少ない場合の制御の違いに対応しています。この例は、イメージですが、自動制御[1]の分野においても同様のことがいえます。たとえば、直流モータ[2]は、印加する電圧に比例して回転速度が変化します。電圧を連続的に制御できれば、思い通りに速度を変えることができますが、電圧がオンとオフの2通りの場合、速度を制御することが難しくなります。

●少ない情報で高性能を実現するには？

超解像制御は、図1の車の例において、3つのボタンを使ったとしても、あたかもハンドルで操作しているかのような結果が得られるようにするための技術です。一般に、情報が少ないと、情報が多い場合に得られる結果を期待できない（性能が劣化する）のですが、超解像制御を用いると、少ない情報でも多くの情報を用いたときに得られる性能に近い性能を達成することが可能となります。便宜的に、情報が少ないことを低解像度、情報が多いことを高解像度と呼ぶことにすれば、「低解像度情報で実現できる性能」を「高解像度情報で実現できる性能」に近づけるというふうに表現できます。このことから、ここで紹介する技術を「解像度の限界を超える技術＝超解像[3]」と呼んでいます。

それでは、具体的な超解像制御を説明します。超解像制御における、一つの考え方が、「適切な情報圧縮」です。多くの情報を用いてうまく制御できる場合を規範として、そこからできるだけ性能が劣化しないように情報を減らす（圧縮する）ということです。これを実現するのが、「動的量

1―目標を達成するように、機械装置や電子装置を用いて、対象に所要の操作を加えることです。

2―模型やラジコンに使われているモータで、乾電池などの直流電源で駆動するものです。

3―本来、超解像技術は、テレビなどに使われている画像処理技術の一つで、低い解像度の画像を高い解像度の画像に変換するものです。本節では、考え方が類似しているため、制御技術に対して超解像という言葉を用いています。

子化器」と呼ぶ信号変換プログラムです。先ほどの車の運転においては、量子化器を用いて、あたかもハンドル（高解像度情報）で運転しているかのような結果が得られるボタンの押し方（低解像度情報）を生成することを考えます。このとき、量子化器はなんでもよいわけではなく、適切な量子化器を選択しなければなりませんので、「性能劣化が小さい量子化器は何か？　何が最適か？」を考える必要があります。これが、著者の研究テーマです。

●動的量子化器の最適設計とその応用

著者らのグループは、動的量子化器の最適設計[1]に取り組んできました（図2）。「多くの情報が利用できるとした理想的な場合での性能に、少ない情報しか利用できない場合の性能をできるだけ近づける」という評価基準を定めて、無数にある量子化器の中から一番よいモノを見つける問題に取り組みました。無数にある中から、1つの答えを見つけることは、それほど容易ではないのですが、著者らは、「最適な動的量子化器」を見つける方法を確立しています。大雑把にいいますと、最適な動的量子化器が操りたいモノの性質で特徴付けられることを明らかにしました。つまり、操りたいモノの大きさや重さなどの性質を数値化できれば、自動的に最適な量子化器が得られるということです。具体的な内容を理解するためには、やや数学的な知識が必要ですので、詳細は参考文献を見ていただくとして、ここでは、動的量子化器の働きを簡単に説明します。

車の運転の例で、3つのボタンの話をしましたが、動的量子化器の働きは、次のように考えることができます。いま、斜め右方向に車を進ませたいとします。このとき、前に進むボタンだけではダメですし、右に進むボタンだけでもダメです。右・前・右・前・右・前……という具合に、前と右のボタンを適切な割合で組み合わせる必要があります。もしかしたら、車の大きさや重さによっては、右・前・前・右・前・前……という組み合わせかもしれません。このように、少ない情報の

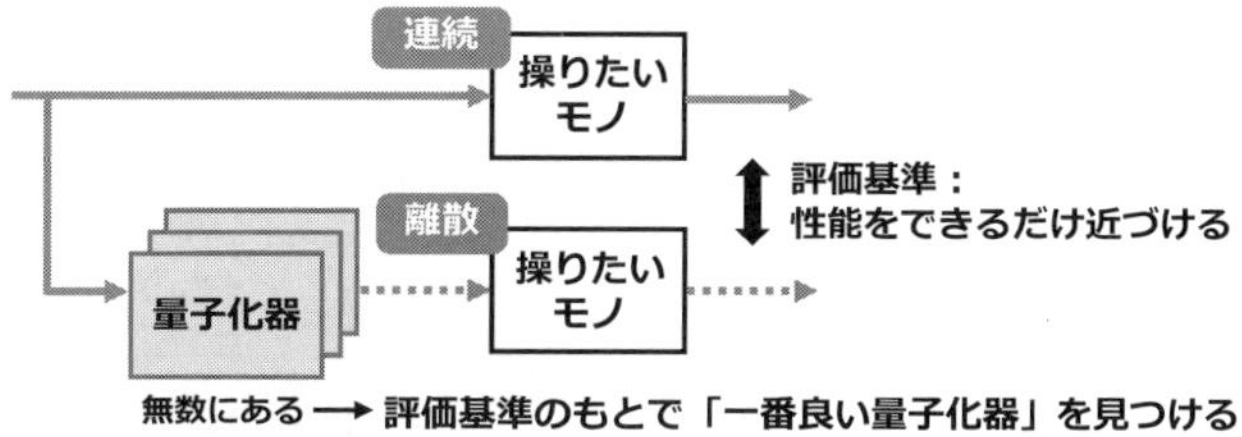

図2　量子化器の最適設計

組み合わせを、制御したいモノの性質を考慮して、適切に決めるものが提案している動的量子化器です。

動的量子化のアイデアをうまく利用すれば、新しい高スペックなシステムを生み出すことができます。本節のまとめとして、著者が取り組んでいる照明システム[2]と電力システムに関する最新の成果を紹介します（図3）。

まず、照明システムです。従来の照明は、スイッチや電気配線に依存して照明の点灯パターンが固定されています。例えば、多数の照明が設置されている学校の教室においては、多くの場合、窓側と廊下側の区別しかありません。これでは、ある特定の場所だけ明るくしたいといった要求には答えられません。これに対して、最近、複数の照明機器を個別に制御できる分散型照明システムが注目されています。複数の照明の点灯パターンを個別に決定することにより、適切な場所に適切な明るさを提供することができます。しかし、どの照明を点灯させて、どの照明を消灯させるかを決めなくてはいけません。これは照明の数が多くなるほど難しくなります。例えば、三十個の照明の点灯・消灯を決める問題では、「2の30乗」通り、すなわち、約十億通りの組み合わせの中から適切なものを選ばなくてはなりません。そこで役立つのが動的量子化のアイデアです。車の運転の例においては、目標通りに車を走らせるために、3つのボタンの組み合わせを適切に決定するということでしたが、照明システムでは、理想的な明るさの分布[4]を目標とし、実際の分布がそれに近くなるように、複数の照明の点灯と消灯の組み合わせを決定します。著者らは、点灯・消灯の2つの値を扱うことと、2つの情報を適切に組み合わせる（点灯パターンを決定する）ことが動的量子化の問題に対応している点に着目し、点灯・消灯の組み合わせを決定する手法を開発しています。

つぎに、電力システムです。従来の電力システムは、大型の発電所から電力が供給されています。一方、最近は、小型の発電機を多数用いて、電力を供給することが考えられています。従来の集中

4—照明機器の近くは明るく、遠くは暗いといったように、一般には、場所によって明るさの度合いが異なります。本節では、このような、ある範囲内の明るさの度合いの違いを表現したものを明るさの分布と呼んでいます。

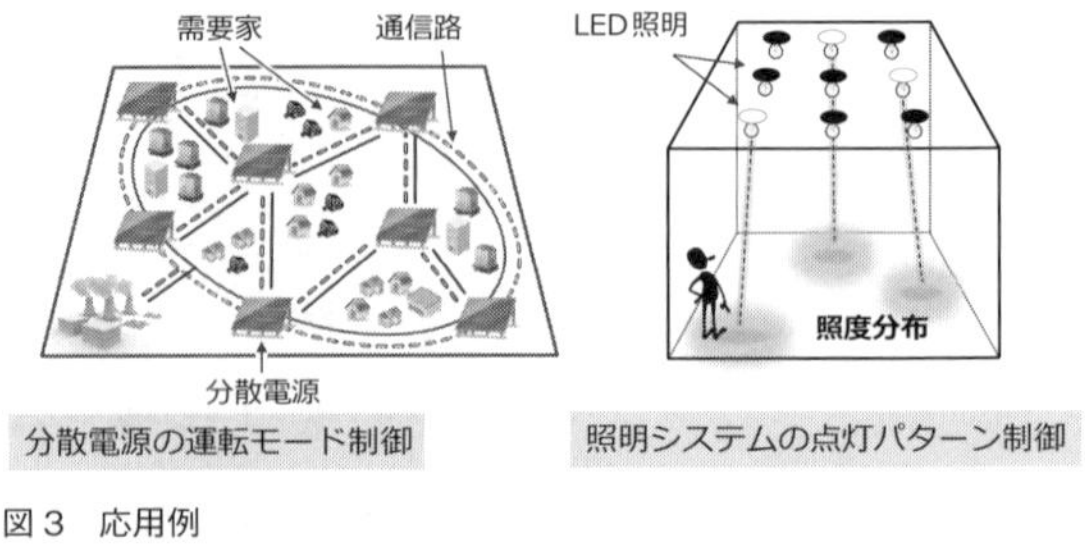

図3　応用例

型のシステムでは、1カ所の故障が全体に影響を与えてしまいますが、分散型のシステムでは、1カ所の故障による影響を他の場所でカバーすることができます。また、地域内に分散的に発電機を配置することで、「エネルギーの地産地消」[5]を実現することができます。しかし、分散型システムでは、多数の発電機をどのように運転させるかを決めることが難しくなります。この問題に対して、動的量子化のアイデアを利用した運転モード決定手法を提案しています。

以上のように、最先端の制御技術を利用することにより、近未来の高スペックシステムを実現することができます。この意味において、制御技術の発展は、今後の重要課題の一つといえます。

5―発電された電力エネルギーを、発電した場所の近くで消費することです。

無意識の協力：競合問題解決への新たな可能性

笹部　昌弘

私たちがいつも利用しているインターネットは、電気・ガス・水道に続く社会基盤（インフラ）として、私たちの生活には欠かせない存在となっています。例えば、ウェブで情報やコンテンツを取得し、電子メールやＬＩＮＥなどを用いて家族や友人とコミュニケーションをとり、YouTubeやニコニコ動画で映像や音楽のストリーミングサービスを楽しむ、といったように。

こうしたサービスはいずれも通信ネットワークにおける様々なネットワーク資源（例えば、無線周波数帯域、コアネットワークやアクセスネットワークの回線容量など）を用いて提供されています。私たち利用者（ユーザ）は、こうしたネットワーク資源を無意識のうちに他のユーザと共有することで、インターネット上の様々なサービスを享受しています。普段はこうした資源の共有について、私たちは特に意識をしていませんが、例えば、ウェブページがなかなか表示されない、コンテンツの取得に時間がかかる、映像の再生中に画面が止まる、といった経験はないでしょうか？

こうした現象は、ユーザ数が（一時的に）増加することで、先ほど述べたようなネットワーク資源が枯渇することが主な原因です。例としてコンテンツ配信サービスについて考えてみましょう。このサービスは一般に、私たちの所有するクライアント端末（パソコン、スマートフォンなど）からウェブブラウザなどを用いてコンテンツの配信元であるサーバにリクエストを送ると、サーバがクライアントに対してコンテンツを送信する仕組みとなっています。そのため、ユーザからのアクセスが集中すると、サーバからインターネットへのアクセス回線におけるアップロード容量がボトルネックとなります。

●Tit-for-Tat型P2Pコンテンツ配信

サーバへの負荷集中を軽減し、より多くのユーザへのサービス提供を可能とする技術にピア・ツー・ピア（Ｐ２Ｐ）技術があります。Ｐ２Ｐ技術は、Winnyなど特定のコンテンツ共有ソフトにおいて著作権侵害の問題を引き起こしたこともあり、世間ではネガティブな印象を持たれているかもしれません。一方では、大容量コンテンツの配信（LinuxなどフリーＯＳのインストール用イメージなど）や、多数のユーザへの継続的なコンテンツ配信（ＯＳのセキュリティ対策のための修正データなど）において利用が広まっています。Ｐ２Ｐ技術を用いたコンテンツ配信では、参加中のユーザ端末（ピア）がサーバからピース（コンテンツの断片）を受信するだけでなく、受信したピースを他のピアへと送信することにより、サーバへの負荷集中を抑制するとともに、ピア数に比例した配信能力を備えたコンテンツ配信システムを構築できるようになっています。

ただし、これはあくまで配信システム側からの視点であり、実際のピアはユーザの操作する端末であることから、コンテンツ配信への協力はあくまで各ユーザの意思にゆだねられます。その結果、Ｐ２Ｐコンテンツ配信においては、ピアが他のピアからピースを取得するだけで、他のピアへピースを提供しない、ただ乗り行為が起こりやすい問題があります[1]。このような問題に対し、Ｐ２Ｐコンテンツ配信方式の一つであるBitTorrentでは、ゲーム理論におけるTit-For-Tat（TFT）戦略を導入しています。ＴＦＴ戦略は、他のピアからのピース取得には自らのピース提供が必要となるという、ピア間の互助関係を築くための仕組みであり、このことにより、ピアの他ピアへの積極的なピース送信が促進されるようになっています。

●ピア間の無意識の協力に基づく最適なＴＦＴ型Ｐ２Ｐコンテンツ配信

近年、著者らの研究グループにより、こうしたＴＦＴ型Ｐ２Ｐコンテンツ配信の新たな可能性が発見されています[2]。これまでＰ２Ｐ技術を利用したシステムではシステム全体の制御が困難であると考えられていました。これは、先ほど述べたように、本来、各ピアはそれを操作するユーザの意思に従って動作することが主な要因です。コンテンツ配信システムにおいては、サーバはシステム全体としての性能（例えば､ピアがコンテンツの取得を開始してから完了するまでに要する時間）がよくなるように配信を試みますが、一方、それぞれのピアにおいては、自身のコンテンツ取得完了時間をできる限り短くしたいという思惑があります。先ほど述べたように、実システムでは、ピア数の増加に対してサーバのアップロード容量がボトルネックとなる傾向があるため、全てのピアに対して各自のコンテンツ取得完了時間を最小化することはできません。そこで､サーバとしては、このようなピア間での競合関係の下、システム全体として望ましいコンテンツ配信を実現する必要があります。

それでは、このようなコンテンツ配信を実現できるのでしょうか？　この問題を詳しく分析するために、文献[3]では、ＴＦＴ型Ｐ２Ｐコンテンツ配信システムにおける最適なピースフローの分析を行っています。ピースフローとは、サーバとピア、ピアとピアの間で、いつ、どこからどこへ、どのピースが流れるかを表したものです。想定する問題は、最適化問題の一種である整数線形計画問題として定式化することができ、さらに、その最適解は線形ソルバと呼ばれるツールによって計算可能です。この最適解を分析した結果、サーバのアップロード容量がボトルネックとなる状況では、サーバから低いアップロード容量を持つピア（低速ピア）を経由して高いアップロード容量を持つピア（高速ピア）へと間接的にピースを配送する方法（低速ピア経由配送）が効率のよい配信には重要となることが発見されています。この知見は、これまで直感的に正しいと考えられてきた、サーバから高速ピアを介して低速ピアへとピースを配送する方法（高速ピア経由配送）とは異なっています。

低速ピア経由配送と高速ピア経由配送の特徴を理解するために、次のような簡易な配信システムを想定してみましょう。システムには、1台のサーバSと5台のピアA, B, C, D, Eが存在し、ピース数は4とします。端末i（i = S, A, B, C, D, E）のアップロード容量C_iを1時点あたりの送信可能な最大ピース数とし、$C_S = 2, C_A = C_B = 3, C_C = 2, C_D = C_E = 1$とします。この状況では、各時点において、サーバが送信可能なピース数がピア数よりも小さくなるため、サーバのアップロード容量がボトルネックとなります。この例において、平均コンテンツ取得完了時間が最小となる場合（低速ピア経由配送）とそうでない場合（高速ピア経由配送）における、時点t（t = 1, 2, 3, 4）毎のピースフローを図1の上下にそれぞれ示します。例えば、図1上側のt = 1の場合では、サーバSから低速ピアD, Eにそれぞれ黄色と赤のピースを送信しています。一方、図1上側のt = 2における、ピアD, E間でのピース交換のように、ピア間ではTFT戦略により互いに異なるピースを保持する場合しかピースの送受信が生じません（TFT制約）。そのため、図1下側のような高速ピア経由配送では、高速ピアであるピアA, Bがピースの交換相手を十分に見つけられない状況が発生します（図1下側のt = 3）。一方、図1上側のような低速ピア経由配送では、序盤にサーバから低速ピアから優先的にピースを配信しておくことで低速ピアのダウンロードをサポートするとともに、それらのピースを後半に高速ピアが迅速に取得することができるため、高速ピアと低速ピア両方のアップロード容量を有効活用したピースの交換を実現できるようになります（図1上側のt = 1, 2, 3）。その結果、t = 4において図1下側ではピアD, Eのコンテンツ取得が完了していないのに対し、図1上側ではすべてのピアがコンテンツ取得完了できるようになります。

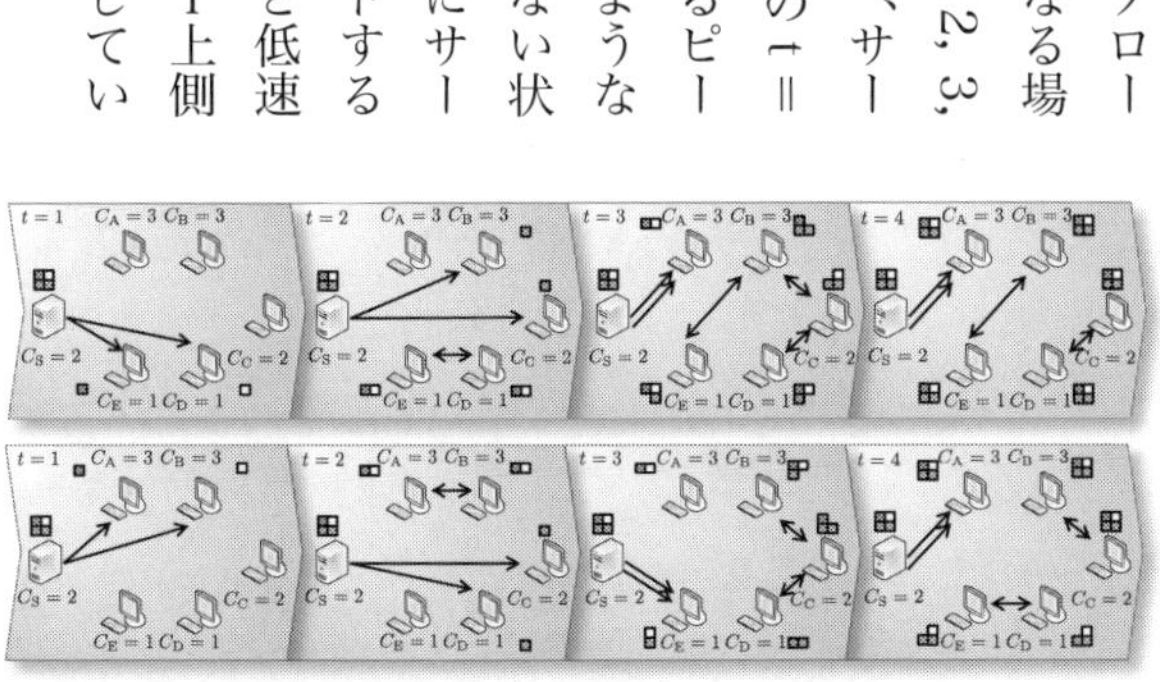

図1　TFT型P2Pコンテンツ配信におけるピースフローの例

この性質は見方を変えると、ＴＦＴ型Ｐ２Ｐコンテンツ配信システムでは、ＴＦＴ制約を前提にサーバが適切にピースの送信先を決定することにより、サーバがシステム内でのピースの流れを間接的に制御することができ、その結果、最適なコンテンツ配信を実現できる可能性を示唆しています。この理由は以下のように説明できます。まず実システムでは、サーバのアップロード容量がボトルネックとなる傾向にあります。そのため、互いに異なるピースを保持するピア間でのみピース交換が可能となるＴＦＴ制約により、各ピアのとりうる選択肢（どのピアからどのピースを取得できるか）は大きく制限されます。さらにこの選択肢は、サーバのピース配送方式によって制御できます。その結果、各ピアは従来通り、あくまで自身の保持していないピースをできる限り速く取得しようと利己的に振る舞うことになりますが、その結果、システム全体としてはサーバ（配信者）にとって望ましいコンテンツ配信を実現できることになります。

●おわりに

本節では、Ｐ２Ｐコンテンツ配信において、サーバのピース送信戦略とＴＦＴ戦略を組み合わせることで、本来、利己的に動作するピア同士の間で無意識の協力関係を構築し、その結果、システム全体として望ましいコンテンツ配信を実現できる可能性を示しました。ユーザの利己的な行動・動作を前提としたシステム構築は、大規模化・複雑化が進むネットワークシステム全般において、今後ますますその重要性が増していく技術として期待されます。

社会性の数理　▲池田 和司

数理モデルという単語は、あまりなじみがないかもしれません。しかし数理モデルは至るところに存在し、私たちの生活に役だっています。例えばニュートンが提案した$F=ma$という簡単な数式は、物体の運動を説明するための数理モデルです。けっして自然界において厳密に成り立つ公式などではありません。実際、緻密な実験によりニュートンの数理モデルでは説明できない事柄が出てきたため、相対性理論などの新しい数理モデルが提案されました。しかしそのことは、ニュートン力学の価値を損なうものではありません。数理モデルは「必要に応じた精度で現象を説明・予測」できることが求められるので、本質を失わない程度に抽象化することが重要です。

もちろん、数理モデルが用いられるのは物理だけではありません。近年注目を浴びているビッグデータ解析も数理モデルに基づいていますし、神経科学や生物学などの分野でも数理モデルの重要性が増しています。さらに、人間の行動や社会現象を説明するのにも数理モデルは用いられています。すなわち、もはや数理はいわゆる「理系」にとどまるものではなくなっています。

●力学モデル

数理モデルは力学モデルと確率モデルに大別されます。まずはより簡単な、力学モデルの例を感染症のモデルを用いて示しましょう。

N人の集団がいて、時刻tに1人がウイルスに感染しているとします。ウイルスは感染者から非感染者（感染者以外）に感染するとすれば、次の時刻の新たな感染者増加数は、現在の感染者数に

比例し、現在の非感染者にも比例すると考えられます。すなわち

$$I(t+1) = I(t) + cI(t)[N-I(t)]$$

という数式で表されます。ここでｃは感染しやすさを表す定数です。これは時刻ｔが一つずつ増えていくので、高校で習う漸化式になっています。この式の性質を調べるには、時間の変数ｔを実数に拡張して、微分方程式で近似して解く方法が用いられます。その結果、いわゆるロジスティック曲線が導かれます。[1] ここでさらに、感染した人の一部は自然に非感染者に戻ること、一度免疫ができて感染しなくなること、感染者の一定数は亡くなることなど、いろいろな要素を加えていくことで、現実に合う数理モデルを構築することができます[1]。このような数理モデルは、例えば２００３年に世界的に流行したＳＡＲＳや新型インフルエンザの流行予測や封じ込め対策などにも利用されています[2]。

●確率モデル

力学モデルが事象を決定論的なものであるとみなし、その時間変化を考えるのに対し、確率モデルは事象のばらつきを認め、そのばらつき具合すなわち分布を考えます。著者らはこれを利用して、芸術作品に対する視線分布のモデルを構築しました[3]。

人が画像を見る時、どこを見るでしょうか。多くの場合「目立つ部分」に視線を向けることが予想されます。この顕著度を定量的に評価し、視線を向ける場所を特定するモデルがサリエンシー・マップ[4]です。サリエンシー・マップは画像の明度、色相、方向性における顕著度を評価し、適当な重み付けにより足し合わせたものを各画素の顕著度としたものです（図１）。オリジナルのモデルでは、人は顕著度が最も高い部分を見るとされていました。しかし現実にはばらつきがあるため、サリエンシー・マップは視線の確率分布を表しているとみなすこともできます。こうして確率モデ

1―微分方程式を解くことが重要ではなく、式を立てることが重要であることに注意する。一般に微分方程式は解析的に解けるとは限らないが、計算機により数値的に解くことはできる。

ルが構築できます。

サリエンシー・マップの重みは個人個人によって異なりますが、「鑑賞のプロ」である芸術家は、そもそも着目する特徴が異なっている可能性があります。それを解明できれば、素人には難しいとされる芸術鑑賞も、そのコツが明らかになるかもしれません。そう考えて芸術家の卵である美大生を被験者として視線計測実験を行い、サリエンシー・マップと比較したところ、やはり明度、色相、方向性のような単純な顕著性にはあまり視線を向けないことが明らかとなりました。今後、この研究をさらに進めて「芸術鑑賞マニュアル」のようなものを作ることができるかもしれません。

●社会性の数理モデル

数理モデルはこれまでも人文・社会系の研究において用いられてきましたが、概して単純なものが多い傾向がありました。それはモデルを構築する数理工学者が実験の現場から離れていたため、現象の本質を捉えきれていなかったことが一因と考えられます。よい数理モデルを構築するには、やはり数理工学者と実験研究者がタッグを組んで研究を推進する必要があります。

著者のグループは近年、「共感性」や「認知的インタラクションデザイン学」といった社会性に着目した科研費新学術領域研究プロジェクトや、「社会価値」のメカニズムや認知・神経科学的基盤を解明するための人文・社会科学研究推進事業に参画しており、人と人、人と動物、あるいは動物同士のインタラクションのメカニズムとその意味の解明を目指しています。

例えば最近、「共感性」のプロジェクトにおいて、人の母子間と同じように人とイヌの間にも、視線およびオキシトシン（いわゆる愛情ホルモン）を介したポジティブ・フィードバックがあり、

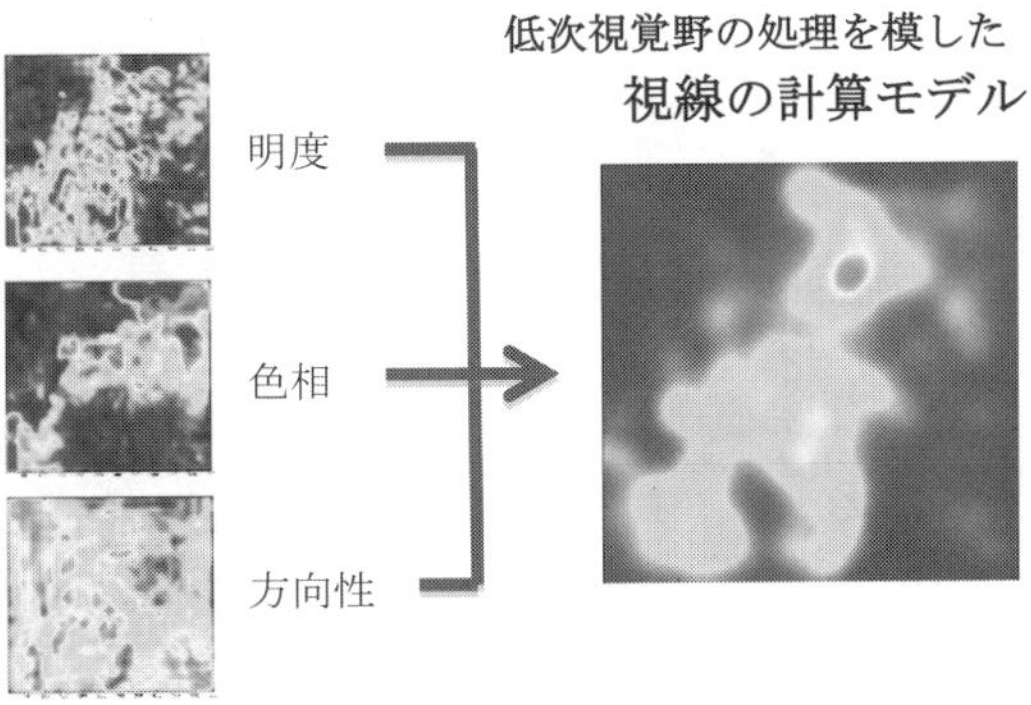

図１　視線分布の数理モデル

人とイヌが共進化してきたことが明らかにされました[5]。このような進化が起こったことは、社会性が生存に有利に働く仕組みがあることを意味しているに違いありません。そこでその数理モデルを構築してその性質を解明することで「社会性の意味」が明らかにできる可能性があります。これはさらに、その社会性が失われた状態である一部の精神疾患に対する治療法の開発にもつながるかもしれません。その鍵となるのは、やはりデータの採取です。本節で紹介されているように、近年はたくさんのデータが容易に取得できるようになりました。数理工学者はこのビッグデータに取り組み、その本質を明らかにしていきます。

無量大数を数える

川原 純

Web上の地図サービスやカーナビに目的地を入力すると、現在地点からの最短経路が瞬時に表示されます。地図上の2点間で最も短い経路を1つだけみつけるのは、現代のコンピュータにとって難しい問題ではありません。実際には、最短経路以外の、渋滞が少ない経路や有料道路を避けた経路など、様々な好みに応じた経路の方が望ましいこともあります。最近の地図サービスでは、複数の経路候補を提示し、ユーザが選択できるようになっています。本節では、複数の候補を求める問題の難しさを考えます。

図1(a)の2×2の碁盤の目で、スタートからゴールまで、同じところを2度通らないで移動する経路の数は何通りあるでしょうか。ここで考える経路は、図1(b)のように遠回りの経路でもよいとします。このくらいの大きさなら漏れなく重複なく手で数えることは不可能ではありません。答えは12通りになります。それでは図1(c)の16×16碁盤の目での経路の数はどのくらいになるでしょうか。これはなんと

6344814611237963971310297540795524400449443986866480693646369387855336

通りにもなります。桁数で言うと70桁という巨大な数字です。

●無量大数

読者の皆さんは「無量大数」という言葉を聞かれたことがあるかもしれません。万、億、兆、京、と数の単位を続けていくと、最後に現れるのが無量大数です。1万は0が4個続く数、1億は0が8個続く数、1無量大数は0が68個続く数になります。この単位を使うと、先ほどの経路の数は、

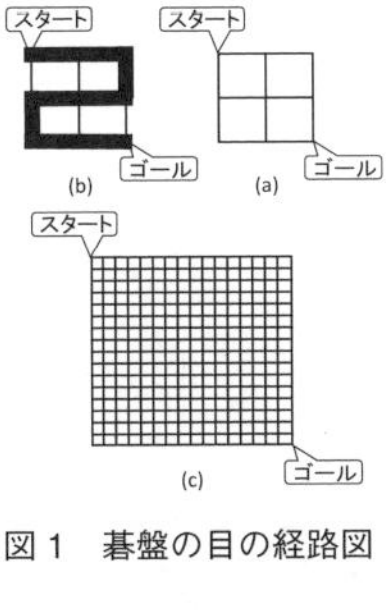

図1　碁盤の目の経路図

およそ63無量大数と表されます。ちなみに、宇宙に存在する全原子の数はおよそ80桁の数字になると見積もられています。図1(c)のような決して大きくない地図から、宇宙にある原子の総数に近い数が出てくるのです。少ない要素の数でも、それらを組み合わせるパターンの数は膨大になる、という現象は、情報学の分野では組合せ爆発と呼ばれています。

70桁にもなる経路の数は、一体どのようにして求められたのでしょうか。遠回りの経路は許さずに、最短経路だけを数えるなら、n×nの碁盤の目の経路の数は（(2n)!)/(n! n!)通りという数学の公式がありますが、遠回りを許す場合の公式は、２０１６年現在ではみつかっていません。最新のコンピュータを使えば経路を簡単に数えられると思われるかもしれませんが、単純に経路を1本1本数え上げていくと、仮に1秒間に1兆本もの経路を数え上げることができるとしても、1兆年の1兆倍よりもはるかに長い時間がかかります。無量大数の限界を突破するには、工夫が必要になります。

●アルゴリズム

コンピュータを使って何かを計算するときの手順のことをアルゴリズムと呼びます。筆者は様々な計算を高速に行うためのアルゴリズムの研究を日々行っています。経路を数え上げるにはアルゴリズムの工夫が必要なのですが、ここではその概要を紹介しましょう。

簡単な例として、図2の(a)の地図を考えてみます。スタートからゴールまでの経路はe_1、e_4とたどるか、e_2、e_3、e_4とたどるかの2通りあります。これを、まずe_1を使わないか使うかの選択として考えます。図2(b)の①の部分がこの選択を表します。点線の矢印がe_1を使わない、実線の矢印がe_1を使うことを表します。次はe_2を使わないか使うかの場合分けをします。このようにe_4まで場合分けを行い、末端には、使った辺だけで経路が完成するなら四角の1を、完成しないなら四角の0を置きます。例えば、②の四角の0は、e_1、e_2、e_3、e_4のいずれも使っておらず、経路にならないことを意味し、③の四角の1は、e_2、e_3、e_4を使っていて経路になることを意味します。

この場合分けはe_1からe_4まで4回行われるので、最下段の四角の数は2×2×2×2＝16個になります。このままでは辺の数が増えてくると場合分けが大変になります。ここで、図2(b)の点線の部分で囲まれた2箇所に着目してみると、全く同じ構造をしているのが分かります。このような構造は、図2(c)のように1つにまとめてしまいましょう。図2(c)には、さらに同じ構造を持っている箇所が複数あります。同じ構造の箇所をまとめることを繰り返すと、最終的に図2(d)のようになります。(d)は(b)に比べるとコンパクトになっていますが、経路を表すのに十分な情報を含んでいます。例えば、(d)でe_1を使わない、e_2を使う、e_3を使う、e_4を使う、とたどることで、四角の1に到着するので、e_2、e_3、e_4が経路になっていることがこの構造から読み取れます。実は(d)のような構造はアルゴリズムの分野では名前が付いていて、二分決定グラフ（正確にはゼロサプレス型二分決定グラフ）と呼ばれています。

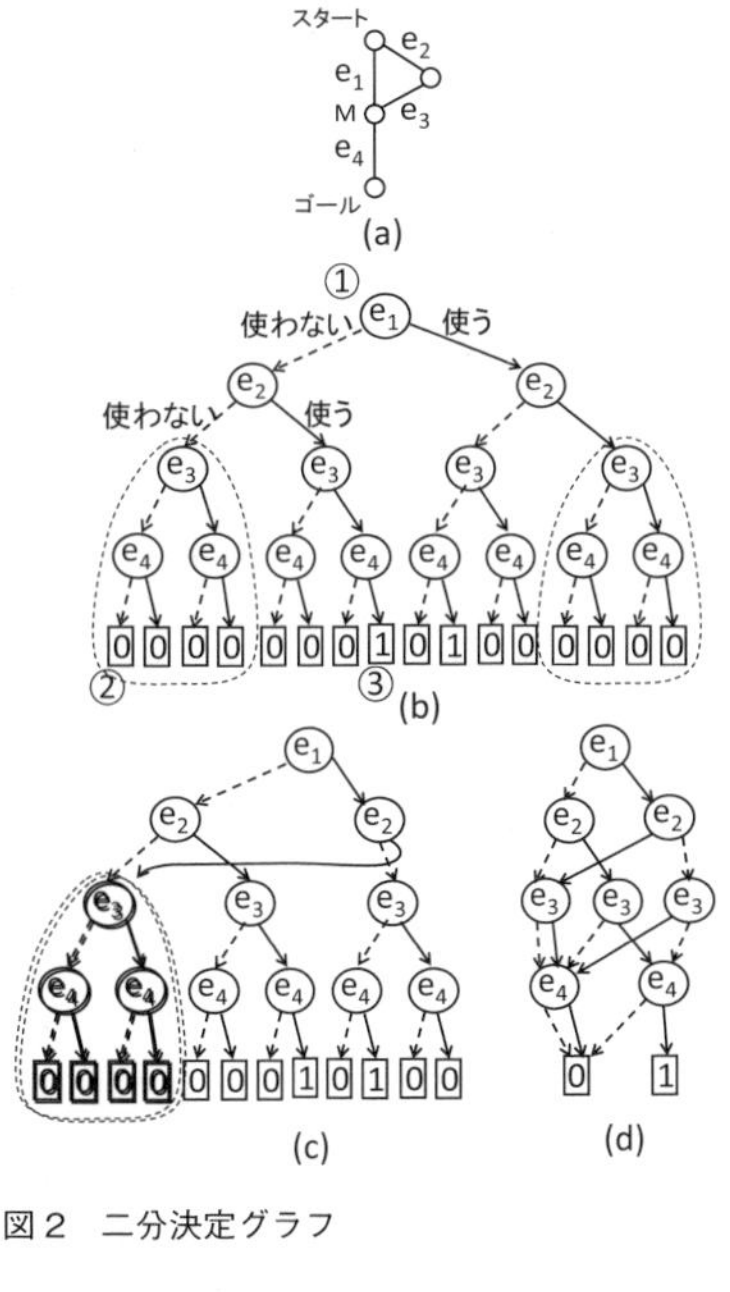

図2　二分決定グラフ

●二分決定グラフ

二分決定グラフをどのように作ればよいでしょうか。図2(d)を作るために先に図2(b)を作っていたのでは時間短縮にはなりません。実は、図2(d)の二分決定グラフを直接作るためのアルゴリズムが存在します。技術的な興味のある方は、筆者が執筆に参加した書籍[1]をご覧ください。簡単に概要だけ述べると、図2(a)で、スタートからM地点までの経路としてe_1を選んでも、e_2、e_3を選んでも、M地点からゴールまでの経路には何の影響もないということを利用して、両者の情報をまとめることができます。これを地図がどんなに複雑になっても行うことができるのです。

二分決定グラフを作る際に重要になるのは、辺の使用を場合分けする順番の選び方です。図2(d)では、辺をe_1、e_2、e_3、e_4の順に場合分けをしていますが、他の順（例えばe_2、e_3、e_1、e_4）で場合分けすることもできます。この順番の決め方は、二分決定グラフの大きさ（○の数）に大きく影響します。二分決定グラフが最も小さくなる順番の選び方はまだ知られておらず、研究対象の一つとなっています。

二分決定グラフが完成すれば、それを用いて経路の数を数えることができます。図3で④から四角の1までのたどり方が経路に対応しているので、このたどり方の数を数えます。まず、④から⑤までのたどり方の数は1通りですので、この数を記憶します（図では△の中の1という数字で表しています。）④から⑥までのたどり方は同じく1通りです。④から⑦までのたどり方は、⑤から⑦までのたどり方と⑥から⑦までのたどり方を足し合わせればよく、1＋1＝2通りになります。これを最後まで行うと、四角の1に書き込まれた数字（△の2）がたどり方の数、つまり元の地図の経路の数となっています。二分決定グラフは必ず上から下に一方通行になっているため、元の地図の経路を数えるよりもはるかに簡単にたどり方を数えることができます。

二分決定グラフを用いると、経路の数え上げだけでなく、様々な計算が可能になります。例えば、指定した道を必ず通る経路、または必ず通らない経路をすべて求めることができます。さらに、ある特定の3地点、AとBとCのうち、2箇所だけを通る経路をすべて求めるといったことも可能です。他にも、指定した条件を満たす最も短い（最も長い）経路を求めたり、たくさんある経路から

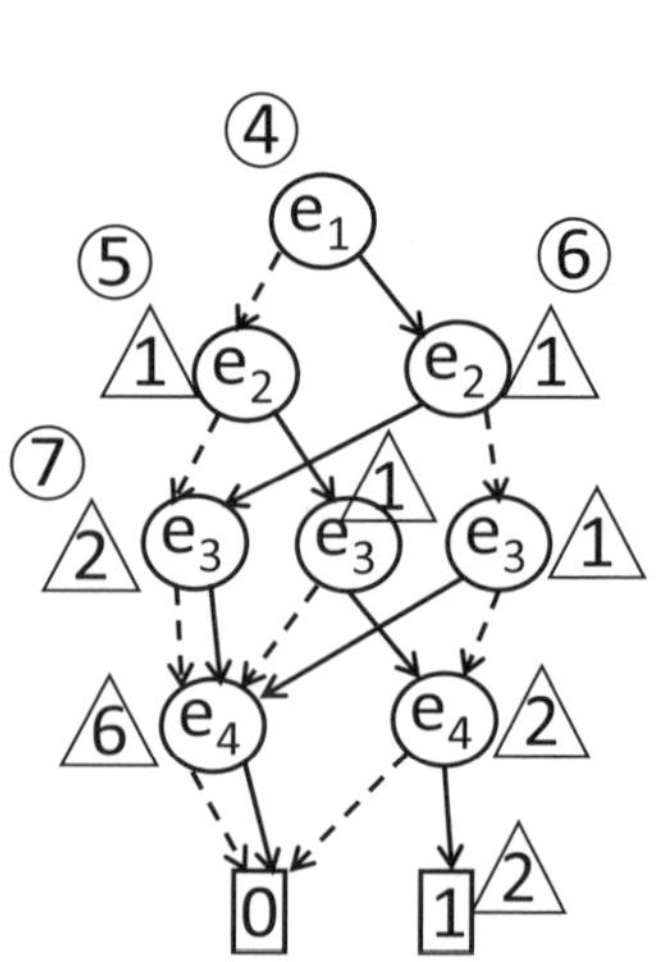

図3　二分決定グラフを用いた経路の数え上げ

無作為に1つの経路を取り出したり（ランダムサンプリング）することもできます。二分決定グラフは、いわば経路のデータベースであるともいえます。

二分決定グラフは経路の数え上げに限らず、様々な対象の計算に用いることができます。例えば、選挙において一票の格差を小さくするように市町村の選挙区割りを策定する必要がありますが、格差が最小な区割りは、選挙区の形が細長くなるなど、実際には使えないことが多くあります。このような場合、格差が小さな区割りを複数出力して現実に使える区割りかどうか検討する必要があります。他にも、無駄の少ない回路の配線パターンを求めたり、電気の送電網の電力ロスが小さくなるような構成を求めたり、といったことが可能になります。これらの問題では、ときには無量大数にもおよぶパターンを、二分決定グラフを用いて間接的に扱うことで、最適な対象を計算できるのです。

マイクロマニピュレーションの限界を超える顕微操作技術

杉浦　忠男

小さなものも自由に操作したいという要求はいつの時代にもあります。そこで、昔から小さなものをつかんで動かすのにピンセットが使われてきました。しかし、顕微鏡でのぞく世界では、どんなに先をとがらせたピンセットでも使うことができません。そこで、光ピンセットという技術の開発が進められています。この方法では、金属のピンセットではなく、図に示すように集光したレーザー光を使います。レーザー光を強く集光し小さな物体に照射すると、その物体を動かすことができるほどの力を発生させることができます。この力を放射圧と言います。この力を利用することで小さな物体をレーザー光の集光スポットに捕まえて動かす技術が、光ピンセットです。

●光ピンセットで操作する

光ピンセットを使うと、大きさが0・1ミクロン（1万分の1㎜）から数10ミクロン（100分の1㎜）の物体を捕まえて動かすことができます。例えば、顕微鏡で観察する細胞（数ミクロン～数十ミクロン）や、インフルエンザウイルス（0・1ミクロン）などを捕まえて操作できます。普通の金属製のピンセットでは、先端の大きさを100ミクロンよりも鋭くとがらせるのは困難なので、それよりも小さいものを扱うことはできません。ですから、顕微鏡下では金属をとがらせた先端を使う代わりに、熱したガラスを引きのばして作った先端を使い、10ミクロン程度のものを扱えるようにしたマイクロ・マニピュレーターという装置が使われます。しかし、一本の棒で突くようにして対象物を扱うので、自在に使うには相当な訓練を要します。これらに比べると、光ピンセットは簡単に小さな物体を扱うことができる夢の技術といえるでしょう。さらに将来的により小さなものが扱えるようになれば、蛋白質分子やＤＮＡ断片などを直接操作して細胞の改変を行うなど、ミクロからナノの世界を自在に扱うツールに発展すると期待されます。

先に述べたとおり、光ピンセットでは顕微鏡にビームを入射して集光し、操作対象物へ照射することで対象物を捕まえます。捕まえた状態でビームの位置を移動させると捕まえた物をビームの移動に合わせて動かすことができます。またたくさんのビームを同時に入射して集光すると、ビームの本数分だけ物体を捕まえて操作することができます。そして多数の物体を同時に制御して整列させたり、順次移動させたりするなどの操作も可能です。

●光ピンセットで微弱な力を計測する

光ピンセットを使って小さな物体を動かすことができますが、これは物体に対して小さな力が発生していることを意味します。光ピンセットの力はどのくらいのものでしょうか。光の放射圧は光の運動量によって発生する力ですので、一秒間に与えられる力積（運動量と等価）から力の大きさを見積もることができます。今、10mWの光が対象物に照射されていたとすると、この光の持つ運動量から力の大きさを見積もると、周囲の媒質の屈折率（通常は水で1・33）と光速から求められて、40pN($1pN=10^{-12}N$)に相当します。照射するレーザー光が強いほど大きな力が発生しますが、物体に照射可能な光エネルギーの制限などから実際の光ピンセットで発生する力の大きさは100pN程度になります。この力の大きさは1ｇの物に働く重力（10mN）と比べても1億分の1程度しかありませんが、顕微鏡下の物体を動かすには十分な大きさの力になります。実際、直径1μmの大きさの物体であれば、水中で秒速10㎝程度の速さで移動させることが可能で、顕微鏡の画面内（150μm × 1μm）では一瞬（15ms）のうちに行き過ぎてしまうほどの速さになります。

この力を使えば、分子間に働く力を計測することも可能になります。顕微鏡で観察する世界でよ

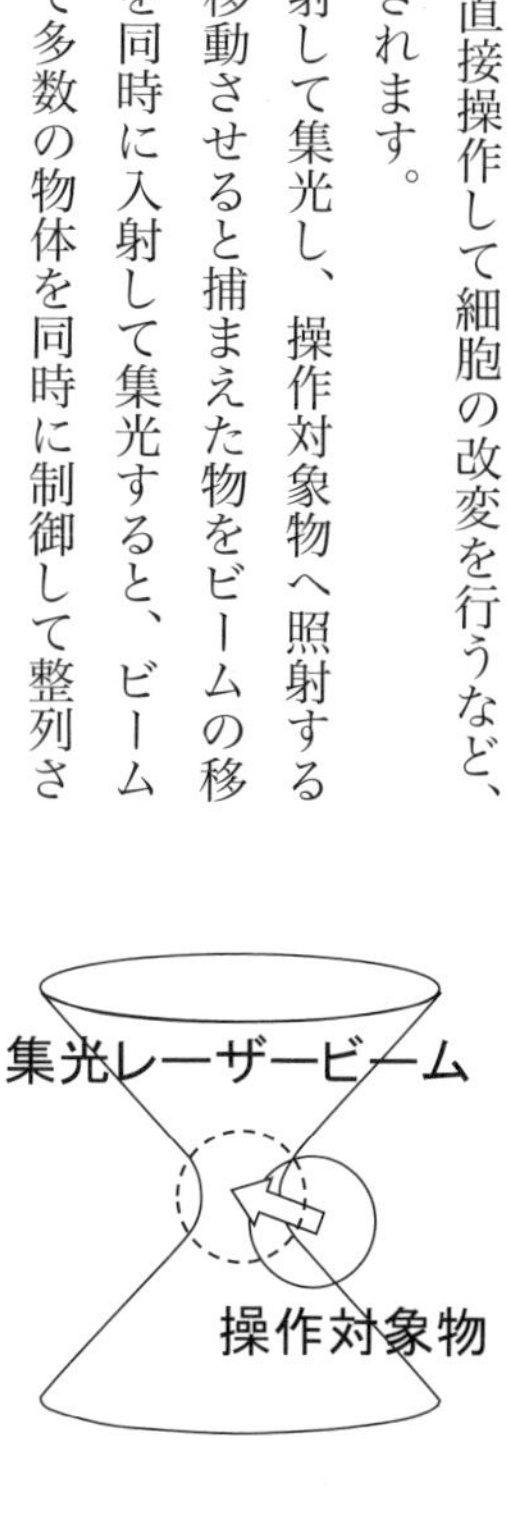

く対象とする対象物は、生きた細胞や生体の組織です。細胞には多数のタンパク質分子やさらに小さい小分子などが互いに結合したり離れたりしながら、遺伝子をオンオフしたり信号を伝えるなどして生命活動が維持されています。こういった生体分子が互いに結合する力は数 pN ～ nN と光ピンセットで発生する力と同等の大きさになります。そこで、この力を利用して実際一分子間の力計測に用いられています。光ピンセットによる力計測では、ばね秤と同じ原理を用いて計測を行います。ばねは一端を固定して他端に力をかけると伸びますが、かける力と伸びた長さとの間には比例関係（比例定数はばね定数）が成り立ちます（フックの法則）。光ピンセットの場合は捕まえた物体は安定な位置にあって、外から力がかかると安定な位置からずれます。光ピンセットから受ける安定な位置に戻そうとする力と、外力が釣り合ったところへ移動するので、物体の移動距離（伸びた長さに相当）を測定して、あらかじめ測定しておいた光ピンセットのばね定数をかければ力が求まります。このときばねの強さを表すばね定数が小さいほど微弱な力に対して大きく応答するので、測りやすくなります。光ピンセットのばね定数は数 μN/m ～数百 μN/m オーダーと極端に小さな値ですので、微弱な力を計測するのに適していることになります。このような方法で微弱な分子間の力が計測されています。

●細胞の硬さを計測する

生物の体を形成する細胞が周りの環境に合わせて形を変えたり互いの結合を強くしたりといった調節を行っていることが知られています。また細胞に外力が働くと、それに応答して骨組みを強化するなど反応をしています。このような性質を利用すれば、細胞に対して外力を働かせてそれに対する応答を計測することで、細胞がどのような状態であるかを知ることができます。そこで、光ピンセットを使って細胞に対して力を働かせて、それに対する応答を計測する方法の開発が行われています。具体的には、細胞の表面に力を印加するための微粒子（直径数ミクロン程度）を固定して、それに対して光ピンセットで力を与えて、応答を計測します。この方法で、細胞と粒子が結合する接着斑という構造の形成過程やインフルエンザウイルスに感染した際の細胞の変化などが調べられています。

●瞬間的に大きな力を発生させる

光ピンセットで発生する力は微弱なので、何かの拍子に操作している物体がどこかにくっついてしまうと取れなくなることも起こります。これは光ピンセットを実用化する際の大きな問題になるわけですが、それを解決する方法も開発されています。光ピンセットでは発生する力が光強度に比例するので、ある瞬間だけ光を射出するパルスレーザーを用いることで、光のエネルギーをある時間に凝集させて瞬間的に大きな力を発生させるものです。実際には、操作対象へ与える効果は瞬間的な力に持続時間をかけた力積で決まるので、持続時間も重要になります。実際の操作ではガラス基板や細胞表面に固着した対象物を引きはがすニーズが大きいので、それに必要な持続時間を算出すると1万分の1秒程度になるので、その程度の時間発光するパルスレーザーを作成して実証実験が行われて、有効であることが確認されています。

光ピンセットによる極限操作についてみてきました。顕微鏡下のマニピュレーション技術はやっとツールがそろったところで、効率的な活用法や制御法の開発はこれから進むことでしょう。顕微鏡でのぞくようなミクロな世界も通常生活している世界と同じように自由に制御操作して活用できる時代がもうすぐやってくるはずです。

8 生活支援技術の限界突破

生活を豊かにする生活支援ロボット

小笠原 司

ロボット技術の進化に伴い、我々の生活の中にロボットが入り込み、人間とロボットが共存して我々の生活を豊かにすることが期待されています。人々の価値観が多様化するとともに、社会構造が複雑化することにより、高齢者介護、育児放棄、老老介護、共働き、ひきこもり、いじめなど人に関わる様々な社会問題が浮きぼりになっています。様々な個性の人々からなる現代社会にとって、高度情報化技術を取り入れて生活を豊かにすることが必要不可欠です。なかでも、ロボット技術に対する期待は高まっており、実用化に向けて様々な動きがみられます。では、そのような生活を支援するロボットにおいて、技術的限界点はどこにあり、それを突破するためにどのような研究が行われているのでしょうか。

●生産現場から日常生活へ

これまで、ロボットは生産現場で利用されるのが主でした。生産現場では、ロボットが動きやすいように周囲の状況を設定することができます。例えば、製品のデザインをロボットが取り扱いしやすいように変更することも可能です。画像処理を用いて製品のチェックをしようとすると、照明を画像処理に都合のよい明るさにしたり、照明を当てる方向を変更することもできます。では、家庭の環境ではどうでしょうか？　一般家庭ですと、ロボットに都合がいいように明るさを変えたりすることはできません。衣服の色やデザインをロボットが認識しやすいものに限定することもできません。ロボットが日常生活に合わせてもらわないといけないのです。

また、日常の身の回りにあるものを考えてみると、衣服や食べ物、あるいは、人や動物、植物という具合に、柔軟で形が変わったり、あるいは、液体状だったりします。工場で生産しているものは形が決まっています。形が変化すると、あらかじめ形を覚えておいて、それと同じものを探すという方法は通用しません。さらに、見つけたものを取り扱うことを考えても、どのように取り扱えばいいのか、その方法は画一的なものではありません。折りたたむ方法は千差万別です。洗濯物を片づけるにしても、衣服の種類、材質によりたたみ方や整理する場所が変わります。

さらに、衣服の整理整頓を考えると、我々は、四季に応じて衣替えを行います。その時期は気候によって判断しています。また、今日着る服を決める際には、その日の仕事や会う相手を考え、それに会ったものを選んでいます。流行を考えていたりもします。衣服を取り扱うということを考えただけでも、センサーによる認識の問題、手により取り扱う方法、整理整頓の知識、さらには、生活パターンを考慮しなければなりません。

●生活支援ロボットのための技術課題

我々の身近で生活を支援する賢いロボットを開発しようとすると、これらの全ての問題に対応できるようにしなければなりません。図1に示すのは、生活支援ロボットシステムの研究例です。(a)は高齢者との対話を行うコミュニケーションロボットです。インターネットから情報を取得したり、話者の年齢を推測して、高齢者であれば聞こえやすいように低い声で話したり、ディスプレイに表示する文字を大きくするなどの対応をしています。(b)はお菓子の手渡し作業を行うロボットシステムです。このような我々の生活を支援するロボットシステムを構築するためには、個々の技術を高めるとともに、それらをシステムとして統合する技術も必要となります。

要素技術をみると、特に、生活パターンを意識して、個人に対応した賢い支援をするための技術が、生活支援ロボット実現のための技術的限界点クリアのために必要不可欠と考えられます。では、そのための技術というのは具体的にどのようなものでしょう？　大まかに分類して、以下のような技術が考えられます。

・人の行動を理解し、どのような支援が必要か判断する技術
・環境を理解し、モノの状態を理解するセンシング技術
・生活支援の行動を実現するための行動生成・実行技術

実は、これらについては、従来からロボティクスの分野で研究がされてきています。その成果としては、ホンダのヒューマノイドロボットASIMOのように、オフィスでの受付け業務の一部を行うロボットも示されています。また、東京大学では、料理や洗濯といった家事の一部を代行するようなロボットシステムも研究されるなど、個々には成果が徐々に発表されています。しかしながら、現状では、「iRobot」や「アンドリューNDR14」といった映画に描かれているような、我々

(a) 高齢者対応コミュニケーション

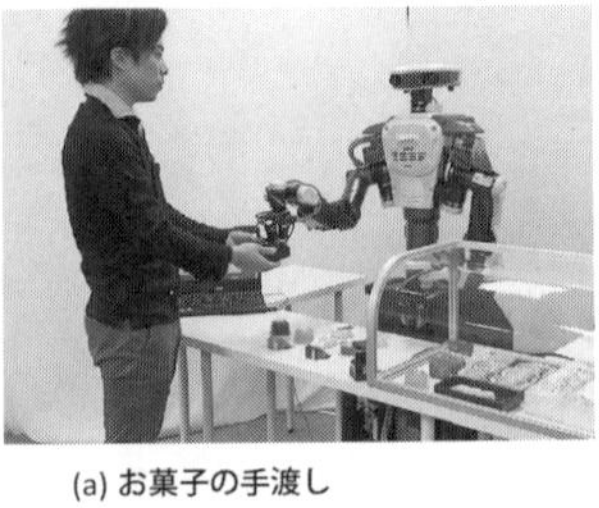

(a) お菓子の手渡し

図1　生活支援ロボットの例

と共存するレベルのロボットには至らないのが現状です。では、生活を支援するロボットとして、我々の家庭に入って自由に使えるようになるための限界点を突破するには何が必要でしょう？「共存のための空間情報の共有」と「生活支援に関する知識の蓄積」が考えられます。

●共存のための空間情報の共有

我々の日常生活にロボットが入り込むためには、人の邪魔にならず、さりげなく人に支援活動を行うといったことができなければなりません。そのためには、人が空間中でどのように動いたかという知識を持つ必要があります。さらに、当然ながら、空間の構造に関する知識も必要です。部屋の中の形状、状況、その中で人がどのように行動したか。これらを記録するものとして、三次元環境と行動情報を合わせた三次元セマンティックマップ[1]とでも呼ぶべきデータベースを構築する研究が行われています。

図2に示すのが、三次元セマンティックマップの例です。部屋の形状や置かれている家具の形状の情報に、座る、歩く、書く、指差すといった人の行動の情報がひも付けされて記録されています。

●生活支援に関する知識の蓄積

生活リズム、生活習慣に関する計測データ、および、家政学・生薬学等の科学的見地といった生活における知恵からなるデータベースを構築し、それを利用して生活中の必要な支援を推定するとともに、生活状況を計測したデータを入力し、即応的な対応や生活リズム・習慣の改善をロボットにより実現し、高齢者、単身赴任、子育て世代の生活を支援する知的情報処理システムの構築が必要です。このようなデータベースは、従来型のデータベースにデータ間の関係性と科学的見地を付与することで、単なる蓄積された知識から導き出された大衆の好みを提示するのみでなく、理論的

1―位置や形といった外見の情報に、動きや物と物の関係といった意味付けをした情報をひも付けすることができる拡張された地図のこと。

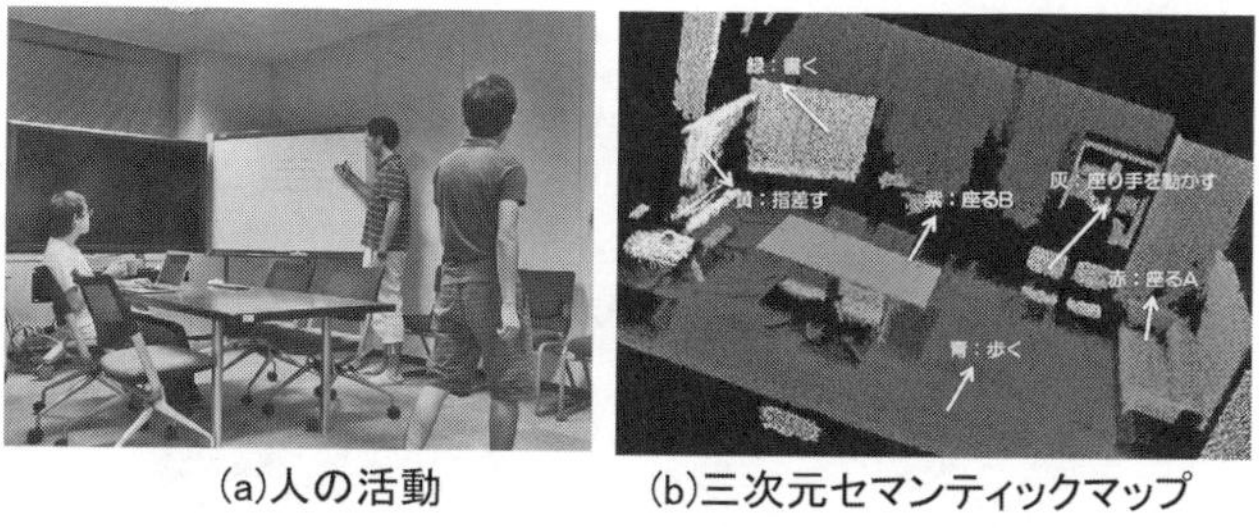

(a)人の活動　(b)三次元セマンティックマップ

図2　三次元セマンティックマップ

に生活をよりよくする方法を提示できるようになります。

日常生活の知としては、人の行動・つながりや環境に起因するものと、衣食住といった生活に起因するものがあります。このような知によって、以下のような生活を支援する情報システムやロボットの提供が期待できます。

(1)　人の健康とつながりの深い生活リズムを計測し、それに基づいて生活を支援

(2)　健康を意識した食事のありかたの知識、食材の栄養面の知識、人の嗜好、などの知識を基に食生活を設計し、それを支援

(3)　時期・季節に応じて個人に適した食事や運動の提案をし、それを支援

知の蓄積と、それに基づく生活支援を行うロボットシステムは我々の生活の質の向上に必要不可欠です。その実現のためには、家政学・生活科学における生活ノウハウの体系化と情報学・ロボティクスにおいて家政学に基づく支援システムの再構築、および支援システムの評価方法の体系化を押し進める必要があります[1]（図3）。

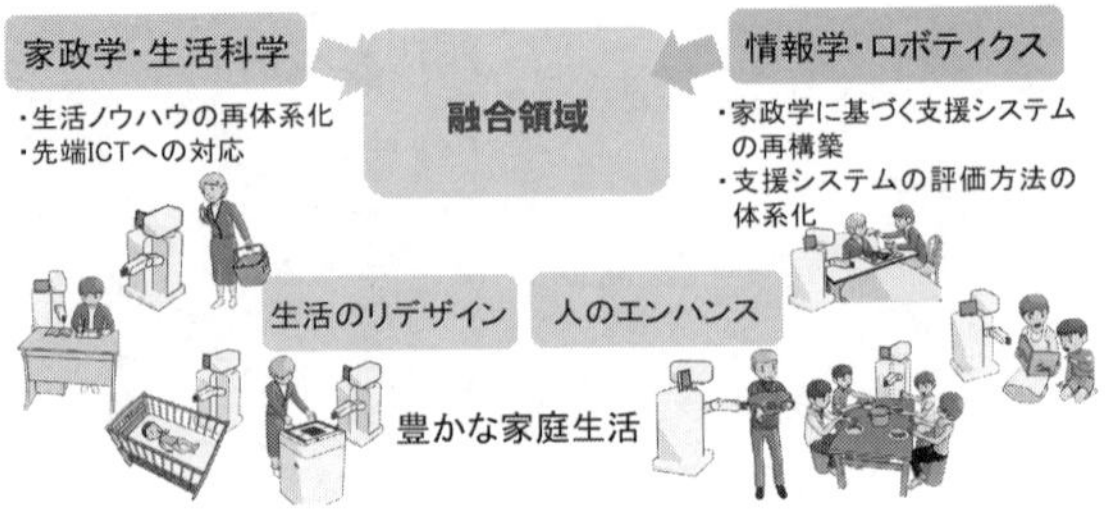

図３　家政学と情報科学の融合

練習とアドリブと並行処理が織りなす超実践ロボティクス

高松 淳

少子高齢化、共働き・単身世帯の増加など、社会環境の変化にともない、代替の労働力としてロボットの進出が求められるようになってきました。お掃除ロボット「ルンバ」、コミュニケーションロボット「ペッパー」などの活躍を見ると、ロボットはすでに社会進出してきつつあるように思われます。しかし、労働力の代替えとしては、ごく一部の領域をカバーするにとどまっています。

ロボットが社会で役に立つ存在として受け入れられるためには、ロボットに対する社会の要求を知る必要があります。ある人は、その要求の一つとして「自律性」を挙げるかもしれません。例えば、鉄腕アトムのように一個体の格を持つロボットが実現できれば、人の代替として活躍することが期待できます。自律性による人の完全な模倣はロボット研究における究極の目標ですが、その実現は容易ではありません。そもそもの目的である労働力の代替という要求を考えると、作業を遂行するためにロボットを思い通りに動かすことができれば、まずは十分だと考えます。そうなれば、ロボットを上手に使いこなすことで、ライフスタイルの選択肢が増え、生活をより快適にマネジメントできると考えています。

●「直接操作」「半自律」「自律」

ロボットに限らず、自動車のような一般的な機械を思い通りに動かす方法として、ハンドルやペダル・レバー等からなるコントローラを用いる方法があります。コントローラの動きとそれに対応する機械の動きが割り当てられており、人が実時間で状況を判断しながら操作していくことになります。しかし、一人がつきっきりでロボットを操作するのは、労働力の代替としては十分ではありません。体力や物理的な力の問題がなければ、人が直接作業する方が、効率が良いです。

私は「半自律」というキーワードに着目しています。ロボットは指示された作業の目的に従い、できる限り自律的に判断し行動します。ロボット自身の認識能力や判断能力の不足、あるいは不適切な指示内容により、ロボットのみでは判断が難しい場合、再び人に判断を求めたり、操作を促したりすることで、必要最小限の協調で作業を実現します。完全な自律よりも実現は容易であり、一人が複数のロボットを同時に操作することで、作業効率の問題も解消されます。

●半自律移動ロボットの経験から見えるもの

実際に半自律のコンセプトに基づき、複数の移動ロボットを同時に操作するシステムを開発しました。移動ロボットの目的は指示された目的地まで到達することです。ロボットは自身のセンサーで環境の地図を作成し、タッチパネルのディスプレイを通じて人に提示します。人は、経由点および目的地を地図上で指示し、ロボット自身が経路を計画することで、できるだけ自律的に振る舞います。経路計画が失敗した場合は、再び人に指示を求めます。実際に、一人が従来のコントローラで一台のロボットを操作した場合に比べて、同程度の時間で、一人で二台のロボットが操作できることを確認しました。

半自律のコンセプトの有効性は確認できましたが、これを社会に受け入れられるロボットにするためには様々な問題があります。移動する機能だけでは、代替えしたい作業のすべてを実現することはできません。物をつかむ、離す、押す、回すといった単純な手作業だけでも実現できると、日常生活で必要とされる多くの作業はカバーできます。腕や手の機構は非常に複雑なため、ある程度の自律を実現するためには複雑な計算を必要とします。さらに、作業の内容によっては、実時間で処理することが要求されます。複雑な計算をいかに高速に処理するかが、生活支援技術の限界突破

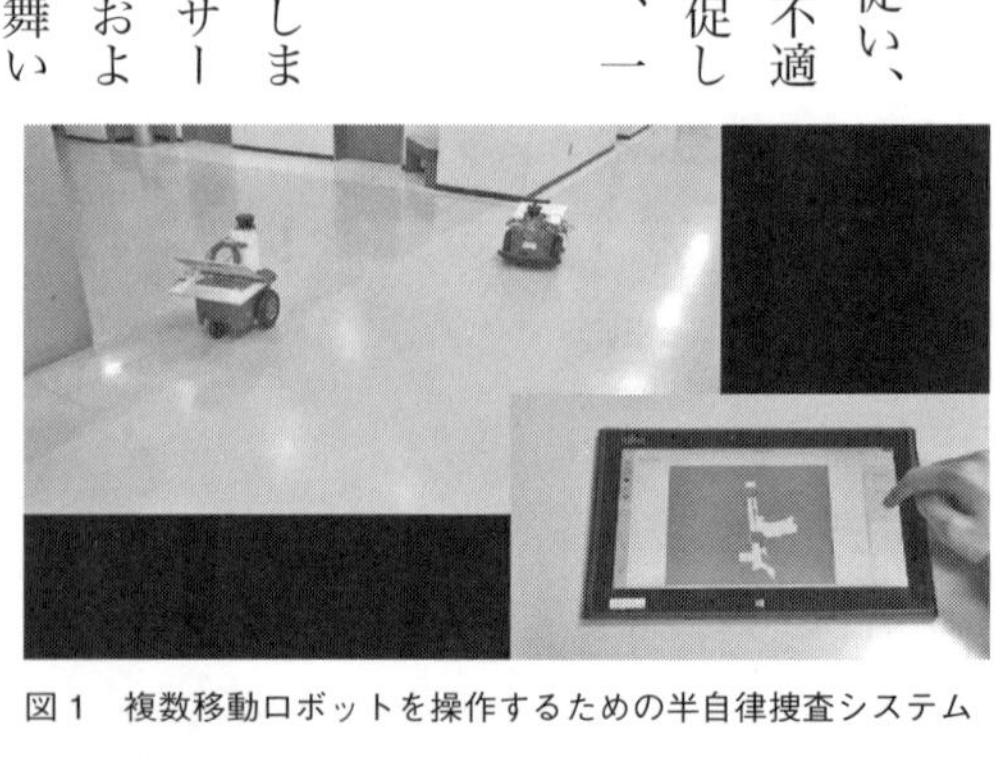

図1　複数移動ロボットを操作するための半自律捜査システム

に必要な要素の一つであると考えています。

●計算機科学の側面

ロボットは、マイコンやパソコンといった大小様々な計算資源の組み合わせで動かされています。特に頭脳をつかさどる部分にあたるパソコン（もしくはスパコン）、およびその上で動くアルゴリズムを計算機科学的な側面から再考することは、前述の問題解決のために重要なことです。私は、特に以下に示す三つの側面に注目しています。

・ＣＰＵのマルチコア化、ＧＰＧＰＵの発達
・記憶デバイスの安価・大容量化と検索手法の高度化
・大規模最適化手法の発展

一つの計算ユニットの動きを速くすることで計算速度を向上させる枠組みは、省電力化等の問題から困難になってきています。代わりに、ユニットの数を増やし、並列処理することを前提として、計算を速くする方法が現在採用されています。つまり、複数の計算を同時に処理することに対する障壁は取り除かれてきたといえます。また、記憶デバイスの安価・大容量化と検索手法の高度化により、例えば大量のラベル付き画像と単純なｋ近傍法によって画像認識をすることも不可能ではなくなってきています。あらかじめ処理できる内容をオフラインで計算しておき、参照テーブルとして持たせることで、実時間で必要となる処理を簡略化することも可能です。大規模最適化手法の発展において、スパース表現の最適化や共役勾配法による疎行列線形方程式の解法など、様々な問題に勾配ベースの最適化（山の頂上を目指すのに、今いるところよりも高い方へ進むことを繰り返す方法）が適用できるようになったことが大きいと考えております。勾配法を使えば、おおよその解がわかっている場合に高速に最適化することができるというメリットがあります。

図２　アンドロイドロボットを用いたヒューマンロボットインタラクション

●生活支援ロボットにおける限界突破の種

実際に、前述の特徴を生かし、アンドロイドロボットを用いた動作データベースに基づくヒューマンロボットインタラクションシステムを構築しました。人のジェスチャ動作をモーションキャプチャにより計測して得られた動作データベースを利用することで、自然に見える動作を生成する手間を大幅に削減しています。インタラクションの際、人の立ち位置や指さす場所の変化を、実時間でデータベースに含まれる動作に修正を加えることで対応しています。人も何らかの動作を学習する際、反復練習により動作を体に覚えこませることから始めます。動作適用の際、特に対戦型のスポーツの場合、そのままの動作をなぞるだけでは対応できない場合が多く、動作に若干のアレンジを加えることで、うまく対応することになります。加えられるアレンジは練習量により制限されます。

現在、このシステムを発展させ、手作業をともなう作業に拡張しています。状況が変化する日常空間では、環境を認識する目が必要不可欠となります。OpenRTMと呼ばれるロボットミドルウェアを通じて、目の処理、動作生成、状況判断を独立して処理することで、目の処理は進行中ですが、できる動作（モーションデータベースの動作を変更なく再生し、変更は目の処理が終わって始める）は続けることで、計算時間の問題を隠ぺいすることができ、さも実時間で動いているように見せられると考えています。

また、環境とそこで人が行う動作を対にしたデータベース「セマンティックマップ」を組み合わせることで、環境に対して人が行った動作をお手本にロボットの動作を生成することができ、また環境から類推される人の行動予測から、人を適切に支援することもできます。他者の心的状態を理

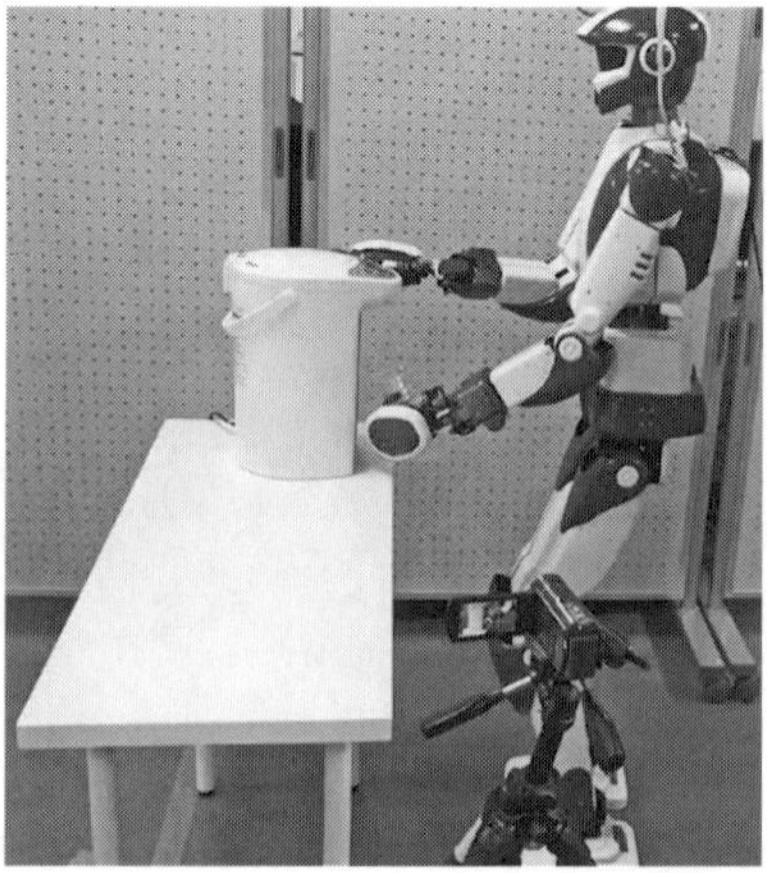

図３　ヒューマノイドロボットを用いた日常作業支援に関する取組み

解するメカニズムに関して「理論説」（ルールベースで心的状態を推定）と「シミュレーション説」（自分を他者に置き換えて模倣することで心的状態を推定）の二つが提案されていますが、記憶・検索が得意なロボットにとって「理論説」で心的状態を理解することは容易であり、「セマンティックマップ」はそのための道具として有効であると考えています。

これらのテクノロジーを組み合わせ、練習とアドリブと並行処理、さらに大規模知識データベースを加えることで、生活支援ロボットの限界突破が実現できると信じています。

3Dプリンタが変える電動義手のかたち

吉川　雅博

3Dプリンタは、コンピュータ上で作成した3次元の設計データを基に、立体物を造形する工作装置です。これまでは企業での試作に用いられてきましたが、3Dプリンタの小型・低価格化に伴って、2015年現在では個人にまで急速に普及が進んでいます。3Dプリンタには、①設計データを用意できれば誰でもものづくりができる、②これまでの加工方法では難しかった複雑な形状ができる、③樹脂・金属・ゴムなど様々な素材を用いることができる、④加工の元になる設計データはコンピュータ上で作成し共有できる、などの特長があり、ものづくりの形を大きく変えるといわれています。私たちはこの3Dプリンタが福祉機器の開発にも変革をもたらすと考え、3Dプリンタを活用した電動義手の開発に取り組んでいます。はじめに現状の電動義手の課題を述べ、3Dプリンタで作る電動義手でこの課題をどのように解決しようとしているのか紹介します。

●電動義手の課題

病気や事故など何らかの原因で手を失った場合に、手の外観と機能を代替するために使用するのが義手です。モータにより手先を開閉する電動義手が海外のメーカから販売されていますが、残念ながら日本国内ではほとんど普及していません。価格が高く（150万円〜）公的補助を受けるためのハードルが高いこと、900g以上と重いこと、海外製のため故障時のメンテナンスが難しいことなどが、その理由として挙げられます。また、断端（欠損後の残存部位）を収めるソケットを、個人に合わせて時間をかけて手作業で仕上げる必要があるため、手を失った方が電動義手をすぐに使いたいと思っても簡単に使うことはできません。以上の理由から、多くの切断者は電動義手を使用せず、手と同様のリアルな外観を重視した装飾義手を用いています。しかし、装飾義手は把持機能を持たないため、日常生活では不便を感じることも少なくありません。これらの課題を解決するために私たちが開発しているのが、３Dプリンタで作る電動義手Finchです。

●電動義手Finch

Finchは、機能性とスタイリッシュな外観を両立させた、３Dプリンタで製作可能な軽量・低コストの電動義手です（図1）。従来の電動義手の研究開発は、手と同様の5指の機能と外観を実現することに注力してきましたが、5指で様々な物体を把持・操作するためには、複数のモータ、複雑な機構、高性能なコンピュータが必要になります。このため、先に述べたような高コストで重い電動義手となってしまいます。Finchは、5指が必要という発想を転換し、あえて3指とすることで道具としての作業性、操作性、装着性、デザイン性を高め、同時に低コスト・軽量化を追求しています。主に装飾義手ユーザが、作業時にさっと装着して使う2本目の義手としての用途を考えています。

Finchには、大きく3つの特長があります。

1つ目は、対向配置の3指による作業性とメンテナンス性です（図2）。Finchは3指が対向した配置になっており、1個のモータで3指を同時に開閉する機構になっています。ちょうど人の親指、人差し指、中指でつまむようなイメージで、様々な物を把持・操作できます。３Dプリンタで製作することを前提として設計することで部品の点数を極力減らし、組み立てや故障時のメンテナンスも容易となっています。

2つ目は、ソケットサポータによる装着性です(図1)。先に述べたように従来の電動義手のソケットは、採型した石膏をもとに、熱で変形する樹脂を用いて手作業で個人に適合させます。そのため、ソケットを製作しないと義手を装着することができません。Finchでは、SMLでサイズ展開する

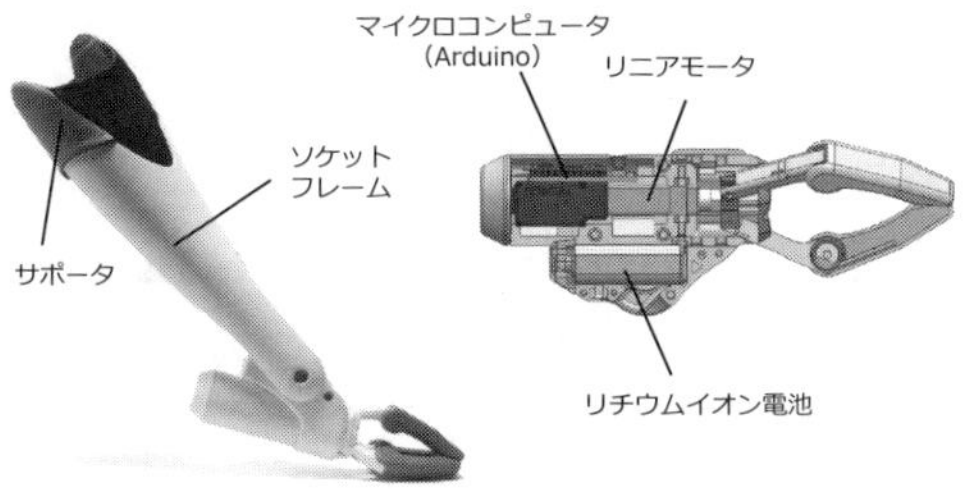

図1　電動義手Finchと内部の機構

ソケットフレームと、これにかぶせる専用サポータによる微調整によって、採型せずにすぐに義手を装着できます。通常の義手は硬い樹脂が直接皮膚に触れるため、厳密な適合を行わないと痛みなどの皮膚トラブルの原因になりますが、Finchでは柔らかいサポータを中間に介することで、断端へのトラブルを回避します。ソケットフレームは3Dプリンタで製作しますので、金型による射出成型では難しい、人体と親和性の高い形状を実現できますし、必要ならばサイズや長さのカスタマイズなども行うことができます。

3つ目は、距離センサーを用いた操作システムによる操作性です（図3）。従来の電動義手は、切断後に残存する部位（主に前腕）から計測できる表面筋電を用いて操作します。表面筋電は筋肉の収縮時に皮膚表面に現れる電気的な活動であり、筋電センサーで計測することができます。筋電センサーは、ユーザの動作意図を読み取る手段としてとても有効ですが、電極が直接皮膚に接触していないと計測できないこと、汗などの影響を受けやすいこと、コストが高いこと、などが課題になっていました。Finchでは、赤外線で距離を検出するフォトリフレクタと呼ばれる距離センサーをサポータとソケットフレームの間に固定し、筋肉が収縮した際の皮膚表面の隆起を検出し、その隆起の度合いで指先の開閉を行います。距離センサーは、サポータを介しても筋の隆起を検出できますし、400円程度の安価な汎用部品ですが、精度よく安定した動作意図の検出ができます。

Finchのソケットサポータを含む総重量は350gと従来の電動義手の約3分の1です。また、原材料費も5万円以下で従来の電動義手より大幅に低コスト化できる見込みです。実際の切断者へのユーザテストが始まっていて、様々な上肢機能の評価テストにおいても良好な結果が得られていますので、近い将来、切断者が義手を選択するときの有望な選択肢の一つになるでしょう。

●3Dプリンタが変える福祉機器の未来

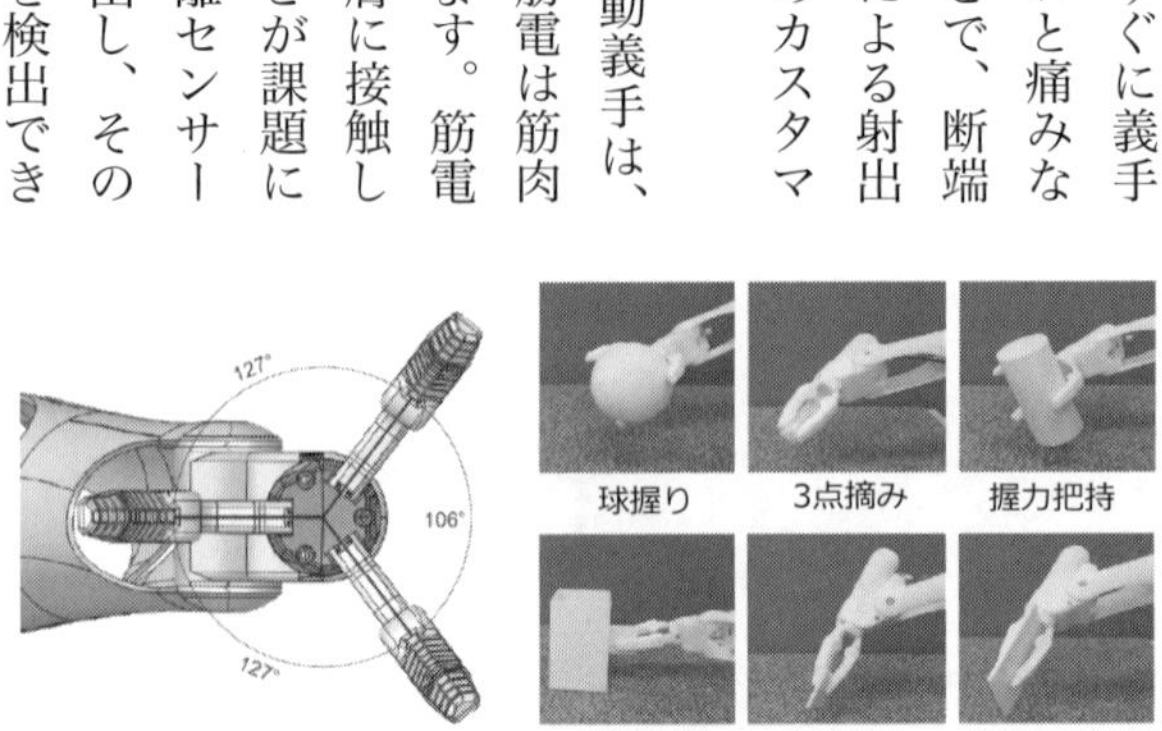

図2　対向配置の３指による様々な物体の把持

最後に3Dプリンタが今後どのように福祉機器の開発を変えて行くのか予想します。まずは、様々な障害に対応する多品種少量の福祉機器の生産が可能になるでしょう。これまで義手をはじめとする福祉機器は、それを必要とする人にとってはなくてはならないものにも関わらず、市場が小さいために、一部の企業を除いては積極的な商品開発は行われてきませんでした。また、障害の度合いや体型に個人差があるため、金型を用いて成型品を作るような製造方法やハンドメイドでは、複数のバリエーションを用意することに限界がありました。しかし、3Dプリンタなら金型などの初期投資は最小限に抑えつつ、様々なバリエーションの製品を少量でも生産することが可能になります。部品が壊れてもすぐに再生産できるので、保守部品のストックも不要です。

それから、開発サイクルが早まり、製品が短期間でリリースされるでしょう。Finch の開発でも経験したことですが、3DCAD（設計ソフト）を用いた設計と3Dプリンタを用いた試作を高速に繰り返すことにより、1年ほどで完成に近づけることができました。切削や金型による射出成型のように最終的な加工方法を意識した設計が必要ありませんので、迅速に設計することができます。また、福祉機器の開発に携わったことのない人も、開発に参入するようになるはずです。これまでの開発においては加工の専門技術が必須でしたが、設計さえできればそれを形にする部分は3Dプリンタが担ってくれます。障害の当事者自らも設計し、ネットを介して世界中の人々が開発に参加できるようになります。実際、義手の設計データをネットで共有して、皆で開発を進めるプロジェクトがすでに進行しつつあります。

3Dプリンタは日進月歩であり、造形の高速・高精度化、金属やカーボンなど素材の多様化も急速に進んでいます。3Dプリンタを前提とする設計手法も盛んに研究されています。福祉機器の発展において、3Dプリンタはなくてはならない存在になるでしょう。

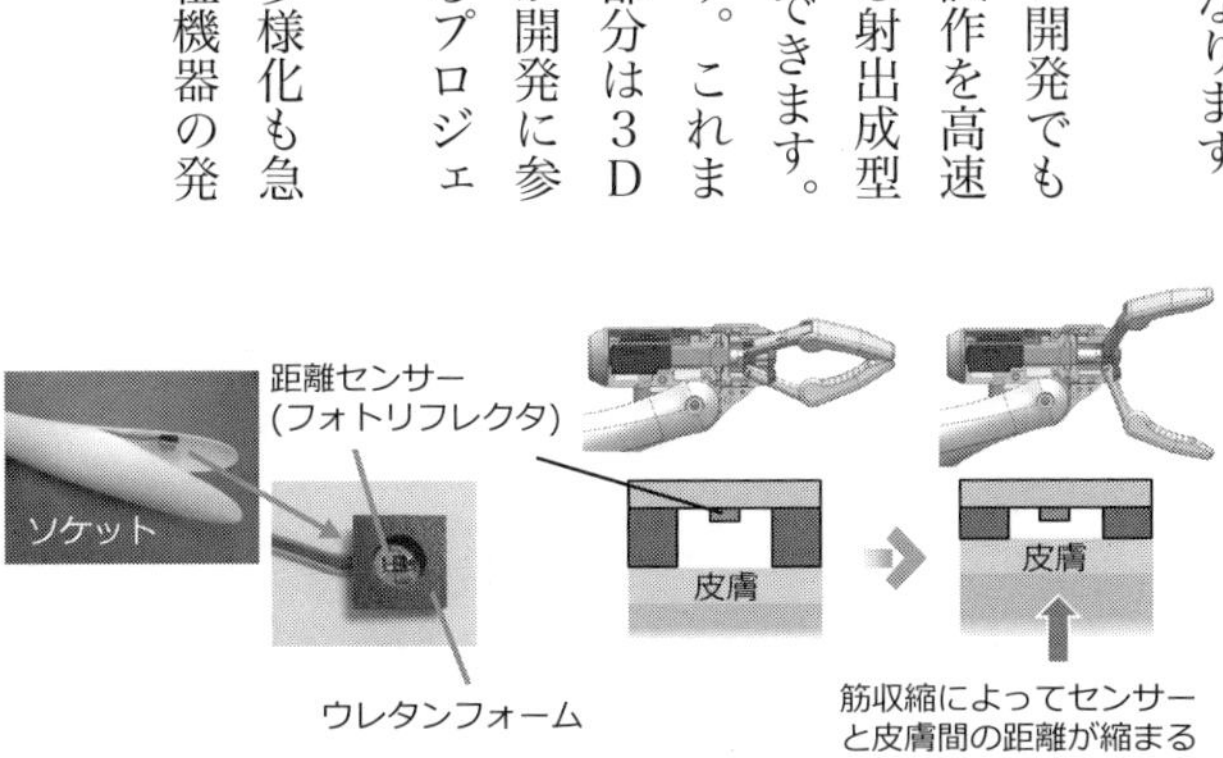

図3　距離センサーによる操作システム

未来を変えるロボット学習

山口　明彦

開発者がプログラムした機能を先天的知識だと考えれば、ロボットが自律的に獲得した知識は後天的知識だといえます。後者の、自律的に知識を獲得することを、広く学習と呼んでいます。私はロボットを高度に知能化するための学習技術を研究しています。ひらたく言うと、何でもできるロボットを作りたいわけです。現実に起こりうる全ての可能性を考慮してプログラムを作ることは困難です。例えばロボットが置かれる環境はユーザごとに異なるでしょう。ロボットにやってほしいことも、ユーザによって異なるはずです。よって、ロボットがヒューマノイドのように高機能化すればするほど、学習能力が求められると考えます。

２０１５年６月に、DARPA Robotics Challenge（ＤＲＣ）というロボットの大きな大会がアメリカで行われました[1]。災害地を模した環境で様々なタスクを行い、ロボットの災害対応能力を競うというものです。ロボットは遠隔操作されているのですが、通信速度が限られているため高度な自律性が必要です。多くのロボットが、ドリルを落としたり転倒したりと、失敗を繰り広げました。多くの原因があります。大会本番の環境が完全には知らされていなかったことも大きいでしょう。失敗を減らす、あるいは失敗した経験をもとに次は失敗しないようになる学習技術が不可欠です。

ロボット学習の目的には複雑さの幅があります。単純なものは、少数のパラメータの調節です。例えばコップに水を注ぐ速さをロボットが学習する場合、「速さ」がパラメータになります。速すぎると水がこぼれるし、遅すぎると人がイライラします。適切な調節が必要です。より高度な学習は、例えば「私の机の片付け方」を学習するといったものです。最適な机の上の状態は人によってまちまちです。設計者が「理想的な机の状態」をプログラムしても、誰もが同意するわけではないでしょう。さらに、ロボットが全く知らないこと、例えば家事ロボットに農業を学習させるなどは、もっと高度な学習です。

●ロボット学習の研究

私は奈良先端大で、強化学習という学習技術の一種を研究していました[2]。ロボットは自分の体の状態（関節角度など）を測るセンサーを持っています。強化学習を使うと、このセンサーの値に対してどのように体を動かすかを決める「方策」を、ロボットが試行錯誤を繰り返しながら、自動的に学習できるようになります。ロボットの行動目標は、連続値の点数（報酬）によって与えられます。例えば前に進めば1点、転倒すればマイナス1点という形で点を与えれば、ロボットは前進する動作を学習します。点数のつけ方を変えれば、ロボットは異なる動作を学習するようになります。ロボットが効率的に学習するためには、質の異なる学習技術が融合されることが必要だと考えており、複数種類の学習戦略を自動的に組み合わせながら学習できる手法を開発しました。例えば、人が動作を学習するのと同じように、ゆっくりした動作や単純化した動作から始め、徐々に動作のパフォーマンスを向上させる、といったことが可能になります。この技術を拡張して、ロボットが置かれている環境（平らな地形やでこぼこな地形）に自動的に適応しながら動作するといったことも達成しています。図1はロボットが獲得した動作の例です。平らな床と凹凸のある地形のそれぞれで左から右に前進しています。床での動きを凹凸のある地形で使うと、ロボットはほとんど進めません。それぞれの環境に適した動作が獲得されているのです。

「行動目標を点数化して与えれば方策が自動的に学習される」、つまりロボットが知らない動作を学習させることができます。すばらしいでしょう？　しかしながら、実は問題があります。学習時間がとても長いのです。つまり、試行錯誤を何回も繰り返す必要があります。私はこれを「汎化性

図1　学習によって得られた前進動作。上と下で環境が異なる。

のコスト」だと考えています。方策を獲得するために解くべき問題は、「センサー入力に対してある方策に基づき行動を実行すればロボットが実際にどのように動いて周囲の環境に干渉し、結果どの程度の報酬が得られるか」というプロセスを、方策について最適化する（つまり一番よい方策を選ぶ）ことです。この問題を、入出力（センサ、行動、報酬）だけ見て詳細なプロセスには目をつぶり、方策を学習しようとしているため時間がかかるのです。結果、どのようなプロセスの問題にも適用できるという汎化性が得られているので、コストは汎化性とのトレードオフによって生じていると言えるわけです。

いずれにせよ、より実用的な方法が必要です。そこで私はカーネギーメロン大学で、より複雑で現実的なタスクを達成する実用的な方法についての研究を始めました。ロボットが柔軟物を操作する研究の一種ですが、具体的には「注ぐ」タスクを扱っています。ここで言う「注ぐ」タスクは非常に一般化して考えており、容器から容器に物質を移す操作全般を指します。水を注ぐだけでなく、ケチャップやシャンプー、ポテトチップスのようなものを容器に移す操作も「注ぐ」です。どのような容器からどのような物質でも注げるような手法の開発が研究目標です。

学習手法を作るために、「人はどうしているか？」を常に意識しています。今のところ人の知能は機械よりもはるかに優れているからです。一種の「模倣学習」の研究と言えます。人は、様々な物資を様々な容器から容器へ「注ぐ」ために、容器を握ったり振ったりと、様々な「スキル」を使っています。さらに容器の大きさや注ぎ口の場所といった特性を考慮するため、自分の行動を調節しています。これらを工学的に解釈すると、スキルのデータベース（ライブラリ）、行動計画（プラニング）、強化学習を含む学習が融合して使われていると考えられます。このように、「注ぐ」といった現実的で複雑なタスクを題材に、実用的な解決策を工学的に模索し、抽象化してほかのタスクへも応用可能な手法の確立を目指しています。

図2はロボットによる「注ぐ」タスクです。さまざまな容器から、容器を傾ける、容器を振る、などのスキルを使い分けながら注ぐことができます。この実験では意識的に自律的な学習要素を減らしていますが、液体や粒子の動きはモデル化がしにくく、学習なしにタスクを達成することは困難でした。例えば図2の右の4つの写真では、容器を傾けただけでは粒子が出てきません。容器の口の大きさに対して粒子のサイズが大きく、詰まってしまうからです。そこでロボットは、「傾けただけでは注げなかった」という失敗に対して試行錯誤的を行い、容器を振ることがこの状況では適切な選択であるということを学習しました。

●ロボットは人の仕事を奪うのか

学習技術の目標は、人によるロボットへのプログラミングを最小限にし、ロボットができることを最大限に高めることです。言い換えれば、人間の知能を工学的に実現することです。数十年前からコンピュータが人の知性を越える、と言われており、最近もディープラーニングという学習技術の開発やロボット技術の向上により、近い将来人の仕事の大部分がロボットに置き換えられる、と言われています。歴史を踏まえた経験からいうと、これらは楽観的な見方と思われますが、私は人よりも知的なロボットが誕生することは間違いないと考えています。そのためにはいくつかのブレイクスルーが必要と考えており、「いつ人よりも知的になるか」を予想することは困難です。しかし、私たち研究者は実現に向けた取り組みを続けています。

ロボットがより知的になったところで、運転ができるか、料理が作れるのか、芸術を理解し絵を描けるか、ピアノを演奏できるか、弁護士や裁判官が務まるか、研究ができるか、という疑問が頭に浮かぶでしょう。いくつかはすでに達成されつつあります。Google社による自動運転カーの開発に関するニュースは最近よく目にします。ＩＢＭ社の人工知能Watsonが創造した料理を収録し

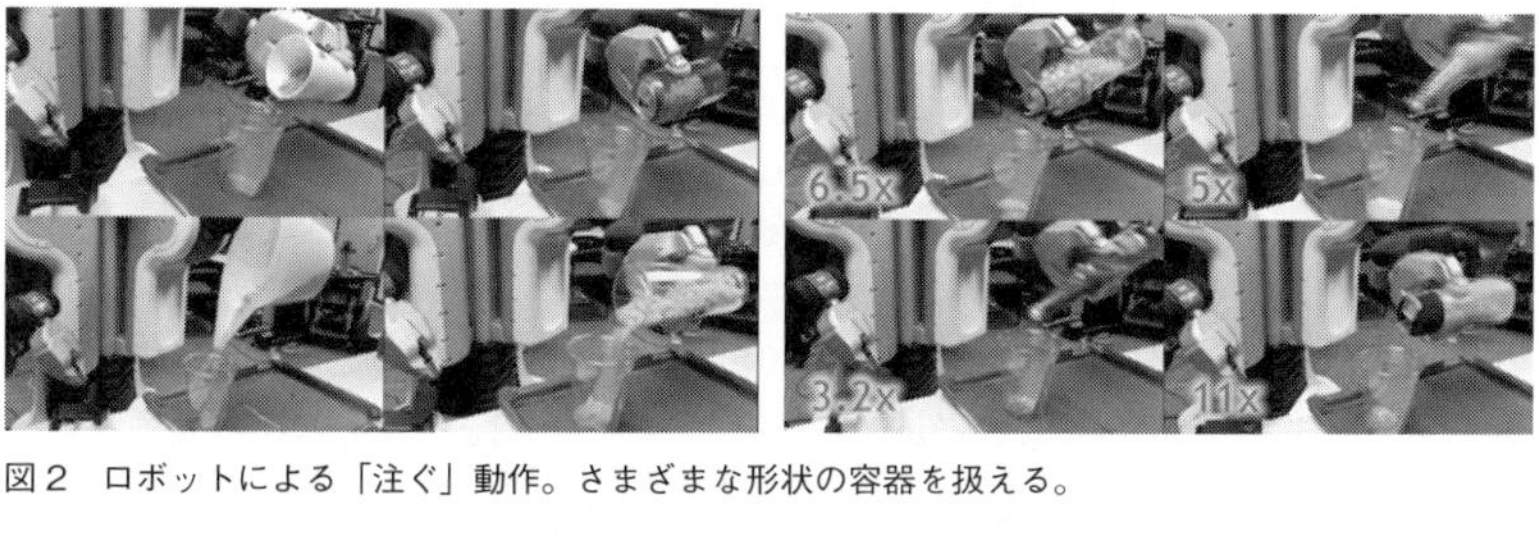

図２　ロボットによる「注ぐ」動作。さまざまな形状の容器を扱える。

た本が、2015年4月に発売されました[3]。より高度な創造性を必要とする研究活動の達成にはまだまだ時間がかかるでしょうが、計算やデータベースの検索が高速といったコンピュータの特性を生かしながら、段階的に達成されると考えます。

この動きをネガティブに捉える見方もあります。「ロボットが人の仕事を奪う」、つまり人を雇うよりもロボットを使うほうが低コストならば、企業はロボットを使い、人は解雇されるだろう、という意見です。より具体的に、20○○年までに○○%の仕事が奪われる、という予想をする人もいます。これは止めようがない流れなのですが、ロボットが人の幸せまでも奪う存在ではない、ということは理解してください。課題は、「人と同じように仕事ができるロボット」を考慮していない社会システムの変革なのです。例えば、ロボットが作った食料品を人々に無料で提供したり、あるいはベーシックインカムという形で給付するといったことを、政策的に行うなどが考えられます。知的ロボットの高度化に伴い、法律の整備などの政策面での対応が必要とされています。例えば自動走行車が事故を起こしたら、誰がどう責任を取るのか、といったことが議題になっています。ロボットの高度知能化が進むにつれ、より大規模な変革が必要となるでしょう。いずれにせよ、ロボットの高度知能化が人々にもたらす恩恵は非常に大きいと考えます。

ロボットと「ふたりぼっち」の愉しい協働生活へ

神原 誠之、萩田 紀博

高齢化社会の到来により、独居高齢者の増加が深刻になる中、独居によるコミュニケーション機会の減少などの生活環境の悪化による身体機能の低下や、社会的なコミュニケーションの断絶が大きな社会問題になっています。内閣府の平成23年版高齢社会白書では、65歳以上の独居高齢者の約3割が、会話機会が2—3日に1度以下であり、さらには1割の高齢者は一週間に1回程度のコミュニケーションに限られている調査結果が報告されており、これらは認知症や虚弱の原因となるばかりか、生活の質そのものを低下させる要因となっています。このような背景から、生活の質を低下させることなく、社会参加を続けながら年齢を重ねていくアクティブエイジングの実現が社会的課題となっています。

高齢者のコミュニケーション不足による活動の低下を避ける手段の一つとして、高齢者に積極的な会話を誘導する傾聴ボランティアなどによる活動が挙げられますが、人手不足が深刻な問題となっています。高齢者の社会参加を目的として、ＩＣＴ技術を活用して高齢者用のソーシャルネットワークサービス（ＳＮＳ）を運用するなどの試みが行われていますが、サービスそのものに魅力を感じないことやデジタルデバイドなどの抵抗感から継続的に利用されず、コミュニケーション機会の増加には至っていません。そこで、人間とコミュニケーションを図る対話ロボットにより、日常生活支援や高齢者のコミュニケーション活性化を行う試みが注目されています。しかし、人同士の対話のような魅力的な（面白い）発話文を生成することは困難であるため、単純な対話内容に飽きてしまい、継続的な対話は実現されていない現状があります。

●アクティブエイジングを実現するロボットとの協働生活環境「ふたりぼっち」

前述のとおり、単に高齢者へのコミュニケーション機会の提供を目的としたロボット対話の実現を試みた場合においても、それを実現する技術的課題は山積しています。しかし、真に高齢者の生活の質を低下させることなく社会参加を続けながら年を重ねることを意味する「アクティブエイジング」を実現するには、単なるコミュニケーション機会の増加のみならず、高齢者の習慣的な生活行動を改善する「行動変容」を実現する必要があります。一般に、この行動変容をロボットとの対話により実現するためには、(1)適切な改善行動内容の決定、(2)改善行動実現への説得、が必要となるため、実現への技術課題の難易度がより一層高くなります。そのため、ロボットとの対話を通じて行動変容を実現された例はなく、実現されれば社会的効果は大きいと考えられます。我々の研究室では、図1に示す通り、アクティブエイジングに向けた行動変容を目的として、日常的な生活環境において対話ロボットがパートナーとして共存する協働生活空間「ふたりぼっち」環境の実現を目指して研究を進めています。「ふたりぼっち」環境では、対話ロボットによる行動変容を実現するため、以下の研究課題の解決を目指しています。

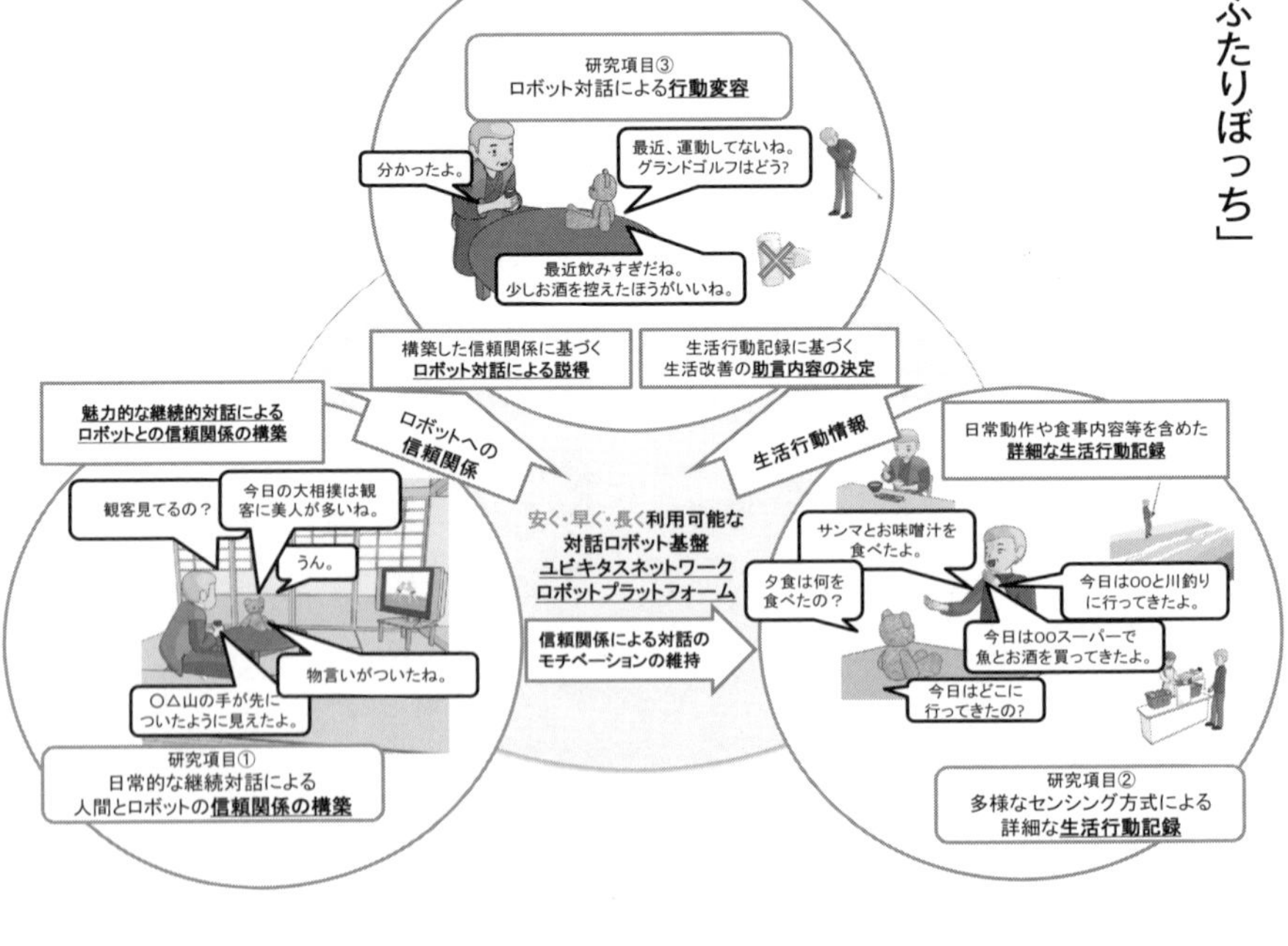

研究課題①：人とロボットの信頼関係構築
研究課題②：詳細な生活行動記録
研究課題③：ロボット対話による行動変容

まず、高齢者とシステムの間のデジタルデバイドの壁を取り除くため、複雑な操作が必要なくシステムの利用が可能となるように、ロボット対話を実現する必要があります。さらに、より魅力的で自分から対話したくなるような対話を実現することで、ロボット対話の継続につながり、最終的には人とロボットの間の信頼関係の構築を試みます。アクティブエイジングに向けた、正確な生活行動改善内容を決定するために、日常生活行動記録を行います。本研究室では、通常用いられる環境に設置するセンサーや、高齢者が装着するセンサーのみならず、パートナーとして協働生活をおくるロボットとの対話を通じて日常行動情報を収集します。それらは、通常のセンサーでは計測が困難な、日常の生活行動の目的や内容、誰といたかなどの情報に加え、食事内容や味、さらには体調などをさりげない会話を通じて収集することが可能です。

●人とロボットの信頼関係

現在、多くの対話ロボットが登場してきていますが、自律的に雑談のような継続的な対話を実現することは困難とされています。我々の研究室では、日常生活において継続的に使用したくなるような雑談ロボット対話システムの継続的な利用を実現するために、ソーシャルメディアを利用した魅力的な発話文生成と、機械応答による応答性の高い対話を融合することで、機械応答のみでは実現困難な、思わず話したくなる魅力的な（面白い）対話システムを開発しました。人はスポーツのテレビ中継などのイベントと連携するソーシャルメディア（掲示板やＳＮＳ）の内容をもとに発話するロボットと対話します。人工的に生成した会話内容より魅力的で信頼性の高い内容で対話が可能となり、ロボットの人格形成を通して、人間とロボットの信頼関係の構築を試みます。さらに、内容が魅力的であるが応答性が悪いソーシャルメディアを利用した発話文生成に加え、内容の面白さは低いものの、応答性の高い3種（反射反応、復唱、自動発話文生成）の機械応答を組み合わせることで、応答性と継続性（面白さ）を両立したロボット対話を実現しました。平均発話数とアンケートによる主観的スコア（自然な対話ができたか、継続して対話したいか）による評価実験より、提案システムを用いた場合の平均発話数の方が有意に多いことが示されました。継続的なロボット対話を行った高齢者へのアンケートを通じて、システム（対話ロボット）との親しみ、信頼関係、ロボットによる説得に対する前向きな姿勢が生まれたことが確認されました。

●詳細な生活行動記録

高齢者が装着したセンサーによるGPS、加速度計測に合わせて、対話ロボットとしてスマートフォンに表示されるCGエージェント（バーチャルロボット）による包括的な生活行動センシング手法を開発しました。それにより、食事内容やそのおいしさ、誰が作ったのかなどのような食事情報、および外出の目的や誰と会ったのかなどのような日常生活における行動情報といった情報を包括的に記録することを試みました。「システムがロボットなどのエージェントを介して行ったユーザとの対話内容から、情報を得ること」を対話センシングと呼び、例えば、システムからの質問に対する回答や、雑談中のさりげない会話から情報を記録します。対話センシングを行う利点として、情報通信機器に不慣れな高齢者でも、複雑な操作を行うことなく、さらに、従来のようにセンサーで取得できる情報のみならず、生活行動の内容や目的など、センサーでは取得できない情報を取得し、キャラクタエージェントが高齢者に話しかけることで、意識せず包括的な生活行動記録を行うことができます。

今後は、記録した生活行動記録に基づく改善すべき生活行動内容の決定、および、構築した信頼関係を利用した行動変容への説得を試みます。これにより、人間の生活習慣改善や高齢者の社会参加を目的とした行動変容を、対話ロボットで実現することが可能となり、ライフイノベーションを生む一助になることが期待できます。

サービス・サイエンスによるイノベーション

▲笠原 正治

私たちは普段の生活の中で対価を払っていろいろなサービスを受けています。電気・水道・ガスのようなインフラ的なサービスはもとより、公共交通機関、電話・データ通信、テレビやラジオの放送、食料品や日用品の購入、レストランでの食事、等々、数え上げたら切りがありません。ここでは主に人がかかわるサービスについて、いかにして効率を高め、生産性を向上させるか、という観点から、サービス・サイエンスという話題についてお話しします。

●サービス・サイエンスの歴史

サービスはいわゆる第三次産業に分類されますが、第三次産業に従事する就労人口の割合は世界的に増加傾向にあり、先進国では7割以上にも達しています。我が国でも第三次産業の従事者は7割を超え、国内総生産に占める割合も7割を超えています。そのため、サービス産業の生産性を向上させることは、国の経済を左右する極めて重要な課題といえます。

サービスの生産性向上には、客が満足するサービスをできるだけコストを抑えて提供することが重要です。しかしながら多くの人たちがサービスに関する業種に携わる中で、客に対するよいサービス、受けて満足するサービスについては一般的・普遍的な概念がありません。むしろ業種固有の性質に依存するところが大きく、そのため経験に頼った形でサービスが形づくられてきました。

２００４年に当時ＩＢＭのチーフ・エグゼクティブ・オフィサーだったサミュエル・パルミザーノがいわゆるパルミザーノ・レポートと呼ばれる報告書の中で、サービスを科学することでその生産性を向上させ、さらにはサービスのイノベーションをもたらすような研究分野としてサービス・

サイエンスを提唱しました。その後、米国を始めとした先進国を中心にサービス・サイエンスに関する研究が活発化し、2010年頃まで産学官が連携する形で積極的に研究が推進されました。現在はその流れが一段落し、サービス・サイエンスやサービス工学を形成する重点戦略分野が明確化され、各分野の技術目標に向かって研究が深化しつつあるフェーズに移行しています。身近な話題としては、収集した大量のPOSデータに対するいわゆるビッグデータ解析を通じて客の好みや行動を分析し、サービス設計に役立てることが挙げられます。

サービスに関わる研究は経済学や経営学といった文系分野で古くから研究されてきました。サービス・サイエンスはこれらの分野に加えてコンピュータ・サイエンス、オペレーションズ・リサーチ、生産工学、経営科学、社会科学、数学といった分野を横断した形でサービスに対する知見を獲得し、さらには新しいサービスのイノベーションにつなげることを目標としています[1]。科学的なアプローチでは、対象を評価できるような定量的・定性的特徴を考える必要があります。サービスに対してはどのような特徴を考えたらよいか、次の項で紹介します。

●サービスの特徴と価値共創

古典的なサービス関係の教科書によれば、サービスを特徴付ける性質として、同時性（提供と同時に消費される）、無形性（形として見ることができない）、消滅性（移動させたり保存することができない）、異質性（同じサービスでも提供者や周りの環境、受け手の心理状態によって得られる満足度が異なる）、という4つが挙げられています。これらは人が人に対して提供するサービスについていえる性質ですが、ICT技術によって提供されるサービスは必ずしもこれらの性質をみたしていません（特に消滅性と異質性）。そのため、最近ではサービスを提供者と受け手の間のインタラクションまたは過程（プロセス）と捉え、そのプロセス自体に意義があるという、サービス・

ドミナント・ロジック[2]という考え方がサービス・サイエンスの理論的基盤の一つとして受け入れられてきています。

サービス・ドミナント・ロジックにおける重要な概念として、価値の共創があります。これは、サービスの提供者とサービスの受け手が、サービスという過程の中で相互に作用し合い、価値を創造していく、という考え方です。提供者と受け手の一対一関係を見ても、サービスを提供する場の状況は時々刻々と変化し、また提供者は労働による疲労感、受け手は快適さ、といった心理的側面も変化するため、満足するサービスを形作ることは並大抵のことではありません。近年ではＩＣＴ技術の発展と普及、さらには経済のグローバル化も相まって、相互作用する人やモノが未曾有の規模に膨らみ、サービス過程における相互作用はますます複雑化してきています。このような中でイノベーションをもたらすようなサービス・デザインの方法を検討していかなければなりません。

●サービス・プロセスに対するアプローチ

パルミザーノ・レポート以降、コンピュータ・サイエンス、オペレーションズ・リサーチ、生産工学、経営科学、社会科学、数学といった諸分野でサービス・サイエンスのための研究が活発化しました。これらのアプローチは基本的には対象を絞り込んだ分析的手法です。例えばコンピュータ・サイエンスではＷＥＢのサービス提供方法やサイトのアクセス履歴に基づく効果的なネット広告の方法といったＩＣＴ技術の応用について研究開発がなされています。オペレーションズ・リサーチの分野では、医療施設やコールセンターにおけるスタッフの配置や航空券・ホテルの予約方式に代表されるマネージメント問題に対し、顧客の需要とサービス供給をコストについて関連付けた数理モデルを基に最適化を図る研究が活発に行われてきました。

前節でも述べましたが、サービスの価値は提供者と受け手の共創過程によって決まっていくという性質があります。従来の科学的アプローチはどちらかというと、ある部分に着目して分析を行い、最適化を図る、ということを主に行ってきました。しかしながら、サービス価値の共創過程は複雑に入り組んだ相互作用に基づくものであり、部分的・局所的な分析や最適化はサービスの一部分だけに寄与し、その部分だけが最適化されても全体が最適化される保証はありません[3]。サービスの研究は、複数の構成要素からなるシステムに対し、各要素の特徴分析よりも、要素間のインタラクション、すべての構成要素を横断するサービスの流れを捉えて、よりよいものをデザインしていく、というアプローチが重要です。

●「ゆとり」を実現するシステム構成法

筆者の専門は「待ち」の現象を確率モデルによって数理的に解明する待ち行列理論です。待ち行列理論は百年以上前にデンマークの電話技師だったアーランが確率論を応用して電話交換機の回線容量を設計したことがことのはじめです。そこでは電話をかけたときにつながらない呼損確率をどのくらいに抑えるかという設計目標を決めておき、所望の呼損確率を達成する最少の回線容量を決定する最適化問題が扱われます。待ち行列理論は電話交換機をはじめとしてコンピュータ・ネットワークや生産システム、さらにはレストラン・ショップの設備設計についても応用されてきました。

ここで注意したいのは、分析対象はボトルネック部分が中心で、システム全体の最適な設計にはなっていないという点です。これまで多くのシステム設計問題が待ち行列理論で扱われてきましたが、複数の構成要素を結合した複雑なシステムの挙動や性能向上に向けた最適化を行うまでは、まだまだ研究しなければならない課題が山積みの状況です。

「待ち」の観点からよいサービスを構築する方策として、「待ち」の現象を悪い性質と捉えるのではなく、「ゆとり」と捉えてシステムを設計できないか、ということを考えています。レストランのコース料理などは、複数の料理が客の食事のペースに合わせてサービスされていきますが、このような客の行動とサービスのインタラクションを過程として捉えた数理的モデルを構築することができれば、単に間を詰めるのではなく、ここではうまくゆとりを持たせ、この部分は急いで処理を行う、というサービスの構成法が検討できるのではないかと考えています。システムの構成要素間のインタラクションだけでなく、人間とシステムのインタラクションも含めたサービスシステム全体を横断的に捉えることができるモデリング技術と最適化技術の研究は、サービス・サイエンスによるイノベーションを実現する上で今後ますます重要となってくるでしょう。

9 ライフサイエンスの限界突破

新たな医療の礎となる機械学習

久保 孝富

医療の歴史は、古くは紀元前にまで遡ります。その長い歴史において、ヒポクラテスが医療を祈祷・占い・呪術などの宗教的な方法から切り離し、現代医療への先鞭をつけたとされています。また、観察と記録を重視することで医学の発展に大きく貢献しました。これらの功績からヒポクラテスは「医学の父」と称されています。そのようなはるか昔から観察と記録が重視され、そして、それらが実際に医学の発展に寄与したという史実自体が、観察・記録の重要性の証明であると捉えられます。記録に基づいた事例の参照・比較によって、対象とする事象についてより信頼性の高い、詳細な知識を得ることが可能となります。このような知識を得るプロセスの確立が医療の進歩に影響したことは容易に推測されます。観察・記録に基づいた知識の創出が医療の礎を成している、とも言えそうです。

長い歴史とともに目覚ましい発展を遂げた現代医療においては様々な病気について多くのことが

明らかになり、観察すべきことがその発展とともに増えてきました。また、近年の医療ではCT・MRI・超音波検査など種々の医療機器の普及や電子カルテの開発によって観察と記録のあり方そのものが昔とは大きく異なっています。そのような電子化・自動化などの変化に伴って蓄積される情報の量・速度はますます増加しています。この傾向が持続すれば情報爆発と呼ばれる状況にどんどん近づいていってしまうことでしょう。ヒトが調べ、記憶できる量には限界があるので、いずれは情報の量がこの限界を上回ってしまいます。一方で、そのようなヒトの容量を超えた情報にこれまで明らかにされていないような有用な知見がないとは言い切れません。では、ヒトが判断を成し得なくなるほどの記録はどうすればよいのでしょうか。おのずとコンピュータに頼らざるをえないという答えに至るかと思います。

実際に大規模な記録に対しては医療に関する様々な場面でコンピュータが活躍するようになっており、私たちは知らず知らずのうちに恩恵にあずかっています。例えば、多数の患者から得たデータに対してコンピュータ上で統計的処理を施し、対象とする疾患について疫学的調査を行ったり、薬剤の有効性を調べたりといったアプローチは既にずっと以前からなされています。そして、近年では可能な限り客観性・信頼性の高い根拠に基づき医療を実践するという Evidence Based Medicine（EBM）と呼ばれる考え方があります。このEBMにおいては先述のような統計的検証に基づいた結果が重視されます。つまり、医療の判断はすでにコンピュータ・統計的手法に依存しているのです。

統計的手法も、古典的なものを適用しようとすると、記録の規模が大きくなった場合には、適用が困難な場合が生じてきます。そのような場合にも適用が可能となるよう、機械学習と呼ばれる技術が用いられるようになっています。機械学習の定義は色々なされていますが[1]、「明示的にプログラムすることなく、自動的にコンピュータに活動を獲得させることを目指す科学分野」とされます。近年のウェブ検索・音声認識・自動運転などの技術の発展は、この機会学習によってもたらされているのです。機械学習の技術を用いれば、何らかの入力を得たときに、それがどのようなカテゴリーに属するものであるのかを自動的に判別することが可能となります。今日では医療においても診断・予防・障害者支援など様々な側面における既存技術での限界を克服すべく、機械学習の応用が試みられるようになっています。以下ではいくつか例を挙げてご紹介したいと思います。

●診断・治療支援

機械学習による診断・治療の補助は既に医療の現場へも及びつつあります。そのような一例として、ＩＢＭはWatson[2]という、言語を解釈し、根拠に基づき仮説を立て、経験からさらに学習を積み重ねていく、ヒトの知能を模したようなシステムを開発しました。Watson の用途は医療のみに限られている訳ではありませんが、癌の診断・治療方針決定の支援や健康助言のためにも使われるようになっています。別の例を挙げると、Jonthon & Jonthon は同社傘下の医療機器会社Ethicon が Google と提携し、最先端の画像化技術・データ分析技術を有する手術支援ロボットを共同開発するという発表を行っています[3]。また、研究段階でも機械学習の手法を適用しようという試みは増えています。例えば、ＣＴやＭＲＩといった各種画像検査の結果に対して機械学習の技術を応用することで診断を行うような研究も盛んになされるようになっています。

●発症予測・流行予測

検診データなどに基づき生活習慣病の発症を予測する手法を富士通[4]・日立製作所[5]はそれぞれ独自に開発しています。企業が実際にこのように機械学習の手法を大規模な健康管理関連データを用いて検証していることは、機械学習がより社会に浸透していることを示すものと捉えられます。

また、研究レベルでは脳画像データから認知症の発症予測を行う研究も盛んになされています。他の例として、Googleはインフルトレンド[6]というインフルエンザの流行状況を検索キーワードから予測する技術を既にウェブ上で提供しています。これに加えてGoogleはデング熱についても同様に流行状況の予測が可能であることを発見しました[7]。今後も様々な流行性の疾患でそのような予測が実現される可能性があります。予測が可能となることで、各種疾患に対する予防策・対処策を講じるための助けとなるかも知れません。

●障がい者支援・リハビリテーション

障がい者支援・リハビリテーションの目的でも、機械学習の応用を試みた研究がなされています。この場合、障害によって機能しなくなってしまった動作に関する意図を、何らかの代替となる情報から推定することが必要となります。例えば脳波などの脳の活動に関する情報、筋肉の活動に関する情報、あるいは他の残存運動機能の情報などから、意図の推定を行います。より具体的には、脳の電気活動信号をもとにロボットアームを操作する、筋肉の活動情報に基づき義手を制御する、目線を用いてパソコンのカーソルを操作できるようにする、など様々な研究内容がすでに報告されています。

このように見てみると機械学習が医療の様々な面に関わりつつある気配を感じ取れるのではないでしょうか。皆さんもそう遠くない将来に、コンピュータが診断・治療し、ヘルスケアについてのアドバイスも与えてくれるような現実が身近となりつつあることを実感することになるでしょう。また、人々は考えるだけで義手・義足・パワードスーツ・車椅子などを自由に操作できるようになる状況ももはやSF映画のような夢物語ではなくなりつつあるのです。

機械学習が医療の新たな礎となる日―医療における特異点に達する日とも言えそうですが―もそう遠くはないのかも知れません。

ICT技術をリハビリの現場に

▲爲井 智也

２００７年に65歳以上の高齢者が人口に占める割合が21％を超え超高齢化社会に突入した我が国では、２０１５年には26・８％、２０３５年には33・４％と、今後さらに高齢化率が高くなることが予測されています。[1] 人類が経験したことのない高齢化社会を迎えるにあたり、[2] 高齢者や患者、障がい者[3]の生活の質（QOL: Quality of Life）の維持・向上をいかに図るかは差し迫った課題です。多くの人が年をとっても充実した生活を送るために、また、国民医療費の増加、介護従事者の不足といった問題を緩和するために、情報通信技術（ICT: Information Communication Technology）を活用した取り組みが始まっています。

筆者が所属する研究室でもＩＣＴを活用して、パーキンソン病などの姿勢制御障がいの患者や高齢者を対象とした、在宅リハビリシステムやバランス能力を簡易的かつ定量的に評価するシステムの研究・開発を行っています。[4] 筆者らの取り組みを例にとり、ＩＣＴを用いることでリハビリなどの医療分野にどのようなメリットをもたらすことができるかを考えていきたいと思います。

●遠隔で医療従事者と患者をつなぐ

まずは、医療従事者・患者双方が、遠隔で患者の障害の状態を定量的に知ることができるという点が挙げられます。ここで重要な役割を果たすのが、患者の状態を測る計測機器です。従来、姿勢制御に関する診療や研究では、人間の姿勢や動き、足圧中心を計測するのにモーションキャプチャシステムや床反力計といった機器が使われてきました。しかしながら、これらの装置は非常に高価な上に大がかりで、限られた施設のみで計測が可能でした。そこで筆者らのグループでは、テレビ

1―総務省統計局まとめ

2―２００５年にヨーロッパ諸国を抜き世界一に、特に高齢化の速度は他に例を見ません。World Population Prospects. The 2012 Revision

3―高齢になるほど日常生活動作（起床、衣服着脱、食事、入浴など）に影響のある病気やけがを抱える人が増えていきます。平成25年版高齢社会白書

4―九州工業大学大学院 生命体工学研究科、畿央大学健康科学部理学療法学科 ニューロリハビリテーション研究センターとの共同研究

ゲームのコントローラであるMicrosoft KinectとNintendoバランスWiiボードを用いた、安価で簡便なモーション・足圧中心の計測システムを開発しました[1]。10年ほど前ならどちらも数百万円したかと思われる機器ですが、両方を合わせても二万円程度で購入することが可能です。安価な計測装置とPCがあればよいので、比較的簡単に多くの患者の自宅や医療機関で導入することができます。このシステムで患者は在宅で自身の姿勢の検査や、姿勢のフィードバックを受けることでリハビリを実施することができます。計測したデータをオンラインストレージに保存すれば、医療従事者は自宅にいる患者の姿勢の状態を遠隔で知ることが[5]、また患者は自身の身体の状態を医療従事者に知らせることが可能になります。

●大量のデータを蓄積する

もう一つの大きなメリットは、大量のデータを長期的に蓄積することができるという点です。筆者らは姿勢制御についてより詳細に研究するためには事例を多く集めること、それも病院や研究施設のみではなく、日常生活時や在宅時などの様々な条件・環境でのデータを長期的に記録・蓄積することが重要であると考えています。運動学習やリハビリテーションなどの分野では、トレーナーや理学療法士の経験に基づく一定の理論体系は存在するものの、系統だった理論や定量的なデータの蓄積は十分に進んでいるとはいえません。在宅で使用可能なリハビリ・計測システムがあれば、病院に行かない日でも毎日データを集めることができます。医療ビッグデータという言葉が昨今注目を集めていますが、運動学習やリハビリの分野でも、長期間・多事例のデータを集めることで理論体系の整理、さらには効果的な手法の発見につながる可能性もあると考えられます。筆者らのグループでは、このシステムを累計4名のパーキンソン病患者の自宅に設置し、うち2名で1年以上にわたる姿勢データを蓄積することができました。また、複数の大学などの研究機関、医療施設で

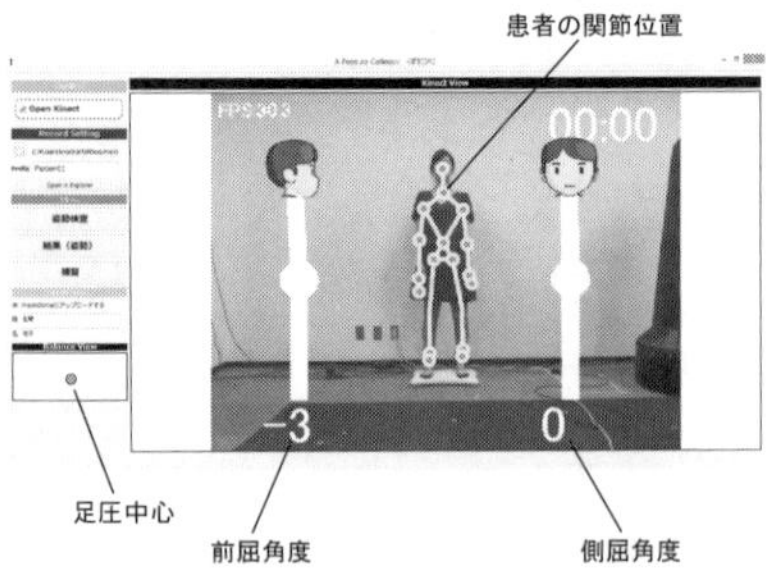

5—数千万円するようなモーションキャプチャ装置の精度にはおよびませんが、理学療法士が一般的に行うゴニオメーター等を用いた手法よりも、精度よく姿勢の計測が可能です

も、患者の姿勢や動作データを集めるのに使用されています。

●QOLの維持に役立てる

さらに、筆者らはこの計測システムを病後のリハビリだけではなく、高齢者の運動能力のチェックや維持のためのトレーニングにも役立てたいと考えています。内閣府の調査によると、[6] 65歳以上の高齢者の10％以上が年に1回以上転倒を経験しており、転倒した高齢者の60％以上はけがを負い，6％以上は骨折等の重症を負うとされています。転倒による骨折をきっかけに日常生活に支障をきたしたり寝たきりになるケースは多く、高齢者にとって転倒はQOLの著しい低下を招きかねない深刻な問題です。こうした背景から、筆者らは転倒の危険性と深く関係するバランス能力の評価を、Kinect とバランス Wii ボードのシステムで行う方法についても研究しています[2]。

これまでに高齢者向けのケアハウスにご協力を得て、利用者の方々に実験に参加していただきました。中には、これまで自分は元気だと思っていたが点数の低い項目があってショックだった、という方もいらっしゃいました。この方のように、自分で思っている以上に運動能力の衰えが進んでいることもあります。短時間で簡単に自分の運動能力をチェックし定量的に知ることができれば、[7] 注意やトレーニングの必要性をより理解してもらうことができるのではないでしょうか。将来的には改善すべき点のアドバイスや、トレーニングメニューの提案までできるようなシステムを作りたいと考えています。ICTを活用した医療・リハビリの普及のためにここまで述べましたように、ICTがリハビリなど医療や高齢者福祉の現場を、医療・福祉従事者と患者・高齢者の関わり方を大きく変えていく可能性を秘めているといえますが、それを実現させるためには今から取り組むべき多くの課題があります。現在はICTを生かした在宅医療・介護を広く普及させ、リハビリやQOL向上に役立たせる将来のための基盤作りの段階にあるといえます。

6―平成22年度 高齢者の住宅と生活環境に関する意識調査結果より

7―一般的なのバランス能力の定量的評価指標の測定には、時間やスペース、測定を行う人が必要など、個人で手軽に行うことが困難です例えば、高齢者の中にはコンピュータを使用することに不慣れで、心理的に大きな障壁を感じる方も多くいらっしゃいます。直感的に使用可能なインターフェースや操作性が求められます。また、在宅リハビリを始めても無味乾燥なコンピュータ画面が相手では、毎日継続的に続けていくことは苦痛にもなりかねません。リハビリ実施の継続性を高めるための仕組みについても検討していく必要があります。例えば、タスク自体にゲーム・エンターテインメント性を持たせることや、ソーシャルゲーム化して友人同士で競い合わせることによってやりがいを高めることなどが考えられます。薬を服用したかどうかを友人と競うソーシャルゲーム化することで、服用率が大きく向上したという、海外の研究グループの報告もあります[3]。

さらに大切なのは、ＩＣＴを活用することでどのようなメリットがあるのか、また将来の医療・リハビリの発展に役立つ可能性がある、ということを多くの人に知ってもらうことです。また、研究者も医療現場についてよく知り、現場のニーズや実情に即した研究・開発を行う必要があります。こうした観点から筆者らのグループでは、患者、大学・医療・行政の関係者を集めたワークショップを開催し、論文や学会での成果発表だけでなく、ＩＣＴを活用したライフケアに関する啓蒙や意見交換も行っています。

コンピュータと解剖学の出会い—医用画像から人体解剖地図を作成する

佐藤　嘉伸

三十年後の医療では、自動診断システムや自動手術ロボット無しには、最善の診断・治療を行えないでしょう。過去に蓄積された膨大な医療データ、すなわち、電子カルテ、医用画像や種々の検査、手術映像、治療過程と治療効果の記録などを含むデータを解析・機械学習し、様々な人体シミュレーション技術と統合することで、科学的根拠に加えて、数式で表わせない熟練医師の経験と勘を取り入れた最適な意思決定が可能になります。その実現に向けて、突破すべき技術的限界の一つが、「人体解剖地図」の自動生成です。

人体解剖地図とは？

「地図」と言うと、通常、世界地図や道路地図を指します。コンピュータが活躍する研究分野において、「地球環境シミュレーション」では世界地図、「車の自動運転」では道路地図が不可欠です。同様に、医療の診断や手術をコンピュータが行うには、「人体解剖地図」が重要な役割を果します。どの地図も、詳細に作成するのは大変手間がかかることですが、大きな違いがあります。それは、世界／道路地図では、対象は地球であり唯一無二です。しかし、人体解剖地図は、個人によって異なります。すなわち、診断や手術を受ける患者ごとに地図を作成する必要があるのです。これはかなり大変そうです。

世界／道路地図は、本屋にあります。これらの地図は、そのまま電子化してコンピュータに入力し、地球環境シミュレーションや車の自動運転に利用されます。実は、人体解剖地図も、本屋の専門書コーナーにあります。医学生が勉強する「解剖学書」です。世界／道路地図も解剖学書も「アトラス」と呼ばれます。アトラスは、もともとギリシャの神の名前ですが、地図帳を意味する言葉として定着しています。すなわち、解剖学書は「地図」なのです。しかし、解剖学書は、典型的な人体のイラストにすぎません。患者の人体解剖はそれぞれ異なるので、そのまま電子化しても、教育用の教材にはなりますが、患者の正確な地図にはなりません。昔、「ミクロの決死圏」という映画がありました。ミクロのロボットが体の中を自在に動けたとしても、大ざっぱな地図では迷路にはまってしまうことは、容易に想像がつきます。各患者の正確な人体地図がなければ、ロボットが自律的に目的をもって体内で動くことは難しそうです。

●医用画像と人体解剖地図の違い

ご遺体の高精細画像から作成された“VOXEL-MAN”という電子解剖書が、一九九〇年代に作成されました（図の上段参照）。これは「二十世紀の電子人体解剖書」と呼ぶべき素晴らしいもので、詳細な解剖を立体的にコンピュータ内に表現しました。しかし、対象としたご遺体の一個体を地図にするために、長い年月を費やしました。幸い、二十一世紀になり、ＣＴやＭＲＩといった三次元医用画像の撮影技術が革新的に進み、「生きた人体」の高精細三次元画像を撮影することが可能になりました。今後、さらに高精細化され、人体内部の多様な組織性状や生理活動が画像化されるでしょう。その進歩はとどまることがなさそうです。

しかし、医用画像は、衛星写真のようなものです。衛星写真は、どんなに高精細であっても、道路、施設、県境、地名などの情報はなく、自動運転の経路決定には利用できません。医師（人間）は医用画像から、患者解剖を具体的に認識できますが、これは医師の脳内でのみ可能であり、コンピュータによる自動診断・手術を行うためには、コンピュータが患者解剖の自動認識を行う必要があります。正確な地図があって初めて、病変がどの臓器のどの部分にあってどこに浸食しているか、

20世紀の電子人体解剖地図

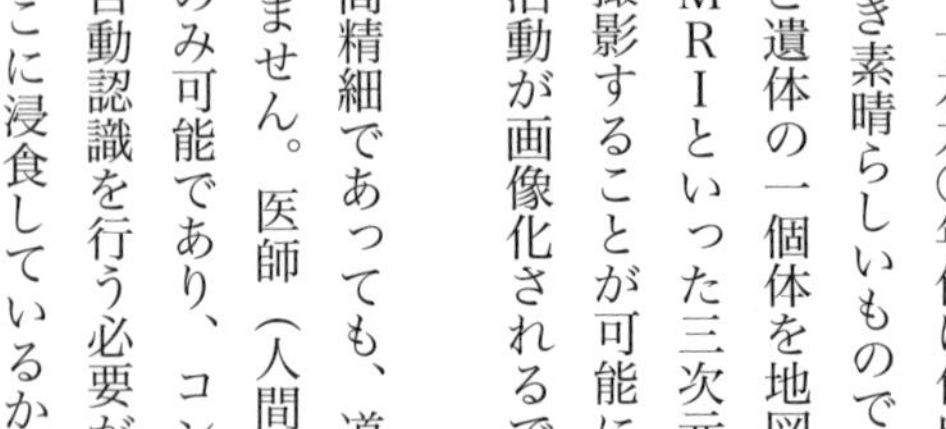

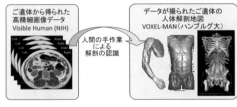

この血管がどの臓器に到達するか、体表から病変に正常臓器への損傷を最小限にして手術器具を到達させるにはどの経路がよいか、等について、コンピュータが判断することができるのです。

●計算解剖学—コンピュータが人体解剖を知り、患者ごとの人体解剖地図を自動生成する

地図作成のためには、三次元医用画像から、コンピュータが各臓器、組織、病変に対応する領域を正確に切り出して、解剖学書との正確な対応関係（写像）を与えることが必要です。この問題を一般化すると、観測データ（医用画像データ）から、データの背後にある事象・対象（患者の人体解剖）を予測・認識する問題とみなすことができます。この一般化した問題は「逆問題」と呼ばれ、「火山活動のデータから噴火時期の予測」、「事故現場に残された痕跡データから事故原因の推定」といった問題も含まれます。逆問題は手ごわそうです。

逆問題を解決する方法として、ベイズ推定と呼ばれる方法があります。これによると、逆問題は、①認識対象（この場合、人体解剖）の知識と、②認識対象から観測データの生成過程の知識（「順問題」に相当）を組み合わせることで解決できます。ベイズ推定ではこれらの知識を統計数理モデルで表現します。順問題については、過去の多数の患者画像データから、画像中の各臓器領域（認識対象）がどのような濃淡パターンを呈するかを調べて統計をとることでモデル化できます。ところが、順問題のモデルから「臓器Aから（高い確率で）濃淡パターンBが観測される」と言えても、「Bが観測されればAである確率が高い」とは言えないのです。「逆は必ずしも真ならず」です。ベイズ推定により、認識対象である人体解剖の知識を組み合わせることでこれを解決できます。すなわち、臓器Aがどんな確率でどんな形をとり、他の臓器とどんな位置関係にあるかについて、あらゆる可能性を確率的に表現する「人体解剖の統計数理モデル」があれば、より確実なことが言えるのです。

私たちの研究室では、「人体解剖の統計数理モデル」を構築するため、コンピュータと解剖学を融合した「計算解剖学」という学問分野を創成中です。図の下段に示すように、多数個体の人体解剖データをコンピュータが学習して、臓器形状、臓器間の位置関係、臓器内部構造、さらに、それらの個体差を統計数理モデルで表現します。これを新しい患者の医用画像データから得られる濃淡パターンの情報と組み合わせることにより、高い精度と詳細さで画像認識を行い「患者解剖地図」を自動生成します。今後、統計数理モデルの表現能力をさらに高めて、様々な病気や組織の微細構造までをコンピュータが自動認識するための研究を進めます。私たちは、解剖学のみならず組織学、生理学、病理学などあらゆる医学書の知識を統合した「二十一世紀の電子人体解剖書」の自動生成を目指しています。最後にもう一点、人体は呼吸や体位変化により動きます。手術で利用する際には、動きに合わせて「患者解剖地図」も変形させなければなりません。この問題については、次節で述べられます。

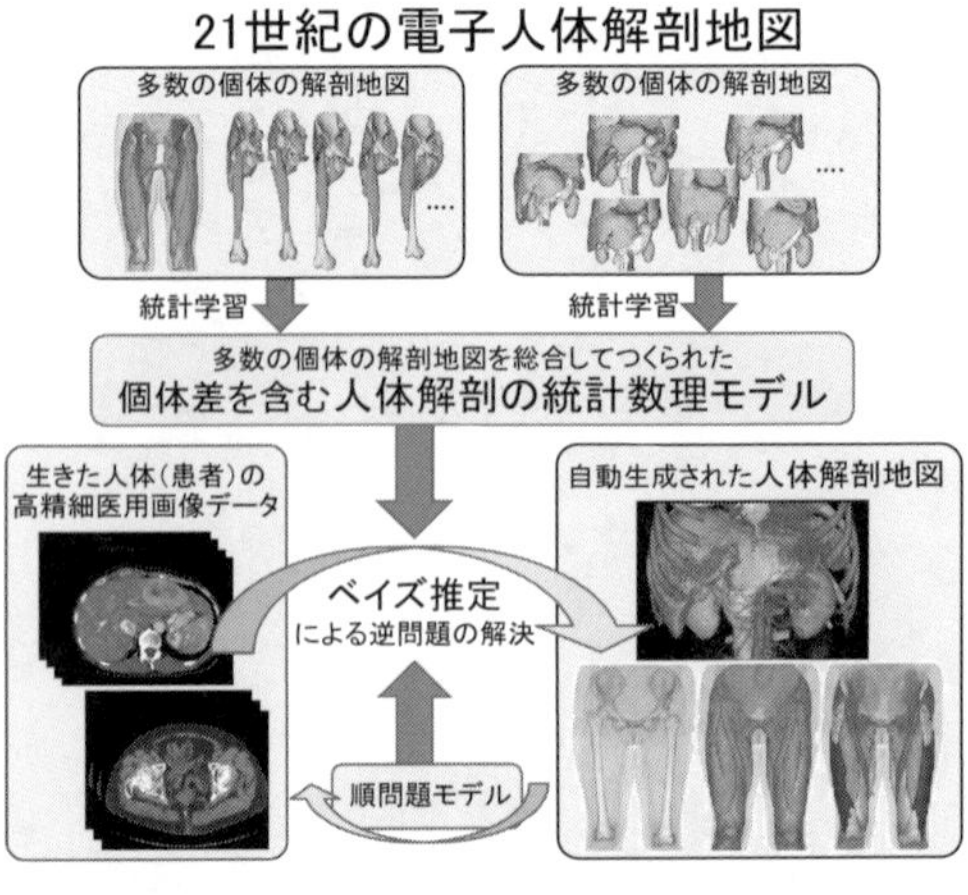

医用画像ビッグデータが手術を変える―2ミリの限界を超える高精度手術支援システム

大竹　義人

●高精度手術支援システムにおける2ミリの限界

「2ミリの精度」私たちが今、突破しようとしている限界です。

低侵襲手術という言葉を耳にしたことがあるでしょうか？　内視鏡手術やカテーテル手術のように、体への侵襲を最小限に抑えて治療する技術が、今、実現されつつあります。従来の開腹手術は、対象となる患部にたどり着くまでに皮膚や脂肪、筋肉などの切開が必要なため、負担となる周辺組織の範囲が大きいのに対して、低侵襲手術では、内視鏡カメラや細長い形状をした鉗子などの手術具を挿入出来る程度（数cm程度）の切開のみで済むため、周辺組織への負担を最小限に抑える事ができます。一方で術者にとっては、内視鏡やX線透視像を通した限られた視界の中で手術を行う必要があるため、周辺臓器を傷つけず、対象とする患部に到達するための大変高度な技術が要求されることになります。このように精度の高い技術を必要とする手術の実現には、手術器具が体内のどこに位置しているか、周囲に傷をつけてはいけない重要な臓器があるかどうかなどを確認しながら手術を実現する、手術ナビゲーションシステムが不可欠となっています。

手術ナビゲーションシステムとは、事前に、CTやMRIなどの医用画像から人体の「地図」を作っておき、「GPS（Global Positioning System）」の役割をする三次元位置計測装置を用いて、この地図上に手術中の患部の位置（目的地）と術具の位置（現在地）を正確に提示することで、精度の高い手術の実現を目指すシステムです。例えば、機能的内視鏡副鼻腔手術（FESS: Functional Endoscopic Sinus Surgery）と呼ばれる手術では、副鼻腔という鼻の奥にある複雑なハニカム構造をした器官が手術の対象です。このハニカム構造は、患者ごとに大きくパターンが異なるため、統一した手術手順を作ることが難しいことに加え、周辺は脳や眼球、視神経や血管といった非常に重要な器官に囲まれているために、精度の高い手術操作が必要とされる難しい手術の一つです。また、内視鏡カメラにはこのハニカム構造の一部分だけしか見えないため、術者にとっては、手術を行っている部位やカメラの進んでいる方向を把握する事が困難です。これらの理由から、患部と術具の位置を含めた対象部位全体を把握することができる精度の高いナビゲーションシステムが役に立つわけです。ただし、このような高い精度が要求されるナビゲーションシステムにおいて問題になるのが、臓器の変形です。例えば鼻の内部は皮膚などの軟組織や粘膜で覆われていますので、手術中に術具で触れると容易に変形します。対象とする患部が数ミリメートルという非常に微細な操作が要求される手術では、わずかな変形も、手術ナビゲーションシステムを大きく狂わせる原因となります。現状では、この、軟組織の微小な変形を考慮することができないため、かなり理想的な状況下でも、計画通りの理想的な手術に対して2〜3ミリの誤差が生じているのが現状です。

●「動く地図」を作る―生体シミュレーションとビッグデータによる超高精度手術ナビゲーションシステム

この手術ナビゲーションシステムの精度の限界を突破するための鍵は、臓器の「動き」の予測です。もし対象とする臓器の動きを予測することができれば、その臓器の動きを考慮した上で、臓器に対する術具の位置を示すことが可能になり、これまで生じていた誤差を減らすことができます。

ここで仮に、地球の外側のGPS衛星から、地球上を動く車をナビゲーションすることを考えてみます。プレートテクトニクスと呼ばれる理論で知られているように、地球上の大陸は毎年数センチメートルずつ動いています。この大陸の動きを、地球の外側のGPS衛星から見てみると、大陸の動きと車の動きを足した動きが観測されるため、車が動いているのか大陸が動いているのかを判別できず、このあいまいさのために、大陸上での車の位置を計測する精度が下がってしまうことになります。このあいまいさを取り除く一つの方法が、大陸の動きの予測です。プレートテクトニクス理論はすでに体系化されており、プレートの移動を詳細に予測できるようになっています。この理論を使ってプレートの動きを予測しておき、ＧＰＳ衛星から見る車の動きから事前に予測したプレートの動きを引き算することによって、大陸上での実際の車の動きを正確に計測することができるというわけです。つまり、大陸の動きを考慮した、いわば「動く地図」を作っておくことで、精度の高いカーナビゲーションが可能になるわけです。

それでは人体の「動く地図」について考えてみます。心臓や肺、血液などは手術中に麻酔がかかっている最中も常に動いています。また、皮膚や脂肪のように手術中に加えた外力によって変形する軟組織も多くあります。これらの動く臓器（カーナビの例では「大陸」に対応する）に対して、手術具（車）がどの位置にありどの程度の速さで進んでいるのかをナビゲーションする場合に、先の例と同様に、この臓器（大陸）の動きを予測することによって、臓器に対する現在の手術具の位置をより正確に推定することができます。つまり、臓器の動きをリアルタイムに予測することによって、従来、人体の自然な動きに起因する避けられない誤差とされてきた、２ミリという精度の限界を超える超微細手術を可能とするナビゲーションシステムが実現します。

現在私たちが取り組んでいるのは、手術前および手術中に計測するデータと、コンピュータによる生体シミュレーションを組み合わせて、手術中の臓器の動きをリアルタイムに予測するシステムです。手術前に得られる計測データには、患者個別のＣＴやＭＲＩなどの三次元画像データ、年齢・性別・病歴などの情報に加え、病院に蓄積されている多くの過去の患者の医用画像、血液検査情報といった生体計測情報があります。これらは医療ビッグデータと呼ばれ、これらのデータを蓄積した大規模データベースを用いて、熟練医師が持っている経験や知識を数理モデル化します。つまり、

「これまでの経験から、この年齢のこの病気を持つ患者の臓器はこのように動くはずであろう」という統計的な事実に基づく推定（帰納的な推定）を行います。また、術中に個々の患者から得られるX線透視像や超音波画像のような医用画像データ、心電図や呼吸、脳波などのリアルタイムに得られる計測データに基づいて、患者個別の生体シミュレーションを実行することで「この生体組織は細胞構造やそれぞれの細胞の動きから考えると、このように動くはずだ」という普遍的な理論に基づく推定（演繹的な推定）を行います。このように、医療ビッグデータを用いた帰納的推定と、予測シミュレーションによる演繹的推定とを組み合わせることで、リアルタイムに人体の動きを予測することができる「動く人体地図」を構築します（図1）。これにより、対象臓器が柔らかい軟組織の場合でも、従来、超えることのできなかった高い精度で、臓器に対する術具の位置や動きを推定する手術ナビゲーションシステムを構築し、超微細・超低侵襲手術を実現することが私たちの使命です。

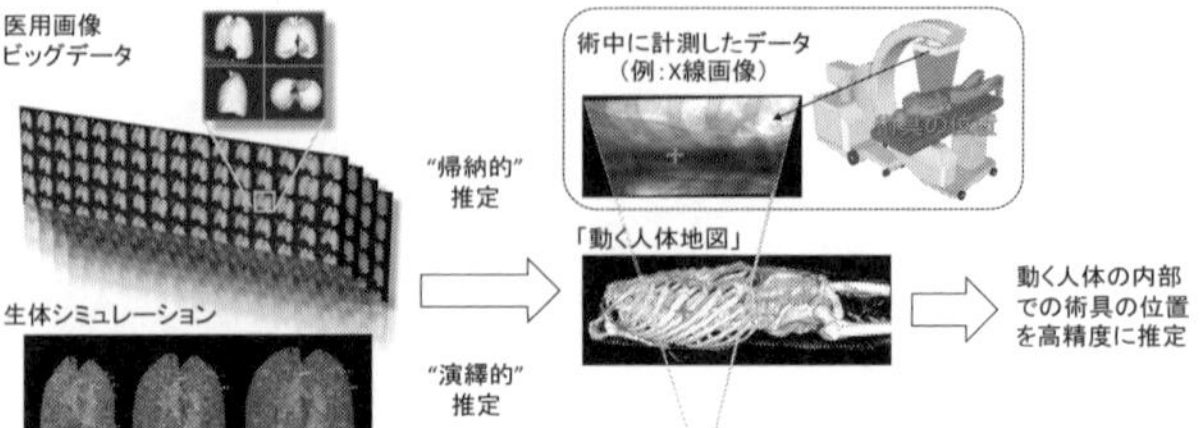

図1　「動く人体地図」を用いた手術ナビゲーションシステム

質量分析で全ての代謝物の化学構造を決める：新薬発見への道

▲西岡 孝明

ゲノムは生物の設計図と例えられるように、生物が生きていくために必要な全ての情報を含んでいます。遺伝子として与えられたアミノ酸配列のペプチドが合成されると、ペプチドは配列から一義に定まる立体構造を自発的にとるように折りたたまれて、タンパク質として機能を発現するようになります。遺伝子には立体構造に関する情報は与えられていませんが、タンパク質の立体構造はその配列がとりうる天文学的な数の立体構造のうちで、立体構造エネルギーが最低のものが選ばれていると推定されています。

細胞内には酵素タンパク質が関与する化学反応（酵素反応）によって合成された化合物（代謝物）が存在していますが、これらの化学構造や濃度に関する情報もゲノムには与えられていません。それにもかかわらず、生物の個体は、生物種ごとに決まった代謝物の組み合わせと、各代謝物の濃度を一定の範囲内に保っています（恒常性）。このことは、私たちが健康診断で代謝物とその量がある範囲を超えていると、例えば糖尿病、と診断されることからも分かります。これらも自発的に定まっている、と考えざるをえません。

ここで代謝物が合成される代謝について簡単に説明しておきます。ある酵素は代謝物Ａから代謝物Ｂへの酵素反応をおこないます。別の酵素がＢからＣへの酵素反応をおこないます。このように酵素反応が次々に進行すると、代謝物をノード、酵素反応をエッジとした代謝反応パスウェイが形成されます（図1）。生物の個

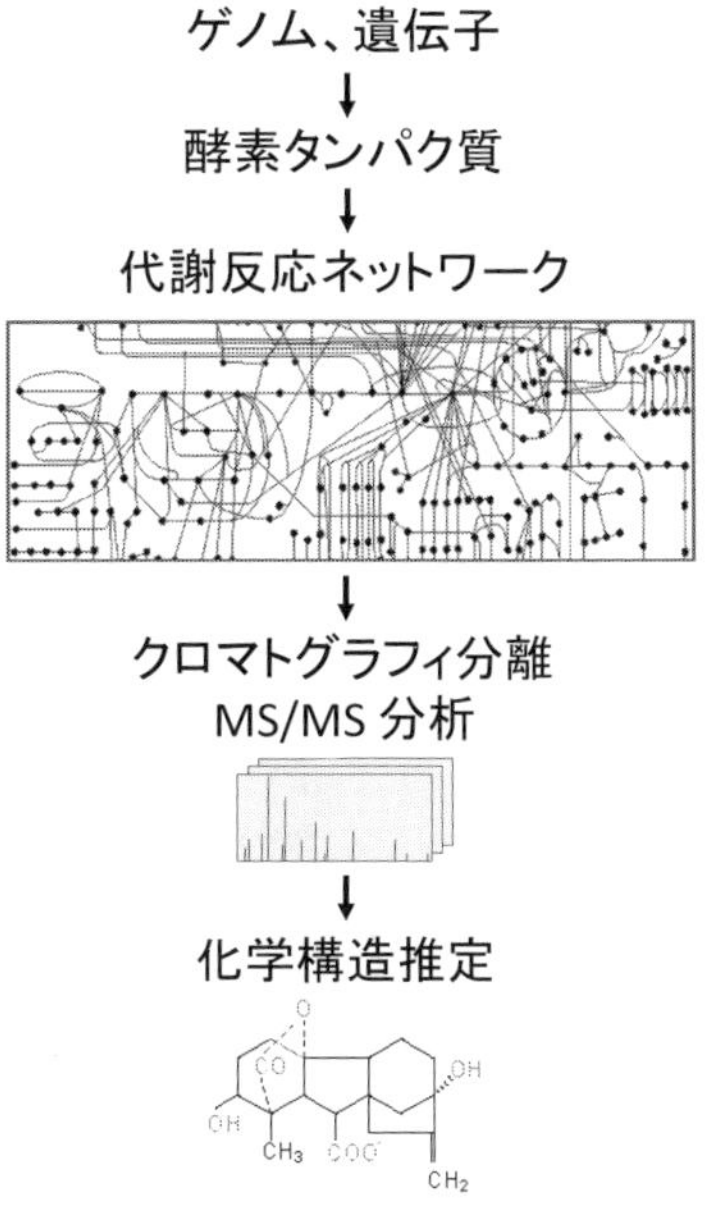

図1　●は代謝物、線は酵素反応を表す

体内では、このようなパスウェイが複雑に結合、分岐した代謝反応ネットワークが形成されています。動物のゲノムにコードされている酵素タンパク質の遺伝子は一万個以上ありますから、このネットワークはとても巨大で複雑であることは容易に想像することができます。

代謝反応ネットワークのごく一部、数百個の酵素反応から形成される基礎代謝反応のネットワークが長年にわたる生化学研究から明らかにされています。食物として外部から取り込んだグルコースなどを原料として、化学エネルギーをＡＴＰとして取り出し、アミノ酸や脂質、核酸、糖など細胞増殖に必要な基礎代謝物を合成しています。ゲノム解析された生物種では基礎代謝反応のネットワークがほとんど同じであることがわかっています。

基礎代謝反応を除いた、他のネットワーク部分については、生物種によって異なるので、ごく一部を除いて全くわかっていません。細胞内では、遺伝子から発現した酵素と基礎代謝物の組合せから代謝反応ネットワークが自発的に形成されるものと推定されます。酵素タンパク質のアミノ酸配列の解析から、その酵素が関与する化学反応タイプを推定することができますが、その酵素反応に関与する代謝物を推定することはできません。すなわち、ゲノム情報だけでは私たちが代謝反応ネットワークを再構築することはできません。少なくともその生物種が代謝で合成している全ての代謝物を他の方法で明らかにすることが必要です。

ある生物種に存在している全ての代謝物（メタボローム）を化学分析して、化合物種をリストアップしようとするメタボロミクス（メタボローム研究、メタボローム解析とも呼ばれます）が１９９０年代後半から始まりました。そのためには数百から数千化合物の化学構造を一日ほどで明らかにする新しい化学分析法を開発しなければなりません。

●質量分析で化学構造を決める

細胞内では多数の異なる代謝物が混ざった状態で存在していますので、まず混合物を物理化学的性質の違いによってクロマトグラフィーで分離します。分離された代謝物は、クロマトグラフィーに接続した質量分析（ＭＳ）によって化学構造を解析して、化合物種を明らかに（同定）します。ＭＳは、化学物質をイオン化して、生成したイオンを真空中で静的あるいは動的に変動する電磁場中に導入して、イオンの *m/z*（m, z はそれぞれ質量、電荷数）の値に依存してイオンの挙動に差を生じることを利用して質量を測定します。現在は動植物の一個の細胞やオルガネラに存在する代謝物を検出することができる高感度と、イオン一個の質量の百万分の二、三の違いを区別できる高精度とを備えた装置が普及しています。

同一の分子式を持つ化合物はいずれも同じ *m/z* 値のイオンとなるので、互いに区別することはできません。そこで、分析計内でイオンを高エネルギーの気体分子と衝突させて壊すと、化学構造の違いによって一化合物あたり数個から数十個の断片化したフラグメントイオンを生成します。これらを2番目のＭＳで分析することによって、フラグメントイオンの *m/z* と生成量を測定（MS/MS データ）することができます。このようにして、化学構造の違いを MS/MS データの違いとして観測することができます。

しかし、MS/MS データには困難な問題がありました。それは、分析方法が標準化されていないので、同じ化合物を分析しても研究者ごとに MS/MS データが大きく異なるからです。これは MS/MS 分析法の進歩が速かったので、標準化が追いつかなかったからです。そこで私たちはメタボロミクス研究者の協力をえて、化合物を様々な MS/MS の分析条件で測定したデータを提供してもらって、同一化合物ごとに観察されたフラグメントイオンの総和をとった人工的な MS/MS データを作成して、MassBank データベースとして２００６年に世界に先駆けて公開しました[1]。現在、約一万二千化合物について測定した四万一千件のデータを公開しています。基礎代謝物の人工的な

MS/MSデータをほぼ収集していますので、基礎代謝物を同定するときの参照MS/MSデータの世界標準として世界の研究者に利用されています。しかし約二十万化合物以上と見積もられている生物界にある全ての代謝物についてMS/MSデータを収集することは不可能です。そこで、私たちは次の二つの方法によって、代謝物のMS/MSデータからその化学構造を自動的に推定するツールを開発しようとしています。

一つは、現在収集されているMS/MSデータを利用して「部分化学構造とフラグメントイオンとの関係」を解析して、ライブラリとして収集しています。この関係を利用して、代謝物のMS/SMで観察されたフラグメントイオンに関係付けられる部分化学構造をリストアップすることができます。代謝物の化学構造にはリストアップした部分化学構造が含まれているはずです。ＭＳのm/z値から分子の化学組成を推定します。そこで化学組成式と部分化学構造を全て満たす化合物をPubChemやKEGG、ChemSpider、KNApSAcKなどの化合物データベースから検索して化学構造を決定します。もう一つは、化合物データベースに収集されている全ての化合物についてコンピュータ内で仮想的なＭＳやMS/MSをおこなって人工的なMS/MSデータを生成し、ライブラリ化しておく方法です。代謝物で観測されたMS/MSデータとライブラリを照合して、同じデータを与える化合物があれば、その化合物であると同定することができます。この方法では同定にかかる時間がライブラリの検索時間だけになるので短く、クロマトグラフィーで分離された代謝物の分析中に化学構造推定を処理することができるので最も実用的な推定法と思われます。

さらに、このような化学構造推定ツールを開発している世界の研究グループと競いあい、国際協力によって完成を早めることができると考えます。２０１３年には自動化ツールの国際コンテストCASMIの第二回コンテストを主催しました[2]。これを契機として国内でも自動化ツールの開発者を増やしたいと考えています。現在の国際レベルはMS/MSデータの約70％～80％を正しく化学構造を推定するレベルに達していいます。これを数年以内に95％まで高めることが、どの開発チームにとっても目標になっています。このような自動化学構造推定ツールはメタボロミクスだけでなく、質量分析を利用して化合物を分析している全ての研究に寄与することが期待されます。

●代謝物は新しい医薬の宝庫

これまでに多くの画期的な医薬、例えば古くは抗生物質にはじまり臓器移植に用いられる免疫抑制剤や抗高脂血症剤、が日本人研究者によって発見、開発されてきました。研究者は何から「発見」したのでしょうか？　これらは微生物や植物の代謝物から発見されました。土壌微生物から抗寄生虫物質エバーメクチンを発見した大村智博士が２０１５年度ノーベル生理学・医学賞を受賞しました。大村博士は、これまでに我々が知っている微生物は、環境中に生息している微生物種のうち約10％にすぎないと推定し、新規な薬理活性を有する道の代謝物がまだまだ見つかると期待しているそうです。発見された代謝物は優れた薬理活性を有するものの、そのままでは医薬として用いることができないので、それらの化学構造をもとにして医薬としてふさわしい性質を備えた化合物へと「開発」されてきました。代謝物の薬理活性はその化学構造と密接に関係しています。特異的な活性を発現するために必須の化学構造部分があり、その部分は精緻な原子の3次元配置をしています。必須化学構造を実現するために、代謝物の化学構造はとても複雑で、ときには多数の原子から構成される大きな化合物になります。生物が代謝で作る化学構造の多様性は、人が化学合成で作ったそれと比べて、格段に広いことが知られています。これら生物種に特異的な代謝物が収集されているデータベースがKNApSAcKです。MS/MSデータから化学構造を自動推定するツールで見つけられた代謝物を全てKNApSAcKに提供することによって、医薬開発に寄与したいと考えています。

バイオインフォマティクスで切り開く「食」データ・サイエンス　あなただったら何を食べる？　▲金谷 重彦

２００９年、ジム・グレイが「第４のパラダイム：データ集約型の科学的発見」を提唱しました。第１から第３のパラダイムとは、科学歴史において、アリストテレスの時代からはじまった経験・実験的手法（第１のパラダイム）、ライプニッツ、ケプラー、ニュートン、マクスウェル（電磁気学創始者）などの科学者が展開したように、観測データ群を分析し、その背後にある論理・法則を見い出していく方法（第２のパラダイム）、解析解が得られない非線形方程式をノイマン型計算機、すなわちコンピュータの演算能力によって数値解の形で解いていく方法（計算機シミュレーション）により解決する方法論（第３のパラダイム）です。そして第４のパラダイムは，大量のデータをもとに統計的な推論モデルより科学の発見をめざす方法論です。

これまでの科学のように、理論に基づいた演繹により事実や現象を解明する方法論に加え、理論式がないところであっても、氾濫する大量のデータ（ビッグデータ）から関係式を近似的に作ることで、帰納的推論が可能となってきました。データ・サイエンスとは、このようなデータに基づいて科学の分野間を横断し、現象を解明すること、さらにはこれらの知見をもとに、政策決定などの意思決定にまでつなぐ方法論です。このような分野横断型の研究対象として、地球環境、医療、ライフサイエンス、生物科学、生体医工学、センサーを介した地球観測や宇宙観測に関する分野が関わってきます。すなわち、データを集約し、データから法則をマイニングし、データに基づいたモデリングを行い、社会還元するというプロセスを通して、分野を越えて融合研究を進める科学研究スタイルがビッグデータ・サイエンスと言えるでしょう。

ヒトの最も重要なテーマは、ヘルスケアとエコロジーです。「日本の国費を見ると、医療費が補正予算総額とほぼ同一となっており、このような状況から脱却するためにはどうすべきか？」という問いに対して多面的にデータ・サイエンスにより検討することもビッグデータ・サイエンスの重要なテーマと位置付けられます。医療費を削減するためには、病気にならないことが重要であり、その解決には、我々の生活において「いかにヘルスをケアするか？」が課題です。また、生命体が生きるための基盤であるエコロジーのあるべき姿を理解することは、持続可能な社会をつくるという点で最も重要です。このような問題を解決するには、生物学、医学、栄養学、医工学、生態学、情報科学などの知識を集約し、体系的に理解することが必要となります。そこで、メタボロミクスを基盤に医食同源をめざした「食」に関わるデータならびに、生物間の相互作用を理解するための「エコロジー」データを統合しマイニングするプラットフォームを提案し、学際的融合を通した「食」「エコロジー」データ・サイエンスを提案しております（図1）。ここで、生物に含まれる全ての代謝物を総称してメタボロームといいます。

我々は、生物学分類では、*Homo sapiens* であり、動物です。動物と、植物の大きな違いは、餌を食べなければなりません。ヒトでもこの点については同様であり、日本人は、通常、朝、昼、晩の三回の食事をします。野菜、肉、魚、海藻、キノコ、ときには昆虫も摂取します。

「一人の日本人は、いったいどのくらいの生物種を食すのでしょうか。」

私どもの研究室で開発を進めている LUNCH BOX データベースによると、おおよそ二千種類です。日本では、特に、様々な魚類を伝統的に食し、おおまかに１２００種類となります。多様な海産物を食する国は、日本を除いて存在しません。このような多様な生物を食することにより、さまざまな天然物（図1、メタボローム）を取り込むと、ヒトの体内では、それを消化・吸収し、ヒトが生合成するタンパク質と相互作用し、適切に代謝を行い、健康を維持します。要するに、食物から得られたメタボロームを酵素などのタンパク質により分解し、エネルギーを獲得する、あるいは、

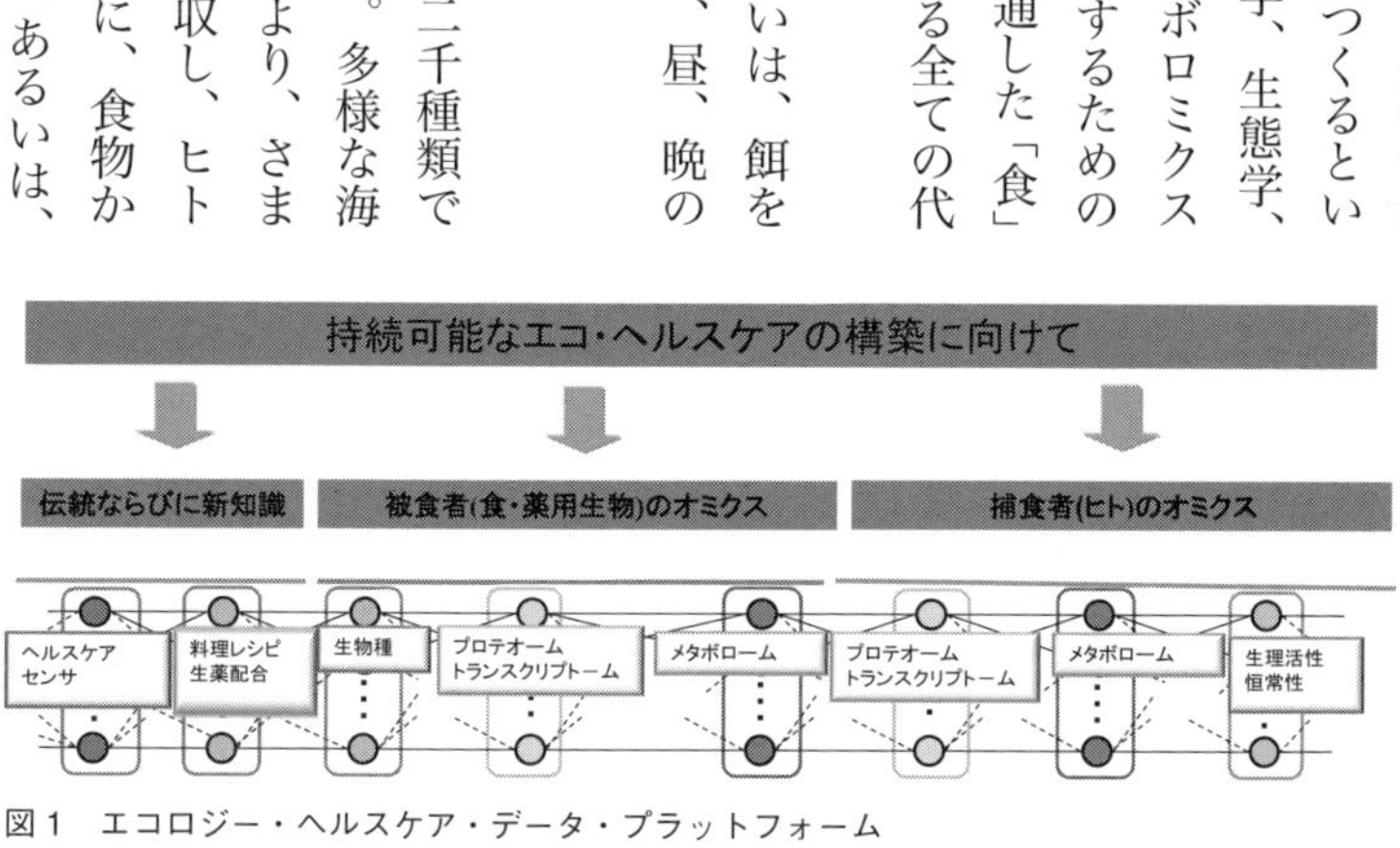

図１　エコロジー・ヘルスケア・データ・プラットフォーム

新たな機能性生体物質を生合成することにより、ヒトの健康は維持されます（図1右側と対応）。

ヒトが健康を維持するためには、栄養素・機能性成分を適切に取る必要があります。また、毎日、おいしく・飽きずに食事をするためには、料理の知識が不可欠です。体調に応じて、どのようなレシピのもとに食事をすればよいか、それが、図1の左側の料理レシピと対応します。配合生薬の情報もここに対応します。そして、それぞれの食用植物あるいは生薬にはどのような成分が含まれているかという情報も必要であり、これが、被食者（食・薬用生物）のオミクス（図1の中央）に対応します。この図に応じて、データを集積すれば、分子レベルで我々の体調を把握し、健康状態をモニターすることも近未来に可能となるでしょう。

では、どうやってこれを実現するか、これを一気に解決する方法はいまのところありません。なぜか？ これは、ツイッター、フェイスブックなどの社会を評価する可能性があるビッグ・データと異なり、科学情報は一つひとつの専門誌の文献情報を集積する必要があるからです。なんと地味な作業でしょうか。でも、よくよく考えると、インターネットで、専門誌をウェブで収集することが可能となりました。そこで、この大量の情報をもとに、地域ごとの食情報を体系的に把握することも可能となりました。一度、過去の専門文献情報を画一的に整理しデータベースを構築すれば、このデジタル情報をもとに、さらなる研究の拡大が可能となります。いってみれば、「人力によるシンギュラリティ」への変革となるでしょう。本稿では、エコロジーならびにヘルスケアにおける生物間関係の分子メカニズムを解明することを目的として研究開発を進めている KNApSAcK Family データベース、特に世界の食の多様性について紹介します。

●KNApSAcK Family DB (http://kanaya.naist/jp/KNApSAcK_Family/) による世界の食材のアクセッシビリティ

生物種とその生物に含まれる天然物の関係を文献情報により整理したデータベース KNApSAcK

Core データベースが、KNApSAcK Family DB のはじまりです。このデータベースには、50,899 種の固有の代謝物と生産する生物の関係が整理されており、世界のメタボローム研究の標準データベースとなっています。その後、天然物の生物活性、ヒトへの効能など様々な情報を集積し、公開を進めています。本データベースには、食材が生産される地域・旬の情報(MARCHÉ)、世界で使用されている食品・薬用生物情報などの生活情報から、薬・食用植物に含まれる天然物情報、さらには、薬・食用植物の他の生物に対する活性、天然物の生物への活性情報といったエコロジー・ヘルスケア情報も含まれています。

「世界の国々で最も入手しやすい（アクセッシビリティ）天然食材は何でしょうか」この問題に答えるべく KNApSAcK from around the world というデータベースを開発しています。現在までに、２２９地域について２７、０５６の地域と使用食材の関係がデータベースに蓄積されました。その結果、一位イチゴ、二位トウモロコシ、三位パイナップル、四位サトイモ、五位トマトなどとなりました（図２）。イチゴは世界を制したか！世界の国々では色々な食用植物を独自の文化で食していますが、共通の要素もあります。世界の情報をもとに人々のヘルスケアを考える時に、このような食材のアクセッシビリ

世界の食用植物（アクセッシビリティ順）

Type	Species Name	Food Name	Edible - Use Number of Countries
植物	Fragaria ananassa	イチゴ	88
植物	Ananas comosus	パイナップル , パインアップル , アナナス	73
植物	Colocasia esculenta	サトイモ , イエイモ , ズイキ , ナンバクズイキ	71
植物	Zea mays	トウモロコシ , ナンバンキビ , トウキビ , ヤングコーン , ベビーコーン	67
植物	Solanum lycopersicum	トマト , アカナス , チェリートマト , ミニトマト , プチトマト	65
動物(魚類)	Cyprinus carpio	コイ , マゴイ , ヤマトゴイ , ノゴイ , リクリクギョ , サクゴイ , ドイツゴイ , カワゴイ , カガミゴイ	62
-	Musa spp.	-	58
動物(魚類)	Oncorhynchus mykiss	ニジマス , ショマ	53
植物	Vitis spp.	ブドウ	52
-	Asparagus officinalis var altilis	-	51
植物	Allium sativum	ニンニク , ガーリック , オオビル	50
-	Daucus carota subsp. sativus	-	49
植物	Armoracia rusticana	ホースラディッシュ , セイヨウワサビ , ワサビダイコン , クラン , クランソン , レフォール , レホール	48
植物	Solanum melongena	ナス , ナスビ , ヤマトマルナス	47
植物	Lactuca sativa	チシャ , レタス , サラダナ , チサ , カキチシャ , カッティングレタス , タマチシャ , ヘッドレタス , タチチシャ , タチレタス , チリメンチシャ , リーフレタス	47
-	Manihot esculenta	-	47
動物(貝類)	Crassostrea gigas	マガキ	44
動物(魚類)	Ctenopharyngodon idellus	ソウギョ	43
植物	Pisum sativum	サヤエンドウ , キヌサヤ , サンドマメ , グリンピース , ミエンドウ , エンドウマメ , アオエンドウ , アカエンドウ , トウミョウ , トウミャウ , スナップエンドウ , スナックエンドウ	42
植物	Piper nigrum	コショウ , シロコショウ , クロコショウ	42
植物	Citrus limon	レモン , クエン	42

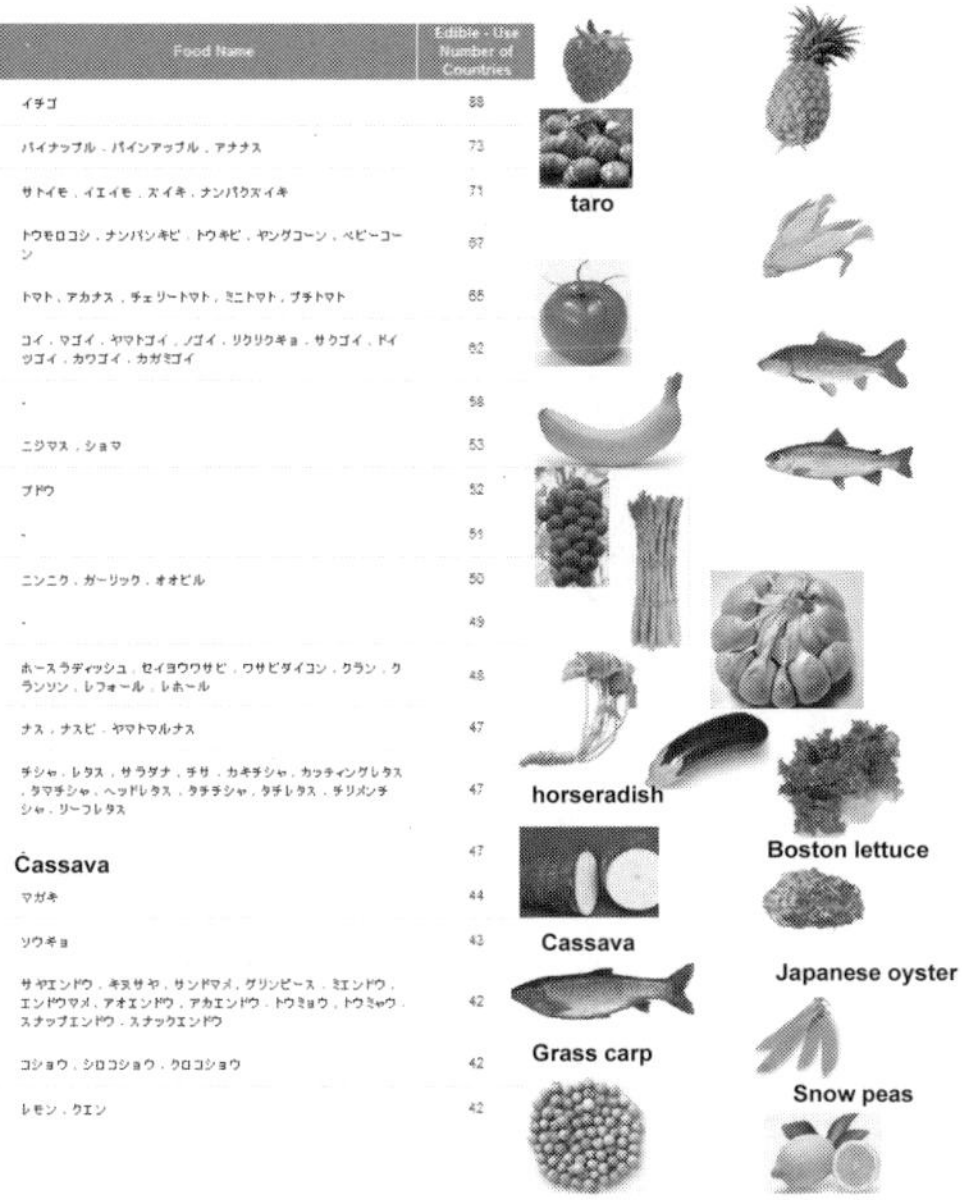

図２　食用植物のアクセッシビリティ

ティをもとに栄養学を考えることが必要です。そのための中核となるデータを学術論文をもとにつくる。これが、技術革新のデジタルデータとなるでしょう。一度、データをデジタル化してしまえば、様々な展開にこれらのデジタルデータを使うことも可能です。まだまだ、すべきことは多々あるけれども、このような地道な作業の蓄積がシンギュラリティへとつながると信じています。最後に私たちの研究室がデータベースの充実をはかる過程で納得し感動する詩をあげて結びといたします。

「苦しいこともあるだろう、云いたいこともあるだろう、不満なこともあるだろう、腹の立つこともあるだろう、泣きたいこともあるだろう、これらをじっと、こらえてゆくのが、男の修業である」（山本五十六）

ネットワークで切り開く生命複雑系 ▲ MD.ALTAF-UL-AMIN

複数の要素が関係し新たな機能を生み出すことをシステムとよぶことができます。そこで、要素数が非常に大多数となれば、様々な機能を生みだすことになるでしょう。その一つの面白い例が細胞です。細胞には、DNA、mRNA、タンパク質、代謝物質などの様々な生体高分子が含まれていますが、ただ、ごちゃまぜになっているのではなく、お互いに相互作用しながら恒常的に生命活動を維持しています。話を簡単にして生体高分子（要素）を頂点、要素間の関係を線で結ぶことにより、様々な環境で生命活動を維持している細胞の様子をシステムとして理解することが可能です。

●DPClus の研究開発

細胞の中では、数千あるいは数万個のタンパク質が機能を発揮し細胞の恒常性が維持されています。非常に多数のタンパク質の相互作用をもとに、お互いに密に相互作用するタンパク質をグループに分類できれば、これらのタンパク質の機能を単位ごとに理解できるでしょう。例えば、単細胞の細菌であってもゲノム上には、四千種程度のタンパク質に対応する遺伝子がコードされています。細胞の中では、常に、これらの全ての遺伝子からタンパク質が生合成されているわけではなく、必要に応じて選ばれたものが生合成されています。つまり、環境に応じて様々なタンパク質が細胞に存在することになります。

お互いに密に相互作用しているタンパク質は、細胞の生理機能と強く関係があります。そこで、このように密に相互作用するタンパク質グループを数理科学により定義できれば、細胞内のタンパク質の相互作用から機能単位を予測できるでしょう。このような問題を解くためには、グラフ理論とよばれる発想が強力な武器となります。いま、タンパク質を頂点、相互作用を線と定義します。このように頂点の集合と、頂点間の関係（辺）の集合を合わせてグラフと呼びます。

図1(A)には二つの部分グラフ(a)と(b)が描画されています。お互いに密につながっている部分を抽出するために、部分グラフとよばれるものについて、［頂点間の辺の数］を［頂点間に規定できる最大の辺の数］で割ることにより［密度］を定義します。そうすると、［密度］を計算すれば、お互いに密につながっている部分グラフを抽出することができそうです。

しかし、世の中そうはうまくいきません。いま、図1の(a)全体のグラフの密度は0・5、一方、(b)全体の部分グラフも密度は0・5となります。ここで(b)をみると、｛g、h、f｝と｛a、b、c、d、e｝からなる部分グラフは辺feの一本でつながっているだけで、お互いに密につながっているとはいえません。そこで、さらにクラスター・プロパティという特徴を図1(B)のように定義すると、これらの二つの部分グラフを識別し、図(a)の部分グラフを一つとみなすことができます。このようにして、お互いに密につながった一群の頂点を抽出することに成功しました[1]。(a)の0・7の計算はどのようになっているかがあるほうがよい。

この方法をDPClusと名付けてインターネットで公開（http://kanaya.naist.jp/DPClus/）したところ、世界のさまざまな研究者が種々の目的で利用するに至っています。さらに部分グラフ間のオーバラップをも考慮できるように改良を加えDPClusOというソフトウエアも構築しました。

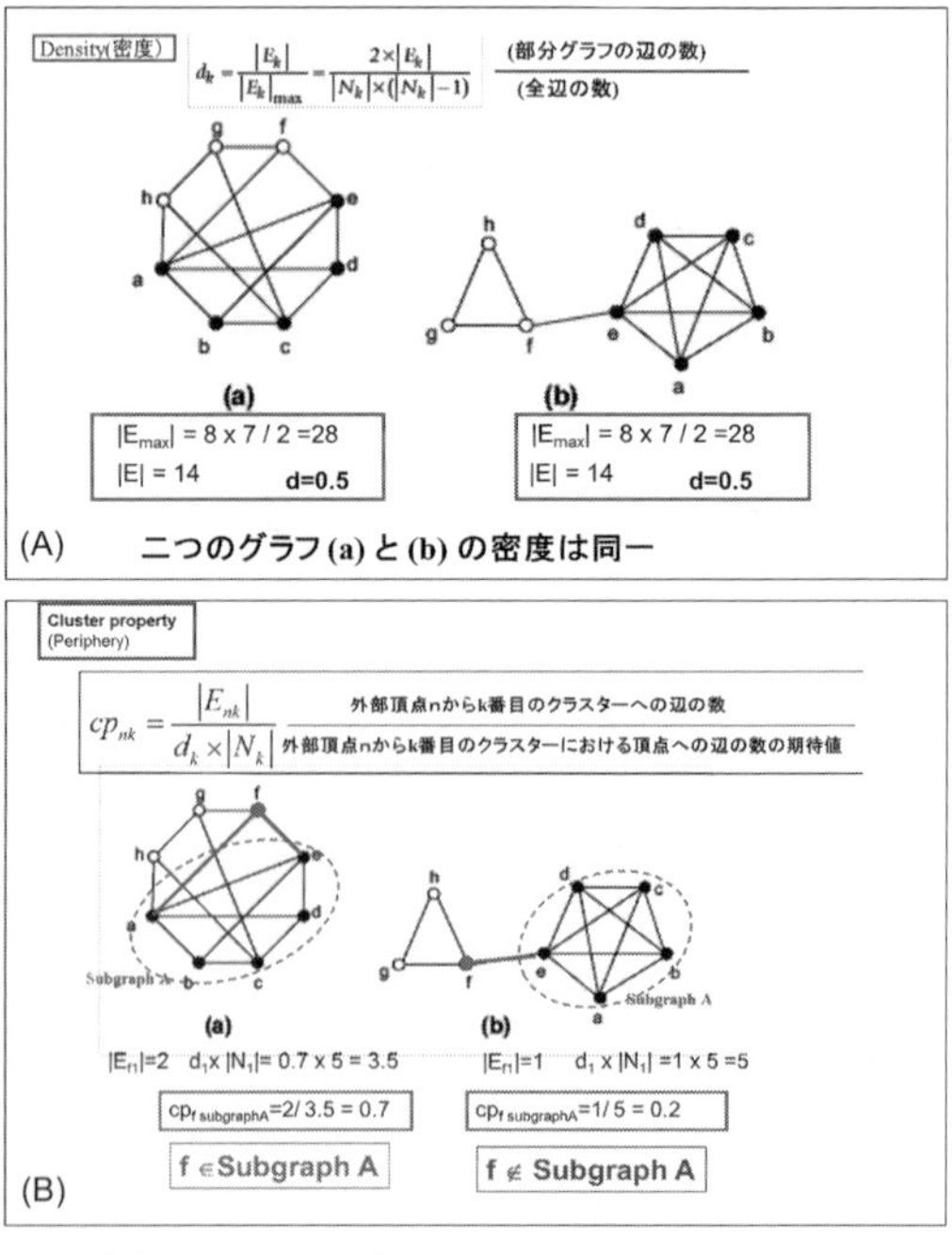

図1　密度とクラスタ・プロパティの説明図

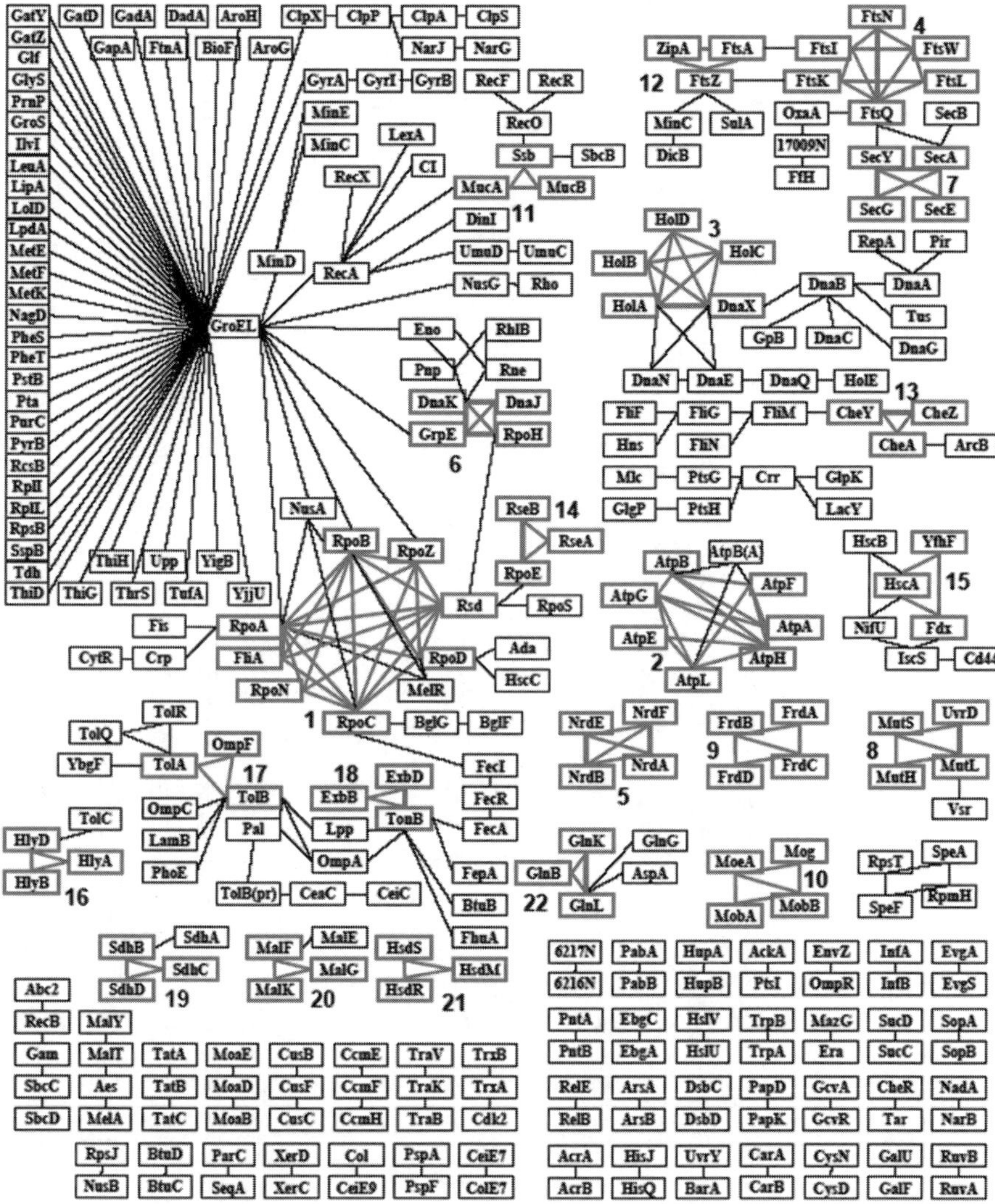

図２　大腸菌のタンパク質相互作用データによる機能単位の予測

●応用例：タンパク質相互作用ネットワークによる機能単位の抽出から代謝経路における構造活性相関の発見

DPClusを用いて、タンパク質相互作用により機能単位を抽出した結果を図2に示します。図中の22個の部分グラフ（1–22）は、お互い密に相互作用する機能単位として予測されています。次に、DPClusOにより、酵母のタンパク質相互作用から機能単位を予測することにも成功しました[2]。

さらに、天然物の化学構造類似性をもとに、植物がつくる天然物の化学構造の多様性と活性の関係を代謝経路に基づいて説明することにも成功しました[3]。

●おわりに

生命をシステムとしてグラフ理論により抽象的に表現し、密度とクラスター・プロパティにより機能単位を抽出できることを示しました。このように、要素間の関係性をもとに生命を記述する方法論を発明することにより、エルヴィーン・ルードルフ・ヨーゼフ・アレクサンダー・シュレーディンガー（理論物理学者）が１９４４年に著した「生命とは何か」[4]という問いに情報科学により答えることも可能になるかもしれません。非常に多くの要素から構成される生命現象を解明することが、ネットワークバイオロジーの究極の目的であり、情報科学の抽象化ならびに体系化技術を駆使し、学際的にシステムを理解することによって、シュレディンガーの問に答えを出す日も遠くないかもしれません。

遺伝子の物語を読み解く

小野 直亮

「Matsubishi のセルシンセサイザーなら、美容サプリメントから園芸用の光合成ミニセルまで、これ一台で合成できます。新機能の赤外線オーブンでニオイカット、電気代も従来製品より20％もお得です！」

—テレビで宣伝されていそうなそんな家庭用の商品で、簡単に人工的に遺伝子をデザインした細胞を培養し、ビタミンや様々な栄養素を手軽に合成したり、光合成によるバイオマスを使って家庭で電気と燃料をまかなったりできるようになる—ライフサイエンスのそんな未来への限界突破は、実はもうすぐそこまで来ているかもしれません。

近年の分子生物学によって細胞の中の化学反応の一つひとつにまで科学的な分析のメスが入るまで、生命というのは魂のような何か神秘的な原理によって動かされている存在でした。20世紀になってＤＮＡの発見により遺伝子の分子的な構造と働きが明らかになってからも、生命の仕組みというのは何千、何万もの化学反応が絡み合った複雑さのせいで解析が不可能なブラックボックスであり、単なる化学反応の集積だけでは説明できない要素を含んでいるとも考えられていました。しかし、現在そのブラックボックスの中身も徐々にときほぐされようとしています。２０１２年に米ヴェンター研究所が発表した研究では、われわれの知る中で最も単純な生物としてあげられるマイコプラズマの細胞の中で、遺伝子からタンパク質が合成され、細胞が成長し、分裂するまでの数百もの化学反応をそれぞれ計算し、スーパーコンピューターによってその振る舞いを再現するという実験に成功しました。また、マイコプラズマの全遺伝子、およその５００個の遺伝子からなるゲノムを人工的に合成し、細胞が元から持っていたＤＮＡ分子と入れ替えたところ、入れ替えられた遺伝子は正常に機能し、実際に細胞が成長と分裂をすることも確認できたという報告もされています。現時点ではマイコプラズマというかなり単純な生物でしか成功していないので、ここからすぐに酵母や乳酸菌のような実用的な細胞が合成できるわけではありませんし、魚や哺乳類のような多細胞生物に至ってはどうやったらその体の構造を設計できるのか、などはめどすら立っていません。しかし、細胞内の遺伝子やたんぱく質の働きについて十分な理解が進めば、もっと様々な生物をデザインすることが原理的には可能になってきているといえます。とはいえ、細胞の中では非常に多数の遺伝子が複雑に相互作用し合っているため、個々の反応を分析するだけでは全体の振る舞いを予想することが難しいという問題がまだ残されています。

●遺伝子解析技術の飛躍

そのような複雑な遺伝子の振る舞いと働きについての理解が近年進んできた背景には、ＤＮＡマイクロアレイ[1]や次世代シーケンサー[2]（NGS: Next Generation Sequencer）と呼ばれる、ナノテクノロジーを応用した実験装置の開発と普及が大きな要因として挙げられます。遺伝子配列の解析は１９８０年にノーベル賞を受賞したサンガーとギルバートの方法がもとになっていますが、次世代シーケンサーはその解析方法をよりシンプルにすると同時に、微細加工技術を応用して、数千万から数十億個のＤＮＡ分子の断片を一度に分析することを可能にした装置になります。これにより、かつて人手で何年もかけていた実験と同等の解析が、わずか数日で終了するようになりました。一方で、そのような装置で解析された遺伝子配列のデータ量は年々膨大になり、解析のために大がかりな計算や統計処理が必要になってきました。そこで、何万もの遺伝子のデータの中から、目的の特徴と一致するものを探し出したり、これまで知られていなかった新しい機能をもつ遺伝子を見つ

1―スライドグラスやマイクロチップ上の数マイクロメートル四方の微細な区画に種類の異なるＤＮＡを接着、あるいは合成することで、数千から数万種類の遺伝子を一度に検出できるようにした実験装置。

2―２００５年前後から相次いで実用化が始まった、それまでのサンガー法に基づく遺伝子解読（シーケンシング）装置と比べて数十万倍～数千万倍の効率で遺伝子の配列を解読することを可能にした実験装置。いくつかの異なる手法が用いられているが、基本的には近年の微細加工を用いた実験技術により数百万～数億の異なる反応を並列して行い、検出できるようになったことが大きく貢献している。

け出したりするための情報解析技術の開発が進められています。我々の研究室においても、ウコンやトウキといった薬用植物を中心に、生物が様々な有効成分を生成するためにどのような遺伝子が働いているかを次世代シーケンサーのデータを利用して分析する研究を行っています。

●遺伝子から酵素へ

ですが、遺伝子の働きを調べる、と一口に言ってもなかなかイメージが湧きにくいかもしれません。ＤＮＡ配列は生物の設計図だ、などとよくいわれます。確かに生物が子孫を作るために必要な情報は基本的にＤＮＡ配列にすべてが記録されているといえます。例えるなら遺伝子情報はパソコンにインストールされたアプリケーションのようなものです。「ゲノム情報」は、そのパソコンにどんなアプリがインストールされているのか、そのリストを作るための解析に当たります。一方で、パソコンの実際の機能と働きは、インストールされたアプリの中からその時どのソフトが起動されているかによって決まるといえます。それを調べることに相当するのが「遺伝子発現解析」になります。また、起動された「アプリ」に相当する個々の遺伝子の働きには様々なものがありますが、私たちが主に着目するのは化学反応をコントロールする「酵素」の働きです。生物は一般にアミノ酸や脂肪といった基本的な分子だけでも数百種類を合成していますが、その他にも生物ごとに多種多様な化学物質を作り出し、利用しています。我々の研究室で公開しているKNApSAcKデータベースではそのような化学物質の情報を収集しており、現在知られている5万種類以上にのぼる化学物質が登録／公開されています。そのような化学物質の中には、生薬のように様々な薬効を持つものもあり、その合成経路を調べることでより薬効の高い生薬を栽培するための方法を検討することが可能になります。私たちが研究しているウコンの例でいえば、ウコンの品種ごとに含まれる薬効成分「クルクミノイド」の比率に違いがあることがこれまでの研究で分かっているため、ウコンの中で作られている酵素の種類と量を分析し、多数の酵素の中で薬効成分の違いに影響をおよぼしているものがどれかを判定することに成功しています。

また、酵素を使って生物が行う化学反応は、人工的な化学合成と比べて何倍も効率が高く、無駄が非常に少ないという重要な特徴を持っています。今日の我々の社会は、エネルギー消費、環境破壊、森林の伐採などの様々な観点からみて、持続可能とはとてもいえないような、バランスの破綻した消費を続けていますが、将来的になんとか持続可能な社会を作り上げていくためには、三十億年の歳月をかけて作り上げられてきた生物の仕組みにならうのが一番の解決策ではないでしょうか。例えば、生物の科学反応にかかわる遺伝子の働きを調べることで、植物や藻類のように光合成を行う生物によって二酸化炭素を吸収し、アルコールやディーゼル燃料を合成したり、あるいはヒトに必要な栄養素や薬効成分を含んだサプリメントを作ったりすることが期待できます。私たちの研究室で分析しているユーグレナ—もしかしたら「ミドリムシ」の名前で覚えている人も多いかもしれません—もそのような目的で研究されています。

ユーグレナは光合成によって二酸化炭素を吸収し、その蓄積した炭素を原料に、バイオディーゼルの原料であるワックスエステルを合成することが知られています。私たちの研究室でも、国立遺伝研、大阪府立大学、U. C. Davisなどと共同で、ユーグレナの細胞内でワックスエステルの合成の際にどのような酵素が重要な役割を担っているのかを調べるための研究を進めています。これまでの研究では、まずユーグレナの細胞内で働いている全ての遺伝子の配列を次世代シーケンサーを用いて解読し、遺伝子の活動状態を解析するとともに、脂肪酸を始めとする細胞内の化学物質の成分の変化を測定し、その関連を分析してきました。その結果、ユーグレナの脂肪酸合成には普通の生物と異なる化学反応の経路が使われていることが確認されました（図1）。この経路はβ酸化経路と呼ばれ、通常は脂肪酸を分解するために使われる反応経路なのですが、ユーグレナの場合には特殊な酵素によってこの経路の反応を逆流させることで脂肪酸が合成されていると考えられています。

●酵素から未来へ

このような遺伝子の発現と代謝反応との関連を総合的に分析する、いわゆるシステムズバイオロジーとよばれるアプローチによって、細胞の中で重要な働きをする遺伝子を発見し、さらには遺伝子操作によってその働きをコントロールすることで、生物に様々な有用物質を作らせる、といった手法は、今後さらに発展し、石油化学を超える重要なテクノロジーになっていくものと考えられます。しかし、そのような遺伝子工学やバイオテクノロジーによって、人工的に遺伝子を設計された生物が次々と合成されるようになったとしたら、生物の発生から今まで何十億年の間、突然変異と自然選択によって進めてきたのとは全く異なる進化を始めることになるでしょう。いえ、それは進化という言葉では呼ぶことのできない、過去の進化とは本質的に別次元の、今の私たちには予測不可能な現象になってしまう可能性すらあります。もしそのような転換が起きたとしたら、それは生物の歴史における「進化的特異点」の出現に他ならないのかもしれません。私たちはそのような新しい時代に備えるためにも、情報科学と生物学の融合による知識を蓄積し、遺伝子の働きと酵素による化学反応を計算機でシミュレーションできるような、定量的で詳細な理解を深めていくことが不可欠だと考えています。

私たちの研究室では、そのような細胞の振る舞いの理解を目標として、ゲノムから遺伝子発現、そして代謝反応のそれぞれについての詳細な情報を集めたデータベースを構築し、それらをつないだネットワークを縦断的に分析する手法の開発に取り組んでいます。

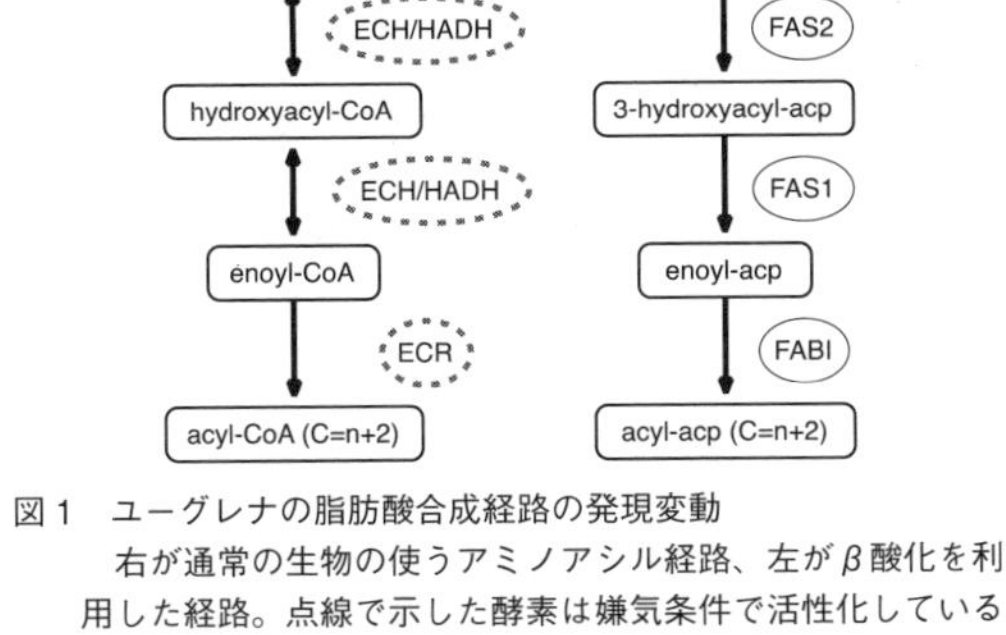

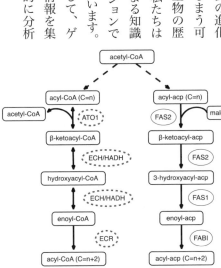

図１　ユーグレナの脂肪酸合成経路の発現変動
右が通常の生物の使うアミノアシル経路、左がβ酸化を利用した経路。点線で示した酵素は嫌気条件で活性化していることを示す。

MRIで記憶機能検査の点数は予測されるか？

佐藤 哲大

近年、磁気共鳴画像装置（Magnetic Resonance Imaging: MRI）は臨床医学[1]で広く普及しており、脳の機能に対してMRIを用いた様々な研究が行われています。MRIでは、強い磁場における水分子などの共鳴現象を利用し、画像を撮影します。MRIによる水分子の「拡散」の計測は、従来とは異なる磁場を用いることにより、これまで困難であった脳梗塞[2]の超早期の発見を可能にしました[1]。

そして、水の「拡散」を計測した画像を解析することで拡散テンソル画像（Diffusion Tensor Imaging: DTI）が作成できます。脳内における神経中の水分子は、走行方向によく「拡散」する特徴があります。これらの神経の方向に応じて、拡散の速さが異なる性質を拡散異方性（Diffusion Anisotropy: DA）と呼びます[2]。この異方性を楕円で模し、任意の点を出発点とした連続した道筋を追跡し、神経を三次元的に描出することを、拡散テンソルトラクトグラフィ（Diffusion Tensor Tractography: DTT）といいます[3]。

DTTでは、見たい領域を選択することで、例えば記憶機能に関連した前頭葉[3]・側頭葉[4]の神経を選択的に表示できます。一般的に記憶機能の1つであるエピソード記憶[5]は、前頭葉・側頭葉、頭頂葉[6]の神経に関連するといわれています。それらに含まれる鉤状束（Uncinate fasciculus: UF）、脳弓（Fornix）と呼ばれる神経は記憶の重要な接続経路として知られています。鉤状束は側頭葉から後方に伸び、脳静脈の後ろで曲がり前頭葉まで達する経路であり、脳弓は海馬体と前頭野の前皮質までを接続します（図1）。

一方、MRスペクトロスコピー（Magnetic Resonance Spectoscopy: MRS）は、MRIを用いたスペクトルの解析法です。MRSでは、人間の体内の物質濃度が数値で得られます[4]。このスペ

1―実地に患者の治療を目的とする医学。

2―脳血栓と脳塞栓の総称。

3―大脳半球の前方の部分。

4―大脳半球の側面部分。

5―個人的経験に基づく、年単位にわたって長期間保持される記憶。

6―大脳半球の中央頂部。

7―成人後に、認知機能が低下する状態。

クトルで検出される主な物質は、N-アセチルアスパラギン酸（NAA）、コリン（Cho）、クレアチン（Cr）などです。

MRIの画像検査に加えて、記憶機能検査は、記憶を数値的に評価する検査です。ウエクスラー機能検査（Wechsler Memory Scale-Revised: WMS-R）は視覚による記憶や言語の記憶を数値化するもので、認知症をはじめとする記憶障害を判別するのに有効とされています[5]。

これまでの研究より、記憶機能検査およびDTIとMRSの相関が個別に調べられました。ここでもしこの三者間に相関があれば、DTIを撮影するだけで記憶機能検査およびMRSを推定できます。特に、MRSの撮像は長時間ですが、相関を利用すると検査が不要になる可能性があります。ここでは健常者を対象として記憶機能におけるDTIと記憶機能検査、MRSの関係をまとめて解析し、検討した結果について紹介します。

●異方性と楕円体とは？

「拡散」の異方性とは、神経の方向により水の拡散が異なる性質です。人体内では、神経中の水分子は軸の方向に制限されて運動しています。つまり、神経に平行な方向への水の拡散は速いけれども、垂直な方向へは遅くなります（図２（左））。特に、脳の白質と呼ばれる場所では神経の走行が同じ方向に揃うため、異方性が強くなります。一方、脳の脳脊髄液では、およそ同じ速さで全ゆる方向へ拡散するため、等方に拡散します（図２（右））[2]。

脳内の神経は、このように異方性で表すことができます。異方性を簡単に表すには、楕円が用いられます。異方性のうちFA（Fractional Anisotropy）、みかけの拡散係数ADC（Apparent Diffusion Coefficient）という指標は楕円の特徴を簡単に計算した指標で、FAは0から1までの範囲で、強さを表します。FAが0に近いほど等方、1に近いほど異方の拡散を示します。ADC

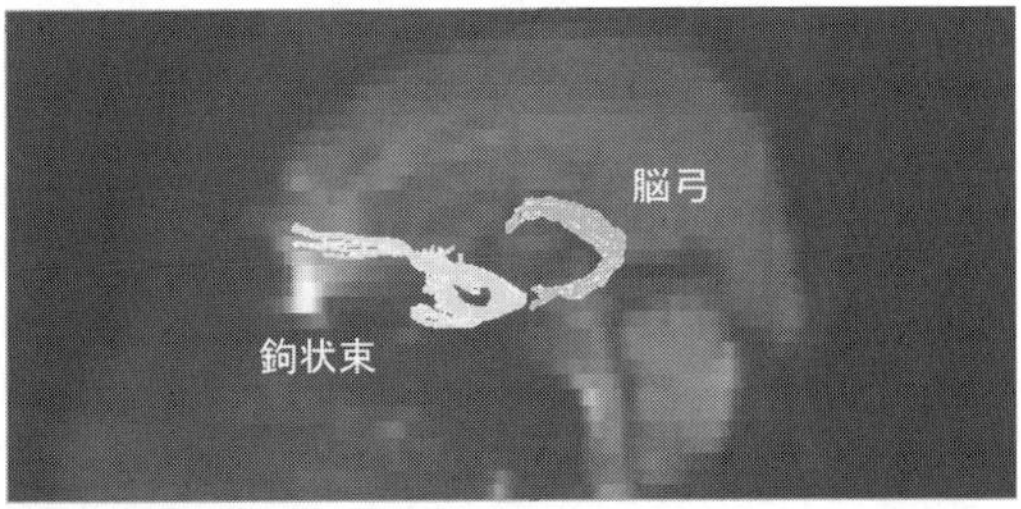

図１

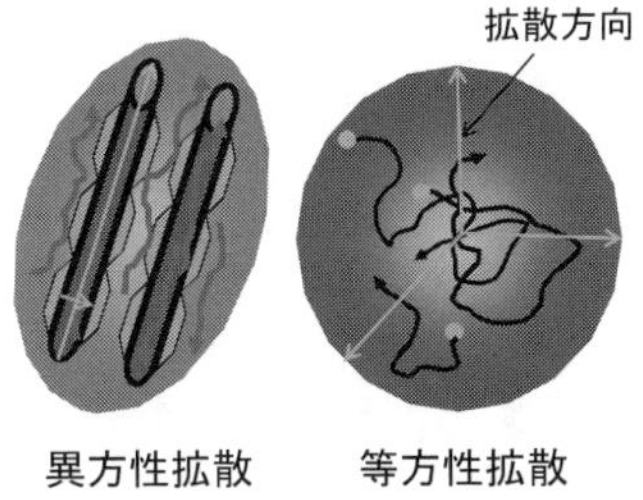

図２

は方向とは無関係に大きさを表します[3]。

●記憶機能検査とは？

記憶機能検査の1つであるWMS-Rは、記憶を数値的に評価する検査であり、認知症をはじめとする記憶障害の判定に有効とされています。現在の日本では、WMS-Rの日本版が標準的な検査とされています。WMS-Rでは、言語性記憶、視覚性記憶、注意・集中力、遅延再生の数値を求めることができます。この数値は、記憶に対して様々な評価が可能となります[5]。実際の検査では、「文章の暗記（トラックの運転手の山下さんがジャガイモを積んで金沢から倉敷へ移動していた）」といった内容を覚えて後から話すものや、「数列の暗記（1、5、8、6、8、3を逆順に回答する）」や「図形の暗記（複数の組み合わさった図形が数秒提示され、その後選択肢から選ぶ）」なども行われます。

●MRIの撮影対象は？

研究の対象は、年齢が20代～60代の健常な人33名です。独立行政法人国立病院機構奈良医療センターの臨床研究審査委員会の認可のもと、書面による同意を得た対象者からMRIの撮影の後、記憶機能検査（WMS-R）も行いました。

●解析した内容は？

鉤状束と脳弓の領域を表示したDTTの上でFA、ADCを合計しました。次に、WMS-Rの記憶機能検査のスコアを算出しました。最後に、脳弓に近い海馬・鉤状束に近い側頭幹のMRSスペクトル（NAA、Cho、Cr）を取得しました。結果はDTTと記憶機能検査、DTTとMRS、MRSと記憶機能検査の相関をそれぞれ求めました。これらの相関に対して、有意水準5％において有意な関係か統計検定しました。

●DTTとMRS、機能検査とに相関は？

DTTとMRSスペクトル、記憶機能検査スコアの2つの相関を求めました。DTTと記憶機能検査、MRSと記憶機能検査の相関は、複数で有意なものがありましたが、記憶機能検査に上限があることから得点を正確に推定するには問題が残ります。それは、記憶機能検査が患者の記憶機能の判定を目的としているため、健常な対象者ではいくつかの項目で得点が頭打ちになり、正確な検査の点数として反映されないからです。

DTTとMRSスペクトルの関係では、記憶に関わる海馬とそれに近い側頭幹、鉤状束とそれに近い脳弓の関係を調べました。海馬MRSのNAA、NAAをChoとCrの合計で割り算したものと左の鉤状束のFAで有意な相関がありましたが、DTTとMRSの見たい領域が近い部分の相関が高いという予想に反し、実際に相関が高い項目ばかりではなく、近い領域でも相関が低い結果でした。

●おわりに

DTTとMRS、記憶機能検査の三者の関係を統合的に調査した結果からは、それぞれを個別に撮影あるいは検査する必要性が確認されました。トラクトグラフィでは神経のトータル本数、MRSスペクトルでは神経細胞の生理的情報が得られているため、それぞれで調べられる記憶は異なる可能性が考えられます。また、記憶に関しては神経細胞が働くとともに、他との情報伝達を担う神経すなわち異なる領域をつなぐ量も重要であると考えられます。今後は患者の検査スコアを健常者と比較することで新しい情報を得て、検査スコアを推定する限界を突破できると考えています。

7 数理・制御の限界突破

・さすがは計算機パワー・やっぱり数理のチカラ!

[1] Kenji Sugimoto and Lorlynn A. Mateo: "Feedforward Learning Control for MIMO Plant with Finite Zeros: Parameterization of Numerator Polynomial Matrix," *53rd IEEE Conference on Decision and Control*. 4119–4124, Los Angeles, California, 2014.

[2] 松本，土居，杉本，スケジュール化された局所重み付き回帰によるフィードフォワード学習制御，『システム制御情報学会論文誌』，27巻，6号，264–253，2014.

・不確かさを触って減らすロボット制御

[1] Daisuke Tanaka, Takamitsu Matsubara, Kentaro Ichien, and Kenji Sugimoto: "Object Manifold Learning with Action Features for Active Tactile Object Recognition" 2014 IEEE/RSJ International Conference on Intelligent Robots and Systems (IROS2014), MoB2.14, pp. 608–614, Chicago, Illinois, USA, 14–18, 2014.

[2] Daisuke Tanaka, Takamitsu Matsubara, and Kenji Sugimoto:"An Optimal Control Approach for Exploratory Actions in Active Tactile Object Recognition,"2014 14th IEEE-RAS International Conference on Humanoid Robots (Humanoids 2014). 787–793, Madrid, Spain, 18–20, 2014.

・超解像制御による高スペックシステムの実現

[1] 杉江他，量子化制御：物理と情報をつなぐ新技術，『計測と制御』，49巻，11号，2010.

[2] 南，分散型LED照明システムの点灯パターン制御，『計測自動制御学会論文集』，49巻，10号，2013.

・無意識の協力：競合問題解決への新たな可能性

[1] D. Hughes, G. Coulson, and J. Walkerdine, "Free Riding on Gnutella Revisited: The Bell Tolls?," *IEEE Distributed Systems Online*, Vol. 6, no. 6. 1-18, 2005.

[2] 笹部昌弘，P2Pファイル配信における無意識の協調に基づく制御可能性，『電子情報通信学会総合大会通信講演論文集（BI-4-5）. SS-78-SS-79，2015.

[3] M. Hasegawa, M. Sasabe, and T. Takine, "Analysis of Optimal Scheduling in Tit-for-Tat-based P2P File Distribution," *IEICE Transactions on Communications*, Vol. E97-B, No. 12. 2650–2657, 2014.

・社会性の数理

[1] 佐藤總夫（1984, 1987）:『自然の数理と社会の数理—微分方程式で解析するⅠ，Ⅱ』，日本評論社.

[2] N. Masuda, N. Konno, and K. Aihara (2004): Transmission of severe acute respiratory syndrome in dynamical small-world networks, *Physical Review E*, 69, 031917.

[3] N. Koide, T. Kubo, S. Nishida, T. Shibata, and K Ikeda (2015): Art expertise reduces influence of visual salience on fixation in viewing abstract-paintings, *PLoS ONE*, 10, e0117696.

[4] L. Itti, C. Koch, and E. Niebur (1998): A model of saliency-based visual attention for rapid scene analysis, *IEEE Tran. Pattern Analysis and Machine Intelligence*, 20, 1254-1259.

[5] M. Nagasawa, S. Mitsui, S. En, N. Ohtani, M. Ohta, Y. Sakuma, T. Onaka, K. Mogi, and T. Kikusui (2015):. Oxytocin-gaze positive loop and the coevolution of human-dog bonds, *Science*, 348, 333-336.

・無量大数を数える

[1] ERATO 湊離散構造処理系プロジェクト著，湊真一編集（2015）.『超高速グラフ列挙アルゴリズム—〈フカシギの数え方〉が拓く，組合せ問題への新アプローチ—』，森北出版.

8 生活支援技術の限界突破

・生活を豊かにする生活支援ロボット

[1] 小笠原司，稲葉雅幸，大竹美登利：家政学とロボティクスの融合をめざして，『第31回日本ロボット学会学術講演会』，1N1-01, 2013.

・未来を変えるロボット学習

[1] DRC Finals, http://www.theroboticschallenge.org/

[2] Akihiko Yamaguchi, http://akihikoy.net/

[3] IBM+ICE: Cognitive Cooking with Chef Watson, http://www.ice.edu/about-us/ibm-cognitive-cooking-with-chef-watson-partnership

・サービス・サイエンスによるイノベーション

[1] 高木英明編著，『サービスサイエンスことはじめ』，筑波大学出版会，丸善，2014.

[2] 木嶋恭一他，サービスのためのシステム・サイエンス，『情報処理』，Vol.55, No.2. 126-131, 2014.

[3] 神田陽治，サービスサイエンスからの数理技術への期待，『信学技報』，MS2011-81．49-54，2012.

9 ライフサイエンスの限界突破

・新たな医療の礎となる機械学習

[1] coursera Machine Learning, https://www.coursera.org/course/ml

[2] IBM ニュースプレスリリース世界規模で加速する IBM Watson の採用，http://www-06.ibm.com/jp/press/2014/10/0801.html

[3] Johnson & Johnson News, https://www.jnj.com/news/all/Johnson-Johnson-Announces-Definitive-Agreement-To-Collaborate-With-Google-To-Advance-Surgical-Robotics

[4] 機械学習の魅力とワナ，http://www.fujitsu.com/jp/solutions/business-technology/intelligent-data-services/bigdata/column/20150316/

[5] 日立企業情報ニュースリリース特定健診とレセプトデータから生活習慣病の発症率と医療費を予測するモデルを開発，http://www.hitachi.co.jp/New/cnews/month/2014/03/0312.html

[6] インフルトレンド，https://www.google.org/flutrends/intl/ja/

[7] デング熱トレンド，https://www.google.org/denguetrends/intl/ja/

・ICT技術をリハビリの現場に

[1] Yasuyuki Orito, Hiroyuki Funaya, Tomoya Tamei, Tomohiro Shibata and Kazushi Ikeda. Development of Low-cost and Accurate Posturography Using Kinect for In-home Rehabilitation of Balance Disorders. *The 19th International Symposium on Artificial Life and Robotics 2014 (AROB 19th '14)*. 185-188, 2014.

[2] 為井智也，折戸靖幸，柴田智広，池田和司．在宅利用可能なモーション・足圧中心計測システムの開発．『システム制御情報学会研究発表講演会講演論文集』，2015.

[3] Oliveria, R., et al. MoviPill: improving medication compliance for elders using a mobilepersuasive social game. *Ubicomp* '10, 251-260, 2010.

・質量分析で全ての代謝物の化学構造を決める：新薬発見への道

[1] Horai, H., Arita, M., Kanaya, S., Nihei, Y., Ikeda, T., Suwa, K., Ojima, Y., Tanaka, K., Tanaka, S., Aoshima, K., Oda, Y., Kakazu, Y., Kusano, M., Tohge, T., Matsuda, F., Sawada, Y., Hirai, M. Y., Nakanishi, H., Ikeda, K., Akimoto, N., Maoka, T., Takahashi, H., Ara, T., Sakurai, N., Suzuki, H., Shibata, D., Neumann, S., Iida, T., Funatsu, K., Matsuura, F., Soga, T.,

Taguchi, R., Saito, K.and Nishioka, T. "MassBank: a public repository for sharing mass spectral data for life sciences," *J. Mass Spectrom.*, 45(7), 703–714, 2010.

[2] Nishioka,T., Kasama,T., Kinumi,T., Makabe,H., Matsuda,F., Miura,D., Miyashita, M., Nakamura, T., Tanaka, K., Yamamoto, A., "Winners of CASMI2013: Automated Tools and Challenge Data," *Mass Spectrometry*, 3(2), S0039, 2014.

・バイオインフォマティクスで切り開く「食」データ・サイエンス　あなただったら何を食べる？

[1] 中村由紀子他,『バイオビッグデータに挑む：メタボロミクスからビッグデータ・サイエンスへの展開生命のビッグデータ利用の最前線』, CMC books, 植田充美（監修）, 84–92, 2014.

[2] Md Altaf-Ul-Amin 他、"Systems biology in the context of big data and networks," BioMed Res. Int., 2014, 428570.1–11, 2014.

[3] F. M Afendi 他、Data mining methods for omics and knowledge of crude medicinal plants toward big data Biology," *Comput Struct Biotechnol J.* 4: e201301010, 2013.

[4] Y, Nakamura 他、"KNApSAcK metabolite activity database for retrieving the relationships between metabolites and biological activities," *Plant Cell Physiol.* 55, e7, 2014.

[5] F. M. Afendi 他、"KNApSAcK family databases: integrated metabolite-plant species databases for multifaceted plant research,". *Plant Cell Physiol.* 53, e1., 2012.

[6] Y. Shinbo 他、"KNApSAcK: a comprehensive species-metabolite relationship database," *Biotechnol. Agric. Forestry*, 57,165–181, 2006.

[7] 平井（森田）晶他, "「食」ビッグデータ・サイエンスの展開 ",『食品と開発　49』, 1–4, 2014.

[8] 桂樹哲雄他, " 料理のオミックス―食材からみえてくる雑煮とレトルト・カレーの構築原理 ", *Food & Food Ingredients J.* Japan, 218, 43–60, 2013.

[9] 平井（森田）晶, 中村由紀子, 黄銘, 佐藤哲大, 小野直亮, 西岡孝明, 白井剛, 金谷重彦,「ビッグデータバイオロジー, 医食同源と生態学の体系化に向けて」,『化学と生物』, 53, 600–607, 2015.

・ネットワークで切り開く生命複雑系

[1] Md Altaf-Ul-Amin et al, "Development and implementation of an algorithm for detection of protein complexes in large interaction networks," *BMC Bioinformatics*, 7, 207, 2006.

[2] Md Altaf-Ul-Amin et al, "Partitioning a PPI network into overlapping modules constrained by highdensity and periphery

tracking," *ISRN Biomatheatics, 2012*, Article ID726429, 2012.

[3] Yuki Ohtana, "Clustering of 3D-Structure Similarity Based Network of Secondary Metabolites Reveals Their Relationships with Biological Activities,ering of 3D-Structure Similarity Based Network of Seco.

[4] シュレーディンガー（著），『生命とは何か　物理的にみた生細胞』，岩波文庫，青 946–1.

・ＭＲＩで記憶機能検査の点数は予測されるか？

[1] 青木茂樹，阿部修，『これでわかる拡散 MRI』，秀潤社，東京，2002.

[2] Le. Bihan. D, Mangin. JF, Poupon. C, Clark. CA, Pappata. S, Molko. N, Chabriat. H, "Diffusion tensor imaging: concepts and applications," *J Magn Reson Imaging*. (4). 534–46, 2001.

[3] 佐藤哲大，湊小太郎：『実践医用画像解析ハンドブック』オーム社，402–408，2012.

[4] Widjaja. E, Raybaud. C, "Advances in neuroimaging in patients with epilepsy," *Neurosurg Focus* 25(3), 2008.

[5] David Wechler,『日本版ウエクスラー記憶検査法』，日本文化科学社，東京.

あとがき

安本 慶一

今から2年前には、私が書籍の出版に携わり、よもやその本の「あとがき」を執筆することになろうとは夢想だにしませんでした。すべての始まりは、２０１４年7月2日に遡ります。その日、私は東京御茶ノ水で開催された情報処理学会アドバイザリーボードという会合に参加しており、そこで初めて近代科学社の小山社長とお会いしました。私は学会の理事として、小山氏は学会の運営に関してアドバイスをするアドバイザ委員としての参加でした。懇親会での談話で、小山氏がbit誌の元編集長であることを知り驚きましたが、「奈良先端科学技術大学院大学の研究内容を一般書籍として出版してみてはどうか」とのご提案を頂いたことに、もっと驚きました。そうです。既にお気づきのことと思いますが、本書は、国立大学法人奈良先端科学技術大学院大学・情報科学研究科で行われている最先端研究の現状と限界点、限界点突破に向けた取組みを、一般読者向けに紹介したものです。

最初は疑心暗鬼だった私が、(小山氏とお会いした)数日後には、書籍の出版に向け意欲的になったのは、近代科学社が既に出版していた他大学による書籍の完成度の高さにありました。私たち大学の研究者は、研究の成果を、同業者に向けた研究論文として発表するのが常ですが、研究者ではない一般の方に向けて、研究の内容や取り組みを分かりやすく説明・発信することは、非常に有意義ではないかと思ったのです。

とはいえ、初めての編集作業のとりまとめは私にとって非常に困難な作業でした。なかなか時間が取れず、6名の編集委員会を組織し第1回会合を開催できたのは、10月も半ばを過ぎていました。最初の1ヶ月の目標は書籍のタイトルおよび構成を決めることでした。情報科学分野における様々な研究のそれぞれについて、その限界点と限界突破に向けた取り組みを紹介しようという編集方針をまず固めました。折しも、「情報処理」の新年号で「シンギュラリティ」の特集記事が掲載されるという情報もあり、本書のタイトルを「シンギュラリティ～限界突破を目指した最先端研究～」に決めました。以後は、情報科学研究科各研究室の豪華執筆陣の意欲的かつ献身的な協力を経て、トントン拍子に(でもないですが)本の内容が充填されていき、とうとう、出版にこぎつけることができた次第です。

シンギュラリティ到来後の世界には賛否両論あるようです。ターミネータやマトリックスのような、人間がコンピュータに支配される世界はいやですよね。しかし、技術の急速な進歩を促し、人類社会に多大な恩恵をもたらすのであれば、研究者が取るべき道は、シンギュラリティの到来を一日でも早めることしかありません（もちろん、シンギュラリティ到来後にも、人類が主導権を掌握し続けられるよう、人工知能をコントロールするための技術の開発は必須です）。２０４５年までのシンギュラリティ到来を予言しているカーツワイル氏は、将来的に、人間は現在の生物的な身体をテクノロジーで強化しつつ、これまでの文化を継続・発展させていくと予測しています。この方向でシンギュラリティ到来を早めるべく、私たちもワクワクした気持ちで日夜研究に励んでいます。

奈良先端科学技術大学院大学・情報科学研究科では、シンギュラリティの到来を早める研究を一層強く推進すべく、将来の研究者・技術者となる学生を幅広く募集しています。本研究科のアドミッションポリシーでは、博士前期課程では、「旺盛な好奇心」と「何にでも挑戦する実行力」が、さらに、博士後期課程では、「研究者として自立できる可能性」が問われています。「旺盛な好奇心」と「何にでも挑戦する実行力」こそ、まさに、シンギュラリティに向けた問題解決であり、興味を持たれた読者の方はぜひ、大学および各研究室を訪問してください（年に3回のオープンキャンパスがあり、うち二回が受験生向け、一回は一般の方向けです）。

最後になりましたが、本書出版の直接のきっかけを与えてくださった近代科学社の小山様、企画から編集まで多大なご支援を賜りました冨高様、高山様に感謝いたします。

シンギュラリティ　著者紹介（掲載順）

飯田　元　所属：ソフトウェア設計学研究室　専門分野：ソフトウェア解析、開発支援環境

荒川　豊　所属：ユビキタスコンピューティングシステム研究室　専門分野：コンテキストアウェアシステム、モバイルアプリケーション

安本　慶一　所属：ユビキタスコンピューティングシステム研究室　専門分野：ユビキタスコンピューティング、モバイルコンピューティング

柴田　直樹　所属：モバイルコンピューティング研究室　専門分野：高度交通システム、モバイルコンピューティング、ユビキタスコンピューティング

諏訪　博彦　所属：ユビキタスコンピューティングシステム研究室　専門分野：社会情報システム学

市川　昊平　所属：ソフトウェア設計学研究室　専門分野：分散システム

猪俣　敦夫　所属：情報基盤システム学研究室　専門分野：暗号理論、情報セキュリティ

藤川　和利　所属：情報基盤システム学研究室　専門分野：分散システム、ユビキタスネットワーキング

松本　健一　所属：ソフトウェア工学研究室　専門分野：ソフトウェアアナリティクス、ソフトウェアリポジトリマイニング

笠原　正治　所属：大規模システム管理研究室　専門分野：システム・アナリティクス、パフォーマンス・モデリング

井上　美智子　所属：ディペンダブルシステム学研究室　専門分野：分散アルゴリズム、LSIテスト

中島　康彦　所属：コンピューティング・アーキテクチャ研究室　専門分野：計算機アーキテクチャ

楫　勇一　所属：モバイルコンピューティング研究室　専門分野：情報理論、情報セキュリティ

サクティ・サクリアニ　所属：知能コミュニケーション研究室　専門分野：知能情報学、人工知能、音声情報処理、ヒューマンインタラクション、認知コミュニケーション

岡田　実　所属：ネットワークシステム学研究室　専門分野：無線通信システム、ディジタル信号処理

東野　武史　所属：ネットワークシステム学研究室　専門分野：無線通信システム、光ファイバ無線技術

佐藤　智和　所属：視覚情報メディア研究室　専門分野：コンピュータビジョン、三次元復元、カメラ位置・姿勢推定、複合現実感、自由視点画像生成

武富　貴史　所属：インタラクティブメディア設計学　専門分野：コンピュータビジョン、拡張現実感

向川　康博　所属：光メディアインタフェース研究室　専門分野　コンピュータビジョン、コンピュテーショナルフォトグラフィ

吉野　幸一郎　所属：知能コミュニケーション研究室　専門分野：知能情報学、人工知能、自然言語処理、音声情報処理、音声対話システム

中村　哲	所属：知能コミュニケーション研究室	専門分野：知能情報学、人工知能、自然言語処理、音声情報処理、ヒューマンインタラクション
鈴木　優	所属：知能コミュニケーション研究室	専門分野：情報検索、データベース、データ工学
神原　誠之	所属：環境知能学研究室	専門分野：環境知能
萩田　紀博	所属：環境知能学研究室	専門分野：ＨＲＩ、パターン認識
浮田　宗伯	所属：環境知能学研究室	専門分野：画像認識
川波　弘道	所属：環境知能学研究室	専門分野：音声インタフェース、韻律
中島　悠太	所属：視覚情報メディア研究室	専門分野　パターン認識、コンピュータビジョン
河合　紀彦	所属：視覚情報メディア研究室	専門分野：画像・映像修復、隠消現実感、超解像
戸田　智基	所属：名古屋大学情報基盤センター教育情報メディア研究部門	専門分野：知能情報学、人工知能、音声情報処理、音響信号処理
加藤　博一	所属：インタラクティブメディア設計学研究室	専門分野：ヒューマンインタフェース、コンピュータビジョン
山本　豪志朗	所属：インタラクティブメディア設計学研究室	専門分野：ＨＣＩ、投影型拡張現実感
舩冨　卓哉	所属：光メディアインタフェース研究室	専門分野：コンピュータビジョン
久保　尋之	所属：光メディアインタフェース研究室	専門分野：コンピュータグラフィクス
杉本　謙二	所属：知能システム制御研究室	専門分野：制御工学
松原　崇充	所属：知能システム制御研究室	専門分野：知能ロボット
南　裕樹	所属：知能システム制御研究室	専門分野：制御工学
笹部　昌弘	所属：大規模システム管理研究室	専門分野：情報ネットワーク、ゲーム理論
池田　和司	所属：数理情報学研究室	専門分野：機械学習、生命数理、信号処理
川原　純	所属：大規模システム管理研究室	専門分野：アルゴリズム、データ構造、クラウドコンピューティング
杉浦　忠男	所属：計算システムズ生物学研究室	専門分野：ナノテクノロジー、光応用計測
小笠原　司	所属：ロボティクス研究室	専門分野：知能ロボット、ヒューマン・ロボット・インタラクション、知覚情報処理
高松　淳	所属：ロボティクス研究室	専門分野：ロボティクス、ロボットビジョン
吉川　雅博	所属：ロボティクス研究室	専門分野：福祉工学
山口　明彦	所属：Carnegie Mellon University, Robotics Institute	専門分野：ロボット学習、機械学習、人工知能
久保　孝富	所属：数理情報学研究室	専門分野：神経内科学・生体医工学・神経科学・機械学習
為井　智也	所属：数理情報学研究室	専門分野：運動学習、バイオメカニクス、ロボティクス

佐藤　嘉伸　所属：生体医用画像研究室　専門分野：医用画像解析、計算解剖学
大竹　義人　所属：生体医用画像研究室　専門分野：医用画像処理、生体医工学
西岡　孝明　所属：計算システムズ生物学研究室　専門分野：メタボロミクス、質量分析学
金谷　重彦　所属：計算システムズ生物学研究室　専門分野：バイオインフォマティクス、バイオデータベース
MD. ALTAF-UL-AMIN　所属：計算システムズ生物学研究室　専門分野：バイオインフォマティクス、ネットワークバイオロジー
小野　直亮　所属：計算システムズ生物学研究室　専門分野：バイオインフォマティクス、システムズバイオロジー
佐藤　哲大　所属：計算システムズ生物学研究室　専門分野：生体医工学、医用画像処理

索引

【さ】

シンギュラリティ
限界突破を目指した最先端研究
© 2016 NAIST-IS　Printed in Japan
2016年 2月29日 初版発行
2016年 5月31日 初版第2刷発行

編　者 NAIST-IS書籍出版委員会
発行者 小山 透
発行所 株式会社 近代科学社

〒162-0843 東京都新宿区市谷田町 2-7-15
電話 03-3260-6161 振替 00160-5-7625
http://www.kindaikagaku.co.jp

藤原印刷 ISBN978-4-7649-0504-7
定価はカバーに表示してあります.